本书为四川省社会科学研究"十三五"规划 2019 年度后期资助项目"体验教育论（专著）"（编号 SC19H008）、内江师范学院"精品工程"项目"实践教育哲学系列问题研究"研究成果

体验教育论

左群英 —— 著

人民出版社

目　　录

序

　　作为当代教育研究和实践领域备受关注的一种思想和理念,"体验"既有深厚的哲学基础和传统积淀,也有社会发展和教育改革的现实需要。实际上,从体验视角研究教育及其改革的成果并不少见,但直接以"体验教育"进行的专门而集中的研究成果还很缺乏,因此基本的学理论证和富有成效的实践策略仍然存在很多问题需要进一步厘清。左群英博士的《体验教育论》正好从研究和实践两个层面进行了拓展,丰富了这一主题的成果。难能可贵的是,本书不但对体验教育的基本内涵、理论依据进行了分析,而且集中针对中小学教育中至关重要又困难重重的两项中心工作,即"教书"和"育人",展开了非常深入和富有见识的论证,这有助于理论研究者和一线实践工作者从体验教育这一视角进一步探索改革学校教育的具体方法和途径。

　　本书共分九章。第一章从杜威和夸美纽斯等的教育思想出发,在对学校教育和班级授课制的历史进步性进行肯定的基础上,对以文字符号为主要媒介的学校教育容易出现的"危险"进行了论述,指出今天的学校教育恰恰深陷这一危险的泥淖,实现体验教育这一根本转向是解决这一问题的出路。第二章从"培养人的特殊社会实践活动"这一教育本质的考察出发,强调体验教育包含知情意行四个方面的整合,其目的是引导学生自我实现,从而对体验教育的基本内涵进行了界定。第三章进一步从哲学、心理学、教育学三个方面论证体验教育具有深厚的理论基础和实践传统,为体验教育提供扎实的科学依据。第四、五章围绕"具身认知"和"情绪情感"这两个在体验教育中至关重要,而现实又被严重忽视的维度展开专门的分析,尤其注重理论与实践的结合。第六、七章则针对学校教育中学科知识教学和学校德育改革这两大重要工作,对体验教育的实践方法和策略展开深入分析。家庭既是教育必不可少的一部分,也是学校教育的支持系统,因此第八章围绕家庭在体验教育中的重要地位和现实改革进行论述。第九章回到学校这一专门教育机构,对通过校本行动研究来推动体验教育改革的意义、方法进行分析,强调现象学关注人的体验,因此是体验教育研究和实践的一种重要方法,本章最后还提供了两个研究案例进行说明。

本书具有以下两个方面的创新和特色:

第一,体验教育这一选题具有很强的现实意义。杜威曾区分过两类教育,社会生活教育是"自然的""重要的",但又是"谋近效的",因此人类社会才分出学校教育这种正式的教育,学校教育的出现是人类社会的巨大进步,但因为不可避免地要以文字符号为主要媒介,因此又容易陷入脱离社会生活实际的"死板板的""抽象的""书本的"危险之中,即更多地在怀特海所说的智力发展三阶段中的"精确阶段"着力,而忽视"浪漫阶段"和"综合运用阶段"对人的心灵世界的滋养及对社会发展改革的使命担当。这种教育发展到极端会导致学生的学习效率不高,学生难以从中体会到学习的价值和乐趣以及对现实生活的实际价值,从而难以真正培养中国学生核心素养所要求的全面发展的创造性人才。更为重要的是,这种脱离了生命体验的教育非但无助于学生的身心健康发展,反而导致厌学、叛逆、抑郁、焦虑等各种严重问题,而这已经成为教育不能承受之重。本成果基于体验视角进行实践和研究,正是出于这种考量而对中小学教育理论和实践所做的一种探索。

第二,本书注重严谨的理论论证和具体的实践应用相结合。从理论论证层面,本书对传统认知主义教育范式进行批判但并不全然否定认知维度的重要性,而是强调在体验视角下对认知、情绪情感、意志和行为实践进行整合。同时因为目前中小学教育对学生的情绪情感体验及与之紧密联系的身体维度严重忽视,从而导致目前的课堂教学和道德教育的实效性存在很大问题。所以,本书对情绪情感维度和具身体验进行了专门而深入的探讨,这部分在具身认知及其教育应用、负面情绪的教育意义、情绪与意志的关系等方面产生了具有创新价值和现实指导意义的成果。在实践应用方面,本书以学校教育改革为重心,围绕学科知识教学、德育和心理健康教育两大中心工作,对如何实施体验教育进行了非常具体的讨论,尤其在教材资源的二次开发、课堂教学改革和课外活动拓展、体验式德育活动的基本阶段、道德和心理健康教育的差异和协同关系等方面有一定创见,并在实践应用层面提出了具有操作性的方法和策略。例如,作者对道德教育和心理健康教育的协同关系所作的研究非常具有价值。本书认为,心理健康教育强调共情、尊重、理解、倾听,一般而言遵循"不评判,不否定,不批评"的原则,否则难以取得实效,难以真正帮助学生走出心理困扰;道德教育则强调从正面出发对学生进行规范和约束,旨在引导学生正确处理和他人、社会的关系,因此需要对学生的错误思想和问题行为等及时给予矫正,必要时要严格甚至严厉地提出批评。因此二者在工作方式和目的上存在明显的差异。但二者又都是针对学生的精神和心灵世界展开工作,因此不可能截然分割,实际上是互相促进和统一的,二者互相融合、协同发展才能更好地发挥"整体大于部分之和"的功能。基于此,本书还以沙盘为例对如何开展体验式道德和心理健康的协同教育进行了实践操作层面的分析,这无论在学术研究层面还是在学校实践层面都具有现实意义。

不可否认,尽管新课程改革取得了一些实际成效,但中小学生在繁重学业压力和缺少积极体验的枯燥学习状态下所存在的厌学、"空心病"、抑郁焦虑等,的确越来越成为社会不能承受之重。以体验教育为视角,培养具有内在生命动力和创造力的自我实现的健全新人,可以让学校绽放生命的光彩,让课堂充满主动求知的活力。本书作者左群英博士曾在中学工作六年,之后先后攻读硕士学位和博士学位,目前作为高校专业教师和大学生心理健康中心兼职咨询师,主要研究方向为学科教学论、德育和心理健康教育、教师教育,每年为中小学师生及社会各界人士开展以教育培训和心理辅导为主的社会服务和志愿者工作,是一位具有教育情怀和行动力的研究者和实践改革者。本书凝聚了作者多年对体验教育的学术研究和实践探索,值得学术界同仁和教育一线实践工作者认真关注。

董泽芳(教授、博士生导师)

2022 年 10 月 1 日于华中师范大学

第一章　学校教育的"危险"和出路

　　美国哲学家和教育家杜威在《民本主义与教育》①一书中曾对学校教育的必要性及其"危险"作过论述。不幸的是,我们今天的学校教育的确越来越陷入这种"危险"中。

　　杜威说:"我们有两种教育显然不同:一种是与他人共同生活而获得的教育;一种是我们为青年特备的教育。前一种教育是出于偶然的;这种教育虽是自然的重要的,但不是所以要有这种团体生活的显著的理由。我们虽可以说,无论什么社会的制度——经济的,家庭的,政治的,法律的,或是宗教的——如要量度他的价值,须要看他能够增广改良经验的效力如何。但是我们要晓得,这个效力并不是这种制度原来动机的一部分;他的原来动机是有限制的,是谋近效的。"②

　　杜威这段话精要地指出了社会生活教育既是"自然的""重要的",又是"有限制的""谋近效的"。正因为如此,人类社会才"分出一种较为正式的教育——直接的教导或学校教育",因为"如要使得幼年人对于成人生活,能作有效力的参与,全靠要有一种预先的训练,专以养成有效的参与能力为目的。我们乃筹设有意的机关——即学校——与明晰的材料——即功课。教授某种事物的事业,也就委任某种专门人才去做了。若是没有这种正式的教育,复杂社会的富源与功业都不能够传递下去。而且因为在

---

　　① 又译《民主主义与教育》,国内目前译作多为此版本。本书主要参考近代中国著名记者和出版家邹恩润(即邹韬奋)的译本,虽然该译本的语言表达与今天的书面汉语表达习惯有些不一样,但影响不大,同时本书参考此译本也是为了纪念这位勇气和智慧兼具的大家。

　　② [美]杜威:《民本主义与教育》,邹恩润译,东方出版社2013年版,第6页。

正式的教育里面,学习的人对于书籍与知识的符号,都可学习透彻,这是为幼年人开了一种特别经验的门路,绝非在寻常团体生活里面拾取知识时候所能得到的"①。

毫无疑问,学校教育的产生是人类教育的一个巨大进步。众所周知,原始社会生产力低下,没有剩余产品,物质生活条件简陋,大部分时间人人都需要参加劳动才能生存。与这种状况相适应,教育具有如下特点:教育融合在生产劳动和社会生活之中,尚未成为独立的社会活动,年青一代在跟随成人劳动和生活实践中接受长者的教育;没有文字、书籍和专门的教师,人们通过言传身教把经验传授给下一代;教育面对全体儿童,只有在学习内容上存在男、女儿童之间的差别,如男孩随男人学狩猎,女孩随妇女学采集。总体而言,整个原始社会时期的教育是原始的、简单的,而且发展缓慢。

作为社会专职教育机构的学校是在奴隶社会出现的。在奴隶制社会中,铁制工具开始被使用,社会生产效率得到提高,农业生产进入一个新阶段,生产力得到了极大发展,剩余产品的出现为社会分工提供了条件,社会分工又进一步促进了生产力的发展。这一系列变化为学校的产生奠定了必要的物质基础,同时社会分工逐渐从单纯的生产劳动领域扩大到了整个社会,脑力劳动与体力劳动开始分离,一部分人从直接的生产劳动中脱离出来,作为广义文化重要组成部分之一的教育也就逐渐演变为一种专门和固定的职业。此外,这个时候人类积累的生产劳动经验和社会生活经验极大地丰富起来,文字的产生和发展也为经验的传递提供了更为有利的条件,人类经验在漫长的岁月中不断系统化、抽象化,开始形成分门别类的知识和文化,对这些知识和文化的掌握已不可能通过日常实践活动中的非正规教育来进行,于是专门的学校教育产生了。

学校教育从产生发展到今天,已经经历了一个漫长的时期。尽管整体来说学校教育的产生毫无疑问是人类社会的巨大进步,然而和前一种教育——社会生活教育——相比较,同样存在诸多弊端甚至危险。杜威对学

---

① ［美］杜威:《民本主义与教育》,邹恩润译,东方出版社2013年版,第8页。

校正式教育存在的危险进行了深刻的说明。请允许我用专门一段着力指出杜威的这段论述：

> 但是从间接的教育到正式的教育，在此过渡的时代，有几种显著的危险跟在后面。参与实际的事业，无论是直接的，或是出于游戏性质的，这种经验最少也是自得的，有生气的。虽可以参与的机会很是狭隘，但得益之大可以稍为补偿。至于正式的教育，便容易变成不亲切的，死板板的——用寻常轻视的话讲，他们很容易变成抽象的，书本的。那积存于低等社会里面的知识，就没有这种拘泥书本的流弊，这种知识最少是能见诸实行，不是徒尚空论的；这种知识能渐渐的化为品性；这种知识都有很深切的意义，因为都是用来应付甚切要的日常事务的①。

杜威这段话对两种教育——社会生活教育和学校专门教育——各自的利弊进行了对比。学校作为一种专门的教育机构，虽然其意义和优势不言而喻，但因为不可避免地要以文字符号为主要媒介，因此容易脱离生活实际，陷入"不亲切的""死板板的""抽象的""书本的"的危险之中，从而导致学校教育的效力存在严重问题。不幸的是，今天的学校教育在极大程度上确已陷入杜威所言的这种危险中。

实际上，在杜威之前，夸美纽斯就已经对这种陈旧的学校教育进行了严厉批判。扬·阿姆斯·夸美纽斯是捷克伟大的民主主义教育家，西方近代教育理论的奠基者，他是公共教育最早的拥护者。他所著的《大教学论》全面论述了改革中世纪旧教育的主张，开创了近代教育理论的先河，成为一部划时代的教育学巨著。因此，夸美纽斯被称为近代"教育巨匠"和"教育理论的始祖"，也有人称他是教育史上的"哥白尼""教育学之父"。

在《大教学论》中，夸美纽斯高度评价了教育对人的发展所起的巨大作用，认为只有受过合适的教育之后，人才能成为一个人。他把人的心灵比作园地中的泥土，可以栽种各色花木，结出累累果实。夸美纽斯因此提出了普及教育的民主教育思想，认为所有男女青年，不论富贵和贫贱，都应该进学

---

① ［美］杜威：《民本主义与教育》，邹恩润译，东方出版社2013年版，第8页。

3

校。为了实现这一主张,他对学校体系和班级授课制进行了充分的论证,对教学内容,方法及其艺术进行了详细的分析和说明。

然而夸美纽斯认为当时的学校教育并没有完成学校应有的使命,他尖锐地批评了旧学校的种种弊端,认为"在此以前没有一所完善的学校"。他认为"旧学校教导学生的方法通常都是非常严酷的,以致学校变成了儿童的恐怖场所,变成了他们才智的屠宰场,大部分学生对学习与书本都感到厌倦","事实上我们还继续在把流水泼到一个筛子上去"。① 之所以产生这种情形,夸美纽斯指出是因为"一种遗传的,从我们的始祖发生出来的病患渗透了一切阶级,以致我们抛弃引活生命之树,把我们的欲望过度地用在知识之树上,我们的学校也渗透了这种毫不知足的欲望,一直到现在都只在追求智力方面的进步,没有别的"②。夸美纽斯进而对这种智力教育的拙劣及其造成的恶果有深入论述,这里引用一些片段,我希望亲爱的读者在阅读这些发表于 1632 年的文字时,对照一下我们今天的学校教育,看看这种情况多大程度上得到了改变:

> 本来可以温和地输入智性中的东西,却粗暴地印上去,不,简直是塞进去,打进去。本来可以明白地和明亮地放在心智跟前的事情,却去晦涩地、迷惑地、错杂地看待,好像它是一个复杂的谜语似的。而且智性也很少得到过实际事实的培养,它只是充满字句的皮毛,充满空虚的、鹦鹉学舌似的空话,充满无用的意见而已。
>
> ......
>
> 单以学习拉丁文而论(拿这门科目作一个例子吧),我的天!那是何等的错综,何等的复杂,何等的累赘呀!做点厨房工作或其他杂役的人员,他们学一种与国语不同的语言,有时学两三种,学起来比孩子们在学校里面只学拉丁文还要快,虽则孩子们有的是充分的时间。......关于这个问题,罗斯托克大学的名教授卢比勒斯说得公道,他说:"当

---

① [捷]夸美纽斯:《大教学论》,傅任敢译,教育科学出版社 2014 年版,第 42、93 页。
② [捷]夸美纽斯:《大教学论》,傅任敢译,教育科学出版社 2014 年版,第 43 页。

我想到学校教导孩子所用的日常方法时,我就觉得它像是费力设计出来,故意使教员与学生都非付出巨大的劳动,感受重大的厌倦,受过无穷的麻烦,花费最多的时间便不能教会拉丁文或学会拉丁文似的。这种事情我每一想到就不能不感到战栗。"

……

但是何必要见证呢?在我们进过学校与大学的人中,有几个稍有一点真正学问的影子呢!我,我是一个不幸的人,我便是数以千计的人们中的一个,悲惨地丧失了一生一世的最甜美的青春,把生气勃勃的青春浪费在学校的无益的事情上面。唉,自从我的心理得到启迪以后,我一想到我的浪费了的青春,我的胸中便常常发出叹息,我的眼睛便常常流出眼泪,我的心里便常常充满了忧愁!①

也许有人认为夸美纽斯的语言风格太过浮夸和矫情,因此抱有反感和不屑的态度。但扪心自问,我们不得不承认夸美纽斯所提出的这些学校教育的弊端直到今天都没有得到很好的解决。过分重视孩子的智力发展,过度追求考试的分数和成绩排名,这或许就是夸美纽斯所指出的"一种遗传的,从我们的始祖发生出来的病患"和"毫不知足的欲望"。夸美纽斯并没有清楚地说明这种"病患"和"欲望"到底是什么,我个人认为简单说就是对马斯洛需要层次论中生理、安全、尊重、归属等需要的低级满足。满足动物本能层次的生理、安全需要本身其实是无可厚非的,但问题在于人类不仅仅是动物,更应该是高级动物,否则就和其他动物没有区别,所以人类还追求尊重和归属等社会价值。但在拜金主义的物质追求中,金钱和地位成为人们追求尊重和归属需要的一种异化形式,这也是为什么家庭和学校看重智力发展和学习成绩的原因。家长都希望孩子未来有一天"金榜题名""光宗耀祖",孩子未来可以过上"倍儿有面子"的"高端"生活。

杜威和夸美纽斯对旧的学校教育的批判尽管有所不同,但相同之处在于,学校教育一俟被符号和书本宰制,而忽视符号和书本不过是用来教育和

①　[捷]夸美纽斯:《大教学论》,傅任敢译,教育科学出版社2014年版,第43—44页。

引导人的工具,就很容易陷入"工具理性"的泥淖。恰如法兰克福学派的创始人霍克海默在工具理性批判《理性之蚀》一书中所指出的一样,"工具理性"主要关心为实现那些被认为是理所当然的或自明的目的之手段的适用性,却不去关心目的本身是否合理的问题。换言之,"工具理性"是一种只限于对工具而非目的领域的理性,它强调追求工具的效率,其价值由对人和自然的操纵与控制的效率来衡量,而对目的的合理性并不在意。显然,"工具理性"只关心怎么做,而不关心是否应该去做。学校教育一旦被"工具理性"所控制,就不可避免地脱离生活世界,忘却"教育的目的本来应该是为了人类有更美好的生活",这也是应试教育之所以根深蒂固、教师和家长普遍关注孩子成绩和分数的一个重要原因。这也恰如加拿大教育家马克斯·范梅南所指出的:"现代教育与理论研究似乎面临三个主要的问题:(1)教育理论与日常教育对话的基本形式的混淆;(2)抽象化的倾向及由此引起的与儿童生活世界失去了联系;(3)难以发现生活世界的普遍教育意义。"①

正因为如此,工具理性批判是 20 世纪后半叶西方社会批判理论的主题之一。日益发达的近现代科学技术为人类提供了不断超越自我的发展路径,但也使人类日益陷入重重危机并为此付出巨大代价。因为随着工具理性的膨胀,在实施技术控制以追求效率的过程中,理性由解放人类的工具蜕化为控制人类的工具,变成支配、奴役人的一种霸权式的力量。难怪德裔美籍思想家埃里希·弗洛姆说:"19 世纪的问题是上帝死了,20 世纪的问题是人类死了;在 19 世纪,不人道意味着残酷,在 20 世纪,不人道系指分裂对立的自我异化;过去的危险是人成了奴隶,将来的危险是人会成为机器人。"②作为现代西方著名的新人道主义伦理学家、新精神分析心理学家、西方马克思主义理论家,弗洛姆敏锐地洞察到,在物质财富极大丰富的现代资本主义社会,人们同自己、同他人、同自然日渐分离,被全面异化的人

---

① [加]马克斯·范梅南:《生活体验研究——人文科学视野中的教育学》,宋广文等译,教育科学出版社 2003 年版,第 177 页。

② [美]埃里希·弗洛姆:《健全的社会》,孙恺祥译,贵州人民出版社 1994 年版,第 291 页。

感到越来越孤独、空虚、压抑、焦虑……弗洛姆的目标就是要构建以人本主义为伦理原则的社会,只有这种"健全的社会"才能消除对人的压抑,从而实现人的全面发展,这种构想包含了对工具理性的超越和对价值理性的追求。遗憾的是,到了 21 世纪的今天,弗洛姆构想的"健全的社会"之实现依然遥遥无期。

让我们重新回到对学校教育这个问题的讨论上来。我们知道,1970 年联合国教科文组织第 16 届会议通过一项决议,授权当时的总干事勒内马厄成立国际教育委员会,并要求该委员会提交一份报告供联合国教科文组织及各会员国在制定教育策略时参考。国际教育发展委员会经过一年多的时间进行了研究和讨论,并对 23 个国家进行了实地考察,于 1972 年由该委员会主席埃德加·富尔提交了报告并最终出版,这就是《学会生存——教育世界的今天和明天》。这份报告肯定了学校作为一种制度"从历史上来讲是必要的",而且"在教育中采用学校结构看来基本上是和书面文字运用的系统化和逐渐增加相联系的"①,这和杜威、夸美纽斯论述的学校的产生及其意义基本一致。报告还对教育的当代特征进行了说明,认为"从理论和实践这两方面来看,有三种普遍流行的现象值得特别注意"。第一,"教育先行",即"教育在全世界的发展正倾向先于经济的发展,这在人类历史上大概是第一次",这一点强调教育在人类社会生活和发展中的重要地位。第二,"教育预见",即"教育在历史上第一次为一个尚未存在的社会培养着新人"②,这一点强调教育不再像以前一样是"再现当代的社会和现有的社会关系",而是要具有预见性和前瞻性。我们注意到,发表于 20 世纪 70 年代的这份报告所指出的教育的前两个当代特征实际上对教育的重要性及其使命进行了确认,这在 21 世纪 20 年代的今天依然不容置疑。

但《学会生存——教育世界的今天和明天》这份报告更具有改革启示

---

①　联合国教科文组织国际教育发展委员会编著:《学会生存——教育世界的今天和明天》,华东师范大学比较教育研究所译,教育科学出版社 1996 年版,第 28 页。

②　联合国教科文组织国际教育发展委员会编著:《学会生存——教育世界的今天和明天》,华东师范大学比较教育研究所译,教育科学出版社 1996 年版,第 35—36 页。

意义的是所指出的第三个特征,即"社会拒绝使用学校的毕业生",换言之,"在教育成果与社会需要之间产生了矛盾"。① 在今天急剧变化的时代,知识以前所未有的速度激增,社会生活中的各种矛盾也在不断加剧,传统的教育很难适应人类社会的发展需要,教育不变革就难以发展并适应时代的要求。因此这份报告揭示的这一问题在我们今天应该说显得更加突出了。立德树人、全面发展、创新创业等对教育改革提出了新的要求,互联网+、人工智能、大数据、多元化等使教育改革面临新的挑战和机遇。因此,如果学校教育继续被由文字符号和文化传统架构起来的"工具理性"所宰制,就会脱离日新月异的生活世界,从而非但对生活世界无所助益,反而还会把我们导向未知的危险中。

学校固然是儿童生活世界的一个重要场所,但它绝不是唯一重要的场所。甚至在某种意义上说,家庭和社会是更为本真的生活世界;即使是虚拟的网络世界,也是儿童"生活世界"的一部分。所以有学者说:"'生活世界'是一个开放的、多向度的、主体间共有的世界,而不是单向度的、由抽象符号所构成的封闭世界。"②因此教育要走出符号认知和工具理性的桎梏,更加注重引导学生在体验中学习,在学习中体验,在体验学习中把自我实现融入生活世界和社会发展的洪流中。正如过程哲学的创始人,英国数学家、哲学家和教育理论家阿弗烈·诺夫·怀特海在《教育的目的》一书中指出的,"学习伊始,孩子就应该感受到发现世界的喜悦,他会发现,他所学到的东西,能够帮助他理解在他的生命中所发生的一系列事情",因此智力发展过程应该包括"浪漫阶段、精确阶段和综合运用阶段"。③ 我们发现,学校传统教育大体上是在精确阶段着力,但浪漫阶段和综合运用阶段则被严重忽视。这正是杜威所指出的学校教育容易陷入的"危险"。但这种危险并不是学校教育的"宿命"。

---

① 联合国教科文组织国际教育发展委员会编著:《学会生存——教育世界的今天和明天》,华东师范大学比较教育研究所译,教育科学出版社1996年版,第37页。
② 易连云:《重建学校精神家园》,教育科学出版社2003年版,第99页。
③ 〔英〕阿弗烈·诺夫·怀特海:《教育的目的》,庄莲平、王立中译注,文汇出版社2012年版,第3页。

换句话说,如果学校教育可以用一种审慎、科学的方式进行全面改革,是可以从这种危险中扭转过来的。体验教育正是出于这种考量而提出的。要改革教育并改革成功,我们首先要相信这是可能的。夸美纽斯在三百多年前就预计当时的人们可能会怀疑教育改革成功的可能性,这种怀疑也是今天所普遍存在的一种现象。夸美纽斯因此特别强调,"人类有一种众所周知的特性,就是当一个非凡的发现没有发现以前,他们怀疑它的可能,可是一旦发现以后,他们又觉得诧异,认为为什么早不发现出来。……哥伦布当初疑心西部还有新岛屿的时候,除了卡斯提尔王以外,谁也不肯听信他,谁也不肯帮助他去试一试。据说他在航程中的伴侣在屡次失望之后差不多要把他掷到海里,没有把事情做完就回去。但是,不管怎样,广大的新大陆终于被发现了,我们现在又都觉得奇怪,觉得它为什么过了这么长久没有被人知道",因此夸美纽斯坚信改良学校是可能的,"教学艺术所需要的也不是别的,只不过是要把时间、科目和方法巧妙地加以安排而已。一旦我们发现了正确的方法以后,那是无论教导多少学童都不会比用印刷机在一天之内印一千份最整洁的文章,或用阿基密提的机械去移动房屋、堡塔和极重的重物,或坐船经过大洋,去新世界旅行更为困难"。①

人形成习惯后往往不愿意轻易改变,正如我们经常说的"习惯成自然"。任何改革都意味着要付出努力,尤其当结果如何存在不确定性时,改革往往会更加艰难。但不管怎么说,今天的学校教育存在的上述问题的确已经成为妨碍教育进步的障碍,成为学生、老师、家长不能承受之重,也是不能承受之痛。如果体验教育有助于走出困境、提高效率,那么付出再多辛苦,也值得我们去探索。

---

① [捷]夸美纽斯:《大教学论》,傅任敢译,教育科学出版社 2014 年版,第 46 页。

第二章　体验教育的基本内涵

　　"体验教育"这一概念简单理解就是体验式教育,用体验的方式开展教育。因此这一概念是存在学术风险的,这种风险来自两个方面。一是对"体验教育"进行一个明确而准确的定义并不容易,尤其按照亚里士多德对"定义"的定义:表明事物本质的短句。二是"体验"这样的标签容易遭到攻击,因为"体验"似乎规定了某种范式,而范式往往给人一种"排他性"的感觉,那"体验教育"是不是就只重"体验",不顾其他? 尽管存在这样的风险,我仍然坚持选择这一概念,因为这一表述最能表达本书要倡导的一种教育理念,以及这种理念对把我们的教育从前述危险的境地中解放出来是如此重要。而且,"体验教育"是包容性很强的一个概念。

　　简单地说,体验教育的基本内涵和宗旨是相对于填鸭式的符号认知主义教育而提出的。我们可以从三个方面来进一步理解体验教育的内涵:教育本质上是一种特殊的社会实践活动,体验是知情意行的整合过程,教育的目的是引导学生自我实现。

第一节　教育本质上是一种特殊的社会实践活动

　　教育是人类特有的社会现象,是随着社会的产生而产生,随着社会的发展而发展的。然而,教育的本质到底是什么,这在教育理论研究史上一直存在争议。教育的本质问题,涉及的是对教育的根本认识,是教育学中一个重要的理论问题,也是关系教育实践中带全局性的根本问题。我们从 1949 年以来关于教育本质学说的梳理及其分析可以论证一个观点:教育作为培养人的特殊社会实践活动,本质上就是具有体验性质的。换句话说,体验的就是实践的,实践和体验是教育的固有属性。

一、1949 年以来关于教育本质的三种学说

1949 年后,我国教育界在一段时间内强调教育在本质上属于上层建筑的范畴,这种"上层建筑说"在"文化大革命"期间受到进一步强化。1978年后,我国开展了"实践是检验真理的唯一标准"的讨论,这为人们探讨教育本质问题提供了新的思路。中国共产党顺应时代需要重新确立了实事求是的思想路线,并做出了把工作重点转移到社会主义现代化建设上来的战略决策。第二次世界大战后世界范围的新技术革命使科学技术的发展日益成为经济发展的关键因素。这些为人们探讨教育本质问题提供了实践依据。在这种背景下,1978 年 4 月,于光远在《学术研究》上发表了《重视培养人的研究》一文,提出"在教育这种社会现象中,虽然包含有某些属于上层建筑的东西,但是整个说来,不能说教育就是上层建筑"①的观点。看似平淡的语言却在当时的理论界引起了强烈的反响,成了教育本质问题大讨论的导火线。按照于光远的观点,教育中不属于上层建筑部分的方面是很广的,比如各科的教材该怎么编、怎么教,以及教育心理学、教育工程学等领域。

在这样的背景下,有人进一步提出"生产力说",以反对以往的"上层建筑说",这种观点强调教育是劳动力再生产的必要条件,是生产劳动的特殊形式,它与科技、生产相结合,也可直接与物质生产发生联系。"生产力说"强调教育不是纯粹的意识形态,作为有目的、有计划培养人的活动,教育过程中不仅进行精神生产,而且进行劳动力再生产,它把可能的生产力转化为现实的生产力,因此生产性是教育的本质属性。

上层建筑说和生产力说各执一端,于是第三种学说"社会实践活动说"则认为教育具有上层建筑的特性,但又不是上层建筑,具有生产特性,但又

---

① 于光远:《重视培养人的研究》,《学术研究》1978 年第 3 期,第 26 页。

不是物质生产活动,教育本质上是人类有意识地传递社会经验,以培养人为直接目标的社会实践活动,这种活动是为了促进人的思想意识与行为的社会化。换句话说,教育就是使"社会经验"和"学生"两个对象相互作用,从而产生一种新的结果——社会化的人。

上层建筑说和生产力说分别认为教育的目的是为社会的政治和经济服务的,社会实践活动说虽然主张教育是培养人的一种社会实践活动,但其培养的目标也主要强调符合社会发展需要。因此仔细推敲三种教育本质观,不难发现它们基本上是以社会为本位的。

教育理论史上关于教育的目的一直存在社会本位论和个人本位论两种观点。社会本位论强调社会价值高于个人价值,教育的目的在于把个人培养成符合社会准则和发展需要的公民,以保证社会生活的稳定和延续,其代表人物有涂尔干、纳托普、凯兴斯泰纳等。个人本位论的价值取向主要反映在自然主义和人文主义的教育思想中,主要代表人物是卢梭、裴斯泰洛齐,以及人本主义心理学家马斯洛和存在主义哲学家萨特等,主张人生来就具有健全的本能,教育的职能就在于使这种本能不受影响地得到完善和最理想的发展,因此,他们反对社会对个人的过度约束,强调个人自由权利至关重要,认为教育的目的应以个人价值为中心,评价教育价值也应当以是否有利于个人的发展为重要标准。

我国的教育目的在很长一段历史内都是以社会为本位的,这与我国传统文化的特质有很大关联。和西方崇尚分析思维的路径不同,整体论是中国传统哲学的灵魂,也是中国传统文化的性格表征。近代以来,我们把马克思主义作为意识形态,而马克思主义强调人的本质并不是单个人所固有的抽象物,在其现实性上是一切社会关系的总和,这导致我们的文化和教育极为强调集体主义的思想,这与西方崇尚个性迥然不同。当然,西方个人主义的思想未必是好的,中国传统文化的整体论思想和我们今天强调的集体主义思想所蕴含的智慧和价值也是毋庸置疑的。

只不过,凡事过犹不及。就像孔子主张"中庸之道",亚里士多德也强调"适度"是介于"过度"和"不及"两个极端之间的一种"德性"。过分崇尚社会整体和集体而忽视个体价值和尊严的传统容易导致"目中无人"的教育。在这种教育下,学生的个性和独特性难以被接受,学校就像流水线批量生产一样培养整齐划一的人,这种教育难以适应今天的时代发展要求,更无法培养未来需要的人才。正是基于对这种教育传统的反思与批判,国内教育改革已经转向以人为本的理念。罗利建在《人本教育》一书中指出,"教育是人培养人的行为,它的核心是人,它的主体是人,教育离开了人就不成其为教育","要明白什么是人学,是教育者必须逾越的第一道坎,这道坎过不了,那就是在侈谈教育。所以说,教育的本质是人学","教育的本质是要把人真正当人来培养,从而使教育对象的潜能得到开发、能力得到发展、个性得到张扬"。① 实际上,苏联教育家苏霍姆林斯基早就说:"我们的教育信念应当是:培养真正的人!让每一个从自己手里培养出来的人都能幸福地度过自己的一生。"马卡连柯也说过:"我深信,我们的教育目的不仅仅在于培养能最有效地参加国家建设的那种具有创造性的公民,我们还要把所有受教育的人变成幸福的人。"

人本教育实际上和我国在 20 世纪末提出的"素质教育"的理念是一致的。1993 年 2 月,中共中央、国务院颁布《中国教育改革和发展纲要》,强调"中小学要由'应试教育'转向提高国民素质的轨道,面向全体学生,全面提高学生的思想道德、科学文化、劳动技能和身体心理素质,促进学生生动活泼地发展",这是素质教育作为国家意志的一个正式表述,之后 1999 年 6 月颁布的《关于深化教育改革全面推进素质教育的决定》标志着素质教育观形成系统和主导的思想。素质教育观强调培养全面发展的、和谐健康的人,这种人既是符合社会发展需要的,也是符合自身个性特点和内在需要的,这虽然在一定程度上纠正了传统教育的种种弊端,但实际上中国的素质教育进程仍然困难重重。在教育理论研究中,教育的本质是为社会培养人,这种观念仍然非常盛行。即使是现在所倡导的素质教育,在实践过程中其着眼点也不是培养真正幸福的人,而是在功利主义和竞争主义时代中被异化的

---

① 罗利建:《人本教育》,中国经济出版社 2004 年版,第 19、21、22 页。

人,即素质不是内在于人的需要和本性,而是提高自身应试竞争力的砝码。也因此,素质教育很难真正与应试教育相抗衡。正如很多人戏谑地说,"素质教育喊得轰轰烈烈,应试教育搞得扎扎实实"。

二、教育的复杂性、多质性和教育本质的稳定性

正如罗素所说:"本质这一概念是自亚里士多德以后到近代的各家哲学里的一个核心。但是我的意见则认为它是一个糊涂不堪的概念。"①苏联一些哲学家也认为:"可以毫不夸张地说,任何哲学范畴都没有像本质范畴那样,在具体学科史和哲学史中引起那么尖锐的争论。"②对教育本质的认识也不例外。

造成争论和混乱的一个重要原因是人们常常误把质当成本质来进行研究,换言之就是对质和本质的概念区分不清。人们一般认为,质是事物在性质上的内在规定性,但事物的内在规定性不是唯一的,如流动性是水的一种规定性,但能流动的不一定是水,还须有其他的规定性来界定水。所以,"事物的质既是统一的整体,又具有许多不同的方面,即有多方面的质。例如人有生理方面的质和社会方面的质"③。那"本质"又是什么?《中国大百科全书》规定:"本质是事物的内部联系。它由事物的内在矛盾构成,是事物的比较深刻的一贯的和稳定的方面。"④由此我们可以说,本质是由各种质的内部联系及其矛盾运动构成的事物的根本特性,而教育本质则须由教育的各种特质的内部联系及其矛盾运动来揭示。

但实际上,研究者们大多是从教育的某一特质即教育的某一方面来界说教育本质,而没有把教育各方面的性质综合起来,揭示它们的联系和矛盾。例如胡德海在《教育学原理》中指出,说培养人是学校教育的本质属性则可,说是全人类自古至今的一切教育的本质属性则不可,因为教育者对受

---

① 《辞海·哲学分册》,上海辞书出版社 1980 年版,第 81 页。
② [英]罗素:《西方哲学史》上卷,何兆武、李约瑟译,商务印书馆 1963 年版,第 259 页。
③ 《简明社会科学辞典》,上海辞书出版社 1982 年版,第 634 页。
④ 《中国大百科全书·哲学》,中国大百科全书出版社 1985 年版,第 1181 页。

教育者完全有计划、有目的的能动态度和行为不可能在原始时代出现,而只有在阶级出现以后的学校教育中才有了客观的需要和可能。①

除了质和本质的区分不清外,人们对教育本质的认识还存在用应然性教育代替实然性教育的问题。人们总期望教育能给人施加完美的影响,因而很多教育研究者从不同角度、不同层面给教育无数理想化的界定,出现了"公说公有理,婆说婆有理"的局面。从夸美纽斯的《大教学论》问世算起,教育学已经走过了三百多年的发展历程,其间教育的"应然"问题研究真可谓成果卓著,而卓有成效的教育"实然"问题研究却困难重重。人们对教育"应该"是怎样的进行了热烈的讨论,但对教育"实际"是什么样的、存在什么问题和矛盾、这些问题和矛盾究竟是怎么产生的、如何解决这些问题等"实然"问题却难以形成一致结论。难怪教育家鲍勒诺夫认为"几乎没有一门科学像教育学那样无科学性,一厢情愿地喋喋不休和教条主义的狭隘性随处可见"。

回到社会本位论和个人本位论之争这个问题,实际上,人是社会的人,社会也是人的社会,人和社会应该是统一的,教育也应该是既服务于社会的需要,又致力于培养真正的人。但理论是一回事,而现实又是另一回事。教育与社会和人的关系是错综复杂的,如何找到教育本质的阿基米德支点并不是很容易的事。也因为如此,包括上述具有代表性的观点在内,关于教育本质的各种说法虽力求言之有理、持之有故,但因时代不同、立场不同、价值观和思想方法的不同,也造成了概念的差异甚至对立。这就给人教育本质"什么都是,又什么都不是"的错觉。连国内知名的教育家孙喜亭都说自己"研究教育问题近44年,几十年来出版过教育理论的专著,发表过教育问题的论文,自己定位为'教育学'的教授,然而,现在关于什么是教育反而说不清了,反而不知了。说来真是困惑,也真是好笑"②。

实际上,教育的质是多样的、丰富的,因而要揭示它们的联系和矛盾从

---

① 胡德海:《教育学原理》,甘肃教育出版社2008年版,第42页。
② 孙喜亭:《关于"教育"的随想》,《西北大学学报(哲学社会科学版)》2002年第4期,第42页。

而认识教育的本质的确不容易,因为它隐藏于教育现象和教育事实之中,同时教育本身又包括多种不同层次的教育要素,且各教育要素之间的相互关系又是复杂多变的,这就决定了揭示教育的本质要比认识教育的质艰难得多。此外,唯物辩证法认为,发展是物质和观念客体的不可逆转的、有一定方向的和合乎规律的变化,这种变化使新质得以产生。任何事物都处于变化、发展之中,因而我们对事物的认识也应该是变化的。今天的认识是对昨天的一种超越,同样也会被明天所超越。教育深深植根于社会土壤中,而社会是不断变化的。原始社会时期言传身教式的教育方式和今天信息网络时代的教育方式显然是不可同日而语的。同样,未来的社会和人类究竟是什么样子的,谁也很难预测。任何一个研究教育本质的人都必须树立变化、发展的观念,用变化、发展的眼光看问题。唯其如此,才能对教育作出合乎时代背景和社会特征的认识,并以此指导教育研究和实践。

在这部分最后要再次强调的是,教育虽然是复杂的、多质的、发展变化的,但教育本质却是相对稳定的。正如早在古希腊时期柏拉图就提出"本质是现象变化中永恒存在",马克思主义的经典作家们也强调,现象是多变的、易逝的,具有较大的流动性,而本质则是相对稳定的,因此事物在其发展过程中本质是不变的,而质态却是可以多变的。也即相对于复杂多变的教育现象而言,教育本质是具有相对稳定性的。

三、培养人的特殊社会实践活动:教育本质的一个基本概括

基于本书所主张的体验教育思想,教育本质似乎应该更符合前面教育本质论中的第三种,即"社会实践活动"。的确,上层建筑说和生产力说都是一定社会历史条件下人们对教育本质的界说,都只是各自抓住了"大象的一部分",不是教育区别于人类社会其他实践活动的本质规定。而"实践活动说"抓住了"培养人"这一教育与人类其他实践活动所不同的地方,只不过"十年大讨论"期间的实践活动说强调的是"为社会"培养需要的人,忽视了个人自身的内在个性发展需要。20世纪90年代中期以来,对教育本质的界说开始注重个人的主体性,这是对以往教育过分强调社会本位的一

种矫正,是有重大的积极意义的。不过,"培养人的特殊社会实践活动"只是一个基本概括,其内涵还存在诸多理论和实践上的问题需要进一步说明。

(一)关于"实践"

为了说明教育作为一种社会实践活动的特殊性,这里先对"实践"这一概念进行一个说明。从词典看,所谓"实践"指的是"人们有意识地从事改造自然和改造社会的活动"[①],这是从日常意义上对"实践"进行的一个广义的界定。"人们在从事哲学思考,甚至在谈论实践哲学时,往往对'实践'一词的日常意义和哲学意义不加区分,反而被它的日常意义牵着走,把一切人类行为、行动和活动都理解为实践。实际上作为哲学概念的'实践'虽然并不完全与日常语言使用中的'实践'无关,但还是有严格规定的。"[②]的确,历史上不同的哲学家对"实践"有过不同的论述,其中一些思想对教育作为一种社会实践活动的特殊性具有重要的启示。

在西方,亚里士多德最先对"实践"这一概念进行哲学上的说明。在《尼各马可伦理学》中,亚里士多德把人的行为分为理论、生产和实践三种。如果按照词典里的解释,理论活动和生产活动应该也是一种有意识地改造自然和社会的实践活动。不过,亚里士多德做这样的区分是有某种意义的。"实践"与"生产"不同,因为"生产"的目的在它产生的结果,即劳动产品,自身不构成目的,而"实践"趋向的目的不在自身之外,其自身就是目的。"实践"与"理论"不同的则是,实践活动总是在人际关系中展开,不像理论的沉思是人独对真理。因此亚里士多德的"实践"主要包括伦理和政治。

我们看到,亚里士多德的上述区分高度体现了"实践"的自由性和社会性这两个特点。人类"生产"是为了满足生存的自然需要,受制于自然必然性,而"实践"则是人自由选择的行动,体现了人类的自由意志。"理论"更多的是个体的探索,这种活动没有或者很少有直接的社会关系交往,而"实

---

① 中国社会科学院语言研究所词典编辑室编:《现代汉语词典》(第6版),商务印书馆2016年版,第1179页。

② 张汝伦:《作为第一哲学的实践哲学及其实践概念》,《复旦学报(社会科学版)》2005年第5期,第158页。

践"则是直接反映人的社会关系的一种活动。

对"理论"和"实践"的类似划分，在后来的哲学中也得到了体现。例如康德就从认识论和伦理学角度把理性分为"理论理性"和"实践理性"，而且突出了实践理性的优先地位："纯粹思辨理性与纯粹实践理性结合在一个认识中时，如果这种结合并不是偶然的、任意的，而是先天地建立在理性自身上的，并因而是必然的；那么，后者就占了优先地位。"①这两种理性的区分背后，体现出康德所认为的人出于自由意志的道德实践高于单纯认知的理论，贯彻了其整个哲学的主体性取向。这和亚里士多德的思想有相近之处，只不过更明确地主张出于自由意志的道德实践的优先地位。

此外，"实践"也是马克思主义的核心范畴之一。关于马克思的"实践"与"生产""理论"的关系，尽管有学者认为马克思的"实践"实际上指的是"生产"，因为他把物质生产劳动看作是基本、基础的实践，不过实际上马克思从来没有将实践的含义仅仅局限于单纯的物质生产劳动。马克思的"实践"范围是比较广阔的，包括了物质生产劳动，也包括了精神文化活动、理论研究活动、革命运动等。不过，无论什么实践活动，马克思尤其强调人类实践是有目的、有意识地改造世界的活动。马克思曾说："哲学家们只是用不同的方式解释世界，而问题在于改变世界。"②这一著名的命题批判了以往哲学家仅仅局限于理论的沉思或思辨，而忽视了实践的基本含义和全部功能是改变世界。这里的改变世界包括了自然界，也包括了人类社会和人自身的心灵世界、精神世界。

此外，马克思主义同样强调实践的社会历史性。因为实践的主体是人，而人又是整个社会系统中的一个部分，人的实践活动是在社会中进行的，任何人的活动都离不开社会这个大系统。因此，实践的内容、性质、范围、水平都会受一定的社会历史条件的制约。比如说在古代社会，科学技术就不会像现代社会一样发生着日新月异的变化，更没有先进的科学仪器以及设备。

---

① ［德］康德:《实践理性批判》，商务印书馆 1960 年版，第 124 页。
② 《马克思恩格斯选集》第 1 卷，人民出版社 2012 年版，第 140 页。

当然,反过来,人类的实践活动也可以改变原有的历史条件,推动社会的发展和进步。

值得注意的是,相比于以往哲学,马克思主义还提出了实践的客观实在性,这是马克思主义实践观的一个重要突破。实践具有客观实在性,主要体现在四个方面:首先,构成实践的各个要素是客观的,人作为实践的主体是客观存在的,实践的对象也客观存在于自然界和社会生活中,此外,实践的工具和手段也是客观的;其次,实践的过程是客观的,虽然在实践过程中存在认识、情感、意志、目的等一些主观因素,但是这些因素是在客观活动和过程条件下进行的;再次,实践的结果是客观的,即实践的结果不以人的意志为转移;最后,实践的水平、广度和深度都受着现实条件和客观规律的制约。

马克思主义框架下的"实践"所具有的自由性、社会性、客观性对我们理解教育这一特殊社会实践活动的本质奠定了基础。

(二)关于"培养人"

"为谁培养人,培养什么样的人,怎样培养人",这是习近平总书记在2018年全国教育大会上特别强调的教育的几个根本问题。"教育本质上是一种特殊的社会实践活动",这种特殊性当然表现在"培养人",这一点已经无须再说明。但需要进一步认真考量的,就是教育应该为谁培养人、培养什么样的人,以及如何培养人。《中华人民共和国教育法》2015年修正案第五条规定,"教育必须为社会主义现代化建设服务、为人民服务,必须与生产劳动和社会实践相结合,培养德智体美等方面全面发展的社会主义建设者和接班人",这是目前党和国家教育方针的法律性表述,实际上也对三个问题进行了宏观的说明。

有人说,在"为谁培养人"和"培养什么样的人"两个问题上,教育方针似乎是以社会为本位的。这样的理解是片面的。实际上,教育培养的人既应该是社会的人,又应该是个体的人,二者是辩证统一的关系,唯有如此才是真正符合教育方针的。人是社会的人,不能抽象地脱离社会来谈人的发展。从人类的历史发展看,人与动物的最终分离,是与社会的出现相一致的。个人的生存和发展离不开社会,个人只能存在于人类社会之中,因为

"人的本质不是单个人所固有的抽象物,在其现实性上,它是一切社会关系的总和"①。因此教育培养的人当然应该满足社会发展的需要。但社会又是由人构成的,没有人的个体发展,就谈不上社会的发展。因此教育应该从人的需要出发,使人的个性得到自由的发展,从而充分实现个体的主观能动性。这即是马克思主义框架下的"实践"所具有的自由性(或称主观能动性)和社会性的统一。

教育应该如何培养人?这是本书着力要阐明的一个问题。第一章已经强调,杜威认为与他人共同生活而获得的教育是偶然的、自发的,其动机也是有限制的、谋近效的,因此人类社会才发展出正式的学校教育,从而大大提高了人类教育的整体效率;然而因为学校教育不可避免地要以文字符号为主要媒介,因此又容易陷入"不亲切的""死板板的""抽象的""书本的"危险之中,而我国的教育在很大的程度上的确已经陷入这种危险中。20世纪90年代中期以来尽管素质教育喊得轰轰烈烈,但教育实践领域仍然痼疾难除,困难重重。教育方针中"教育必须与生产劳动和社会实践相结合"对如何培养人进行了一个总体的规定,这实际上和杜威的观点是一致的,杜威在指出学校教育容易出现的危险之后,就特别强调"教育即生活""学校即社会""从做中学"。

"体验教育"就是从亚里士多德的"理论"和"实践"出发,以马克思主义的实践思想为依据而提出的。尽管亚里士多德所指的"理论"更多的是指理论沉思,和我们今天所指的"理论"在概念内涵和外延上可能不尽相同,但是相同之处是:理论容易变成抽象的、符号的,和具体的生活实际相去甚远的一种形而上学。马克思主义强调实践的客观实在性,就是强调实践是通过人的主观创造性开展现实的、改造世界的对象性活动。"动物的生命与其自身的生命活动是直接同一的,因此动物与其生命对象之间进行一种本能的交换。动物能够进行何种物质与能量的本能交换,完全取决于它所属的种的生命本能特点。但人在对象性活动中能够将能动性本质对象化

---

① 《马克思恩格斯选集》第1卷,人民出版社2012年版,第135页。

到活动对象之中,通过改变对象的属性来获得人性内涵的丰富。进言之,人的生命存在的卓越之处就在于人能够通过本质对象化的对象性活动,不断发掘与积累活动对象的潜在本质,通过丰富对象的本质来实现自身本性的丰富。"①可见,所谓客观实在性也是人的主观能动性的体现。

因此,教育作为一种社会实践活动,其特殊性就在于,教育实践活动是通过培养人、改造人而实现改造世界。教育不应该是纯粹的文字符号的理论活动,而应该与客观的、现实的、丰富的生活世界发生本质联系,引导学生在这一实践过程中产生切实的体验和符合现实需要的个体发展。这是"体验教育"所力图强调的核心,这样的体验教育才真正体现了马克思主义实践观的自由性、社会性、客观实在性的特点。实际上,所谓"体验",在《现代汉语词典》中的解释就是"通过实践来认识周围的事物;亲身经历"②。

不过,需要强调的是,作为社会实践活动,教育的特殊性还在于:教育活动不是真实的社会生活,但教育可以也应该以某种方式让知识和生活之间产生实质联系——这是体验教育的一个内在规定。正如提出"体验学习"概念的库伯所指出的,我们是通过"感知和领悟"两种方式进行学习的,前者是在生活中学习直接经验,后者则以理论知识为载体学习间接经验,"只有在感知与领悟之间达到统一,学习者才可以获得事实的意义",而且"感知与领悟之间的统一需要学习者通过体验的转换才可完成"。③ 因此教师要注意研究教材文本上的理论知识和生活实践的实质性联系,在教学中促进学生把理论文本知识活化成自己的个人知识。实际上,目前基于课程标准而编制的教科书已经增加了生活案例,设置了课外实践活动等,但一线教师囿于陈旧观念常常忽视这些生活化资源,因此教师在教材开发和教学实践中进行思想观念上的变革至关重要。

---

① 丁立卿:《实践是人的本质"对象化"的"对象性"活动——〈1844年经济学哲学手稿〉的实践观探析》,《学术交流》2015年第5期,第9页。

② 中国社会科学院语言研究所词典编辑室编:《现代汉语词典》(第6版),商务印书馆2016年版,第1281页。

③ 石雷山、王灿明:《大卫·库伯的体验学习》,《教育理论与实践》2009年第10期,第49页。

第二节　体验是知情意行的整合过程

本章第一节对教育本质上是一种培养人的特殊社会实践活动进行了论证,实际上对"为谁培养人,培养什么样的人,怎样培养人"这几个问题都进行了一定分析。不过,就"怎样培养人",尽管前面从理论和实践的关系出发对这一问题进行了一些说明,但实际上还远远不够。"体验教育"这一概念就其重点来说,更多的是从教育理念和方式上提出的,因此还需对什么是"体验教育"以及什么是"体验"在内涵上作进一步说明。

一、好的教育应该能促进学生的良好体验和积极发展

为了对什么是本书致力于阐明的体验教育进行进一步说明,这里引用两则案例来分析什么是"体验"。第一个案例来自积极心理学之父塞利格曼的著作《持续的幸福》一书。该书提到某一心理工具课程中的一项"有组织的游戏"这一训练活动,这一活动旨在"帮助冲动的孩子放慢节奏",实际上很简单:

> 当老师要求一个4岁的孩子尽可能地长时间站着不动时,他平均大概只能站一分钟,但在游戏中,为了扮演一名工厂的门卫,孩子可以坚持4分钟站着不动。①

为了训练冲动的孩子放慢节奏,让孩子更能忍耐"站着不动",该训练活动仅仅设置了一个"让孩子扮演工厂门卫"的游戏情境。看起来这只是一个简单的活动,对一些致力于从事高深科学实验的人来说显得很"小儿科"。不过这个简单的活动揭示了一个深刻的教育道理:喜欢游戏是孩子的天性,扮演工厂的门卫这一游戏角色和孩子的天性相符合,因此即使"站着不动"这一令孩子一般情况下难以坚持的任务(尤其是那些好动、冲动的

---

① [美]马丁·塞利格曼:《持续的幸福》,赵昱鲲译,浙江人民出版社2012年版,第105页。

孩子），也在一定程度上成为一种快乐、兴奋的游戏体验。

　　当然，即使不是在游戏情境中，而是简单地要求孩子"站着不动"，孩子在站着不动的一分钟里也是有"体验"的。但两种情况下孩子的体验是迥然不同的，一个是快乐和兴奋，一个是乏味和煎熬。为什么游戏会给人带来快乐，使人兴致盎然？这个问题可能包含着深刻的哲学思想和复杂的心理机制。简单地说，游戏既是一种本能的、无功利的快乐的天性活动，同时又满足了人类探索的好奇心、自我发展和超越的进取心，二者的统一使游戏成为令人感到轻松愉悦又能激发动力的一种活动形式。古往今来很多教育家崇尚游戏教育，希腊语中"游戏"和"教育"这两个词的词根甚至是一样的，都指称儿童的活动。

　　此外，要引导学生在教育中获得良好体验并由此促进积极发展，教育教学和学生的现实生活产生实质性联系也是非常重要的。这里引用第二个案例——《美国教师讲〈灰姑娘〉的案例》①，来进一步说明什么样的体验教育可以达到这样的目的。近几年国内流传一则美国教师讲《灰姑娘》的案例，这位美国教师讲的《灰姑娘》在形式上并不华丽，实际上只是通过提问讨论展开的互动教学。但显然教师的问题设置是很成功的，其关键的原因是问题来源于故事但又和学生的生活体验密切相关。教师的提问和引导让学生在聆听、讨论、思考的过程中自然体会到若干宝贵的道德和人格品质：守时、讲卫生、一分为二地评价他人、宽容、珍惜友情、爱自己、敢于质疑和批判等。这里摘录其中一个关于珍惜友情和爱自己的片段，以便没有读过这篇文章的读者能更直观地感受这位教师的教学设计和实施过程。

　　　　老师：孩子们，下一个问题，辛黛瑞拉的后妈不让她去参加王子的舞会，甚至把门锁起来，她为什么能够去，而且成为舞会上最美丽的姑娘呢？

　　　　学生：因为有仙女都助她，给她漂亮的衣服，还把番瓜变成马车，把

① 《中国德育》编辑部：《美国教师讲〈灰姑娘〉的案例》，《中国德育》2008 年第 11 期，第 40—41 页。

狗和老鼠变成仆人。

老师:对,你们说得很好! 想一想,如果辛黛瑞拉没有得到仙女的帮助,她是不可能去参加舞会的,是不是?

学生:是的!

老师:如果狗、老鼠都不愿意帮助她,她可能在最后时刻成功地跑回家吗?

学生:不会,那样她就可以成功地吓到王子了。(全班再次大笑)

老师:虽然辛黛瑞拉有仙女帮助她,但是,光有仙女的帮助还不够。所以,孩子们,无论走到哪里,我们都是需要朋友的。我们的朋友不一定是仙女,但是,我们需要他们,我也希望你们有很多很多的朋友。下面,请你们想一想,如果辛黛瑞拉因为后妈不愿意她参加舞会就放弃了机会,她可能成为王子的新娘吗?

学生:不会! 那样的话,她就不会到舞会上,不会被王子遇到、认识和爱上了。

老师:对极了! 如果辛黛瑞拉不想参加舞会,就是她的后妈没有阻止,甚至支持她去,也是没有用的,是谁决定她要去参加王子的舞会?

学生:她自己。

老师:所以,孩子们,就算辛黛瑞拉没有妈妈爱她,她的后妈不爱她,这也不能够让她不爱自己。就是因为她爱自己,她才可能去寻找自己希望得到的东西。如果你们当中有人觉得没有人爱,或者像辛黛瑞拉一样有一个不爱她的后妈,你们要怎么样?

学生:要爱自己!

老师:对,没有一个人可以阻止你爱自己,如果你觉得别人不够爱你,你要加倍地爱自己;如果别人没有给你机会,你应该加倍地给自己机会;如果你们真的爱自己,就会为自己找到需要的东西。

这个案例有助于我们进一步思考"吕叔湘之问"和语文学科的工具性和人文性问题。1978 年 3 月 16 日,吕叔湘在《人民日报》上发表的《当前语文教学中两个迫切问题》一文中提出"中小学语文课用了最多的课时,为什么效果却那么差"的所谓"吕叔湘之问"①。中小学语文教学在很长一段时间内注重工具价值而忽视人文价值,教学方法和方式流于对语言基础知识的填鸭式灌输,和学生的生活体验没有太多联系,这种枯燥、乏味的知识教学很难激发学生学习的兴趣和热情。

我们知道,改革开放四十多年来,我国基础教育改革从目标方向和价值追求的变迁来看,经历了从"双基"到三维目标再到核心素养这三个阶段。改革开放之初的"双基"强调基础知识、基本技能,实际上缺失了对人文精神的观照,其结果不利于培养全面发展的人。之后先后提出的三维目标和核心素养就是针对这一问题而进行的重要改革。

21世纪初我国开始了新一轮基础教育课程改革,明确提出了教学的三维目标:知识与技能、过程与方法、情感态度与价值观。"知识与技能"体现的是结果性的目标,这与以前的"双基"目标基本是一致的。"过程与方法"强调培养学生学会学习和自主探索,"情感态度价值观"强调教师不能只教书,还要育人——这与本书强调的体验教育的理念是相通的。2014年,教育部进一步发布了《关于全面深化课程改革落实立德树人根本任务的意见》,意见第三条强调教育部将组织研究各学段学生发展核心素养体系,明确学生应具备的适应终身发展和社会发展需要的必备品格和关键能力,并把核心素养体系的研究制定作为"着力推进关键领域和主要环节改革"的重中之重。之后北京师范大学课题组受教育部委托,会同国内多所高校历时近三年完成了《中国学生发展核心素养》的研究并于2016年发布了核心素养的总体框架。这个框架以培养"全面发展的人"为核心,分为文化基础、自主发展、社会参与3个方面,综合表现为人文底蕴、科学精神、学会学习、健康生活、责任担当、实践创新6大素养,具体细化为18个基本要点。实际上这个框架是前面三维目标的进一步细化。

概言之,语文教学要把工具性价值和人文性价值统一起来,二者同等重

---

① 吕叔湘:《当前语文教学中两个迫切问题》,转引自《吕叔湘语文论集》,商务印书馆1983年版,第337页。

要且互相促进。人文性会增强学生的积极体验,从而激发学生的学习兴趣;工具性则帮助学生更好地掌握和运用语言,从而更好地学习和内化语言承载的人文精神。但长期以来,一线相当多教师更多停留在语文教学的工具性价值方面,侧重字词句、修辞手法、作文的"八股文式"写作训练等。在新课程改革的持续推动下,也有一些教师开始积极行动起来,坚持学习和反思,锐意改革和探索,尝试把语文教学的工具性价值和人文性价值结合起来。因此学校教育中不同老师的课堂教学充满了显著的差异,优秀的教师总能让课堂生机勃勃,学生兴致盎然;普通的教师则常常沮丧地发现自己的课堂死气沉沉,学生兴致索然。两种状态下的教育教学效果不言而喻。当然,不是说任何一堂课、任何一个教学环节,都要对工具价值和人文价值进行刻板的融合。上述灰姑娘的教学案例看起来就只是体现了人文价值,并未涉及工具价值的结合。教师需要的是树立融合的意识,而在具体做法上则根据教学环节进行灵活选择和安排。但不管怎样,当教学内容和学生的实际生活发生实质的联系,学生就容易产生好的体验,获得积极的发展,例如这一案例中教师的提问和引导就很好地与学生的现实生活进行了结合,故而容易使学生产生共鸣。因此"体验教育"要再次强调的一个观点就是:要想促进学生产生积极体验并获得积极发展,教育需与学生的生活实际和生命体验发生联系。

当然,需要特别指出的是,好的教育一定能引导学生产生好的体验,这并不意味着只有促进学生快乐体验的教育才是好的教育。实际上,痛苦、焦虑等负面体验未必就没有教育价值,后面将会有专门一章对体验教育的情绪情感维度进行分析,该章会进一步对这一问题进行深入分析。总之,"好的教育"一定是能引导学生产生"好的体验"的教育,这种体验无论是快乐还是痛苦,都一定是对学生的发展有积极意义的,或者说评价体验教育好坏的标准就是能否或在多大程度上促进学生的积极发展。

《体验教育论》一书希望引起读者(尤其是一线教师)关注和思考的,就是可以经由这本书,开始或者比以前更认真关注和研究教育教学活动中学生的体验,并致力于改善和优化学生体验的研究和实践,从而更好地促进学生的积极发展。这一观点可以回应第一节对学校教育之危险的论述。实际上，杜威在批判危险的学校教育的基础上，提出了"教育即生活"这一理论，其要旨即是学校教育务与实际生活发生联系。关于杜威的这种教育主张，本书将在后面作进一步说明，因为这个问题关系重大。

二、体验包含了知情意行四个基本维度

要注意的是，尽管上文所举"工厂门卫"游戏活动和"灰姑娘"教学案例及分析似乎对情绪体验格外强调，但所谓"体验"并不仅仅代表情绪体验，实际上包含认知、情绪（包括情感）、意志、行为这几个要素在内的全部心理和实践活动。也就是说，任何实践活动都是这四种过程的动态统一，而且这四种过程里其实都包含了丰富的实践和体验的性质，或者说，我们要在四个维度上都注意从体验的视角进行考量。

认知过程是个体在实践活动中对信息进行接受、编码、储存、提取和使用的心理过程，包括感觉、知觉、思维、记忆等。人类的认知过程具有深刻的实践体验的特性。关于这一点，杜威在《民本主义与教育》一书的"经验里面的回想"部分有深入的阐述。什么是"经验里面的回想"？首先，杜威说，"有意义的经验都含有思考的某种要素"，借由思考，人在认知世界的过程中不仅仅是经验的量的增加，更重要的是产生了质的差异，因此"思想的进行，就是要使得我们的经验能有智慧的要素。他使我们的动作有目标，不是盲目乱碰的"，"如仅把许多零碎的事实装进脑里去，脑子好像一本剪贴东鳞西爪的簿子一样，把各事视为隔离孤立自身的，这并不是思考，这是好像要把自己变成一种记录的器械"。① 实际上，杜威强调的"思考"即是说，人认识世界的过程不是简单的感觉、知觉的过程，而是包含了深刻的思维，尽管认知过程是以感觉、知觉为基础的。其次，杜威强调说，"'回想'的含义，也指我们对于所发生的事的未来结果有一种关心——把我们自己的命运，与某事进行的结果，看作一件事"，因此需要审慎地进行"探讨研究"，甚至

---

① ［美］杜威:《民本主义与教育》，邹恩润译，东方出版社 2013 年版，第 159—161 页。

这个过程含有"冒险的性质"①。可见,认知过程既是认识外部世界的感觉、知觉过程,更是一种智慧的思考、深刻的思维和审慎的探究过程,这个过程和人类及自身的生活和命运是息息相关的,因此这是一个实践体验的过程。然而,今天的教育存在的问题就在于,把教育中的学习认知过程看作简单的灌输和记忆,而且和学生的生活及命运没有紧密的联系——或者严格地说,是学生体验不到这种联系。正因为如此,学生很难深度投入这种学习认知活动中。

情绪情感过程是个体实践活动中很重要的一个过程,也是体验教育特别关注的一个过程。关于情绪情感的定义,心理学已经进行了长期而深入的研究,"当前比较流行的一种看法是,情绪和情感是人对客观事物的态度体验及相应的行为反应……是以个体的愿望和需要为中介的一种心理活动。当客观事物或情境符合主体的需要和愿望时,就能引起积极的、肯定的情绪和情感……当客观事物或情境不符合主体的需要和愿望时,就会产生消极、否定的情绪和情感"②。情绪和情感这两个概念除了这些共同性外,也有一些区别,例如,情绪是外显的、暂时的、随情境变化的,而情感往往是内隐的、持久的、稳定的。此外一般还认为情绪为人和动物共有,而情感只有人类才有,不过这一点尚存一些争议,因为也有人认为武断地作出这种结论是典型的人类中心主义的一种自大,如一些动物之间亲社会性质的互动和行为很难说没有情感的成分。不过,即使姑且认同动物是有情感的,但人类情感的丰富性、深刻性是动物所无法比拟的,这一点毋庸置疑。情绪情感是客观事物是否满足人的需要和愿望而产生的一种态度体验,这种态度体验是实践活动重要的动机系统,体验教育之所以尤其强调情绪情感体验,是因为这对学生的学习动机和学习投入程度有重大的影响,然而目前教育对学生的情绪情感体验是严重忽视的,这也恰恰是目前教育实效性存在很大问题的重要原因。因此本书后面还会设专章对情绪情感这个维度进行更深

---

① [美]杜威:《民本主义与教育》,邹恩润译,东方出版社 2013 年版,第 162—163 页。
② 彭聃龄:《普通心理学》,北京师范大学出版社 2004 年版,第 364 页。

人的说明。

关于意志,普通心理学是这样界定这个概念的:"意志是有意识地支配、调节行为,通过克服困难,以实现预定目的的心理过程,可以看成是人类特有的高层次动机。意志行动分成准备和执行两个阶段。"①一般而言,意志的准备阶段包含确定目标、制定行动方案等,执行阶段包含调控行为、检查调整方案等,正因为如此,意志是人类特有的高层次动机,因为意志充分反映了人类活动的目的性和主观能动性,这是动物所不具备的,是人自觉地确定目的并根据目的调节支配自身行为,以便实现预定目的的心理过程。意志是人的实践活动中重要的一部分,个体在实践活动中会形成比较明确的、稳定的意志品质,包括自觉性、果断性、坚韧性、自制力等,这些品质是一个人取得成功的保证。因此教育要重视培养学生良好的意志品质,这一点毋庸置疑。在 2016 年发布的中国学生核心素养框架中,意志对学生的文化基础、自主发展、社会参与三个方面的核心素养培养都是非常重要的。不过,意志作为高层次动机,其培养也是非常具有挑战性的,而目前学校在这一方面所做的工作及成效也非常有限,这也是学生群体中"空心病"和心理健康问题日渐突出的一个重要原因。

行为过程是个体在实践活动中一定心理活动下的外部动作反应,是人内在认知、情绪情感和意志的外部表现,是衡量人们心理品质和能力素养的重要标志。从某种意义上说,行为即是实践。心理学上有一个影响很大的流派,即行为主义,这个流派就把人的行为置于一个中心地位。行为主义由美国心理学家约翰·华生于 20 世纪初创立,华生在批判构造主义和机能主义的基础上,提出心理学不是意识的科学,而应该是一门行为的科学,强调科学心理学研究的是能够客观观察和测量的外显行为,而行为不是与生俱来的,是在环境刺激作用下所习得的(所谓"S-R"刺激反应学说)。行为主义从 20 世纪 20 年代开始到 50 年代曾在美国心理学界占据重要地位,对整个心理学界和人类生活也产生了重大贡献,因为它使心理学真正摆脱哲学,

① 彭聃龄:《普通心理学》,北京师范大学出版社 2004 年版,第 351 页。

成为一门客观的实验心理学,推动心理学向成熟的科学方向发展迈出重要的一步。行为主义在应用心理学上更做出了创造性的业绩和贡献,如开拓了学习心理学、教育心理学、行为矫正等的新篇章。不过,行为主义的 S-R 理论是片面的,过分强调环境因素而忽略人的主观能动性也是存在问题的,因此随着时代的进步和科学思想的变迁,行为主义在心理学中的地位面临重大挑战。后来的新行为主义者适应时势,从社会学习论和社会认知论的角度突破 S-R 理论的框架才使行为主义又重新焕发生机,如爱德华·托尔曼提出整体行为模式和中介变量"有机体"的概念,即"S-O-R"模型,弥补了华生古典行为主义的缺陷,因此也有人把他看成是认知心理学的先驱。新行为主义的另一位代表伯尔赫斯·弗雷德里克·斯金纳对应答性行为和操作性行为进行了区分,提出操作性条件反射、强化等重要概念,这对华生的理论也进行了重要的补充。从行为主义的这个变迁我们可以看出,行为的确不是孤立的一个要素,人的认知、情绪情感、意志和行为一样,是相互联系、相互影响的,是在实践、体验的过程中整体发展的。因此体验教育既要重视人的行为训练,又要重视人的心理体验。

以上是对体验教育四个维度所作的初步说明,本书后文还会对这些维度进行进一步分析。此外,这部分最后还需强调的一点是,无论是人的认知、情绪情感、意志等心理体验,还是人的行为反应,都离不开"身体"这一本体要素在生活实践中的"在场"。关于这一点,后面会用专门一章分析"身体"因素在体验教育中的作用。很多研究者在对"体验"这个概念进行说明时,也特别强调这一点。例如,张鹏程、卢家楣研究后撰文指出:"综观已有研究,尽管心理学界也有学者试图对体验的内涵进行界定,但表述形式随意,往往一言以概之,缺乏基本的逻辑推理过程。为此,我们通过相关概念辨析的方法揭示出心理学意义上体验的内涵,即体验是个体以身体为中介,以'行或思'为手段,以知情相互作用为典型特征,作用于人的对象对人产生意义时而引发的不断生成的居身状态。"①

---

① 张鹏程、卢家楣:《体验的心理机制研究》,《心理科学》2013 年第 6 期,第 1498 页。

第三节 体验教育的目的是引导学生自我实现

我们已经知道,教育本质上是一种培养人的特殊社会实践活动,而"体验"的内涵至少包括三个要点:一是与生活实践的融合性;二是知情意行的综合性;三是活动的具身性。由体验的内涵出发,体验教育应该在内容、方法等方面注重回到生活世界,促进学生在认知、情绪情感、意志和行为层面的具身学习。至此,体验教育还有一个重要的问题需要进一步思考,那就是教育的目的是什么,这也是对教育应该"为谁培养"和"培养什么样的人"的进一步回答。

体验教育强调教育的目的是引导学生的自我实现,这种自我实现并非个人本位,而是个人和社会的和谐统一,或者说唯有二者统一,自我实现才真正成为可能。自我实现是个体的各种才能和潜能在适宜的社会环境中得以充分发挥,实现个人理想和抱负的过程。很显然,如果人人都能自我实现,则必然能最大限度地推动社会的发展。因此,真正的自我实现不是"个人主义"的,而是包含了前面所讲的个体发展和社会发展的统一,因为二者统一是自我实现的充分必要条件。

"自我实现"是人本主义心理学家亚伯拉罕·马斯洛阐述的一个重要术语。据马斯洛自己在其代表性著作《动机与人格》中说,"'自我实现'这一术语是戈尔茨坦首创的",但是他又强调,"本书在一种更加特殊和有限的意义上予以采用"[①]。这里引用马斯洛提出这一概念时的一段论述:

> 它(即自我实现)指的是人对于自我发挥和自我完成的欲望,也就是一种使人的潜力得以实现的倾向。这种倾向可以说成是一个人越来越成为独特的那个人,成为他所能够成为的一切。在满足这一需要所采取的方式上,人与人是大不相同的。有的人可能想成为一位理想的

---

① [美]亚伯拉罕·马斯洛:《动机与人格》,许金声等译,中国人民大学出版社 2012 年版,第 29 页。

母亲,有的人可能想在体育上大显身手,还有的人可能想通过绘画或创造发明。在这一层次上,人与人之间的差异是非常大的。自我实现需要的共同之处在于,它们的明显的出现,通常要依赖于前面所说的生理、安全、爱和自尊需要的满足。①

作一点补充说明,自我实现是马斯洛最富影响力的需要层次理论中的一个重要概念。他认为,人类的需要是分层次的,由低到高分别是:(1)生理需要,即对食物、水、空气等的需要,这类需要级别最低,但是所有需要中最基本、最原始也是最强有力的需要,是其他一切需要产生的基础;(2)安全需要,是指希望受保护与免遭威胁,从而获得安全感的需要,如对人身安全、生活稳定等的需要;(3)归属与爱的需要,也叫社交的需要,是指个人渴望得到家庭、团体、朋友、同事的关心和爱护,是对友情、信任、温暖等情感的需要;(4)尊重的需要,主要是对成就、名望和地位的需要;(5)自我实现的需要(其基本内涵前面已有论述)。马斯洛认为这五类是人类的基本需要,之后他又在尊重需要之上依次加入两类需要:(1)认知的需要,指个人对自身和周围世界的探索、理解及解决疑难问题的需要;(2)审美的需要,指对对称、秩序及行为完美的需要。

我们从马斯洛的需要层次理论和对"自我实现"这一需要的说明可以看出自我实现的几个基本内涵:(1)个体充分发挥自己的潜能;(2)每一个人都是独特的,人与人之间是有差异的;(3)自我实现的基础是其他需要得到基本的满足。于是我们从这里又一次可以看出个人与社会的统一。个人应该力求发挥自己的潜能,成为独特的自我实现的人;但同时这种自我实现又以社交的需要、尊重的需要为前提,这是人的社会性的体现,同时除非社会为个体创造适宜的条件,否则个人的自我实现就成为空中楼阁。总之,个人自我实现是社会发展进步的条件,而社会又为个人的自我实现提供保障,因此自我实现内在地包含了个人与社会的统一。

---

① [美]亚伯拉罕·马斯洛:《动机与人格》,许金声等译,中国人民大学出版社 2012 年版,第29—30 页。

"自我实现"的内涵对教育最重要的启示就在于:教育应该致力于培养发挥个人独特潜能的人。每个人都是独特的个体,有着不同的潜能,有着对生命不同的认识和体验。教育的使命,就在于帮助学生成为独特而又美好的那个人。这份独特也许是为人类的科技进步、社会发展做出了重大的创造性发明,也许是在平凡的岗位上默默无闻地辛勤付出。无论是伟大还是平凡,这样的独特都是美好的。而这一点,恰恰是今天的教育,包括家庭教育、学校教育所严重忽视的。

我国台湾地区作家刘继荣曾写过一篇文章,叫《坐在路边鼓掌的人》①,就是对这一教育问题的一个很好的反思。文章中的"女儿"每次考试几乎都排名23,久而久之便有了"23号"这个雅号,成了名副其实的中等生。焦虑的父母为提高女儿的学习成绩,和很多父母一样,请家教、报辅导班、买各种各样的资料。懂事听话的孩子为了父母的期望,像一只疲惫的小鸟,从一个班赶到另一个班。然而她到底是个孩子,身体扛不住了,得了重感冒,输着液体,在病床上还坚持写作业,最后引发了肺炎。病好后孩子的脸小了一圈,可期末考试的成绩,仍然是让这对父母哭笑不得的23名。于是这对父母给孩子增加营养、物质激励,几次三番地折腾下来,女儿的小脸越来越苍白,而且一说要考试就开始厌食、失眠、冒虚汗,再接着,考出了令父母瞠目结舌的33名。这对父母终于悄无声息地放弃了轰轰烈烈的揠苗助长活动,恢复了孩子正常的作息时间,还给她画漫画的权利,允许她继续订《儿童幽默》之类的书报。父母对女儿,终究是心疼的,可面对孩子的成绩,又有说不出的困惑。中秋节亲友相聚,大人们问在场的小儿女们"长大了想做什么"这个问题,很多孩子表示将来要当钢琴家、明星、政界要人等,唯独这个"女儿"说:"长大了,我的第一志愿是,当幼儿园老师,领着孩子们唱歌跳舞,做游戏。"当众人紧接着追问她的第二志愿时,她大大方方地说:"我想做妈妈,穿着印有叮当猫的围裙,在厨房里做晚餐,然后,给我的孩子讲故事,领着他在阳台上看星星。"期中考试后,这位妈妈接到了女儿班主任的

_____

① 刘继荣:《坐在路边鼓掌的人》,《思维与智慧》2008年第22期,第20—21页。

电话,被告知女儿的成绩仍是中等,但语文试卷上有一道附加题"你最欣赏班里的哪位同学,请说出理由",除女儿之外,全班同学竟然都写上了女儿的名字,理由是热心助人、守信用、不爱生气、好相处等,写得最多的是乐观幽默,班主任还说很多同学建议由她来担任班长。他最后感叹说:"你这个女儿,虽说成绩一般,可为人实在很优秀啊!"当妈妈后来笑着对女儿说,"你快成为英雄了",女儿很认真地说,"我不想成为英雄,我想成为坐在路边鼓掌的人"。作者最后慨叹:"这世间,有多少人,年少时渴望成为英雄,最终却成了烟火红尘里的平凡人。如果健康,如果快乐,如果没有违背自己的心意,我们的孩子,又何妨做一个善良的普通人。"

的确,如果教育培养出来的学生具备了在未来漫长岁月里可以安然过自己想要的生活这一无比宝贵的心智和品质,还有什么样的教育比这更美好呢?然而,中国绝大多数的父母,大概很难做到文章中这位母亲的这种心态和境界。"人类自工业社会以来创造出的物质财富迅猛增长,这一方面极大地改善了人们的生活条件,另一方面又更大地刺激了人们的消费欲望,日益膨胀的消费欲望驱使人们陷入快节奏的奔波忙碌,人生演绎成一场旷日持久的激烈竞赛:孩子从一生下来就身不由己地被抛进一个巨大的竞技场,开始被父母哄着和其他小朋友暗暗较量谁先学会走路,谁先说第一句话,然后比认字,比画画,比背唐诗……进入学校大门后的很长一段时间,比学习成绩则以压倒性的优势成为竞争的主题;待到走出校门进入职场,竞争变得更加激烈和直接,比收入,比地位,比职称,比荣誉。在社会这个巨大的竞技场上,人人都在勇往直前,力争上游。"①在这种消费主义和竞争主义环境下的父母要想做到安心让自己的孩子成为一个"坐在路边鼓掌的人",是很不容易的。同样,这种环境下的老师也很难不为奖金、职称等名利而纠结和辛劳。

当然,追求物质利益和名誉声望这本身无可厚非,正如马斯洛需要层次理论一样,这是人的基本需要。问题在于,如果人类只停留在追求低层次的

①　左群英:《同情教育论》,人民出版社 2012 年版,第 106 页。

需要,那么人类就很难实现更好的进步和发展,个体的生活品质实际上也会大受影响。竞争主义和消费主义下忽视个体内在个性和需要的应试主义教育究其实质也只是在满足生理需要、安全需要,以及低层次的尊重、归属与爱的需要。而且如果高级需要没有得到满足,低级需要实际上也会受到影响,至少品质上会受到影响。就像《坐在路边鼓掌的人》一文中的这个女儿,当她在父母、老师和周围的"教育绑架"下不得不放弃自己的爱好,疲于奔命地去努力成为一个学习优秀的孩子时,她连基本的身体健康都受到了严重的威胁,更不要说安全感以及被人欣赏的尊重和爱了。

也许有人说,如果我们都淡定地让孩子成为坐在路边鼓掌的人,那谁来做推动社会重大突破和进步的英雄和伟人呢?毕竟各行各业的确需要出类拔萃的精英来进行创造性的改革。此外,可能绝大部分家长会说:凭什么让我的孩子只成为坐在路边为别人鼓掌的人?这些想法很自然,但并不智慧。首先,正如世界上没有相同的两片树叶一样,世界上也不会有相同的两个人。正因为这样,大千世界才丰富多彩、生机勃勃。每一个人的天赋不一样,兴趣和个性不一样,所追求的理想不一样,正因为如此,社会各行各业的不同需求才能得到满足。对天赋好的孩子,教育要竭尽所能去帮助这些孩子充分发挥自己的才能,当他们有一天为人类社会做出丰功伟绩时当然值得别人为他们鼓掌;对天赋不好或者遭遇重大障碍和困难,但又志存高远的孩子,教育也要竭尽所能帮助这些孩子克服障碍和困难,这些靠顽强毅力及克服困难做出惊人成就的人,当然也值得我们为他们鼓掌;而对像《坐在路边鼓掌的人》中这个女儿一样平凡普通,又安于平凡普通,但认真做事、宽厚待人,用自己的善良和爱心温暖世界的人,同样值得别人为他们鼓掌。问题在于,一个孩子想成为和能成为这三类中的哪一类孩子(或者说,除了这三类,还有更多独特的生命状态),不应该也不可能完全由家长和老师说了算。有的孩子可能智力、天赋及对人生的认识本来就平凡,如果硬逼着他们成为英雄和伟人,那最后很可能不但成不了,就连好好做一个对社会有用、自己也泰然享受的简单平凡的人都很难。近些年青少年学生中抑郁症、焦虑症等心理问题日益突出,青少年自杀率也呈上升趋势,就是对教育和社会敲响的警钟。

　　所以,教育的目的不是把孩子塑造成教育者希望的那个样子,而是帮助孩子不断地认识自己的潜能所在,发现和定位自己的独特,并通过实践和努力成为自己希望、对社会也有用的一个人,并能在这种生命状态里体验那份独特和美好。这正是体验教育所追求的一种理想。正如怀特海在《教育的目的》一书的封面上强调的:"学生是有血有肉的人,教育的目的是为了激发和引导他们的自我发展之路。"

第三章　体验教育的理论依据

本书在前言里曾说,基础教育一线学校的相当一部分教师常常觉得理论是抽象空洞的,认为理论对实践没有实质性的帮助,于是这些教师总是沉溺于按部就班的工作常规,只盯着技能和操作的方法技术。然而正所谓"不学无术",不读书、不学习、不研究,不站在教育思想和理论的高度去审视和反思,用这样的态度从事教育实践是肤浅而有害的,因为缺少了思想、理念的积淀和支撑,技能操作也容易陷入殚精竭虑却收效甚微的困境。"教师教育理论素养一经形成,便会成为教师教育行动的一种价值观和信念,虽深藏于教师的教学思想与气质之中,却会以一种无形的力量影响教师的教育行为和态度",教育理论素养的主要功能包括"价值的启迪与唤醒功能""引领与反思功能""教师进行创造性教育实践的智力来源和思想基础"。①

因此,体验教育的思想理念要真正被一线教师所认同,并切实指导教育实践工作,就需要教师对相关理论进行深入学习和研究。实际上,体验教育的思想具有深厚的哲学、心理学、教育学的理论基础和实践传统。

第一节　体验教育的哲学基础

在人类的整个精神文化体系中,哲学是一朵富丽的奇葩,因为哲学研究

---

① 卢丽华:《中小学教师教育理论素养培育:理论基础与策略创新》,《现代教育管理》2020年第6期,第62、64页。

的是整个世界——包括自然界、人类社会和人自身——的一种理论化、系统化的世界观。哲学构成了整个人类知识体系的基础,渗透在全部自然科学和人文社会科学之中。爱因斯坦曾说,"如果把哲学理解为在最普遍和最广泛的形式中对知识的追求,那么,哲学显然就可以被认为是全部科学之母"①。因此,为体验教育提供理论依据,首先毫无疑问要从哲学出发。实际上,体验哲学有深厚的思想传统和现实土壤,本书从中国古代的体验哲学、狄尔泰的体验哲学、《体验哲学——基于体验的心智及对西方思想的挑战》和21世纪哲学的重大转向几个方面兹列一二。

一、知行合一——中国传统文化的体验思想

在中国传统文化里,最早的"知""行"关系大概见于《尚书·说命中》的"非知之艰,行之惟艰"②,意思是说懂得道理并不难,实际做起来就难了。看起来这似乎是主张"行"更重要。不过到了孔子的"学而时习之,不亦说乎"③,似乎"学"作为知识获得的方式与"习"作为知识的应用或实践是受同等重视的。荀子则更明确地说,"不闻不若闻之,闻之不若见之,见之不若知之,知之不若行之。学至于行之而止矣"④,把"行"作为"知"的必要结果。可见先秦时期的思想文化里就有了知行并重的实践哲学思想。

到了宋代理学那里,知行不可偏废,二者相互并进、相互促进的观点仍然得到了重视。朱熹强调说:"知行常相须,如目无足不行,足无目不见。论先后,知在先,论轻重,行为重。"⑤张栻也提出:"行之力则知愈进,知之深则行愈达,是知常在先,而行未尝不随之也。知有精粗,必由粗以及精;行有始终,必自始以及终。内外交正,本末不遗,条理如此,而后可以言无弊。"⑥

① 转引自刘东建、彭新武主编:《人文社会科学概论(第三版)》,首都经济贸易大学出版社2013年版,前言。

② 唐品主编:《尚书全集》,天地出版社2017年版,第111页。

③ 《论语译注》,杨伯峻译注,中华书局2017年版,第1页。

④ 《荀子》,方勇、李波译注,中华书局2015年版,第109页。

⑤ 转引自丁为祥:《宋明理学的三种知行观——对理学思想谱系的一种逆向把握》,《学术月刊》2019年第3期,第9页。

⑥ 《张栻集》,邓洪波校点,岳麓书社2010年版,第3页。

不过,朱熹和张栻尽管都强调知行并重,但也有学者指出二人都主张"知先行后",且"'知'、'行'仍然为二而不是一"①。南宋理学家吕祖谦对"知""行"的关系则和明代大儒王阳明的知行合一观更接近,他曾说:"致知、力行不是两截,力行亦所以致其知,磨镜所以镜明。"

不过,只有到了王阳明那里,"知行合一"之说才得以明确提出,并被纳入王阳明心学的整体结构之中。王阳明曾对知行分离、知先行后的观点进行批判,并进而论证知行是合一的。这里摘录两段他的原话:

> 如今苦苦定要说知行做两个是甚么意? 某要说做一个是甚么意? 若不知立言宗旨,只管说一个两个,亦有甚用? ……某尝说知是行的主意,行是知的功夫;知是行之始,行是知之成。若会得时,只说一个知,已自有行在;只说一个行,已自有知在。……今人却就将知行分作两件去做,以为必先知了,然后能行,我如今且去讲习讨论,做知的工夫,待知得真了,方去做行的工夫,故遂终身不行,亦遂终身不知。此不是小病痛,其来已非一日矣。某今说个知行合一,正是对病的药。又不是某凿空杜撰,知行本体原是如此。今若知得宗旨时,即说两个亦不妨,亦只是一个。若不会宗旨,便说一个,亦济得甚事? 只是闲说话。②

> 夫学、问、思、辨、行,皆所以为学,未有学而不行者也。如言学孝,则必服劳奉养,躬行孝道,然后谓之学,岂徒悬空口耳讲说,而遂可以谓之学孝乎? 学射,则必张弓挟矢,引满中的;学书,则必伸纸执笔,操觚染翰;尽天下之学,无有不行而可以言学者,则学之始固已即是行矣。笃者,敦实笃厚之意,已行矣,敦笃其行,不息其功之谓尔。盖学之不能以无疑,则有问,问即学也,即行也;又不能无疑,则有思,思即学也,即行也;又不能无疑,则有辨,辨即学也,即行也。辨既明矣,思既慎矣,问既审矣,学既能矣,又从而不息其功焉,斯之谓笃行,非谓学、问、思、辨之后而始措之于行也。……天下岂有不行而学者邪? 岂有不行而遂可

①　董平:《王阳明哲学的实践本质——以"知行合一"为中心》,《烟台大学学报(哲学社会科学版)》,2013 年第 1 期,第 16 页。

②　《王阳明全集》第一册,上海古籍出版社 2012 年版,第 4—5 页。

谓之穷理者邪？①

我们从上面两段话可以看出，王阳明的知行合一观实质上并不纠结于理论和言谈，而是强调知和行在实践上本就是一体的，只要实际上贯彻了知行合一和知行并重，则理论和言谈上无论怎样表述都不重要。可见，王阳明的知行合一观和以往的知行观相比，的确非常强调学习和生活实践是不该分也不可分的，这与马克思的实践观和杜威的生活教育思想也是相通的，这也是体验教育的根本出发点。

二、狄尔泰的体验哲学——教育是"生命把握生命"的精神科学

在西方，"体验"这个概念从拉丁词 experior 得来，意为去证明（to prove）或是去验证（to test），一般指从感觉而非推理获得信息。德国哲学家、历史学家、心理学家、社会学家威廉·狄尔泰在其生命哲学里把"体验"作为其哲学思想体系的一个主要概念，同时其内涵也是在不断丰富和发展中的。我们知道，狄尔泰是哲学史上一位承前启后、继往开来的思想家，也有人称他是自亚里士多德以来最后一位百科全书式的人物。

狄尔泰认为哲学应该更多地致力于对生命和体验的探索，生命的起点和终点永远根植于我们对生命的意识和体验之中，这种内在的形而上学的意识是永恒的，因此狄尔泰一生致力于对"精神科学"的探索，反对当时因为自然科学的突飞猛进导致人文学科对自然科学的模仿这一现实。狄尔泰的精神科学是"生命在这里把握生命"的一门科学。生命如何把握生命？狄尔泰进一步提出"通过内在体验到的意识事实来把握现实，而分析这些意识事实就是精神科学的中心"②。其实这就是狄尔泰很有名的那句"自然需要说明，而人需要理解"所揭示的重要思想。认识外部物质世界可以借助自然科学及其实证主义的方法，但关于人，关于人的生命，则要通过意识

---

① 《王阳明全集》第一册，上海古籍出版社 2012 年版，第 45—46 页。
② 转引自李红宇：《狄尔泰的体验概念》，《史学理论研究》2001 年第 1 期，第 89—80 页。

和体验的方式才能完成。

18世纪晚期到19世纪所谓德国"经典时期"出现了德国唯心主义哲学和浪漫主义思潮,出生在这个时期的狄尔泰发现这个时代有很多文学和思想上的巨人——康德、费希特、黑格尔、歌德、施莱尔马赫等,这些诗人和浪漫主义者使狄尔泰深刻体会到意志和情感在生命中的地位,这些巨人的生命状态和思想理论在很大程度上影响了他的"生命哲学",因此艺术审美体验在狄尔泰那里有着特别重要的价值,他的体验概念也正是在对诗歌等艺术体验的探索和思考中逐渐丰富起来的。例如,他在《诗歌与体验》中指出,"诗的问题就是生命问题,就是通过体验生活而获得生命价值超越的问题","(这种)活的体验是一种独特的模式,它指的是现实在那对于我而存在(there-for-me),它并不是作为被感知或被表象到的某物与我相对;它不是被给予我,而是体验到的现实在那为我而存在,因为我有对它的内省,而且我把它视为在某种意义上是属于我的东西而直接地拥有它,只有在思维中,它才是对象性的"。① 而对阅读诗歌作品的读者来说,则是对诗歌反映的生命意义的重新体验,也就是说,诗歌反映的生命意义是具有普遍性的,可以被大多数人体验的。不过,狄尔泰仍然强调这种重新体验是基于对自我的把握,换句话说,只有自我的体验和诗人创作诗歌的体验完全一致时,才可能达到二者思想和情感的完全共鸣。这也是不同读者对同一个作品会产生不同体验的原因,正所谓"一千个人眼中有一千个哈姆雷特",这很好理解。

不过,狄尔泰仍然认为,尽管每个人都有不同的内心世界,有不同的体验,但人的体验具有客观性和普遍性。为此他提出"理解"这个概念来补充个体内在"体验"的局限,而理解实质上也是一种"反思的体验"。狄尔泰早期的"内在体验"是个体心理层面的,而"反思的体验"则是"为了试图将外在的事物加到心理层面的体验中去",这种外在的事物就包括了外部世界,包括他人体验。至此,"理解"不仅包含对个体生命体验的把握,还包含对

---

① 转引自李红宇:《狄尔泰的体验概念》,《史学理论研究》2001年版第1期,第93页。

与此相关联的他人生命乃至社会生活总体的把握。

有人认为,狄尔泰的体验哲学和精神科学存在"唯心主义"的痕迹。但实际上,狄尔泰既强调人内在的意识和体验,同时也并不否认体验的客观现实基础。或者说,狄尔泰的体验是主体和客体的统一,和马克思主张的实践是人对客观现实的能动的把握实质上是相似的,只不过狄尔泰更重视人的主体体验,而马克思则更强调实践对现实世界的能动改造,二者的统一恰恰对教育实践活动有重要的启示:教育应该重视人的体验(包括教师和学生),只有这样才会实现"生命对生命的把握",才会更好地发挥教育功能;教育在立足人的主观体验的同时,也要以客观现实为基础,并在对人的体验的把握的基础上,更好地培养人,这即是教育这种特殊实践活动对现实世界能动改造的体现。

教育科学本质上属于狄尔泰所强调的"精神科学"的范畴,因为教育科学是教育者和受教育者之间"生命对生命的把握",所以体验和理解应该成为教育实践活动的核心。

三、《体验哲学——基于体验的心智及对西方思想的挑战》——认知科学的革命

加州伯克莱大学的语言学教授雷可夫和俄勒冈大学哲学教授约翰逊于1980年合作出版了《我们赖以生存的隐喻》一书,该书在批驳西方客观主义哲学传统的基础上提出了"Experientialism"这一哲学理论,和传统的经验主义旨趣迥异,因此国内一般译作"现代经验主义"或"新经验主义"。1999年雷可夫二人集十几年研究之大成再次合作出版了《体验哲学——基于体验的心智及其对西方思想的挑战》,并在书中正式用 Embodied Philosophy (Philosophy in the Flesh)这一术语代替 Experientialism 国内一般翻译为"体验哲学"。"这一理论对客观主义进行了严厉的批评,与英美分析哲学和乔姆斯基基于混合哲学(二元论+形式主义)的心智观针锋相对,也是对普特南提出的内部实在论的一个发展,在西方哲学界、认识科学界和语言学界引起了很大的轰动,并产生了'深远的影响',被认为是一本具有开拓性的著

作，彻底改变了传统的西方哲学观，对西方思想形成了一个巨大的挑战，并对许多学科产生了深远的影响。体验哲学成为第一代和第二代认知科学的分水岭，也是认知语言学的哲学基础。"①

雷可夫二人在书中将经验主义和理性主义两种哲学思潮中的主要观点冠之以"客观主义"，其主要观点和特征包括：现实世界中的范畴、关系是客观存在的，独立于人的意识，可根据客观特征来描写；心智、思维与身体是分离的，与感知经验、心理特性、生理系统、神经机制等脱节，客观世界可通过人的经验镜像般地反映到心智和思维之中，换句话说，心智和思维中的概念范畴仅是对外部客观范畴的自然、如实的映射，为保证这种镜像性，必须排除任何不反映客观范畴特征的东西，否则就不能反映世界的真实性；意义仅是外部世界在心智内部镜像化的客观表征，是概念和客观事物之间的固定关系，这种具有固定性和准确性的意义才代表真正的知识。

雷可夫二人1999年在早期"新经验主义"的基础上提出的"体验哲学"吸收了客观主义的合理成分，如概念结构会受到客观现实的限制，也受到我们所具有的功能的限制，但在许多关键性原则立场上，他们对客观主义进行了批判，如客观主义丢弃了人的主观能动性，忽视人的身体经验、生理构造、认知方式、丰富想象力所起到的重要作用。当然，他们也清醒地认识到否定客观主义并不等于要走上不顾外界实际，单凭主观意识和想象，认为意义和真理不受客观现实的约束这一主观主义的道路。他们的"体验哲学"强调主观和客观的相互依存性，认为人的思维、心智、身体运动，都与生理、神经有关，而且具有体验性和互动性，意义也是基于体验的心智现象，是主客互动的结果。这种理论"在认知科学中指各种心智运作或心智结构，这种运作和结构大部分是无意识的，包括视觉加工、听觉加工、动觉加工、记忆、注意、情感、思维、语言，等等"，因此雷可夫二人很强调思维的隐喻性，认为"隐喻的基本作用是从始源域将推理类型映射到目的域"，"隐喻在我们的日常生活、语言、思维以及哲学中无处不在，不用隐喻来思考经验和推理是

①　王寅：《体验哲学：一种新的哲学理论》，《哲学动态》2003年第7期，第24页。

很难想象的。隐喻不是伟大诗人的创新,而是人类正常认知世界的方式,是人类所有思维的特征,普遍存在于全世界的文化和语言之中"。①

如果说狄尔泰的体验哲学更多地适用于精神科学领域,那么雷可夫二人的体验哲学则在范围上拓展到了包括认知科学在内的一切思维活动。换句话说,在人类一切社会实践活动中,体验都是人认识改造世界至关重要的一种方式。在教育实践活动中,体验不仅仅是教育者和被教育者之间"生命对生命的把握",也是学生学习知识必不可少的方式。第六章论述学科知识教学改革时,还会对体验、隐喻在学科教学中的运用进行更为深入的分析。

四、《21世纪哲学:体验的时代?》——体验哲学的转向

把21世纪哲学定位为体验的时代,在国内学术界最早见于孙利天教授的《21世纪哲学:体验的时代?》一文。孙利天教授在该文中指出:"按照《导师哲学家丛刊》的历史线索,我们发现西方近代哲学的一个最为重要的主题词即'理性'。从17世纪的'理性的时代'到20世纪的'分析的时代',四百年的西方哲学可以归结为'理性哲学'。"②之所以提出21世纪进入体验哲学的时代,就是基于对理性哲学的批判。

所谓17世纪的理性时代,指的是发端于17世纪的启蒙运动,对什么是启蒙,康德的回答就是"勇敢地运用自己的理性",因此这个时期是极具批判色彩的时代。我们知道,启蒙运动之前的文艺复兴运动已经掀起了一场思想解放运动,恩格斯称文艺复兴运动是一个"需要巨人而且产生了巨人的时代,那是一些在思维能力、激情和性格方面,在多才多艺和学识渊博方面的巨人"③。不过,文艺复兴并没有推动形成现代实验科学和工业技术革命所需要的科学观念体系。因此国内有学者根据启蒙运动研究专家安东尼·帕格顿的思想指出:"启蒙运动是现代性的真正开端……因为它最初

---

① 转引自王寅:《体验哲学:一种新的哲学理论》,《哲学动态》2003年第7期,第28页。
② 孙利天:《21世纪哲学:体验的时代?》,《长白学刊》2001年第2期,第36—37页。
③ [德]恩格斯:《自然辩证法》,人民出版社2018年版,第9页。

就不愿拯救神圣的过去,反而以未来的名义攻击过去。……启蒙主义思潮和启蒙运动变革是一场破旧立新的历史进程,其实质是摆脱旧制度的束缚而建立一个新的现代工业文明新体制。"①启蒙运动后,人类加速进入以理性、科技、自由、法治、人权等为标志的现代社会,这是人类历史的重大突破。但随着后来理性日益变得工具化,制度的僵化和异化、人的空心化等问题在很大程度上使人们越来越"感受到生活的焦虑、恐惧和无家可归的荒诞现代化","现代化失去了朝气蓬勃、蒸蒸日上的鼓舞人心的力量和动能"。②

在意识的内在结构中,理性区别于欲望、情感、意志等非理性因素,理性主义哲学把这些非理性因素看作是由理性所主导、统摄、支配的心理因素,进而在理性的反思中使其逻辑化、理性化。然而整个四百年的理性哲学包含着一个令人困惑的悖论:一方面,理性哲学把人从宗教幻想、政治压迫和自然奴役中解放出来,彰显了理性的力量和人的主体性,这也是近代科学技术获得迅猛发展的一个重要原因;但另一方面,理性哲学又把理性作为工具,并和科学技术相结合,从而蜕变为宰制一切的工具理性,这也是工具理性批判成为 20 世纪后半叶西方社会批判理论的重要主题的原因所在。

实际上,"一般认为,至少从费尔巴哈以来,西方哲学即已开始消解理性主义的哲学传统。费尔巴哈以感性直观、马克思以实践的感性物质活动、尼采以权力意志、弗洛伊德以无意识、存在哲学以人的存在对抗哲学中的抽象理性,消解理性在人性或意识性中的中心地位。但在我们看来,这些对理性的反叛和抗争仍未超越现代性的视野,因而也并未能动摇理性在哲学中的中心地位"③。但从 20 世纪后半叶开始,对理性主义的批判进入了全新的时代。例如,后现代主义是 20 世纪后半叶在西方社会非常流行的一股哲学文化思潮,它是基于对现代人类生存危机的反思而产生的,它以一种新的观点和思维方式来观察世界,其特征主要是反基础主义、质疑科学和理性、强调不确定性等,其中激进后现代主义更是"志在向一切人类迄今为止所

---

① 江宁康:《启蒙运动与西方现代文明的起源》,《人文杂志》,2019 年第 6 期,第 83 页。
② 邓安庆:《西方哲学发展趋势之思考》,《社会科学战线》2020 年第 1 期,第 2 页。
③ 孙利天:《21 世纪哲学:体验的时代?》,《长白学刊》2001 年第 2 期,第 37—38 页。

认为究竟至极的东西进行挑战,志在摧毁传统,封闭,简单,僵化的西方思维方式"①。

正因为如此,21世纪哲学进入"体验的时代"就具有了很深的社会根基。到底什么是哲学视界的体验?孙利天教授从对理性主义哲学的主体与客体、主观与客观二元对立的批判出发,对"体验"进行了说明。请允许我在此引用孙利天教授这篇文章里一段颇具"体验"色彩的生动描述:

> ……体验不单纯是为人所显现的经验,它同时是给予性的经验,它是我们在某种生活方式中世界赐予我们的赠品,是我们不得不接受的馈赠。它或者使我们欣喜,或者使我们颤栗,或者使我们若有所思。一方面体验使我们的身体、我们的存在和生活发生确定性的改变,这种改变在我们的生命过程和时间意识中留下了痕迹,但却不能测量和规定它的准确意义;另一方面体验给予我们的周围世界以一种深度的模糊、自在的奥秘、理性或思维规定边缘的不规则性、异质性、流变性,都使意义的世界难以中心化、理性化。体验是非规定性的思,从而也是非统治、非宰治存在的思,它倾听着、感受着、领悟着,在主客统一性中经历着生命过程和周遭世界的变化。体验着的人当然在生活、在行动,但他已没有理性主体的轻狂和傲慢,却具有了自然赠予的厚重和丰富。②

这段话揭示出"体验"是主体和客体、人和世界的一种交互作用,而因为人是不同的,所以哪怕客体和世界是相同的,每个人的体验也会有不同。因此所谓21世纪哲学是体验的时代,也意味着21世纪进入了一个多元化的时代。在这个多元化的时代里,绝对的规定被消解,每个人来到这个世界就注定要在自己无法选择的环境中生存着、实践着,也体验着,并通过这种实践和体验对自我的独特性进行塑造。这种转向的意义赋予了个体极大的选择自由,但同时又可能把人抛入一个极具挑战的、令人眼花缭乱的"花花世界"中。不过,与差异性相对的,还有人的共性。人在文化、心理、行为等

① 王治河:《论后现代主义的三种形态》,《国外社会科学》1995年第1期,第42页。
② 孙利天:《21世纪哲学:体验的时代?》,《长白学刊》2001年第2期,第38—39页。

方面具有相同性,因此体验也存在共性的部分,这也是人与人之间存在同情理解的根据,但这种共同性和差异性的交织也使得体验和关系变得更为复杂。

此外,当消解绝对理性后的"不确定"本身成为一种新的"绝对化"思维和行动选择的绝对依据,也可能带来新的困境甚至危险。再以后现代主义道德观及其对学校教育可能带来的问题为例。后现代主义德育观实质上是一种道德相对主义,强调个体对道德价值的自主选择,但自由意志的个人相对主义无法回答这些疑问:个体各自体认的价值如何避免与社会价值相忤?既然没有绝对的、终极的道德,那么如何担保学生内在地获得了符合社会发展要求的道德呢? 正如英国道德哲学家彼得斯所批评的那样:"我特别对美国大学教师的特有现象感到惊奇,他们对社会学家们关于道德相对论的讨论过于认真,以致他们将永远不说任何事情是对的还是错的。如此一来,师生都在一种模糊的语境或场景中交流,对话,我们不知道他们能分享什么,也不清楚他们究竟是以什么目的而从事这样的道德教育活动。"①如果学校听凭学生各自选择自己的价值,任何学生都可以为自己的任何行为做出在极端相对主义者看来是合理的价值的辨析,这种教育所可能导致的结果恐怕只能是模糊和混乱。正如后现代哲学家鲍曼所说的那样:"我们的时代是一个强烈地感受到了道德模糊性的时代,这个时代给我们提供了以前未享受过的选择自由,同时也把我们抛入了一种以前从未如此令人烦恼的不确定状态。"②

20 世纪末 21 世纪初,在中国大学校园中产生的庸俗后现代热潮就是这种道德相对主义和文化多元主义所导致的。这一代大学生是在深切感受到中国物质贫乏而西方却拥有发达文明的悖论和创痛中成长起来的,于是以怀疑和嘲弄为特点的文化艺术作品在一大群精神茫然无着的大学生中风靡。他们体验着后现代主义作家笔下的痛苦与荒诞,高唱着"一无所有"和

---

①　转引自唐爱民:《论相对主义的道德教育观》,《教育科学》2004 年第 5 期,第 10 页。
②　[英]齐格蒙特·鲍曼:《后现代伦理学》,张成刚译,江苏人民出版社 2003 年版,第 24 页。

"流浪歌",开始一种精神的流浪。没有对道德的严肃态度,有的只是批判与诡辩;放弃了对社会、对他人的责任,而以个人主义、实用利己主义取而代之。这样的大学生何以担当国家富强,民族振兴的历史重任? 令人忧虑的是,这种虚无主义和个人主义在很大程度上也弥漫到包括成年人和未成年学生在内的更为广泛的群体。因此,我们要警惕后现代主义的"不确定性"带来的消极影响,防止道德教育滑向绝对的相对主义和彻底的虚无主义。实际上,就是在西方,在经历了价值混乱和道德滑坡之后,一些国家如美国已从 20 世纪 80 年代末开始走向道德教育传统的复归,即所谓"重建品德教育",重视在学校德育中倡导主流社会认可的价值观念。

从对后现代德育观和今天学校德育面临的挑战这一讨论中回到这一节的主题,我在本节的最后做一个总结性的说明。在某种程度上说,21 世纪哲学的确进入了体验的时代,或者至少可以说"体验"是当代哲学的一个重要主题,这有利于矫正理性主义哲学和工具理性膨胀带来的种种弊端,因此值得教育学术界和教育实践工作者好好研究。不过,尽管教育在很大程度上要以哲学为基础,但是教育作为一种培养人的特殊社会实践活动,当然要对体验的内涵进行教育视角的重新思考。体验教育所倡导的,也正是教师和学生在教育和学习实践活动中充分发挥自己的主体作用,在实践和体验中丰富和发展自己生命的意义,从而为教育理论和哲学思想的发展提供丰富而有意义的实践依据。

第二节　体验教育的心理学依据

教育是促进学生学习的活动,而从普通心理学的角度来看,"学习是个体在一定情景下由于反复地经验而产生的行为或行为潜能的比较持久的变化"[1]。对这一概念进行分析,我们会发现,学习包含了三层含义,且每层含义和"体验"都有密切联系。首先,学习是以行为或行为潜能的改变为标志

---

[1]　彭聃龄:《普通心理学》,北京师范大学出版社 2004 年版,第 472 页。

的,而行为或行为潜能的改变都是与人的实践活动相关的,而且这种改变本身就是一种新的体验,或者说伴随着独特的体验。其次,学习引起的行为变化是相对持久的,这种持久性包含着行为改变是可以在实践中接受检验和验证的,这种持久性带来的体验也是"自我实现"的确证。

最后,学习是在练习或经验中发生的,这句话包含着丰富的含义。练习的过程不是简单地重复,不同的练习方式会产生不同的效果和相应的体验,练习及其结果得到的不同反馈同样会对效果和体验有重要的影响,这恰恰是体验教育需要研究的。而经验更是个体在实践体验的过程中发生行为或行为潜能改变的过程,而且这种方式所产生的效果往往更深刻,有时候甚至是瞬间的顿悟。"学习是在个体与环境的交互作用过程中产生的。有机体必须通过练习或经验才能使行为发生改变。有些行为的改变需要较长的时间、需要系统而反复的练习或经验,如学习某种动作技能;有些学习事先难以预料,也不需要多次重复,例如,在马路上看到有人由于开车高速闯红灯而造成车毁人亡的惨剧,仅仅一次经历就可以使你学习到遵守交通规则的重要性。"[1]这种学习的差异也是因人而异的。

可见,从学习的概念来看,学习是个体在实践体验过程中获得"自我实现"的过程,体验教育也是基于此而强调为学生创设这样的体验学习的条件。心理学领域可以对这一论点提供丰富的论据。

一、教育应该培养自我实现的人——人本主义心理学的启示

前文对马斯洛的需要层次理论和"自我实现"这一概念进行了初步说明。这里进一步对人本主义心理学的起源发展和主要思想进行补充说明,以论证人本主义心理学对体验教育的重要启示。人本主义心理学的起源有很多方面,但主要来自两个领域。一是欧洲影响广泛的存在主义哲学,二是美国心理学家卡尔·罗杰斯和亚拉伯罕·马斯洛的研究。

存在主义哲学萌芽于 19 世纪下半叶,其思想渊源主要来自克尔凯郭尔

---

① 彭聃龄:《普通心理学》,北京师范大学出版社 2004 年版,第 473 页。

的神秘主义、尼采的唯意志主义、胡塞尔的现象学等。"存在主义的兴起与流传,一般认为有两种背景因素,其一是传统哲学流于空泛,其二是工业革命后的社会文化变迁,人类在精神文明陷入匮乏后进行的反省。传统哲学中对人性的探讨,无论是唯物论或唯心论,所阐释的都是些抽象概念,对现实的人生存在问题缺乏实质意义,不能使人从哲学探讨中领悟到人生的意义和价值。18世纪工业革命后,社会快速变迁,人类在机械化、系统化、齐一化的生活框架中,失去了独立,失去了自我,失去了意义和价值。"①存在主义产生在20世纪20年代的德国,这其中社会政治因素起了很大作用。19世纪后半叶,马克思主义得到广泛传播,俄国十月革命的成功使资产阶级受到沉重打击。在这样的背景下,欧洲近代国家壮大后向外扩张造成地盘抢夺的第一次世界大战又使作为战败国的德国付出了高昂的代价,人们感到生存受到威胁,尊严遭到破坏,在这种悲观失望情绪的笼罩下,强调个人生存的存在主义由此应运而生。德国的存在主义以海德格尔和雅斯贝尔斯等为代表。第二次世界大战期间,存在主义的中心由德国转移到法国,其原因仍在于社会政治因素——法国在第二次世界大战不久即沦陷为德国的占领区。战争中的迅速失败使法国的知识分子感到失望、痛苦,心情沮丧,从而使存在主义思潮得以蔓延、发展。法国存在主义的代表人物以萨特影响最大。

可见,存在主义的产生和发展与社会生活是密不可分的。正因为如此,萨特把"存在先于本质"这句名言作为存在主义哲学的第一原理就不足为奇了。传统形而上学一般赋予本质以普遍、抽象的特征,认为在时间上本质先于存在。而存在主义则认为,本质先于存在不是一种绝对的、普遍的规定,它只适用于物而不适用于人。人有主观能动性,人是先存在着,然后才试图给自己下定义。换句话说,人是偶然被抛到这个世界来的,这种存在本身没有意义,然后人通过自己的选择和创造实现人生的意义。因此,对人而

---

① 王爱玲:《述存在主义与存在主义教育》,《教育理论与实践》2006年第11期,第5页。

言,存在先于本质。

　　存在主义强调人是在无意义的宇宙中生活,但人可以通过自由选择、自我意志的作用成就自己独特的人生,从而实现存在的意义,这直接成为人本主义心理学的理论基础。人本主义心理学兴起于 20 世纪 50 年代的美国,70—80 年代获得迅速发展,被称为心理学的"第三势力"。之所以被称为"第三势力",是相对于当时影响很大的行为主义和精神分析学派而言的。除了时间上的先后因素外,人本主义和行为主义、精神分析学派在思想主张上也存在重要的差别。行为主义心理学的"刺激—反应"核心原理把人等同于物体或动物,过分强调外部环境刺激对人的行为的塑造作用,忽视人的内在本性和主观能动性。弗洛伊德创立的精神分析学派从研究神经症和精神病人出发,过分强调人的自然本能的一面,过分强调无意识和早期经验对人格的影响,忽视了人是可以能动发展的,人是可以自由选择和自我实现的。

　　和行为主义、精神分析学派不同,人本主义心理学强调人的尊严、价值、创造力和自我实现,把人的本性的自我实现归结为潜能的发挥,且潜能同样具有类似本能的性质。该学派的主要代表人物是美国心理学家马斯洛和罗杰斯。前面已经指出,马斯洛对人类的基本需要进行了研究和分类,将之与动物的本能加以区别,提出人的需要是分层次发展的,并从低到高安排在一个层次序列的系统中,在这个需要层次系统中,最低级的是生理的需要,最高级的需要则是自我实现。尽管高级需要须以低级需要为基础,但人之所以不同于动物,恰恰体现在人对高级需要的追求和实现上。引导个体在低级需要得到一定满足的情况下不断实现高级需要,这正是体验教育所追求的目标,也是人类文明进步和发展的方向。

　　卡尔·罗杰斯是人本主义心理学的另一位先驱。关于自我的理论是罗杰斯人格理论的核心,也是他的"来访者中心"和"学生中心"的人本主义心理治疗理论和教育理论的基础。罗杰斯强调人格由"经验"和"自我概念"构成,当自我概念与知觉的经验呈现协调一致的状态时,他便是整合的、真实而适应的人,反之他就会经历或体验到人格的不协调状态,而自我概念是在个体与环境相互作用的过程中形成的。儿童出生以后,随着身心的成长,由最初的物我不分、主客不分,到逐渐把自我与环境区分开来,并在语言的帮助下进一步分清了主我(I)和客我(me)。罗杰斯用"无条件积极关注"来解释自我发展的机制。所谓无条件积极关注是一种没有价值条件的积极关注体验,即使自我行为不够理想,儿童也觉得自己仍受到父母或他人真正的尊重、理解和关怀。换言之,在一切情况下,个体都感觉到自己的价值,因而也就没有了防御行为的需要,这样才会在自我实现的道路上无拘束地发展一切潜能,达到最终指向的目标,成为一个健康人格的人。有学者研究后指出,获得无条件积极关注的具有健康人格的人有这样一些特征:(1)经验的开放性,即对一切经验采取开放态度,个体毫无拘束地体验所有的情感和经验,他们不封闭自我;(2)存在主义的生活方式,即对生活有着清新感,生活于存在的每一瞬间;(3)信任自己的机体,即健康的人格犹如一切资料都程序化了的计算机,并不徒劳地思虑所面临的每一件事情,但是他们考虑问题是全面的,并且能对行动的过程迅速做出决定;(4)富有自由感,即机能健全的人是"意志自由"的人,他们的决定都是出自个人的意愿,而不是受外部的强制或内部的压抑,他们能享受到生活的个人权力感,相信未来是自己决定的;(5)高度创造力,即这种人富有创造和创新能力,而不是遵循或者消极适应社会和文化传统。① 后来罗杰斯把无条件积极关注的自我发展理论应用于心理治疗,提出治疗者对来访者的态度也应该是无条件的积极关注,这样才有利于来访者克服障碍,运用自身的资源和潜能解决存在的问题,这就是他的"患者中心疗法",后来称"来访者中心疗法"。由于他的卓越贡献,罗杰斯于1947年当选为美国心理学会主席,1956年获美国心理学会颁发的杰出科学贡献奖。

罗杰斯不仅使心理学走上了真正研究"人"的科学道路,也将心理治疗的"来访者中心疗法"延伸到教育领域,提出以学生为中心的非指导性教育理论,从而有力冲击了传统灌输式的教学方式,为教育改革提供了全新的视

---

① 车文博:《人本主义心理学》,浙江教育出版社 2003 年版,第 167 页。

角。罗杰斯在其代表作《自由学习》一书中表达了他的自由学习观，即"主张以学生的自发性和主动性为学习动力，把学生的需要、兴趣和潜能有机结合起来，让学生自由地学习具有个人意义的知识，从而促进个体的完整发展和自我实现"[①]。罗杰斯的《自由学习》等多部作品被译为中文，其思想在全世界产生了广泛影响。《自由学习》第3版出版时，罗杰斯的女儿——心理学家娜塔莉·罗杰斯为这本书写序，在序言中她将父亲喻为"一位静悄悄的革命者"。实际上，罗杰斯的非指导性教育理论在今天引发的革命已经不再是"静悄悄的"，我国始于21世纪开端的基础教育课程改革运动实际上在很大程度上和罗杰斯引发的这场教育改革运动密切相关。罗杰斯虽然已经故去，但他所倡导的教育革命才刚刚拉开序幕。我国的新课程改革尽管在一些方面取得了一些成就，但是要深入推进课程改革，我们很有必要对罗杰斯的非指导性教育理论进行深入学习和借鉴，这也是体验教育所致力于研究和实践的。

二、帮助学生超越自卑、追求优越——阿德勒个体心理学的教育启示

阿尔弗雷德·阿德勒是19世纪末20世纪初的奥地利精神病学家，早年曾追随精神分析学派创始人弗洛伊德探讨神经症问题，但后来成为精神分析学派内部第一个反对弗洛伊德心理学体系的心理学家。阿德勒在进一步接受了叔本华的生活意志论和尼采的权力意志论之后，对弗洛伊德学说进行了改造，将精神分析由生物学定向的本我转向社会文化定向的个体心理学或自我心理学，对后来西方心理学的发展具有重要意义。有人把阿德勒归入人本主义心理学先驱之列，就是因为他的理论确实与人本主义心理学有某种重要的关联。也有人把阿德勒归入精神分析学派的大家族中，因为他的理论继承了精神分析学派体系的诸多核心思想。但我认为，阿德勒的个体心理学实际上融合了精神分析学派和人本主义心理学的特质，并把社会文化属性放

---

① 傅林、高瑜：《静悄悄的革命——卡尔·罗杰斯自由学习观研究》，《湖南师范大学教育科学学报》2014年第2期，第116页。

在个体发展中很重要的位置,因此他的理论可以说是独树一帜的。

阿德勒的个体心理学由自卑感、优越感、社会兴趣、生活风格、创造性自我等几大基本概念构成。阿德勒认为,追求优越是人们行为的根本动力,刚出生时优越感只是作为本能和潜能,但从 5 岁左右,则开始建立明确的优越感目标,以带动心理的发展。追求优越和自卑感是密切联系的,阿德勒把自卑与补偿看作追求优越的动力根源,他认为自卑感就某种程度而言普遍存在于我们身上,因为人在婴幼儿时期,在生理、心理和社会三方面都处于劣势,需要依赖成年人才能生存,他们由此必然产生自卑和补偿,此外每个人又总会因为某些原因,如某种身体缺陷或不完美或其他因素,而感到某种程度的自卑。对这种自卑进行补偿,就是大多数情况下人们的正常反应,可以驱使人们实现自己的潜能;但如果只追求个人优越,很少关心他人,其行为往往受过度夸张的自卑感驱使,就不可能成功地进行补偿,从而产生自卑情结,导致人格问题或心理疾病的发生。由此,阿德勒发展出他的个体心理学中非常重要的一个概念:社会兴趣。

阿德勒从"三种联结"出发论证了发展社会兴趣才是真正的"生活的意义"。他在《自卑与超越》一书中指出,"每个人都有三种主要的联结,他必须考虑这三种联结,这三种联结构成了他的现实":"第一种联结是我们生活在这个贫瘠的行星、地球以及其他地方的外壳上,我们必须在种种限制下,利用居住地提供的种种可能性来成长";"第二种联结"则是"我们不是人类的唯一成员,周围还有许多其他成员","我们生活在关联之中,如果孤立无援,就会灭亡";"我们还受到第三种联结的束缚,即人类生活在两性之中","爱情和婚姻问题隶属于这个联结"——这三种联结构成了"所有错误的'生活意义'和正确的'生活意义'的共同尺度","所有失败者之所以都是失败者,是因为他们缺乏同伴感和社会兴趣",正确的做法则是"明白这个事实:知道生活的意义就是对整个人类感兴趣"。① 可见,阿德勒从个人

---

① [奥]阿尔弗雷德·阿德勒:《自卑与超越》,吴杰、郭本禹译,中国人民大学出版社2013 年版,第 2—7 页。

与自然、社会和家庭的关系中最终发展出了他的"社会兴趣"这一重要概念,认为这是生活的意义所在,也是衡量心理健康的重要标准。不过,正如该书中所直接指出的一样:"可能有人会问:'但是对于个人,该怎么办呢?假如他一直为别人着想,为别人的兴趣奉献自己,那么他自己岂不是会感到痛苦?'"对此,阿德勒认为如果个人为着社会兴趣而发展自己,自然也就实现了个人发展的目的,他还以爱情和婚姻为例进行了说明,"假如我们对伴侣感兴趣,假如我们轻松地工作并且丰富了伴侣的生活,那么我们当然会以己所能做到最好的自己。假如我们认为没有任何奉献的目标,就凭空发展人格,那么我们只会使自己盛气凌人并且郁郁寡欢"。① 这与我们的普遍生活经验是相符合的,因为一个人如果自私自利、毫不关心他人,也很难获得和谐美好的人际关系,这个道理和事实显而易见。至此,阿德勒个体心理学的个体与社会统一的观点已经很清楚了。

此外,阿德勒用"生活风格"和"创造性自我"来解释人的自卑感和优越感之间的缠绕关系和发展动力。简单而言,阿德勒把个人追求优越感的目标及其生活方式称为生活风格,生活风格也是人格的统一体、表现了人的个体性,因此因人而异。他认为儿童到 5 岁左右便形成了生活风格,这种生活风格是在家庭关系、生活条件和经验等综合影响下形成的,同样也是个体在这些因素影响下对个人优越感的追求而形成的——当然,如前所指出的,这种优越感的追求也有可能是错误的,如果追求的方向没有指向社会兴趣的话,就无法最终获得真正的"生活的意义"。在这个问题上,精神分析学派对阿德勒的影响就鲜明地表现出来了,例如,阿德勒用相当多的篇幅论证了个体的出生顺序、早期记忆、家庭教养等对个体生活风格的形成起着非常重要的影响。对出生顺序,阿德勒还详细论证了一个家庭里的长子、次子、幼子等会因为不同的出生顺序而面临不同的挑战和问题,而且会持续影响其人格的发展;而早期记忆之所以具有"特殊的重要

---

① [奥]阿尔弗雷德·阿德勒:《自卑与超越》,吴杰、郭本禹译,中国人民大学出版社2013 年版,第 6 页。

性",是因为"它们显示了生活风格的来源及其最简单的表现方式";家庭影响来自个体早期和母亲、继而是和父亲及其他家庭成员的关系,其影响性质取决于这种关系是否推动个体培养出与他人的良好合作,从而发展出适宜的社会兴趣,"童年早期给他们留下的印象会持续一生,家庭中的位置在生活风格上留下了不可磨灭的印记,成长中的每个困难都源于家庭中的对抗以及缺乏合作"。①

当然,阿德勒一方面强调早期经验、环境因素的重要影响,另一方面也指出每个人在形成自己的生活风格时并不是消极被动的,而是能够根据自己的经验和选择积极地建构它,生活风格的形成不是完全被动的,也不是一成不变的。阿德勒用一个例子来说明"童年时期的不幸经验可赋予完全相反的意义",即同样遭受过童年的不幸,可能有三种不同的解释:"我们必须努力去改变这些不幸的情境,并确保我们的孩子得到更好的安置";"生活本不公平,别人一直拥有最好的那一部分,如果世界这样对我,我为何要对世界更好呢";"由于我不幸的童年,我做的每件事都应该被原谅"。② 可见,尽管阿德勒认为早期经验尤其是家庭环境对个体的影响非常深刻,但他也强调个体是可以自主选择和决定的,从而赋予早期经验不同的意义,这样个体就成为"创造性自我",使自己成为生活的主人,这一点就和人本主义心理学家的"自我实现"产生了重要的联系。

不过,总体来说,阿德勒对早期经验和家庭环境的影响力量更为重视——因此一般认为阿德勒仍属精神分析这一流派就不足为奇了。由此,阿德勒对学校教育的重要意义和任务进行了强调,并因此提出自己"大部分的工作"正是"训练教师去理解和帮助"那些"在家庭生活中有过失败的儿童",因此他对教师的工作给予了很高的评价,认为"孩子在家庭生活中所犯的错误是会继续还是得到纠正,都取决于他(教师)。他像母亲一样,

---

① [奥]阿尔弗雷德·阿德勒:《自卑与超越》,吴杰、郭本禹译,中国人民大学出版社2013年版,第47、100页。

② [奥]阿尔弗雷德·阿德勒:《自卑与超越》,吴杰、郭本禹译,中国人民大学出版社2013年版,第8页。

是人类未来的守护神,他所提供的服务不可估量"。① 尽管阿德勒不是教育家,但是他提出的学校教育的理念和方法与体验教育的思想是一致的。例如,他说:"讲授课程的最好方法就是与生活的其他部分紧密相连,这样孩子就能看到教导的目的和他们学到的实际价值。"②

总的来说,阿德勒强调人生而兼具自卑感和对优越感的追求,个体只有发展社会兴趣,致力于对社会做出贡献,才会真正超越自卑感而实现优越感;如果儿童在某种消极的早期经验尤其是家庭环境中形成错误的生活风格,就会持续影响到他的成年时期;个体在形成自己的生活风格时也并不是消极被动的,而是能够根据自己的经验和选择进行积极建构和调整改变,但做到这一点并不容易,因此学校教育就应该对在家庭生活中形成错误生活风格和优越目标追求的儿童担负起教育和引导的责任,而且这种教育应该是致力于改善生活实践,同时有助于个人发展和社会发展统一的。

三、教育应关注学生的积极体验和人格——积极心理学的新视角

积极心理学(positive psychology)是美国宾夕法尼亚大学教授马丁·塞利格曼(Martin E. P. Seligman)于1998年出任美国心理学会主席时倡议及定位的。2000年,Seligman 和 Csikzentmihalyi 在《美国心理学家》(*American Psychologist*)上刊登《积极心理学导论》一文,以此为标志,积极心理学正式创立。塞利格曼是美国心理学家、著名的学者和临床咨询与治疗专家,主要从事习得性无助、抑郁、乐观主义、悲观主义等方面的研究,曾获美国应用与预防心理学会的荣誉奖章,并由于他在精神病理学方面的研究而获得该学会的终身成就奖。

2002年,塞利格曼出版了他的一本积极心理学代表性著作《真实的幸

① [奥]阿尔弗雷德·阿德勒:《自卑与超越》,吴杰、郭本禹译,中国人民大学出版社2013年版,第102、117页。

② [奥]阿尔弗雷德·阿德勒:《自卑与超越》,吴杰、郭本禹译,中国人民大学出版社2013年版,第105页。

福》。之后他在另一部著作《持续的幸福》中说："在我写《真实的幸福》时，我想叫它《积极心理学》，但出版商认为，书名里有'幸福'这个词能卖得更好。我曾在与编辑的多场小战斗中胜利，但从来没有在书名方面获胜，于是这个词就硬塞给了我。这个书名以及'幸福'这个词的主要问题，不仅在于它无法充分解释我们追求什么，还在于现代人会由'幸福'立即联想到高涨的情绪、欢乐、喜悦、微笑。每当积极心理学上新闻时，那个可怕的笑脸就会被硬塞给我，着实恼人。以前，'幸福'的含义并没有与愉悦这么近。当托马斯·杰斐逊在《独立宣言》中宣称人们有'追求幸福的权利'时，它与快乐或者高兴相去甚远，而当我发起积极心理学运动时，我的初衷就与此相去更远了。"①

为什么当人们会由"幸福"这个词联想到"那个可怕的笑脸"，让塞利格曼感到"着实恼人"？塞利格曼没有解释。积极心理学的另一位代表人物克里斯托弗·彼得森在《积极心理学》一书中梳理过"对积极心理学的质疑"并进行了卓有见地的回应。针对"积极心理学仅仅是一门有关幸福的学问吗？"这一质疑，他说："当主流媒体拿积极心理学来作秀时，似乎没有人会质疑积极心理学所讲的故事，然后媒体再配上一副哈维·贝尔的笑脸做插图，向读者炫耀那惹人嫉妒的荣耀。这种形式的报道严重误导了读者，因为它倾向于将积极心理学等同于幸福学，但它仅仅是幸福的表面形式而已。……我所述及的积极心理学确实有很大篇幅是关于幸福和愉悦的，但这里面涵盖的东西远比一个简单的微笑要复杂。积极心理学家研究积极的特质和素质——比如像善良、好奇的性格特点以及团队合作的能力等——还有价值观、兴趣、天分和才能等。积极心理学家也致力于研究能够承载美好生活的社会构成：友情、婚姻、家庭、教育、宗教等。"②

尽管"幸福"成为一个被滥用到几乎毫无意义的词语，尤其很难作为一个科学术语付诸研究，因为它太抽象了；但毫无疑问，"幸福"仍然是人们所

---

① ［美］马丁·塞利格曼：《持续的幸福》，赵昱鲲译，浙江人民出版社 2012 年版，第10 页。

② ［美］克里斯托弗·彼得森：《积极心理学》，徐红译，群言出版社 2010 年版，第 4 页。

孜孜以求的。因此,塞利格曼仍然会最终采用《真实的幸福》和《持续的幸福》作为代表性著作的书名,并不仅仅为了书能卖得更好——如果这样的书名真的可以让书卖得更好,那也恰恰说明人们的确对"幸福"是很渴望的。在《真实的幸福》里,塞利格曼认为幸福包括三个元素:积极情绪、投入和意义;在《持续的幸福》一书中,作者则在这三个元素的基础上补充了"积极的人际关系"和"成就",从而把他所谓的《真实的幸福》之"幸福 1.0"升级到《持续的幸福》之"幸福 2.0"。

无论是"幸福 2.0"还是"幸福 1.0","积极情绪"都是"幸福"的第一个元素,也是至关重要的一个元素,这也许是"积极心理学"这个名称的一个重要缘由。当然,积极心理学并不仅仅只包含"积极情绪"。即使就幸福的元素来说,投入、意义、积极的人际关系、成就也是着眼于"积极"方面的。实际上,积极心理学的基本前提就是:人类的优点、卓越之处和人类的缺点、无能为力之处是共同真实存在的,正如快乐和痛苦的体验是共同真实存在的一样;过分关注负面、消极的问题而忽视正向、积极的方面的心理学是有问题的。每个人的生命都会经历高峰和低谷,积极心理学并不否认人生也有失意痛苦之时。但积极心理学认为,目前的心理学主要致力于对人类问题的解决和补救,对心理疾病的过分重视导致了很多弊端,因此是时候修正这种不平衡了。因此积极心理学强调:"心理学不仅要关注疾病,也要关注人的力量;不仅要修复损坏的地方,也要努力构筑生命中美好的东西;不仅要致力于治疗抑郁痛苦的创伤,也要致力于帮助健康的人们实现人生的价值……当代积极心理学的贡献在于,要捍卫被孤立出去的理论和研究,以及使生命更有意义的研究任务在心理学领域能够占有一席之地。至少直到心理学能够接受在研究疾病和问题的同时,也能够花精力用在美好和积极的方面。"①

可见,积极心理学特别强调人的积极生命体验,而且这种体验和实践、行动是分不开的,因为"幸福"元素中的投入、人际关系等都是在生活实践

---

① ［美］克里斯托弗·彼得森:《积极心理学》,徐红译,群言出版社 2010 年版,第 3 页。

中发生的,意义、成就实际上就是一种自我实现,而这些所带来的积极情绪更是体验的重要组成部分。此外,对于如何可以追求到这种幸福,产生积极的生命体验,积极心理学更是特别强调行动实践,并研发了众多在实际生活中进行练习和行动的体验活动。这里介绍积极心理学中的"感谢信"这一实践练习体验活动,为了帮助读者比较完整地了解,请允许我引用相关书籍的几段话:

美国社会似乎缺少感激的美德,也就是向那些帮助了我们的人正式地表达感谢之情的习惯。想一下身边的人——我们的父母、朋友、老师、教练、组员、同事等——他们中有多少人曾经对我们特别好,却从来没有听到我们对他说一声谢谢。感谢信的训练就是要告诉大家,给这些人写封表示感激的信件,详细描述一下为什么我们会心存感激。如果可能的话,请你当面交给收件人,并等他读完这封信。如果这样做不太可能,可以通过邮寄或传真的方式把信给他们,然后打个电话说明一下此事。

我们见证过数十封感激信的赠予活动,每一次画面都非常感人,接受感谢信的人都被深深地感动着,很多人流着眼泪看完信件,写信的人同样因此而欣慰和满足。这些感谢信有的写给爸爸或妈妈,有的写给朋友或配偶,还有老师或上司,兄弟或姐妹(有趣的是,大学生中很少写感谢信给自己的男朋友或女朋友。可能是因为感激之情可以明显地表达出来,或者也可能是因为青少年时期的"酷"延续到了现在)。在写感谢信的时候,有些人表现出迟疑,是因为担心如果表达自己对母亲的感激的话,父亲可能会感觉些微的失落。其实这并不太可能,因为如果母亲被感激的话,父亲往往也会非常高兴。

我们从这两段话可以看出写感谢信的训练是很有助于促进和谐温暖的人际关系的,之所以如此,是因为在这种写信和接受阅读的过程中,每一个人都有很美好的情感体验,而且这种互动和体验也有助于我们更深地体会到"感激需要表达出来"以及这样做带来的美好结果,这样以后在生活中我们可能会更多更容易地以各种方式向他人表达感激之情,从而促进和谐的人际关系。我们中国人往往比较含蓄，更少表达内心的感激，因此这一练习尤其具有重要的意义。中小学的"感恩"主题班会可以借鉴积极心理学的这种做法，从而让学生在行动、互动的过程中体验表达感激带来的美好感受，这通常比单纯地说教能产生更好的教育效果。这正是体验教育所倡导的一种理念。

可能有人会说积极心理学的这套幸福理论更多适合德育和心理健康教育，对知识学习领域用处不大。这种认识是武断而片面的，另一位积极心理学的代表人物米哈里·契克森米哈赖研究提出的心流理论对体验教育视角下的知识学习就有非常重要的启示。

人们从事某项活动或者任务时，有时候会达到一种完全融入其中乃至废寝忘食的状态，美国的积极心理学家米哈里·契克森米哈赖最早关注这种现象，并把这样独特的心理体验称为"心流"，并以"最优体验心理学"命名心流理论，他在其代表作《心流——最优体验心理学》中把心流体验的要素分成八项，即工作是可完成的、全神贯注、明确的目标、即时的反馈、自然投入并乐在其中、自由控制、忘我状态、时间感改变，书中对这种"心流"体验还有一段生动的语言来描述："它像是一名水手，握紧鼓满风帆的缆索，任凭海风吹拂发际，感觉船只破浪前行的喜悦——此时帆、船、风、海四者，在水手的血管中产生了一种和谐的共鸣。"①该书还深入探讨了"如何在日常生活中寻找心流""感官之乐""思维之乐""工作之乐""人际之乐""在挫折中如何自得其乐"，并以此说明追寻生命的意义是何等重要。可见，心流理论同样特别注重在实践和生活中去发掘心流这种最优体验。教育如果能引导学生实现这种最优体验，则不但能极大提高学生的学习效率，更重要的是提升学生的生命品质，这正是体验教育所关注和强调的。本书后面会进一步对这种最优体验进行说明。

此外，关注人的积极情绪体验和积极人格培养既是积极心理学的贡献，

---

① ［美］米哈里·契克森米哈赖：《心流——最优体验心理学》，中信出版集团2017年版，第126、65页。

也是容易被人诟病之所在。相对来说,致力于培养积极人格所引起的争议并不大,毕竟心理学的目的应该是有助于培养人的积极人格的。但积极心理学过分关注积极情绪体验,则引起很多人的批判。因为痛苦、烦恼、愤怒等消极情绪毕竟是人类生活中很重要的一部分,一些现实主义者和悲观主义者甚至会说,"生活难道不是一出悲剧吗?"的确,这是一个很值得探讨的重要问题,本书将在后面关于情绪情感的部分对这一问题进行更进一步的分析。

第三节　体验教育的教育学传统

体验教育强调教育是培养社会性和个性辩证统一的特殊社会实践活动,因此教育应该与客观的、现实的、丰富的社会生活世界发生本质联系,引导学生在这一实践过程中不断认识自己的潜能,成为自我实现的人,并能在这种生命状态里体验那份独特和美好。前面对杜威的民主主义教育思想和生活教育思想及夸美纽斯的教学论思想已有说明,这里再补充一些教育学思想和相关研究及实践来说明体验教育有着深厚的教育理论和实践传统。

一、陶行知的生活教育思想

陶行知是中国20世纪最伟大的教育家之一。近代中国的多灾多难使"教育救国"成为许多知识分子的梦想,陶行知正是其中最为杰出的人物之一,他以"捧着一颗心来,不带半根草去"的赤子之心毕生致力于教育事业,对我国教育的现代化做出了开创性的贡献。陶行知继承和发展了杜威的教育哲学,立足于中国国情提出的"生活教育理论"对中国教育理论和教育实践影响深远。

在西方教育史上,对生活与教育关系的论述,以英国教育家斯宾塞的"教育准备说"和美国教育家杜威的"教育即生活"影响最大。斯宾塞提出"教育要为完美生活做准备",并提出一个以科学知识为中心的学校课程体系,对西方教育的发展产生了重要影响,但"斯宾塞的生活教育是着眼于未来生活需要,而学校教育内容则是围绕着这一需要来安排的,在这一思想指导下的西方学校教育过于强调未来的成人生活而忽视当下的儿童生活,把儿童的学校生活和教育生活与其家庭生活和社会生活割裂开来"①。因此杜威提出"教育即生活""教育即生长""学校即社会",以弥合教育与生活之间的裂缝,强调关注儿童当下生活的意义,强调学校教育与儿童的社会生活相联系。

陶行知的生活教育思想深受王阳明和杜威思想的影响,"如果王阳明的心学对于陶行知来说是思想成长的指导的话,杜威的实用主义则是陶行知行动的指南"②。我们在前面对王阳明的知行合一的思想进行了说明。这里我们要强调的是,王阳明的思想作为传统文化的一部分,对青年陶行知有潜移默化的影响。我们知道,陶行知原名为陶文濬,青年时期因为崇拜王阳明的"知是行之始"而改名"陶知行",后来他深感实践的重要意义,于是又改名为"陶行知",强调"行是知之始,知是行之成"的观点。

1914 年当陶行知由上海乘船赴美留学,美国城市的摩天大楼等现代化设施让初到美国的陶行知深刻地感受到中美之间经济发展的巨大差异,加上当时杜威的《明日的学校》《民主主义与教育》相继出版,杜威不满美国传统教育的灌输和机械训练的教育方法,积极主张教育变革,主张从实践中学习,这与陶行知对中国教育现状和变革的内在驱动力的思考是不谋而合的。正因为这样,陶行知后来师从杜威学习,并和杜威保持了多年的直接交往和书信交往。不过,陶行知对杜威的理论采取的是批判继承和改造创新的态度。周洪宇用"继承中的超越与超越中的继承"③来形容陶行知基于中国国情对杜威理论的成功改造,费正清也评价说,"陶行知是杜威的学生,但他

---

①　王璞:《陶行知生活教育理论的特质及其当代价值》,《福州大学学报(哲学社会科学版)》2013 年第 2 期,第 104 页。

②　刘训华、周洪宇:《心中的世界:陶行知对王阳明、杜威思想的接纳与改造》,《社会科学战线》2018 年第 4 期,第 226 页。

③　周洪宇:《继承中的超越与超越中的继承——陶行知与杜威关系略论》,《教育研究与实验》1993 年第 4 期,第 27 页。

正视中国的问题,则超越了杜威"①。

陶行知和杜威的共同点在于,他们都主张教育与生活应该是密切相关的。但陶行知提出的"生活即教育"是对杜威"教育即生活"的丰富和发展。细究其差异,我们会发现,陶行知的生活教育思想在视野上比杜威宽阔得多。杜威更多的是把着眼点放在教育和学校本身,只不过强调教育和学校不能脱离生活,其提出的"学校即社会"也主张要把学校改造成社会的雏形。但陶行知则直接把教育放在广阔的生活中,认为生活本身即教育,应该在生活中实施教育。他生活的年代是国家灾难深重、社会动荡、民生维艰之时,受传统儒家思想的影响,陶行知以"修身、齐家、治国、平天下"为己任,积极投身于教育改革实践。1926 年 12 月,他以中华教育改进社名义申请办乡村师范,1927 年 3 月 11 日,晓庄试验乡村师范学校进行了首次入学考试,13 位学生不顾路途艰难,冒着炮火从各地赶赴学校参加包括国文、常识、劳动等在内的别开生面的考试。陶行知在之后 15 日的开学典礼上说:"今天是我们试验乡村师范开学的日子,我们没有教室,没有礼堂,但我们的学校是世界上最伟大的,我们要以宇宙为学校,奉万物为宗师。蓝色的天是我们的屋顶,灿烂的大地是我们的屋基。我们在这伟大的学校里,可以得着丰富的教育。"②后来晓庄学校实施教育与农业生产劳动相结合、与社会生活相结合,并积极推广平民教育,提出通过连环教学法将平民教育推广到普通家庭等,这些教育实践对当时的中国产生了重大的社会改造价值。因此陶行知的教育理论和实践与马克思主义实践观所倡导的"改造世界"是一致的。

我认为,中国目前的教育改革尚处在杜威式改革和陶行知式改革的起步阶段,而且尤以后者的欠缺为更甚。新课程改革背景下的学校和教育开始注重和生活的联系,无论是课程设置,还是教材建设、教学方法等,都对此展开了具有一定成效的探索。但是,总体而言,学校教育和生活的脱节仍然

---

① 转引自周洪宇:《陶行知研究在海外》,人民教育出版社 1991 年版,第 397 页。

② 转引自闻慧斌、王延光:《1930 年陶行知被迫停办南京晓庄师范学校》,《炎黄春秋》2019 年第 12 期,第 82—83 页。

是一个根本性的大问题,需要在教育目标、教育过程、教育评价等方面花大力气进行改革。更为突出的是,今天的学校教育与陶行知的理论和实践相比,既缺乏"生活即教育"的追求,更没有达到教育改造社会生活的境界。体验教育所致力于培养的,正是能通过实践和体验对自己和社会的生活世界产生积极影响的自我实现的人,而真正的自我实现是个人需要和社会需要辩证统一的。

二、国内当代德育的体验向度

《弟子规》云:"泛爱众,而亲仁;有余力,则学文。"大意是说,一个已经做到道德品质很好的人,如果还有多余的时间精力,就好好学习六艺等其他有益的学问。反之,如果一个人连最基本的德行都没有,就没有必要去学习技艺了,还是把时间精力放在修炼德行上吧。没有德行的人,如果学习和掌握了知识技能,不但不能对社会做出贡献,反而可能会对社会造成危害。这和我们倡导了很多年的"育人为本,德育为先"的教育理念其实是一个意思。然而,我国在很长一段时间里学校德育实践的成效和德育本身所具有的重要地位存在相当大的差距,这也促使一大批德育研究者对学校德育存在的问题和改革的路径展开不懈的研究和探索,并涌现了大量研究成果。尽管不同的研究者提出的观点不尽相同,但大多数人都认为传统德育脱离生活实际,忽视学生的真实体验,缺乏对学生生命意义的观照等,这是传统学校德育陷入困境的一个重要原因。以此为基础,国内目前德育研究和实践开始注重体验这一向度,只不过侧重不同。这里以生活德育论、情感德育论、体验德育论为代表进行分析。

我国从 20 世纪末开始就涌现了主张生活德育的一股强劲势头,甚至可以说几乎没有人会反对说德育和生活是割裂的,只不过不同学者在概念和命题的表述上有所不同。其中表述比较直接和鲜明的,以鲁洁教授、高德胜教授等为代表。鲁洁教授关于生活德育的研究成果主要见于她先后发表的《德育课程的生活论转向——小学德育课程在观念上的变革》(《华东师范大学学报(教育科学版)》2005 年第 3 期)、《边缘化 外在化 知识化——

道德教育的现代综合症》(《教育研究》2005 年第 12 期)、《生活·道德·道德教育》(《教育研究》2006 年第 10 期)、《道德教育的根本作为：引导生活的建构》(《教育研究》2010 第 6 期)等论文。高德胜教授则以专著《知性德育及其超越》(教育科学出版社 2003 年)、《生活德育论》(人民出版社 2005 年)和系列论文《生活德育简论》(《教育研究与实验》2002 年第 3 期)、《回归生活的德育课程》(《课程·教材·教法》2004 年第 11 期)、《生活德育：境遇、主题与未来》(《教育研究与实验》2012 年第 3 期)等为代表。以话语表述最为直接和鲜明的高德胜教授的生活德育论为例，我们可以看出生活德育论的基本主张。高德胜教授认为，"现代德育由于其知性特质，在很大程度上是悬挂在空中破碎而又抽象的德育，这正是德育陷入困境的主要根源之一"，"因此，现代德育困境的突破，不是在知性德育框架内通过修修补补所能达到的"，在此基础上他所主张的生活德育论"即通过过道德的生活来学习道德，或者说真实有效的德育必须从生活出发、在生活中进行并回到生活"，具体而言，就是"既要求从儿童生活的整体出发、从儿童发展的所有方面出发，也要求从儿童与环境的互动出发"，"德育不是将德育消解在生活里，而是以生活为依托，以儿童生活中遭遇的、体验的社会性、道德性问题为自己的切入点"，并"在学生的全部生活中展开"，且最终"回到生活"，"使人过美好的生活、善的生活"。①

尽管德育和生活是密切联系的这一论点不大可能引起反对，但是"生活德育"这一明确的概念及核心观点却遭到一些质疑。例如，冯文全教授就曾撰文《关于"生活德育"的反思与重构》(《教育研究》2009 年第 11 期)，从哲学、教育学和德育社会学等多学科视角进行审视，认为"生活德育"在思维方式上不仅犯有形而上学的错误，而且也经不起教育历史与现实的事实检验和教育理论的拷问，批评"生活德育"否定了德育的政治方向，否定了知识德育的价值，否定了学校教育的主导作用等。我认为这些批评是基于生活德育话语体系中的过度"生活化"而造成的对生活德育的误解，因此

---

① 高德胜：《生活德育简论》，《教育研究与实验》2002 年第 3 期，第 1—3 页。

这些批评不是致命的。"生活德育"论需要进一步突破的最大问题,其实是理论阐述的深度以及如何实践的问题。正如有学者所指出的:"系统观照和思考生活道德教育的既有研究可以发现,研究中还存在着历史脉络模糊与'生活'概念的泛化,实践层面的形式主义困境,发展限度的偏颇把握及应对策略的缺失,实证研究和综合性研究缺乏等方面的问题。"①本书倡导的体验教育论,实质上也完全认同教育和生活这种密不可分的融合关系,或者说我本人也是生活德育论的一个拥护者。不过,基于对已有研究和实践现状的研究和审视,本书后面专门分析德育的部分也试图在理论和实践方面提出一些新的看法。

情感德育论的提出者是朱小蔓教授。朱小蔓教授于 2005 年出版了专著《情感德育论》,并在序言中指出:"我认为情感教育与道德教育相互联系的主要原因在于,道德教育若要真正成为一种抵达心灵、发育精神的教育,一定要诉诸情感。如果不诉诸情感、改善情感,就不可能变成精神发育的活动、生命内在的精神活动。因为精神发育是内在的,是生命内部的过程,而不是外在的知识输入,也不是外部的行为强加和控制。既然精神发育是一个内在的过程,就一定会变化着人的情绪、情感系统。"②因此该书强调道德情感是人类独有的高级情感,它既不是脱离人的情绪、情感系统的神秘情感,又不是自发产生的自在情感;它是人在社会生活实践中通过不断内化、深化和提升而形成的,是行为人所特有的情感形式。

实际上朱小蔓教授早在 1993 年就出版了专著《情感教育论纲》,从广阔的视野论证了情感教育的重要价值。她批判传统的系统的教育理论是作为"科学"的教育学出现的,它的文化背景是西方近代工业与科学的发展,以及受其影响的知性思维方式,其根本缺陷在于将认知从情与意中剥离出来,将真从善与美中抽取出来,撇开情感与意志讲认知的发展,从而走上了唯理智主义的绝路。这一思想和狄尔泰的精神科学不同于自然科学是相通

---

① 王贤德、唐汉卫:《生活德育理论十五年:回顾与反思》,《中国教育学刊》2017 年第 7 期,第 89 页。

② 朱小蔓:《情感德育论》,人民教育出版社 2005 年版,第 10 页。

的,而教育虽然不可避免地要包含对自然科学知识的传播,但是究其实质来说,教育更重要的是培养完整的人,而完整的人首要的是学会做人,对自己、对他人、对社会承担责任,因此健全的人格和健康的精神至关重要。在此基础上,朱小蔓教授运用文化哲学研究的新成果,对人类情感的发展形态进行了历史的考察,又将情感教育置身于现代科学发展前沿的大背景之下,广泛吸纳各个学科对人类情绪、情感探索的研究成果,从生物、心理、社会三个层面对情感发展进行了多视角的审视,进而指出智慧不只是知识结构和认知结构,而且也包含热情、渴望、追求、理解、同情等情感因素的动力结构。因此所谓情感教育,就是关注人的情感层面如何在教育的影响下不断产生新质、走向新的高度,也是关注作为人的生命机制之一的情绪机制,如何与生理机制、思维机制一道协调发挥作用,以达到最佳的功能状态。可见,情感维度不独在德育领域,在全部教育领域都是很重要的一个问题。这也正是体验教育特别重视情感体验维度的原因所在。

在德育领域直接提出"体验"这一概念的是刘惊铎教授,其代表作是2003年出版的《道德体验论》一书,本书从生存实践的视界,在对我国学校道德教育基础理论与实践问题进行考察的基础上,提出体验是人类生存的基本方式,也是道德教育的本体。对体验的内涵,刘惊铎教授认为,"体验是一种图景思维活动",既包含"混沌的知觉领悟",也包含"理性的反思","有其独特的生理机制","是左右脑多种功能模块交互作用状态下的融通式思维",具有"整体领悟性""时空贯通性""情感与理智的交融性""意义生成性"等特征;而道德体验,则是"一种含有价值判断的关系融通性体验",主要包括"亲验"和"想验"两种方式,亲验是指"体验者亲自置身于一定的关系世界和生活情境之中,经历或受过感动,对自身及其他存在的生存状态及其意义有所体验",想验则是指"体验者通过自己的亲历、感受和观察,在积淀了一定的生活阅历的基础上,借助于别人的表达和自己的想象去领悟表达者的生活阅历、生存状态及其人生意义"。[①] 正如刘惊铎教授所揭

---

① 刘惊铎:《道德体验论》,人民教育出版社2003年版,第60—76页。

示的,"体验"的确是包括了学校和学校之外的全部生活的,只不过二者具有不同的性质和特点,但二者又是相互联系的。《道德体验论》一书还对道德体验的发生、道德评价转型、道德体验教育的特征及类型等基本理论问题进行了独到的探索。

三、体验学习理论和教学模式改革

这部分的体验教学理论及教学模式改革,广义而言是指整个教育,不过前面对体验式德育进行过说明,因此这部分会侧重于分析学科知识教学方面的教学模式转变。

"体验学习"的思想在国外源远流长,但这一概念的直接提出者是美国的大卫·库伯,而且他从哲学、心理学、生理学等多种不同学科对体验学习进行了阐述。库伯认为学习是体验的转换并创造知识的过程,体验有两种基本方式,即感知和领悟,前者是具体体验,后者是抽象概括。具体而言,感知是把感觉、情绪融入周围的真实环境并与环境相互作用,而运用认知能力和思想观念获取经验则是领悟的过程。不过单一的感知和纯粹的领悟都难以获得事实的全部真相,因为没有内容的领悟必将是空洞的,而没有观念指导下的感知也必将是盲目的,只有在感知与领悟之间达到统一,学习者才可以获得事实的意义,因此库伯强调感知与领悟之间的统一需要学习者通过体验的转换才可完成,体验转换涉及内涵转换(反思观察)与外延转换(行动应用)两种不同的加工方式,学习者必须处理好具体与抽象、反思与应用之间的矛盾,学习是由具体体验、反思观察、抽象概括与行动应用所组成的完整过程。[①] 可见,库伯的体验学习实际上认为运用认知能力学习领悟间接经验(类似杜威以文字符号为主的"正式教育")和在实际社会生活中感知直接经验(类似杜威所说的在真实生活中的"社会教育")是既有区别但又统一的,二者的统一恰恰通过体验才得以实现,并且通过体验也才能获得

---

① 石雷山、王灿明:《大卫·库伯的体验学习》,《教育理论与实践》2009 年第 10 期,第49 页。

意义。换言之,库伯的体验学习强调教育和生活的结合、学习和应用的结合,这也正是本书体验教育的重要主张。

从20世纪90年代中期开始,我国学术界开始了体验式教学理论的梳理和研究工作,尤其在世纪之交展开新一轮课程改革的浪潮以后,体验式教学在研究和实践方面都得到了极大的发展。不过,对"体验式教学"的内涵,国内学者们的界定不尽相同。我们可以从一篇发表于2010年的关于体验式教学的研究综述看出国内对这一概念的几种代表性观点:"一般认为,体验式教学概念涉及的关键词为体验、实践、环境和经历。赵晓晖认为,体验式教学是教师通过精心设计的活动让学生体验或者对过去经验进行再体验,引导体验者审视自己的体验,积累积极正面的体验,达到对对象本性或内蕴的一种直觉的、明澈的透察,使心智得到改善与建设的一种教学方式。张蓉则认为,体验式教学是通过实践来认识周围事物,用亲身的经历去感知、理解、感悟、验证教学内容的一种教学模式。而井晶认为,凡是以活动开始的,先行后知的,都可以算是体验式教学。"①可见国内对体验式教学的内涵界定存在一些差异,有的强调活动教学,有的强调亲身经历和实践,有的强调在活动和实践中通过体验而获得发展。从对最近几年国内的体验式教学研究成果来看,情况大体如此。从学科教学论的角度看,本书倡导的体验教育,实际上包含了这些内涵界定。

重申一遍,教育从广义上是致力于引导学生在社会生活实践中不断学习和体验,从而促进学生自我发展和自我实现的特殊社会实践活动。学科教学实际上主要发生在学校这一场域,对学生而言是其经历的社会生活的一部分,甚至可以说是他们人生历程中很重要的一部分。因此,体验式教学强调教学内容要和学生的社会生活实践发生联系,教学方法和过程要注重在活动中引导学生进行体验和反思,同时教学目标应该致力于帮助学生获得积极的生命体验并获得自我发展和自我实现。关于体验式教学的具体实践策略,后面还会用专门一章进行进一步分析。

---

① 张金华、叶磊:《体验式教学研究综述》,《黑龙江高教研究》2010年第6期,第144页。

第四章 认知科学的具身转向
及其体验教育意蕴

　　体验教育强调学习过程不是纯粹的文字符号的理论活动，而是与客观的、现实的、丰富的社会生活世界发生本质联系，并在这一过程中产生切实的心理体验和行为实践。在体验教育和学习的具体过程中，学生的认知、情绪情感、意志和行为四个维度的活动都离不开"身体"这一基础性要素的参与，这种参与并不意味着身体只是简单地提供"载体"，而是身体和实践活动及体验之间不可分割的融合关系。现代认知科学由以往的"身""心"二元分离走向当今的具身转向，深刻揭示了身体在学习和教育中的重要地位。具身认知理论作为认知科学的新视角，"立场鲜明地反对信息加工理论、联结主义等建立在笛卡尔主义身心二元论基础之上，将认知活动机械地理解为抽象、理性的智力操作、信息加工或联结，从而忽视、摒弃认知者身体、经验以及所处环境在整个认知过程中的功能与作用"，进而"秉持身体及其所处环境共同作为认知活动发生的基础，认知的展开与发生恰恰在于身体、心智以及环境三者构成认知系统的自组织生成与涌现"。① 因此本章专门讨论认知科学的具身转向，并分析这种转向对体验教育的意义。

第一节 传统认知科学的"身""心"分离

　　"身""心"分离在西方文化思想中由来已久，如古希腊时期的柏拉图就

---

　　①　张良:《论具身认知理论的课程与教学意蕴》,《全球教育展望》2013 年第 4 期,第 27 页。

认为灵魂是一种永恒的、纯洁的"理念",而身体只是灵魂的"载体",是暂时的,也是充满欲望的。近代笛卡尔提出"我思故我在"这一重要命题,尽管在凸显人的理性和主体性上具有历史进步性,但这个理性的心灵主体"我"却是不依赖于身体的存在,仿佛"我"是一个幽灵,或者是居住在大脑内的"侏儒",指挥身体,做出判断。在笛卡尔看来,"身体仅仅是某种具有广延、形状和运动的事物","心灵为某种完满事物,可以怀疑、理解和执行自己的意志"。① 由此,笛卡尔从认识论上确立了包括身体在内的物质实体和包括心灵在内的精神实体,二者有本质区别,相互分离对立。以这种二元论为基础,20 世纪 60 年代受计算机科学等学科发展的影响,心理学领域掀起一场轰轰烈烈的"认知革命"运动,这场运动尽管在很多领域取得了丰硕的成果,但是其所依据的身心分离的二元论却对教育产生了破坏性的严重后果,学习脱离个体生活实践和生命体验,变成了抽象符号的记忆、思维等。

一、传统认知科学的身心二元论

在笛卡尔二元论的思想框架下,"身"作为物质实体是在自然科学的范畴中进行研究的,如生理学,但对"心"的研究却不然。在近代自然科学一统天下的时代,心理学仍然停留在哲学思辨的范畴,无法成为一门科学。康德就曾明确提出自然科学的特征是物质性和数量化,而"心"的特征显然不符合这一要求,因此心理学不可能成为科学。但后来因为冯特、艾宾浩斯等人的卓越贡献,心理学终于作为研究"心"的独立学科而屹立于科学之林,并在其后先后诞生了众多流派。

我们知道,从 19 世纪中叶开始,用自然科学的方法探讨"心"的问题受到重视,"人们期待着'心'的科学也能获得自然科学那样的成就,能出现像牛顿、达尔文那样的人物,取得类似于力学原理、物种进化、血液循环那样影响力的'心'的规律,以解开心之奥秘"②。冯特就是在这样的背景下致力

---

① 转引自叶浩生主编:《具身认知的原理与应用》,商务印书馆 2017 年版,第 14 页。

② 叶浩生:《心理学与身体:经典传统与现代取向》,《心理学探新》2015 年第 4 期,第 293 页。

于建立不同于以往"形而上"思辨的科学心理学,因此他于 1862 年在海德堡大学开设"自然科学的心理学"这门课程。冯特曾跟随被称为"实验生理学之父"的约翰内·缪勒学习生理学,接受实验生理学方法训练,后来又成为感官生理学家赫尔曼·赫尔姆霍茨的实验助手,1875 年冯特在莱比锡大学哲学系工作,哲学认识论探讨也深刻影响着他对心理学的看法。1879 年12 月,冯特在莱比锡大学创建了世界上第一个心理学实验室,起初学校并不太支持这个实验室的运行,但是冯特的课越来越受欢迎,1882 年实验室从开始的一个单间搬到了有 11 个房间的新地址,1897 年实验室甚至有了一座独立的楼。冯特的科学心理学在建立之初,有关"心"的探讨完全受经验主义和联想主义的影响,他规定心理学的首要任务是对意识经验进行分析,探索组成复杂意识经验的元素,因此科学心理学其实一开始就走上了脱离身体、专注意识的元素分析路线,冯特创立的这个流派也由此被称为"构造主义心理学"(又称"内容心理学")。冯特的学生铁钦纳后来把这种研究模式由德国带到美国,对这种构造主义心理学进行了系统论证。

构造主义试图仅仅对"心"进行静态的元素分析,所以很快受到机能主义的抨击,机能主义主张心理学的研究对象是心理过程或心理机能,并认为心理过程和心理机能是具有适应性的心理活动。实用主义哲学家、机能主义心理学先驱威廉·詹姆斯从进化论视角提出心理意识是身体在适应环境的过程中产生和发展的,并由此提出身体反应在先、情绪体验在后的情绪理论。我们已经熟知的杜威也是机能主义的缔造者之一,他对构造主义关于意识的元素分析深恶痛绝,认为应该通过身体活动去理解意识和心理。不过,总体而言,机能主义虽然考虑了身体及其活动的作用,但其重点仍然关注意识对有机体的价值和功用,论证也显得比较模糊和折中。

在构造主义和机能主义两足鼎立之时,行为主义产生了。1913 年,美国心理学家约翰·华生在《心理学评论》上发表了《从行为主义立场看心理学》一文,指出构造主义和机能主义本质上都是主观范式,明确提出心理学应该是一门行为的科学,而不是意识的科学。"华生把心理学的研究对象归结为可观察行为,行为归结为身体的动作反应,动作反应又进一步还原为肌肉收缩和腺体分泌。这样一来,华生从方法论意义上完成了从意识到身体反应的物理还原。意识的研究缺乏可靠的方法,行为的研究却可以借鉴物理科学的研究模式。因此,身体动作组成的条件反射成为心理学的唯一对象,身体回归了,但是意识消失了。心理学成为没有'心理'的行为主义。"①可见,在行为主义心理学中,"身"回归了,"心"却消失了,虽然后来斯金纳、托尔曼等试图对传统行为主义进行改造,以操作主义为工具,在"中介变量"的名义下接纳有机体的内部心理因素,但本质上仍然属于行为主义的范畴。

20世纪60年代,计算机的诞生改变了人类对心智的看法,以计算机模拟为基本方法的认知科学得到迅速发展,其核心假设是人的认知过程类似于计算机的符号加工过程,大脑就像计算机一样,按照一定的运算规则,对符号化的信息进行接收、存储、加工、输出。后来联结主义以神经的网状结构理论为核心,提出认知过程并非单一的符号运算,而是信息在神经网络中并行分布加工的结果。但不管是早期的认知心理学,还是后期的联结主义,都仍然延续了"身""心"分离的二元论模式,"心"虽然运行在包括大脑在内的"身"上,但"身"只是一个物质载体,不能影响和改变"心"。

从上面的论述我们可以看出,除了机能主义心理学对身体的作用有一定强调外,认识论发展的主线是身心分离的,加上机能主义对很多问题的论证也并不深入,因此机能主义在心理学中的持续影响力并不大。

二、身心分离导致的教育问题

杜威在《民本主义与教育》一书中对这种把"心"和"身体"隔离的情况及其教育危害有过很深刻的论述:"所谓'心'或'意识',有许多人以为是与活动的'身体器官'隔离孤立的。他们以为'心'是纯粹理智的,认识的;'身体器官'是不相干的,捣乱的分子。……于是我们仅有两个零碎的片段:一

---

① 叶浩生:《心理学与身体:经典传统与现代取向》,《心理学探新》2015年第4期,第294页。

面是单纯肢体的活动,一面是全恃'精神的'活动所领会的意义;彼此隔离孤立,不相关联。这种把'心'与'身体'隔离划分的二元论,有许多恶果,非笔墨所能尽述。"①杜威对其中较为厉害的三种教育影响进行了分析:

(a)教师把学生的身体活动,视为侵犯正务的东西。……教师须常常费他大部分的时间,用来抑制学生的身体活动,使他不至使学生不用"心"在教材上面。所以学校里面都奖励学生有身体的安静,奖励缄默。……学生的身体,既为教师所忽略,不能有相当的途径,使他的活动有发泄的机会,只有两个趋势:或是爆发不能自禁,不自知其所以然,变成叫嚣狂暴的行为;或是趋入静默而变成愚呆。

(b)在事实上,学校的功课,学生虽是要用"心"去读他,但是某种身体的活动,同时也不得不用。例如学生须用"感官"——尤以眼、耳为重要——把书里所写的,地图上所画的,黑板上所写的,与教师所说的东西,吸收进去。……于是有人把感官视为一种神秘的筒子,以为我们能使知识经过这种筒子。由外界把知识输入"心"里去;把感官称为知识的路径。他们以为只要使眼睛常常望着书本,使儿童常常听着教师的话,就是求得完善知识的秘诀。……教师不过期望学生用他们的眼去注意字的形式,不顾字的意义,这个时候所获得的训练结果,不过训练孤立的感官与筋肉。这种训练的结果之所以成为呆板机械,就是因为动作与目的隔离,彼此不相联贯。

(c)就知识方面讲,如把"心"与"直接应用实物的作业"隔离,便要使人偏重物的自身而不顾物所有的关系。……如一辆货车,我们如仅把他的各部分综述起来,还是不能因此知觉这各部分合起来是一部车子;他所以成为一辆车子,是因为这各部分有特别的关联。而且这种关联不但是物质的关联,这种关联包括拖车的牲口,所载的东西,以及其他等。我们在"知觉"里面就用着"判断";若是不然,所谓"知觉",不过是感觉的刺激。……各专家无不承认:鉴别事物的关系,是真能增

---

① [美]杜威:《民本主义与教育》,邹恩润译,东方出版社2013年版,第154—155页。

人知识的事情,因此也是真有教育价值的事情。他们的错误,是在判定我们无须"经验",无须前面所说的"尝试的行为"与"结果的承受"两方面的联贯,就能知觉事物的关系。他们以为只要"心"肯注意,就能理会这种关系,以为无论所处的情境怎样,这种注意是可以随意做到的。有了这种错误的观念,所以发生许多半明半昧的观察,徒有字面功夫的"意向",学得许多不消化的知识,使世界受他们的贻害。俗语常说:一两的经验,胜于一吨的理论。一两的经验之所以能胜过一吨的理论,不过是因为必在经验里面,理论才有亲切的与可以证实的意义。①

概括起来,杜威所分析的三种影响之间的逻辑关系就是:身心分离的认识论导致教育极大程度地限制了身体及其活动,学习和教育被抽象符号宰制,与实际的意义和生活经验没有了关联。这恰恰是杜威认为学校教育陷入"危险"的原因所在。正式的学校教育就是因为过度迷恋文字符号而使学校教育变得呆板和低效。对此,前文已有阐述。

在应试主义的大背景下,这种身心分离进一步加剧了学校教育对学生身体活动的限制。目前仍然占主流的矩形课桌形制(即俗称的"秧田式"课桌排列)是班级授课制这种教学组织形式的产物,体现了工业经济管理的效益法则,但同时"那些看似符合学生身体特点的矩形课桌形制无形中渗透着对学生身体的规训,课桌规划出来狭小的'空间单元'只是为了让学生更好地适应应试教育的挤压式的竞争规则","课桌排列一行行、一列列,学生的身体被局限在狭小的空间","通过减少课桌之外多余的活动空间让身体更听话,更容易被控制"。② 在这种规制下,尽管学生在课桌以下的身体部分为教师视线所不能及,但既然露出课桌的身体部分处于教师"全景敞视"之下,那么课桌以下的身体部分仍然不能轻举妄动,因为身体是一个"牵一发而动全身"的整体。"借由福柯的身体规训理论以及微观权力理论可得出,学生身体的规训,是指在学校场域中,学校和教师运用其规训与约

---

① [美]杜威:《民本主义与教育》,邹恩润译,东方出版社 2013 年版,第 155 页。

② 王硕、熊和平:《课桌形制:课堂教学变革的突破口》,《全球教育展望》2016 年第 3期,第 57 页。

束的权力,为培养符合要求的驯顺、听话、合乎规范、有用的学生,对学生身体进行监督、裁决、惩罚、压抑和控制。"①

在这样的课桌形制和布局排列的基础上,一些教师还进一步做出更多规定来限制学生身体的活动,例如,学生一般都被要求"坐端正""保持安静""不东张西望"等,低段学生还常常被要求"背好小手"等。这些要求本身是否合理是一个尚有争议的问题,但毋庸置疑的是,当个别学生未达到这些要求时,部分教师动辄严词批评,甚至进行各种惩罚,包括身体惩罚,这就不但不能教育引导学生,反倒会对学生造成不同程度的伤害。有学者采用文献资料法,依据规训的社会批判理论对学校中的身体规训和教育异化进行分析后撰文指出:"身体在强大的知识权威面前处于弱势,显现出木讷、呆滞的神情……在学校教育中,身体被视作机器或者木偶,是被改造、操纵和灌输的对象,一切的服从、配合与驯顺成为合理化的教育程序。静态的身体姿势被视作纪律的保障,而动态的生命活力却遭到否定,'身体规训'就是学校教育惩罚权力的工具。"②不过,该文作者最后只强调学校体育是对抗身体静态的教育机制,是拯救完整人性的重要途径,这就显得片面了。实际上,除了加强和完善体育外,全面改革课堂教学,在教学活动中适当解放身体,让身体在动静结合中促进教学效率的提高,这也是克服身心分离和教育异化的重要途径。

除了对身体的活动形态进行规训,长期以来一线学校对学生的穿着、发型等也有严格的统一规定。2004 年,教育部颁发了《中学生日常行为规范(修订)》,其中第一款"自尊自爱,注重仪表"中的第 2 条规定:穿戴整洁、朴素大方,不烫发,不染发,不化妆,不佩戴首饰,男生不留长发,女生不穿高跟鞋。这些基本规定对规范中学生角色、塑造中学生文明形象当然是有益的,因此是必要的。不过,学校在落实规范的时候要注意在"度"和界限上谨慎

---

① 　徐冰鸥、孟燕丽:《学校教育中学生身体的在场、规约与解放》,《山西大学学报(哲学社会科学版)》2018 年第 6 期,第 109 页。

② 　刘欣然、黄玲:《动静的争辩:学校教育中的身体规训与体育挽回》,《武汉体育学院学报》2019 年第 1 期,第 31—32 页。

把握分寸。孩子进入中学后,身高体重和体内各种机能迅速增长,第二性征出现,身体的发育会导致孩子在心理上产生成人感,自我意识增强,对异性也产生了好奇和兴趣,因此对自己的外表也更加关注,在穿着、发型等方面容易模仿明星,甚至喜欢标新立异。同时,中学生在心理上实际还处于反抗性和依赖性、闭锁性和开放性、勇敢与怯懦、高傲与自卑等并存的时期,容易产生心理冲突和矛盾,情绪上也容易冲动,因此学校和班主任在落实中学生日常行为规范的时候,在标准把握和执行方式上要注意避免"过火",以免引发极端事件。2018 年 10 月,西安一位初三男生因为发型被班主任认为不符合要求而被带去剃了光头,孩子拒绝上学,妈妈无奈只能给孩子请假;孩子性格自此大变,出门必须戴帽子戴口罩;十天后班主任和父母通过沟通计划给孩子办休学手续,但孩子在父母离开前跳楼自杀。[1] 出现这种极端事件的原因一方面是学校和班主任必须执行政策的压力所致,但另一方面也和"过分注重发型追求时尚就会分散注意力和精力,'心思'就不会更多放在学习进步上"这种教育理念有一定关系。此外,教师和家长对学生的心理特点缺乏科学的把握,缺乏心理危机意识和正确干预的教育策略,这种情况在现实中其实很普遍,值得我们引以为戒。

第二节　具身认知理论的产生和发展

前面已经指出,机能主义心理学相对来说更看重身体的作用,但实际上对身体在认识论上的作用及其机制论证很有限。在具身认知思想的发展中,法国现象学代表人物之一的梅洛-庞蒂在 1945 年出版了《知觉现象学》,对胡塞尔的"纯粹意识"概念进行了批评,强调身体在认识和体验中处于中心地位,这在具身认知理论的发展中扮演了重要的角色。20 世纪 80 年代左右,在对传统认知科学身心分离及其弊端进行批判的基础上,具身认

---

[1]　新浪新闻:《痛心! 15 岁初中生被班主任强行剃光头,10 天后跳楼身亡》,2018 年 11 月 13 日,https://www.sohu.com/a/275027217_727691。

知理论进一步发展起来。《纽约时报》2010年刊载题为《抽象思维？身体对它们的直接作用》的文章，把具身认知称为"极为热门的研究领域"，强调"我们怎样加工信息并非仅仅同心智相关，而是同整个身体紧密联系着"。①本书第三章对雷可夫和约翰逊合作出版的《体验哲学——具身心智及其对西方思想的挑战》一书进行了分析，这里再对具身认知理论的几种代表性思想和研究进行说明。

一、梅洛-庞蒂的《知觉现象学》

梅洛-庞蒂是20世纪法国著名哲学家，存在主义的代表人物，知觉现象学的创始人。我们知道，胡塞尔是现象学的鼻祖，他在反对科学实证主义的基础上，强调"回到事物本身"，即回到事物在意识中的初始显现。"意向性"是现象学的一个重要概念，是为了悬置客观性、剥离出主观性而设置的。若不考虑意向性，理智论和经验论都受制于客观世界的规则。例如，我们知道玫瑰属蔷薇科落叶灌木，枝杆多针刺，奇数羽状复叶，小叶5—9片，椭圆形，有边刺；花瓣倒卵形，重瓣至半重瓣，花有紫红色、白色。但这些客观的物理性质不是现象学关注的，现象学关注的是人的主观体验，例如，当两个"闺蜜"同时看到玫瑰花的时候，一个女孩可能想到了男朋友在情人节送玫瑰花给自己的甜蜜，而另一个女孩可能涌现的是自己没有男朋友的孤单、失落、尴尬。这就是所谓的意向性。意向性这个概念具有鲜明的主体性。可见，胡塞尔试图超越科学实证主义的"客观思维"，强调恢复主体意识在认识论中的合法地位。

梅洛-庞蒂在继承胡塞尔现象学思想的同时对现象学进行了创造性的发展，他把意识体验替换为身体的知觉体验，把意识现象学明确转变为身体现象学，因此为具身认知理论的发展奠定了哲学基础。梅洛-庞蒂认为，"事物"的原初显现是在身体对世界的知觉中，这种基于身体与世界的关系而建立的身体经验是最原初的，因此认识的出发点不是意识对意向对象的

---

① 转引自叶浩生主编：《具身认知的原理与应用》，商务印书馆2017年版，第26页。

构造,而是身体知觉与知觉对象的融合与渗透。"胡塞尔认为意义是意识的意向性构造出来的,世间一切事物皆因与意识发生了关联,即成为意识的对象,才有了意义。梅洛-庞蒂则认为在原初的身体体验中,身体是一个生命的'格式塔',是意义的焦点和中心。世间一切事物皆因与身体发生了关联,成为身体知觉的对象,才具有了稳定的意义。所以,较之意识意向性,肉身意向性更原初、更基础。"①

可见,梅洛-庞蒂的身体现象学凸显了身体在认识世界过程中的基础地位,强调知觉的身心交融,知觉、身体和世界是统一的,人是通过身体与世界的互动而产生知觉,从而以"体认"的方式认识世界的。"梅洛-庞蒂越过胡塞尔对意义的意向性概念的限定,主张意向性的意义内容不在于意识的先验结构,而在于主体通过前反思的方式具身地与世界连接的方式。"②因此,梅洛-庞蒂的身体现象学是现象学哲学运动史上的一个里程碑,同时进一步摆脱了传统意识哲学身心二分的窠臼,为后来具身认知理论的发展奠定了很好的基础。

二、詹姆斯·吉布森的《视知觉的生态学取向》

詹姆斯·吉布森是美国实验心理学家,被认为是 20 世纪视知觉领域最重要的心理学家之一,他对行为主义和认知主义的批判和提出的生态知觉理论尽管存在质疑和争议,但其生态学取向与 20 世纪以来的心理学发展是相呼应的。心理学研究的生态学取向是日益受到关注的一种心理学方法论,其核心主张是在现实生活或真实环境中研究人的心理和行为。我们知道,作为一门独立的现代学科,心理学是借助于近现代科学成果和方法从哲学中分离出来的一门实验科学。正如有学者所指出的:"心理学从哲学思辨的'扶手椅'跳到了自然科学式的实验室,省去了在真实环境中缓慢推进的研究阶段。这种跳跃式发展的结果是,心理学概念与机体的'内部'特性

---

① 叶浩生:《身体的教育价值:现象学的视角》,《教育研究》2019 年第 10 期,第 44 页。
② 何静:《具身性观念:对理智传统的克服与超越——以梅洛-庞蒂和米德为中心的考察》,《西南民族大学学报(人文社科版)》2019 年第 8 期,第 73 页。

有关,却与外部世界相对立,这种与外部对立的在实验室中进行的心理学研究就有了许多人为性因素,心理学研究与现实的脱节使人们对心理学学科存在的必要性产生了怀疑。心理学因此具有了存在的危机,为走出危机,需要引入与现实结合紧密的观点,生态学取向在心理学研究中的出现,正迎合了这种学科发展的需要。"①关于这一点,即使是强调环境因素的行为主义心理学,也更多的是关注实验条件和人为设置下的外部刺激对人的行为的影响,而没有关注真实、丰富的现实生活和环境。正因为这样,尽管行为主义理论体系确实存在有价值的部分,但其局限和弊端也显而易见。

众所周知,1920年华生对一个名叫"艾尔伯特"的孩子进行过著名的条件反射的实验,即当艾尔伯特试图接触毛茸茸的小白鼠时,华生和助手就在其身后用铁锤敲击悬挂的铁棒,制造出响亮刺耳的声音,反复多次后艾尔伯特习得了原本作为中性刺激的小白鼠和令人恐惧的巨响之间的联系,从而表现出对白鼠的恐惧回避并伴随着哭泣,这种情绪和行为反应在之后兔子等相似的动物面前也同样会产生。华生后来在系列实验研究的基础上提出人的行为是可以被训练出来的,他后来甚至向世界宣称:"给我一打健全的婴儿,我可以保证,在其中随机选出一个,都可以训练成为任何我所选定的任何类型的人物——医生、律师、艺术家、商人,或者乞丐、窃贼,不用考虑他的天赋、倾向、能力、祖先的职业和种族。"然而华生后来之所以被很多人诟病,一是违背研究伦理和道德的艾尔伯特实验对孩子造成心理伤害,二是他后来出轨自己的研究生兼助手雷纳,而最令人唏嘘的是他的三个孩子在他的"行为主义"教育方式下都过得很不好——大儿子30岁时抑郁自杀身亡,二女儿多次抑郁自杀未果,后来生下的孩子也不幸患上抑郁症,最小的儿子一生碌碌无为,甚至曾四处流浪。

生态心理学是近年来西方心理学界兴起的一种新的研究取向,主张在真实环境中研究人的心理和行为。对生态心理学涌现的动因,有学者这样

---

①　易芳、郭本禹:《心理学研究的生态学取向》,《江西社会科学》2003年第11期,第46页。

概括："作为近代自然科学的促生物,百年来的心理学承载着厚重的自然科学气息。研究理念的实证化、研究过程的程序化、研究方法的数量化、研究结果的客观化,无不彰显着心理学追随自然科学的价值追求。的确,心理学的自然科学追求,增进了心理学的学术应用,完善了心理学的研究方法,提升了心理学的科学品性。但我们也必须承认,科学主义视域下的心理学的弊端也渐渐凸显出来。心理学研究中的元素主义、基础主义、客观主义、机械主义,使人们在心理学的研究世界里看到的是一个冷冰冰的'物'的世界,而较少嗅到'人'的气息!"①情况的确如此。虽然精神分析、人本主义等心理学流派尝试通过临床分析、生活事件的意义阐释等揭示心理的内在意义,相比而言更彰显心理学的人文主义取向,但研究和实践中的生态化取向仍然比较缺失。

心理学的生态学取向实际上从 20 世纪 40 年代就开始了,如埃贡·布伦斯维克、库尔特·勒温等早期就运用生态学思想对心理学的一些基本观点进行改造。到 20 世纪 60—80 年代,认知科学、发展心理学、动物心理学、文化心理学等众多领域出现了生态学理论,詹姆斯·吉布森的知觉理论就是其中的一个代表,并对认知科学的具身转向做出了重要贡献。吉布森在 1979 年出版的《视觉的生态学取向》一书中强调知觉形成同身体获得的刺激经验息息相关,他提出一个重要概念——"功能可示性"来说明这种具身知觉。"功能可示性"概言之就是物体展示或提供的功能属性,例如,"西红柿"展示"吃"的功能,"荷叶"在特定情况下可以展示"遮雨"的功能。显而易见,"功能可示性"是物体的自然属性和人类的主体性活动所结合而形成的,二者缺一不可,因此这一概念和理论在微观的心理机制上强调了人与环境的生态交互作用协调机制。环境为人的活动进行承担和供应,这些自然属性和物理刺激对人而言或许是有益的,或许是有害的,如何知觉并运用取决于人自身及其活动,而这与身体获得的刺

---

① 何文广、宋广文:《生态心理学的理论取向及其意义》,《南京师大学报(社会科学版)》2012 年版第 4 期,第 110 页。

激经验是分不开的。

三、镜像神经元的发现和研究

20 世纪 90 年代,帕尔马大学的意大利神经科学家贾科莫·里佐拉蒂、维托里奥·加莱塞、莱昂纳多·弗加西等人在研究大脑如何控制我们的行动这一课题时有一项重要发现。他们在使用非常薄的电极来测量恒河猴大脑中运动前皮质区域单个神经元活动时发现了一种新的视觉—运动神经元,后来被命名为镜像神经元,分布在不同脑区的镜像神经元构成了镜像神经元系统。恒河猴无动作时,镜像神经元处于静息状态;当恒河猴在自己做出抓取动作和观察到有人或另外一只恒河猴做出同样或类似动作时,这种镜像神经元都会产生反应。起初,佐拉蒂等人不相信他们的这一发现,最终让他们信服的是这种反应的显著的一致性:对执行特定操作(如抓物)起反应的神经元会对看到的特定行动产生反应。进一步的实验证明,即使是其他人动作发出的声音也会激活与这些特定动作相联系的神经元,这说明恒河猴大脑可以将他人动作转变成自己执行同样动作的"引擎程序"。

后续系列实验表明,人类也有类似的神经系统。科学家们认为,镜像神经元的双重激活功能,即动作本身的脑激活和观察他人动作的脑激活的重叠,启示我们认知涉及的可能是一系列身体动作的心理模拟过程。因此,有学者指出,镜像神经元的典型特征是它能映射他人的动作,如同自己在执行同样动作,其次它是对动作的意义产生反应,而不是对动作的视觉特征产生反应,这说明镜像神经元是理解他人动作的神经机制。[1] 问题的关键在于,之所以观察他人的动作可以同样激活观察者的镜像神经元,是因为观察者自身"记录"和"储存"了这一动作的身体经验和相应的神经回路,并迁移到以声音、文字等符号形式的动作表达中。镜像神经元的发现揭示了具身认知活动的生理机制。因此,1999 年雷可夫和约翰逊合作出版的《体验哲学——具身心智及其对西方思想的挑战》一书掀起认知科学的一场革命,

---

① 叶浩生主编:《具身认知的原理与应用》,商务印书馆 2017 年版,第 25 页。

具身认知理论蓬勃发展起来,这就不足为奇了。

第三节　具身认知理论的体验学习意蕴

我们已经对西方由来已久的身心分离的哲学思想和认识论进行了说明,这种传统反映在教育教学活动中,就是导致身体维度被严重地限制和忽视,学习变成抽象符号的记忆、思维等,从而脱离了个体生活实践和生命体验。教育需要与现实的社会生活世界发生本质联系,引导学生在切身体验的过程中自主发展,并成为身心融合和身心健康的完整的人。具身认知科学理论对推动这一体验学习和教育的实践变革意义重大。归纳起来,具身认知理论视角下的体验学习意蕴要从两个方面加以注意:学习过程离不开身体的参与,学习过程离不开身体和环境的互动。

一、学习离不开身体的参与

梅洛-庞蒂在其知觉现象学理论体系中把身体作为经验的永恒前提,因而具有"本体"的基础性地位,其后从不同角度进行的众多研究也证实了这一点。从普通心理学的角度来看,"感觉是人的全部心理现象的基础,人的知觉、记忆、思维等复杂的认识活动,必须借助于感觉提供的原始资料"[1]。感觉的基础性地位决定了身体在认识和学习活动中的基础性地位,换句话说,"感觉是外部世界在人类心理世界的最初投射,这种投射是经由身体的官能性才得以完成的"[2]。身体的作用当然不仅仅是提供感觉器官,身体的外部特征、内部神经结构和复杂的组织系统等所综合形成的身体系统对认识和学习活动提供了重要的物质保障作用。道理显而易见,如有某种身体障碍的学生会遭遇一定程度的学习困难,再如学生如果睡眠严重不够,身体过度疲劳,其学习效率会下降,等等。身体对学习的影响不只是作

---

[1]　彭聃龄:《普通心理学》,北京师范大学出版社 2004 年版,第 79 页。
[2]　左群英:《体验:让德育活动走进学生心灵》,《中国教育学刊》2017 年第 4 期,第 88 页。

用于认识活动,实际上是对认知、情绪情感和意志三大心理过程的综合影响。

对某些学习活动来说,身体参与起着决定性的作用。例如,在运动技能的学习上,身体的参与居于关键地位。正如常识所告诉我们的,学习游泳的主要方法不是来自抽象理论和文字符号的研究,而是来自身体在水里的实践和体验。叶浩生介绍了国外两则研究案例:一是建筑工人利用身体的感觉—运动经验进行工作学习的案例,这些工人在房顶熟练行走,所靠的不是理论知识,而是脚部同房顶的触觉体验、他人行走的视觉经验和脚部行走发出的声音这一听觉经验,这些都是通过身体经验而获得的;二是瑟勒斯特·斯诺巴在《作为认知方式的舞蹈》一文中介绍了用舞蹈进行知识教学的实践,即把舞蹈作为一种知识表达和知识探索的方式[1]。

有人可能会说,运动技能的学习只是体育的任务,像德育、智育这两大领域,身体除了提供物质保障外,就并不实际参与学习活动过程了。这种认识是有问题的,也是目前教育方法和过程最需着力改革的地方。前面已经介绍,镜像神经元的研究发现为人的所有心智活动具有具身特性提供了神经生物学的证据。镜像神经元具有双重激活功能,即动作本身的脑激活和观察他人动作的脑激活的重叠,而且镜像系统并非简单地对动作的物理特征做出反应,而是把观察到的行为与自己执行这一行为的动作表征相匹配,从而激活相应的神经基质并对物理特征以外的行为意图等进行识别和反应,一系列关于视觉、听觉、表情等的实验研究为此提供了丰富的论据。可见,人的学习和模仿是以身体的联合激活机制为基础的,这种机制适用于任何学习领域。

前文提到的雷可夫和约翰逊关于"隐喻"的研究也进一步说明即使是抽象思维活动,也是和身体密切相关的。雷可夫和约翰逊指出,"人类的抽象思维并不是凭借抽象符号而进行的信息加工,抽象思维主要是隐喻的,隐

---

[1] 叶浩生主编:《具身认知的原理与应用》,商务印书馆 2017 年版,第 48 页。

喻是人们借助具体的、有形的、简单的源域改变来表达抽象的、复杂的靶域概念"①。也就是说,人的思维是基于身体的物理感觉和动作,抽象概念植根于身体经验的隐喻之上。例如,我们用"瞠目结舌"来表达惊讶和窘迫,用"血口喷人"来表达对别人的污蔑,用"孤掌难鸣"来表达一个人难以成事。这些成语让那些令人难以直接表达的思想、情感通过肢体动作和身体经验的隐喻获得一种形象化的表达,从而让人更易理解。无论是汉语还是其他国家的语言,都蕴含着大量的这种隐喻。之所以如此,就是因为语言是以人的身体经验为基础的,而语言又是思维的结晶,因此人的思维实际上和身体经验到的具体形象及感觉是不可分割的。

可见,雷可夫和约翰逊提出的"隐喻"既不是我们通常理解的一种修辞手法,也不是仅仅局限在上述所列举的语言发展方面,隐喻实际上是人类认知世界的一种基本方式。例如,他们强调"隐喻是人类进行抽象思维的途径",身体及其活动作为"始源域"构成隐喻的基础,"人们总是利用一个结构清晰的始源域来理解一个结构相对模糊的目标域,利用一个具体概念来理解一个抽象概念","隐喻就是将始源域的图式结构映射到目标域上"。②例如,"人的生命是一条长河",我们通过"长河"这个始源域会更容易更深刻地理解"生命"这个目标域,因为始源域渗透着人类身体的无意识经验和记忆,即我们曾有置身河边感受大河奔腾不息的身体情绪体验,所以可以把这一体验映射迁移到对人的生命的理解。虽然不是所有教材知识都可以或需要借助隐喻来进行体验学习,但如果可以多多挖掘教材文本知识和我们身体经验的隐喻关系从而开发出生动的"始源域",的确可以帮助学生更好地理解和学习抽象复杂的概念和原理。

二、学习离不开身体和环境的互动

具身学习过程不仅仅基于身体的参与,实际上也是身体和环境之间互

---

① 叶浩生主编:《具身认知的原理与应用》,商务印书馆 2017 年版,第 50 页。
② 贾冬梅:《概念隐喻理论与隐喻教学》,《教育理论与实践》2008 年第 1 期,第 63 页。

动的结果。毫无疑问,学习首先必须基于人与环境互动过程所提供的经验材料,其中身体与环境的互动经验更是婴儿习得抽象概念和高级心理活动的重要基础。瑞士儿童心理学家让·皮亚杰把人的认知发展划分为几个大的时期或阶段。第一个阶段就是感知运动阶段,即0—2岁的儿童是依靠行为结构来探索了解环境,通过动作与感知觉认识周围的世界。之后2—7岁的儿童进入前运算阶段,儿童的语言获得快速发展,可以形成对事物的初步符号表征,但其认知活动仍与身体经验和环境事物密切相关。7—11岁的儿童进入具体运算阶段,可以运用符号对具体真实的事物进行有逻辑的思维活动,也就是说,来自身体和环境互动中的真实事物仍是儿童认知和思维的重要基础。

尽管皮亚杰认为儿童在11岁以后开始进入形式运算阶段,抽象思维获得了质的发展,思维内容可以和形式分开,思维更具弹性和复杂性,但他仍然强调认知的发展是连续性和阶段性的统一,每一个阶段既是前一阶段发展的延伸和超越,又是后一阶段发展的起点。我们可以看出,幼儿和小学阶段的儿童学习对身体和环境的互动的依赖非常强,即使中学生的抽象逻辑思维开始发展,但也是一个循序渐进的过程,而且"成人有时也要运用表象和动作进行思维,只不过比幼儿的思维水平更高"[①]。

实际上,无论是直观动作思维、具体形象思维即表象思维,还是抽象逻辑思维,都不可能脱离身体和环境的互动而孤立进行。因为学习和实践是心理和行为的统一,这一过程既是具身的,也是嵌入环境的。环境对学习实践的影响不仅是因果性的,而且是构成性的。换言之,身体和环境不仅影响人的学习和实践,而且成为学习实践的构成成分,身体和环境的互动为学习实践提供了条件。心理并非孤立于大脑之中,而是通过身体及其活动而超越了大脑和皮肤所设定的界限,与环境紧密联系在一起。

学习离不开身体和环境的互动还有另一层重要的含义,即学习的目的最终指向对环境的改造,这是包含在马克思主义实践观中的一个重要内容。

---

① 彭聃龄:《普通心理学》,北京师范大学出版社2004年版,第248页。

马克思主义强调实践的客观实在性,就是强调实践是通过自身现实的对象性活动发挥主观性创造来改造世界的活动。实践过程当然包含了认知、意志、情绪情感等心理活动,但所有的心理活动都是最终指向行动的,也就是说,认知等心理过程不只是中枢系统的符号加工,而是和身体的感觉运动系统构成了耦合的关系,为了有机体更好地适应环境。吉布森提出的"功能可示性"这一概念就是指环境作为客体展示给人类的一种功能属性,既提供给人类行动的机会和可能性,同时这种机会和可能性又影响了个体对这一客体的认识。换句话说,认知是为了行动,而行动又造就了认知,这一过程中心理认知、身体和环境是互动的整体,缺一不可。学习既是实践的基础,其本身也是一种特殊的实践活动。教师和书本、教室的物理特性、社会风气等作为环境因素,都既是影响学生学习的自变量,也是教育应该依据现实反馈而需要做出调整的因变量。

第四节　身体健康教育:具身学习的基础和保障

认知科学的范式变革由以往忽略身体参与的信息加工、联结主义等传统认知理论逐步转向将认知的发生看作是身体、心理以及环境三者互动整合的一个系统,这对目前的教育教学改革具有深刻的启示。正如前文所指出的,目前的教育教学忽视身体这一维度在学习和教学活动中的作用,这是造成目前教育教学效率低下、学生身心健康得不到和谐发展的一个重要原因,因此实现具身转向是教育改革的一个重要视角。结合目前教育存在的现实问题,教育的具身转向从实现路径来看除了要在教育教学活动中充分考虑身体这一维度的参与作用外,还应该加强身体健康的教育和引导,后者是前者得以充分发挥作用的基础和保障。

一、加强身体健康教育的政策导向

"教育必须为社会主义现代化建设服务、为人民服务,必须与生产劳动和社会实践相结合,培养德智体美等方面全面发展的社会主义建设者和接班人",这是目前党和国家教育方针的法律性表述。教育方针的政策效力高于其他教育政策和法规,因为"教育方针是一个时期党和国家有关教育事业发展的总体性指导方针和纲领性政策表述(内涵),规定了一个时期党和国家教育事业发展的根本任务、价值取向与教育目的(内容),具有很强的方向性、针对性和强制性(性质),是各项教育决策、各级各类教育管理以及学校具体教育活动的政策根据(作用)"①。从教育方针看,体育是我国全面发展教育目的所不可缺少的重要内涵之一,这一点在1949年之后的各个时期都没有发生过改变。

实际上,在1949年之后几个大的历史时期,虽然对教育方针的表述略有不同,但德智体三育并举的方针一直没有改变过,只不过后期增加了"美育",并增加了"等"的文字表述。例如,在1956年党的八大之后,我国正式进入社会主义阶段,针对当时的社会形势和教育情况,1957年毛泽东同志在谈到"知识分子问题"时强调"我们的教育方针,应该使受教育者在德育、智育、体育几方面都得到发展,成为有社会主义觉悟的有文化的劳动者"②。1990年12月,党的十三届七中全会通过的《中共中央关于制定国民经济和社会发展十年规划和"八五"计划的建议》,将教育方针表述为"教育必须为社会主义现代化服务,必须同生产劳动相结合,培养德智体全面发展的建设者和接班人"。1995年3月,第八届全国人民代表大会第三次会议通过《中华人民共和国教育法》,其中第一章第五条将教育方针规定为"教育必须为社会主义现代化建设服务,必须与生产劳动相结合,培养德智体等方面全面发展的社会主义事业的建设者和接班人"。

体育之所以在教育方针政策中占据一个重要位置,是因为身体健康是人从事一切社会实践活动的基础。《中国学生发展核心素养》框架中包含了"自主发展"这一方面,其中"健康生活"则是自主发展的核心素养之一,而身体健康毫无疑问是健康生活的基础。早在1917年,青年时期的毛泽东

---

① 石中英:《关于贯彻落实教育方针问题的几点思考》,《中国教育学刊》2017年第10期,第36页。

② 人民教育出版社编:《毛泽东论教育》,人民教育出版社2008年版,第272页。

就以"二十八画生"为笔名在《新青年》上刊载《体育之研究》一文,深入论证了身体健康和体育锻炼的重要性,提出"欲文明其精神,先野蛮其体魄""健康第一,学习第二"的观点,强调体育之效在于"强筋骨、增知识、调感情、强意志",这里从人民体育出版社于1979年公开出版的单行本中摘录该文的第二点"体育在吾人之位置",我们会发现,这段话时至今日仍然具有深刻的现实意义:

> 体育一道,配德育与智育,而德智皆寄于体,无体是无德智也。顾知之者或寡矣。或以为重在智识,或曰道德也。夫知识则诚可贵矣,人之所以异于动物者此耳。顾徒知识之何载乎? 道德亦诚可贵矣,所以立群道平人己者此耳。顾徒道德之何寓乎? 体者,为知识之载而为道德之寓者也,其载知识也如车,其寓道德也如舍。体者,载知识之车而寓道德之舍也。儿童及年入小学,小学之时,宜专注重于身体之发育,而知识之增进、道德之养成次之;宜以养护为主,而以教授训练为辅。今盖多不知之,故儿童缘读书而得疾病或至夭殇者有之矣。中学及中学以上宜三育并重,今人则多偏于智。中学之年,身体之发育尚未完成,乃今培之者少而倾之者多,发育不将有中止之势乎? 吾国学制,课程密如牛毛,虽成年之人,顽强之身,犹莫能举,况未成年者乎? 况弱者乎? 观其意,教者若特设此繁重之课以困学生,蹂躏其身而残贼其生,有不受者则罚之。智力过人者,则令加读某种某种之书,甘言以饴之,厚赏以诱之。嗟乎,此所谓贼夫人之子欤! 学者亦若恶此生之永年,必欲摧折之,以身为殉而不悔。何其梦梦如是也! 人独患无身耳,他复何患? 求所以善其身者,他事亦随之矣。善其身无过于体育。体育于吾人实占第一之位置。体强壮而后学问道德之进修勇而收效远。于吾人研究之中,宜视为重要之部。"学有本末,事有终始,知所先后,则近道矣。"此之谓也。①

可见,毛泽东同志一方面强调智育、德育的重要性,另一方面也强调体

---

① 毛泽东:《体育之研究》,人民体育出版社1979年版,第3—4页。

育的基础性地位,它对智育和德育起着支持和保障的作用,因为"体者,载知识之车而寓道德之舍也",所以"体育于吾人实占第一之位置,体强壮而后学问道德之进修勇而收效远"。就毛泽东同志本人来说,他之所以有"不管风吹雨打,胜似闲庭信步"的豪情壮志和"万里长江横渡,极目楚天舒"的卓越胆识,就是因为他一生践行其"身体是革命的本钱"的座右铭,他坚持不懈地体育锻炼和由此练就的强健体魄也为他从事艰苦卓绝的斗争和奋斗起到了强大的保障作用。新中国成立后,作为国家领导人,毛泽东同志除了强调体育在学校中的重要位置外,也在各个领域推动全面健身的思想,发出"发展体育运动,增强人民体质"的号召,20 世纪 70 年代初,毛泽东同志还审时度势巧妙运用体育手段,实现中美两个大国"走"到一起的"乒乓外交"。

这种重视体育锻炼的政策在毛泽东同志之后的历届国家领导人那里都得到了重视。习近平同志不仅直接分管过体育工作,而且还亲自指挥过北京奥运会的筹备工作,实现了从"体育迷"向体育战略决策者的角色转变。党的十八大之后,作为中共中央总书记、国家主席、中央军委主席,习近平同志在治国理政的过程中逐步提出要把中国建设成世界体育强国的思想。2018 年 9 月 10 日在北京召开的全国教育大会上,习近平同志强调"要树立健康第一的教育理念,开齐开足体育课,帮助学生在体育锻炼中享受乐趣、增强体质、健全人格、锤炼意志"。

二、加强身体健康教育的现实意义

尽管政策文件一直把体育放在一个重要的位置,但中小学生的身体健康在实际生活中却处于被严重忽视的地位。究其原因主要是在应试教育这一大环境下,重"智"轻"体"导致学生学习时间长、运动时间少,致使学生身体机能下降,身体健康得不到良好的发展。在学校,孩子主要的时间和精力是学习,尤其是初三和高三学生,体育课被占用或变相占用的现象并不少见,回家后大部分孩子为了完成家庭作业要到很晚才能睡觉。一些家长除要求孩子完成老师布置的作业外,常常要求孩子看课外辅导资料、做课外作业,双休日则要求孩子参加各种各样的辅导班。尽管学校和家长都希望学生们有健康的身体,但为了让学生在应试竞争中处于优势,老师和家长不得已逼迫学生花费大量时间用于高强度的艰苦学习。于是,"'智育'取代了'体育','应试教育'取代了'素质教育','分数第一'取代了'健康第一',学生视分数为命根,学校视分数为命脉,家庭视分数为希望,在分数压倒一切的情况下,学生整天埋头看书,体力劳动和身体锻炼缺乏,身体机能下降,近视、佝偻、体弱多病屡见不鲜"①。从 20 世纪末一直到今天,这一问题都持续存在。

近年来,国家和社会已经开始高度重视学校体育,并着手开展一系列改革。2016 年 9 月 18 日,教育部印发《关于进一步推进高中阶段学校考试招生制度改革的指导意见》,标志着体育学科作为中考计分项目正式向全国推行。从 1990 年体育作为升学考试科目观点的提出到将体育作为中考计分科目的全面实施经历了二十余年。考试制度的改革,是课程改革的风向标,同时也是对课程实施效果进行评价的有力手段。中考体育改革对学校体育发展带来的优势表现在有利于体育课程地位的提升,从而推动加强体育师资的建设、加速体育评价的转型等。不过,也有学者对这一中考改革热效应可能引发的负面问题进行了"冷思考":"是否会造成体育学科的'应试教育',忽视体育的本质功能";"是否会难以发挥综合素质评价的实效性,体育考试激励功能难以实现";"是否会带来体育考试短期效益与长期效益之间的冲突,降低体育考试的育人功能";"是否会促使中考体育技术与素质项目的比例失衡,弱化对学生技能的传授";"是否会难以突出体育考试的科学性,削弱中考体育改革效果"。②

尽管中考改革在推动学校体育发展取得的实效如何尚待观察和验证,但无论如何,这一改革至少可以推动学生从埋头苦读中分出一定的时间和

---

① 傅绪明:《学生身体素质攸关民族兴衰存亡——对学生身体素质下降的思考》,《安徽师范大学学报(自然科学版)》2012 年第 4 期,第 400 页。

② 周凰、古雅辉、刘昕:《中考改革背景下学校体育发展的热效应与冷思考》,《北京体育大学学报》2017 年第 7 期,第 72—73 页。

精力来进行身体运动,这就是学校体育改革迈出的重要一步。当然,学校要把着力点放在学生身体的健康发展、身体机能的全面提升上来,让体育服务于学生的全面发展,使体育和德育、智育、美育等实现协调统一。没有健康的身体,认知的发展、学习的进步等都会成为空谈。

当然,身体健康的教育和引导绝不仅仅意味着促进学生加强体育运动锻炼。除了运动锻炼这一因素外,了解相关的身体健康知识、养成良好的生活习惯等对保持健康的身体也是至关重要的。此外,无论何种因素,都涉及度的把握问题。例如,我们知道佛教通常是主张抑制身体各种欲望的,但实际上佛教并不提倡极端的苦行和禁欲。佛教的创始人乔达摩·悉达多本是古印度迦毗罗卫国净饭王的太子,自幼过着锦衣玉食、无忧无虑的生活,博学多艺又富于沉默思考,长大娶妻生子后,29 岁左右出家修行寻道。开始他选择禅定苦行,但劳而无果,最终他认为苦行无益,于是在尼连禅河沐浴,接受了牧女苏耶妲的牛乳供养,随后通过正常饮食恢复了体力,来到距苦行处不远的伽耶城,不久后开悟成为"佛陀"。一行禅师所著《佛陀传》里面对此有一段生动的描述:"终于有一天,悉达多在坟场禅坐时,突然醒觉到这条苦行之道是绝对错误的。太阳落山了,一阵清风轻抚他的体肤。在烈日之下坐了一整天,这阵微风来得特别清新舒畅。悉达多体验到他心内一种整天都未感受到的怡然自在。他体会到身和心组合成一个不可分割的实体。身体的平静和舒适与自心的安住是息息相关的。虐待自己的身体就是虐待自己的心智。"①

可见佛教对饮食之于身体健康的意义是充分认可的,而且佛教对包括饮食在内的其他欲望也并不完全否定。"一般认为佛教否定人的欲望,否定人世间的快乐,这是失之于片面的,也是人们误解佛教为'悲观'、'消极'的一个原因。事实上,佛教既不否定快乐,也不否定人类追求快乐的欲望。避苦趋乐是人的本能,也是人之常情。佛陀出世,弘法利生,正是为了让人

---

①　一行禅师:《佛陀传》,何蕙仪译,河南文艺出版社 2014 年版,第 75 页。

离苦得乐。"①这里的欲望是包括了身体和精神层面的。人类作为社会性生物，具有"食""色""名""利"四大欲望，加上耗去人类三分之一生命的"睡眠欲"，即是佛教认识到的世俗人生的五种基本欲望，所以佛教又称世俗人生为"五欲人生"。每一种欲望如果善加引导，都可以感召善果，因而是"通往彼岸的小舟"。人类如果没有欲望，就很难生存发展、发明创造，从而推动人类文明的发展。当然，另一方面，佛教也的确强调要适当节制人的欲望，因为"欲望是毒蛇"，如果人沦为欲望的奴隶，那么人就会不由自主地陷入"贪欲"，从而导致身心都受到伤害。

佛教的上述思想其实类似于孔子主张的"中庸之道"，和亚里士多德提出的"适度"和"节制"也是相通的。亚里士多德认为，"适度"是介于"过度"和"不及"两个极端之间的一种"德性"，而"节制"则是"放纵"和"冷漠"（在我们今天看来，也许用禁欲更为恰当）的一种"适度"。不过，"适度"并非"过度"和"不及"之间的"中点"或称中项，比较而言，"与节制较为相反的不是作为不及的冷漠，而是作为过度的放纵"，因为过度的放纵显然是离节制这种"适度的品质越远的极端"，而且"我们比较倾向于快乐，所以容易放纵"，"我们把本性上更容易去爱好的那些事物看作适度品质的相反者。所以作为过度的放纵就更被看作是同节制相反的"。②

所以，引导学生保持健康的身体，就要引导他们懂得"节制"和"适度"。身体要健康就要合理满足身体的生理需要，所谓"皮之不存，毛将焉附"，但满足过度反倒会损害身体的健康。例如，营养均衡的饮食有益身体健康，但暴饮暴食则损害身体健康；科学适度的运动锻炼可以提高身体机能，但运动过度或方法不当则会降低身体机能甚至损害身体健康；等等。这就是为什么学校需要严肃认真地对待体育课程建设，正确教育和引导学生的原因所在。

关于认知科学的具身转向及其在教育教学实践中的具体落实，后面在集中讨论教学实践的具体策略时还会从其他角度进一步进行分析。

---

① 西妙：《佛教对人类欲望的认识》，《法音》1994年第4期，第4页。
② [古希腊]亚里士多德：《尼各马可伦理学》，廖申白译注，商务印书馆2003年版，第53—55页。

第五章　体验教育的情绪情感维度

　　人生活在社会中,为了自身的生存发展和价值实现,就要认识事物、学习知识、适应环境等,并在这一过程中遇到成败得失、顺境逆境以及善恶美丑等各种情境,从而产生不同的情绪和情感体验。所以我们经常说"人非草木,孰能无情"。情绪和情感是既有区别又有联系的两个概念,第二章对此已做过一些说明。

　　进一步考察情绪和情感二者的关系:"情绪具有较大的情景性、激动性和暂时性,往往随着情景的改变和需要的满足而减弱或消失。情绪代表了感情的种系发展的原始方面。从这个意义上讲,情绪概念既可以用于人类,也可以用于动物。而情感经常用来描述那些具有稳定的、深刻的社会意义的感情,如对祖国的热爱,对敌人的憎恨以及对美的欣赏等。作为一种体验和感受,情感具有较大的稳定性、深刻性和持久性。情绪和情感是有区别的,但又相互依存、不可分离。稳定的情感是在情绪的基础上形成的,而且它又通过情绪来表达。情绪也离不开情感,情绪的变化反映情感的深度,在情绪中蕴含着情感。心理学主要研究感情的发生、发展的过程和规律,因此较多地使用情绪这一概念。"①

　　情绪和情感大体可以分为积极和消极两种性质,不同性质的体验在学生的学习中是很重要的,因为情绪情感是动机系统的一个基本成分,它们对人的活动效率产生深刻的影响,本书所倡导的体验教育尤其强调这一点。或者换句话说,正因为今天的学校教育在很大程度上忽视了情绪情感这一

---

① 彭聃龄:《普通心理学》,北京师范大学出版社2004年版,第365页。

维度,所以导致教育教学工作效率出现了一系列问题。因此本书专门用一章对情绪情感这一"体验教育"的重要维度展开讨论。

第一节　情绪情感的复杂性和重要性

鉴于情绪中蕴含着情感,情绪的变化反映情感的深度,同时也为了论述更为集中,本章重点针对情绪展开说明,只在必要的时候结合情感来进行分析。

当我们对情绪展开论述的时候,首先不得不承认的是,情绪是一个非常复杂、难以精确定义和研究的领域。有人说:"从科学角度来看,情绪是心理学领域的核心。临床心理学家通常喜欢帮助人们控制有害的或功能紊乱的情绪;认知心理学家研究情绪如何影响人的思维过程和决策;社会心理学家和人格理论家则关注情绪如何影响人们的社交关系。尽管情绪的重要性是那么显而易见,但情绪仍然是研究的难点。……由于情绪的主观性太强、数十年来实验心理学家们几乎忽略了它,即使在今天,持行为主义倾向的人们依然怀疑能否对私密的内在体验进行科学研究。"[①]的确,情绪是一个非常重要但在研究和实践中又难以把握的一个领域。

一、情绪情感:难以精确定义和测量的概念

1884 年,美国心理学奠基人 William James 写了一篇题为《情绪是什么?》的重要文章,一百多年以后,心理学家们还在问同样的问题。与其他一些概念一样,情绪很难精确定义。正如大概成年人都知道什么是"时间",但如果要我们对其定义,我们反倒不知道了。尽管如此,为了研究,我们仍然需要对这一概念尝试进行定义,哪怕是一个初步的定义。

在第二章中我们已经指出,"情绪"这个概念一般指"人对客观事物的

---

① ［美］Michelle N.Shiota,James W.Kalat:《情绪心理学(第二版)》,周仁来等译,中国轻工业出版社 2015 年版,第 3 页。

态度体验及相应的行为反应"。进一步而言,"态度体验"和"行为反应"又有着更具体的内涵。例如,一个沉溺手机游戏的初中男生如果被母亲没收了手机,往往会感到愤怒并在言语甚至动作上和母亲发生争执。但如果这个男孩自身也痛恨自己的不自律,想摆脱对手机的依赖自己又做不到,被妈妈没收手机后可能就不会感到特别愤怒。可见,不同的男孩对手机被没收这一相同刺激的主观感受和行为反应可能是不同的,至少在程度上会有不同,其原因是个人对这一事件的认知和态度不同。

因此综合来看,很多研究情绪的人都同意"情绪"包含认知、感受、生理和行为四个要素。不过,这是不是意味着情绪状态就像一个正方形一样,必须"四角齐全"? 好像也不见得,例如"也有很多心理学家坚持认为人们可以在不对情境进行有意识评价的时候感受到情绪(Berkowitz & Harmon-Jones,2004;Parkinson,2007)。你可能只是瞟见一个东西的轮廓而没有注意,你甚至都说不出那是什么,就突然有点害怕、开心或者恶心(Ruys & Stapel,2008)",再如"假如你的教授举行了一次考试而你的分数比所预期的要高。你会有认知(好消息)、感受(开心)和一些生理变化(兴奋),但可能你什么都没做,没有蹦蹦跳跳或者向其他同学炫耀,甚至都没有笑出来。如果没有行为改变,我们能认为你真的没有产生情绪吗?"[1]。

不过,在情绪的四个要素里,内部的主观感受和相应的生理变化应该可以说是最为重要的,否则就谈不上"情绪"了。也有人认为,主观感受才是"情绪",生理变化是伴随情绪产生的。不过,我们如何界定我们的主观感受? 换句话说,我们是如何习得了愤怒、快乐、悲伤等情绪词汇的含义的? 这似乎又是一个具有挑战性的问题。不过,我们可以说,人类进化的过程也是文化传承的一个过程,当我们小时候听到一声巨响会害怕地哭起来,妈妈或其他人会问"宝贝,你是不是害怕了? 不用害怕,妈妈在你身边",于是我们习得了"害怕"这种情绪是怎样的一种状态。但这样的说明似乎仍显得

---

① 〔美〕Michelle N. Shiota、James W. Kalat:《情绪心理学(第二版)》,周仁来等译,中国轻工业出版社 2015 年版,第 6 页。

比较随意和模糊。

除了定义的困难，测量也是一个难题。通常而言，凡客观存在的事物都有其数量，凡有数量的事物都可以测量，凡对存在事物的测量都可能误测。目前研究测量情绪比较常用的一种方法就是"自我报告"，即让被研究者描述他们的情绪感受。例如，在一些心理咨询中，一些咨询师还用1—10的数字度量他们的情绪程度，当来访者描述自己对某人存在愤怒情绪时，有些咨询师会问来访者这种愤怒情绪大概有几分，0分是一点儿没有，10分是太大了以至于自己无法承受而崩溃。这种方法对粗略了解和评估是有意义的，不过其显而易见的局限是情绪程度分值缺乏标准参照，且被研究者的描述可能带有主观色彩，如同样度量为"5分愤怒"的两个人所实际体验到的愤怒情绪的程度是不一样的。另外，自我报告方法显然不适合婴儿、脑损伤人群及其他不能说话的人。尽管如此，自我报告大概是目前临床工作中判断情绪主观感受的最为常用的方法了。在学校，当学生出现情绪问题时，老师通常也是首先让学生描述自己的感受。

除了自我报告外，生理测量也是常用的方法。一般来说，当我们感到愤怒的时候，除了说"我很愤怒"外，我们往往还是会从生理变化上进行进一步描述，如心跳加快、手出汗、头皮发麻等。生理测量与自我报告相比具有明显的优势，例如，一个人描述自己的愤怒程度从7分降到3分，我们只能判断他的愤怒情绪有缓解，但测量其心率从每分钟112次下降到80次则更加具体和客观。心率的定义很明确，而个体对情绪的感受和描述却未必准确。也就是说，生理测量的方法在度量情绪引起的生理变化方面更为明确和精确。脑电图技术（EEG）可以帮助研究者将电极粘贴在被试者的头皮上以测量情绪活动中大脑活动的瞬时变化，能很好地记录与头皮电极最接近的脑细胞的活动。但情绪状态下大部分神经活动往往发生在脑部深层区域。功能性磁共振成像（fMRI）则根据耗氧量的变化来测量大脑活动，可以将变化的位置精确到头皮下2—3毫米甚至更多，空间精确性远超EEG。不过，任何大脑扫描研究的结果都需小心解释，因为研究的生态效度会受到影响，即研究中所发生的事情与真实生活是存在差异的，此外无论哪种技术所测量的生理变化,都难以完全判断其诱因的来源是否来自所研究的变量。

此外,行为观察也是一种常用的研究情绪的方法。尽管前面提到有些情绪状态可能并没有明显的行为反应,但实际上只不过是有些反应非常细微而已。面部肌肉收缩在不同情绪状态下是不同的,因此有些研究者会运用 FACS 行为编码系统来记录面部哪些肌肉收缩了,持续了多长时间及收缩的强度。当然,这种研究也有其局限,因为人们总能在不同程度上通过控制面部表情来成功地伪装或隐藏他们的情绪,而且对肌肉收缩进行编码和分析是非常困难的。

三种测量情绪的方法到底哪种更好呢? 这很难判断。通常而言只有专门研究情绪的心理学家和研究者才会使用专门的仪器或行为编码系统来进行生理测量或观察记录。在心理工作临床实践中,无论是心理咨询师还是学校教师,在面对来访者和学生的情绪问题时,则基本采用自我报告法和一般观察。所谓一般观察就是观察来访者和学生的表情、肢体动作、说话的语气语调等,我们总能基于一般常识做出大致恰当的判断。

实际上,无论用什么方法,关键在于方法的科学性和质量如何。正如有研究者所指出的:

> 对于一些研究者来说,感受是情绪最重要的方面,因此自我报告是黄金标准。另一些研究者认为感受过于主观而不能作为情绪的最终标准。这些研究者倾向于强调生理和行为测量。对于如此多需要研究的内容,证据种类自然越多越好。比如,我们在一个研究中包含了行为、自我报告和生理测量,我们可以发现它们一致或不一致的地方。当测量不一致时就有点麻烦,因为我们必须确定最信任的测量方法是什么。然而,这种情形也能形成新的有趣的研究思路。任何情况下,任何结论的力量都大不过导致这种结论的测量方法的质量。[①]

情绪尚且难以定义和测量,更为持久和深刻的情感就更难把握了。心

---

① [美]Michelle N. Shiota、James W. Kalat:《情绪心理学(第二版)》,周仁来等译,中国轻工业出版社 2015 年版,第 13 页。

理学是一门历史非常悠久的学科,但长期以来一直是作为哲学的一部分而存在的。心理学作为一门独立的学科,是以1879年德国哲学家、生理学家冯特在莱比锡大学创建世界上第一个心理学实验室为标志的。一百多年来西方心理学出现过很多流派与思潮,如构造主义、机能主义、行为主义、格式塔、精神分析学派、认知心理学等。尽管心理学各流派中不可避免地会涉及情绪和情感,但对情绪的深入研究却是在较晚的时期才开始认真关注的。19世纪末,威廉·詹姆士把对情绪的专门研究率先带入了科学的殿堂,但差不多到了20世纪70年代开始,情绪研究才在量和质两方面有了迅速增长,到现在情绪心理学的研究已经取得了较为丰富的成果,并越来越证明情绪在人的实践和体验中发挥着重要的作用。

二、情绪情感对个体发展的作用

情绪和情感都是对客观事物的态度体验,只不过情感更稳定、更深刻、更持久;情绪则更具有流动性、短暂性。但二者在今天普通心理学的划分里,都属于"行为调节和控制"的范畴,因此具有相同或相似的四种功能。

(一)适应功能

情绪和情感是有机体在生存和发展过程中的一种重要的适应方式。查尔斯·达尔文研究指出很多动物和小孩在情绪环境下的表情与成年人是相似的,可见表情反映的情绪是我们进化遗传下来的一部分。按照这种进化论的观点,情绪的进化是通过自然选择而实现的,通过自然选择而保存的有益特征被称为适应,动物遇到危险时会因为产生恐惧情绪而选择搏斗、逃跑或装死的反应,以此适应自然界严酷的环境。

一般认为情绪是动物和人类共有的,但情感则为人类所独有。不过对此也有反对意见,反对者认为这不过是人类中心主义的自大而已。英国作家麦克·莫波格的小说《战马》讲述了一匹名叫乔伊的农场马和少年艾伯特之间感人肺腑的故事,这部小说2011年12月在美国被改编成电影上映,当人们看到人和马之间那种形影不离、难舍难分的情景时,谁还能说动物就完全没有情感呢,何况我们对生活中动物之间、动物与人之间的亲密互动和深厚感情也并不陌生。当然,说人类的情感至少比动物更丰富、更复杂、更深刻,这应该是没有问题的。不过,人类在婴儿时期还不具备生存能力和语言交际能力,复杂的认知和思维等也尚未建立,这时候还是主要依靠情绪来进行信息传递,情感也是随着进一步的成熟而逐渐发展起来的。成年人则需要通过对情绪和情感的觉察来了解自身或他人的处境和状况,从而满足更好的人际交往需要和生存发展的需要。

当然,情绪情感的适应功能有正向和负向之分。健康的情绪和情感发展可以帮助人更好地适应环境和变化,消极的情绪情感则会造成适应困难甚至适应障碍。作为一种心理问题,适应障碍是人在明显的生活改变或环境变化时所产生的短期和轻度的烦恼状态和情绪失调,常有一定程度的行为变化等。适应障碍的发病程度与生活事件的严重程度、个体的心理素质、心理应对方式、来自家庭和社会的支持等因素有关,其临床表现形式多样,主要以情绪障碍为主,如抑郁、焦虑,也可以适应不良的品行障碍为主。适应障碍的具体表现与年龄有一定联系,如成年人多见情绪症状,焦虑、抑郁以及与之有关的躯体症状;青少年则以品行障碍为主,如侵犯他人的权益或行为与年龄不符,逃学、说谎、攻击、沉迷电子游戏等;儿童则可表现为退化现象,如尿床、幼稚言语或吸吮拇指等。

一个人能不能形成健康的情绪情感发展特点,可能和遗传有一些关系,但更为关键的是后天的成长环境。如果在成长环境中能得到很好的情绪管理和积极情感发育的支持,孩子通常可以发展出良好的情绪情感品质,当然这并不意味着孩子不会体验痛苦、愤怒、抑郁、焦虑等情绪,而是在遇到问题时其主体的积极情绪和情感能很好地适应环境、解决问题,进而顺利度过负面事件和消极情绪可能带来的危机。2019 年 12 月新型冠状病毒肺炎疫情(以下简称"新冠疫情")暴发后,由于是新发传染病,病毒特点、诊疗方案一直在不断探索中,加之疫情发展较快,因此给公众带来巨大的心理冲击。有的人在一段时间的心理应激反应过后,基本上可以通过各种方式来调整和适应,恢复健康、积极的生活状态;但也有人因为处于持续甚至不断加强的焦虑、恐慌中不能自拔,从而导致出现情绪障碍。2020 年四五月开始部分地区高三学生陆续佩戴口罩开学复课，一些学生虽然对戴口罩和其他相关要求和规定很不习惯，但也能慢慢适应和接受，也有一些情绪管理不好的学生适应困难，因为各种抵触叛逆情绪而不同程度地影响学习状态和效率。这就是情绪情感具有重要适应功能的现实例证。

（二）动机功能

从进化的观点看，生理内驱力和情绪结合而形成的本能是人类在进化过程中形成的、由遗传固定下来的一种不学而能的行为模式，是人类行为的原动力，例如"人们在缺氧的情况下，产生了补充氧气的生理需要，这种生理驱力可能没有足够的力量去激励行为，但是，这时人们产生的恐慌感和急迫感就会放大和增强内驱力，使之成为行为的强大动力"[1]。本能论在动机心理学中曾一度占统治地位，这种生理和情绪激发的本能是动物和人类所共有的，原始而基础，同时又重要而强大。

当然，人类在情绪的基础上发展而出的情感更为深刻、持久，这也是人类优越于其他动物的一个重要表现，此外人类在认知、思维等方面的积极发展也使得人类的行为动机开始变得复杂。20世纪20年代末，本能论开始受到人们的怀疑与批评，例如，美国心理学家罗伯特·塞钦斯·伍德沃斯和克拉克·赫尔等认为，个体要生存就有需要，需要产生驱力，驱力是一种动机结构，它供给机体的力量或能量，使需要得到满足，进而减少驱力；有些驱力来自内部刺激，不需要习得，称为原始驱力，主要是生理性的；有些驱力来自外部刺激，是通过学习得到的，称为获得性驱力（赫尔称之为"继发性驱力"，伍德沃斯称之为"机制"）。在通过学习得到的获得性驱力形成过程中，情绪情感体验起着重要的动力作用。例如，有的人之所以能做到自觉自愿、通宵达旦地学习或工作，就是因为他们乐在其中，这种快乐、自豪、骄傲的情绪和情感体验是一种强大的内在动力。

当然，获得性驱力是后天文化和教育影响的结果。当一个孩子因为努力学习取得一个小小的成功后获得了来自他人尤其是重要他人的肯定、赞

---

[1] 彭聃龄：《普通心理学》，北京师范大学出版社2004年版，第366页。

扬和欣赏,这种积极情绪就会促使他更愿意主动学习和努力,并逐渐形成稳定持久的学习内驱。内驱力和诱因结合就是我们所说的动机,根据引起动机的原因分为内部动机和外部动机。对很小的孩子来说,外部动机是重要的,例如,很小的孩子开始对文字学习本身可能并不感兴趣,而是出于希望得到物质奖励而学习。但对一个孩子的长远发展来说,内部学习动机更为重要。周濂博士于 2012 年出版了一本随笔,书名叫《你永远叫不醒一个装睡的人》,这个书名后来被大家广为引用。对教育工作来说,你永远叫不醒一个装睡的人,意味着学生学习主动性不启动,教师再怎样殚精竭虑也会无效或低效。但关键的问题在于:到底要如何才能激发学生的主体性,让他们自己愿意学习、乐于主动学习呢? 答案当然应该是多方面的,但让学生能对学习乐在其中是至关重要的,这正是情绪情感之动机功能的实现。

此外,动机的归因也是很重要的一个问题。1971 年美国心理学家伯纳德·韦纳提出了动机的归因理论,认为成功和失败的因果归因是成就活动过程的中心要素,同时不同的归因会使人出现不同的情绪反应及最终结果:如果把成就行为归结为内部原因,在成功时会感到满意和自豪,在失败时会感到内疚和羞愧;但是如果把成就行为归因为外部原因,不论成功还是失败都不会产生太大的指向自我评价的情绪反应。因此,教育如果致力于引导学生逐步发展内部归因并通过积极努力获得成功,学生在努力后成功的过程中就会产生积极而深刻的情绪和情感体验,这份体验又会反过来强化继续努力追求成功的内在动机,从而形成良性循环。

(三)组织功能

生活经验表明,当人们处于积极、乐观的情绪状态时,更容易注意到事物美好的一面,行为表现更接纳和开放;当人们处于失望、悲观情绪状态时,则更容易产生消极防御或攻击性行为。这说明人的不同情绪对其心理活动和行为反应会发挥不同的组织功能,情绪犹如人脑内部的一个检测系统,对其他心理活动具有组织作用,表现为积极情绪的协调作用和消极情绪的破坏作用。

不过,情绪情感的组织功能远没有这样简单。正如耶克斯—多德森定律所揭示的那样,学习或工作效率的高低和动机水平之间是呈倒 U 形曲线的关系,适度的紧张和焦虑也可以使人积极思考和解决问题,可见尽管紧张和焦虑一般而言是一种负面的情绪状态,但仍然可以发挥积极的组织功能,只不过当紧张焦虑过度时,才会产生破坏性的消极组织功能。因此情绪和情感的动机功能并不总是朝着积极有效的方向发展,对此我们都有丰富的生活体验。对于这一点,本章第二节还会重点分析。

可见,情绪本身不是问题,关键看我们如何管理和运用情绪,这就是现在流行所说的"情商"如何。1995 年,美国心理学家丹尼尔·戈尔曼出版《情绪智力》一书后,"情绪智力"这一概念备受学界和业界的青睐,人们普遍认为它是我们有效应对和处置各种难题的核心要素或品质特征。Salovey 和 Mayer 将情绪智力划分为四个不同的维度:(1)自我情绪评定,涉及个体理解自己的深层情绪并能够自然地表达这些情绪的能力;(2)他人情绪评定,指人们感知和理解周围人情绪的能力;(3)情绪调节,即调节情绪的能力,这使人们能够更快地从高兴或痛苦中恢复至正常状态;(4)情绪使用,该能力有助于指导个体进行建设性活动,以及完善他们的表现。[1]

20 世纪 70 年代,美国心理学家 C. 伊扎德还提出情绪是人格系统的组成部分,强调情绪具有动力性,能驱动并组织认知和行为,并为认知和行为提供线索,因此情绪是人格系统的核心动力,对形成人格系统的稳定和特定的联结具有重要作用。

(四)信号功能

情绪情感的信号功能是通过它们的外部表现来实现的,这种外部表现主要是表情,狭义的表情仅指面部表情,广义的表情则还包括了语言声调和身体姿态。表情是情绪情感的信号,我们在生活中常常通过表情来传递信息。不过要注意的是,表情既具有文化的共性又存在文化的差异。例如,笑容通常代表赞同、喜欢,而皱眉表示否定、讨厌,这在世界各地大体是相同

---

① 转引自孙建群、田晓明、李锐:《情绪智力的负面效应及机制》,《心理科学进展》2019年第 6 期,第 1452 页。

的。但有趣的是,在世界大多数地方,上下点头表示"是",左右摇头表示"不",然而印度人则有所不同,当他们左右摇晃头部时表示的是同意,而且眉毛位置和摇头速度的不同也代表同意的程度。这是一个很有趣的研究领域,不过与本书研究的重点无关,因此就此打住。

不过,情绪的信号功能远比我们想象的复杂得多。前面已经说过,情绪一般有认知、感受、生理和行为四个要素,但并不意味着四个要素在任何情绪下都会"集体出现"。例如,患莫比乌斯综合征的人脸部肌肉没办法移动,因此他们无法笑、皱眉、做鬼脸等,我们可以想象这种疾病对他们的社交关系影响有多大,但他们也能感受到与正常人相同的快乐或被逗乐的感觉。可见表情不是情绪信号的必要和唯一表现。但不管以哪种方式,情绪总会以某种方式帮助我们在人际交往中识别他人传递的信号,处理人与人之间复杂的关系。为了更好地说明这个问题,下面引用一段关于"尴尬"这种负性情绪社会功能的话:

> 即使是负性情绪,也可能有非常重要的社会功能。回想一下最近一次你感到尴尬的情境。除了使你感到糟糕以外,尴尬具有什么功能呢? 我们不知道什么使你尴尬,但是你可能违反了某种社会习俗:你可能在很多人面前滑倒了,你可能不小心撞到某人,你可能在公共场所大声打嗝。你通过表现尴尬,让别人知道你陷入窘境了,而且你不是故意的、你自己已经为发生的事情感到糟糕了。这样就可以使别人更倾向于喜欢并且信任你,保证你不会被他们嫌弃。[①]

由此可见,从教育教学工作的角度看,情绪情感的信号功能可以帮助一线教师了解学生的心理状态,从而在必要的时候及时给予适当的引导和帮助。当然,这需要教师自身具备较强的感知和觉察他人情绪的能力,这是情绪智力中很重要的一部分。不过,今天很多教师,也包括家长,恰恰在这一方面存在很大的局限,这一方面是应试教育让众多家长和教师无暇顾及孩

---

① ［美］Michelle N. Shiota、James W. Kalat:《情绪心理学(第二版)》,周仁来等译,中国轻工业出版社 2015 年版,第 43 页。

子和学生的情绪状态,另一方面也是缺乏经常的练习和训练所致。2019 年 4 月,上海一位 17 岁男孩因在校遇到一些事情,母亲在开车路上因此和他发生言语冲突,车行至卢浦大桥时孩子冲动之下打开车门跑到桥边纵身跳下,母亲追赶不及,眼睁睁看着儿子跳下桥后跪地痛哭,救护车赶到时男孩已无生命体征。逝者已逝,生者还要继续生活。这些层出不穷的极端事件警醒成人,包括家长和教师,既要重视督促孩子的学习,更要注意孩子情绪智力和完整人格的培养,同时成人自身也要加强觉察孩子情绪情感状态以便及时给予恰当引导的意识和能力。

三、情绪情感的文化建构性及其体验教育意蕴

情绪情感是社会文化建构的产物,这包含了两层含义:一是情绪情感具有跨文化的一致性,二是情绪情感同时也具有文化的差异性。

前文已提到,按照进化论的观点,情绪情感的进化是通过自然选择而实现的一种适应性的特征。如果是这样,那同为人类物种,不同国家和民族的人们具备相同或一致的情绪情感及其表达就是情理中的事情,对此达尔文在其经典著作《人类与动物的情感表达》一书中也提出了他的一系列研究作为依据。我们也很容易在现实生活中找到诸多证据,如快乐高兴的意义以及用笑来表达这种情绪在各个国家是相似的。正因为这样不同文化的人才有可能相互理解和沟通交流。

情绪情感除了具有跨文化一致性外,文化差异性也很明显。例如,不同文化的人面对相同情境的情绪情感反应会有所不同,因为他们对这一情境赋予的文化意义不同,对待不同情绪情感的评价也是有很大不同的。例如,到一个美国人家庭里做客,主人可能会对客人说盘子里有水果,如果需要可以自己拿,这对一个美国客人来说没有什么不妥,而且在美国文化里,这种待客方式可能是对客人喜好和选择的一种尊重,而且美国人向来看重每个人自己照顾自己。但在中国,主人可能会直接拿来放在客人面前请客人吃,或者至少尝一尝,在中国文化里,这才是一种热情周到的待客之道,如果让客人自己拿,中国客人即使内心特别想吃,一般也不好意思真的去拿,而且

可能认为主人请自己吃的诚意不够,并因此而体验到一种不舒服。此外,人们对不同情绪情感的描述和表达也存在很大的不同。例如,德语中用专门的一个词语"schadenfreude"表达"幸灾乐祸",但在英语里却没有对应的一个词语来表达,如果要表达类似的情境和情绪情感反应,就需要用"take pleasure in other people's misfoutune"等短语方式来描述和表达。类似这种情绪情感的语言描述和表达的差异性还有很多。

　　情绪情感的跨文化一致性和差异性都表明了情绪情感是社会文化建构的产物,这也是教育要特别看重个体体验的重要原因,同时也说明了体验的一个重要内涵就是和社会生活及个人实践相联系。实际上,即使在同一种民族文化里,人们的情绪情感仍然具有一致性和差异性,例如,我们在婴幼儿的早期阶段通常是会自由表达自己的情绪的,但慢慢地我们会学会在一些情况下要适当隐藏或伪装自己的情绪,例如,在社交场合当别人讲了一个并不好笑的笑话,大多数成年人也会礼貌地笑一笑。不过,在今天多元化和倡导个性的社会里,可能越来越多的人,尤其是年轻人,开始对这种"世故"产生怀疑和批判,从而选择遵从自己的内心,并自由自在地表达自己的真实情绪和感受。但人毕竟是生活在社会文化中的,因此我们中很多人在追求自我的过程中仍然常常会发现社会对"一致性"的要求并因此感到压力和困惑。到底应该遵从一致性,还是坚持自己的差异性,这个问题并不那么容易得到一个令人满意的答案。这里不过是举了一个无关紧要的小例子来说明这个问题。但在一些意义重大的问题上,选择就变得更为艰难,其结果也会变得至关重要。

　　因此,我们应该引导学生遵从社会的一致性要求还是坚持自己的个性和独特性,这也是体验教育需要正视的一个重要问题。这个问题的答案正如第二章体验教育的内涵所指出的,体验教育的目的是帮助学生自我实现,但这种自我实现内在地包含了个人与社会的统一。因此,在本章讨论的情绪情感这个问题上,教育引导学生在一定程度上遵从社会的一致性要求,同时也尊重和鼓励学生在一定程度上追求和坚持自己的个性和独特性,这既是社会发展的需要,也是个人自我实现的需要,且二者应该是内在统一的。

只不过,区分二者的界限并付诸切实的教育行动,这并不是一件很容易的事情。尽管不容易,但仍然需要并值得我们为之付出努力,这也是体验教育所追求的价值目标。

第二节 情绪情感的不同分类及其教育价值

情绪情感体验在学习活动和道德及心理发展中具有重要的作用,不同的情绪情感体验对学习和发展所起的作用也不同。以情绪的分类为例。一般认为人类有四种基本情绪:快乐、悲伤、愤怒、恐惧。此外,"有心理学家提出了一个'基本'情绪的短名单,包括快乐、悲伤、愤怒、恐惧、厌恶和惊奇。另有研究者在此基础上增加了几个候选者,如轻蔑、羞耻、内疚、希望、骄傲、信念、沮丧、爱、敬畏、无聊、妒忌、后悔和尴尬(Keltner & Buswe,1997)。印度学者还加上了英雄主义、娱乐、平静和好奇(Hejmadi,Davidson & Rozin,2000)"①。当然,情绪的种类似乎还远不止这些。

为了进一步分析,我们可以把情绪看成是由愉悦—不愉悦、唤醒—平静两个连续性维度构成的,前者是情绪的性质属于积极还是消极,后者是感受和生理唤醒的程度。例如,兴奋和放松基本上属于愉悦这一维度,但前者唤醒程度比后者更高;而兴奋和害怕的唤醒程度大体相当,但一个是愉悦,一个是不愉悦。不过,需要特别指出的是,情绪具有暂时性和流动性,生活中我们的情绪往往是在不同性质和程度之间不断转化的。同时,尽管大多数情况下情绪的两极之间是对立的,但在同一时刻体验到不同的情绪也是并不鲜见的。例如我们在一些情况下会体验到"痛并快乐着"的复杂情绪。齐秦有一个专辑名称就叫"痛并快乐着",其中的同名主打歌曲中有一句歌词就是"恨极生爱,爱极又生恨",就是对"爱恨交加"复杂情绪的一种表现,同时这已经不仅仅是一种情绪状态,也是一种深刻的情感状态。2010年著

---

① [美]Michelle N. Shiota、James W. Kalat:《情绪心理学(第二版)》,周仁来等译,中国轻工业出版社2015年版,第25页。

名主持人白岩松出版其新书时,曾坦言自己深受齐秦"痛并快乐着"这一专辑的影响,借用了该专辑名称作为自己的书名。可见这种复杂的情绪情感体验在人们的生活中并不鲜见,这也是为什么很多情感丰富、思想深刻又冲突的人在听到汪峰的《存在》时,会被"多少次荣耀却感觉屈辱,多少次狂喜却倍受痛楚,多少次幸福却心如刀绞,多少次灿烂却失魂落魄"这些歌词激起强烈的情绪感受和情感体验。

在本书构建的"体验教育"这一框架中,情绪情感体验无疑是很重要的核心内容,换句话说,体验教育特别致力于运用情绪情感体验这一因素引导学生更好、更高效地学习,更健康地发展。鉴于情绪情感的性质这一维度对教育的影响更为重要,我将把情绪情感分为积极和消极两个方面进行专门说明。为了表述的集中,这部分仍然更多以"情绪"为例进行分析,但实际上这些分析一方面也适合"情感",一方面二者仍然存在一些不同,这是需要特别指出的地方。

一、积极情绪情感的教育意义

2018 年 8 月 7 日,我参加过台湾心理学博士杨明磊先生的"家庭重塑"工作坊,杨博士在课程中曾说:"快乐是一种资本。天性快乐的人遇到挫折会比其他人更容易振作,就像一个具有弹性的皮球,即使触底,也会很快弹起来。"这个比喻强调了快乐这种积极情绪和情感的积极意义,本书第三章也对积极心理学关注和强调人的积极情绪体验进行了比较详细的分析。积极心理学的意义当然不仅仅在心理治疗或心理咨询领域。正如前文提到的,积极心理学家也致力于研究能够承载美好生活的社会构成:友情、婚姻、家庭、教育、宗教等。而教育正是本书探讨的中心。"积极情绪"不是积极心理学的唯一内容,但却是至关重要的内容。这对教育恰恰具有弥足珍贵的启示。请允许我在这里引用《积极心理学》里提到的芭芭拉·弗瑞德的一个研究实验[①],来说明积极情绪对教育的意义:

---

① 　[美]克里斯托弗·彼得森:《积极心理学》,徐红译,群言出版社 2010 年版,第 41 页。

积极情绪能够消除消极情绪所导致的生理学反应。给大学生一分钟去准备一篇简短的演说,题目是"为什么你是我的好朋友",并且被告知,他们的演讲会被录像并且要接受同学们的打分。他们在进行实验的过程中,生理学的仪器会记录他们的心跳、周围血管的收缩程度及血压——这些都是焦虑和交感神经兴奋的指标。在进行实验之前,被试者会看四种不同类型电影中的一种:两部电影能够使人产生积极情绪(愉快或者满足感);一部可以导致悲伤的情绪;另外一部属于情绪中立的中性电影(既不会产生积极情绪也不会产生消极情绪)。在准备演讲的过程中,那些看电影之后产生积极情绪的大学生,比那些产生消极情绪或者观看中性电影的学生,心血管状态的恢复要相对快得多(恢复到"正常状态")。也就是说,积极的情绪体验能够减轻实验中所产生的焦虑情绪。

像这样的实验室研究,能够带给研究者发现可能原因的有力证据。被试者所观看的特殊电影短片是随机决定的,也就是说四种情况下被试者之间没有差异,仅仅是电影本身的差异。这证明了当处于压力的困难情况下,体验积极情绪可以使人获益。

尽管从严格意义上看,上述实验可能存在一些争议,比如,这一实验没有说明被试的样本数量,难以对因为被试个体差异造成的误差进行估计。不过这一可能的撰写忽略并不影响这一研究结论的科学性。

实际上,西方有很深厚的快乐教育和快乐学习的传统。古希腊时期的柏拉图最早对快乐教育进行阐述,认为教育的主要目的就是教会年轻人从正确的事情中获得愉悦。之后亚里士多德则直接强调说:"人们的活动为本身的快乐所加强、所延长、所改善……如果一个人感到写和算对他是痛苦的,他就不肯再写,也不肯再算了。"[1]古罗马教育家昆体良从教学论的角度也对快乐教育进行过阐述,他说:"最重要的是,我们必须注意,一个还没有

---

[1] [古希腊]亚里士多德:《尼各马可伦理学》,苗力田译,中国社会科学出版社1990年版,第220页。

达到热爱学习的年龄的儿童……此时必须使他的学习成为一种乐趣,向他提问题,称赞他,当他做得很好的时候,应加以引导,使他感到高兴;有时候,当他拒绝接受教育时,应当用别的方法,激起他的羡慕感,或让他参与竞争,并应当让他相信自己成功多于失败,同时应当借助于适合幼儿年龄的各种奖励,鼓舞他去尽最大努力。"①

不过,西方后来在很长时间里受到中世纪经院哲学和教会蒙昧主义教育的统治,快乐教育思想和实践受到压制。后来在文艺复兴运动时期,一批人文主义教育家主张教育应该适应儿童身心发展,从而使古希腊、古罗马的快乐教育思想萌芽得以重生,并焕发出新的生机和活力。这个时期就有一长串名字可以罗列:维多利诺、伊拉斯谟、维夫斯、弥尔顿、蒙田,等等。

夸美纽斯是西方近代教育学的奠基人,也是系统探讨快乐教育的先行者,他在《大教学论》一书中探讨把一切艺术教给一切人的教育艺术,并认为教育应该也是可以用愉快的方式实现这一目的的。之后,19世纪英国著名教育家斯宾塞明确提出"用快乐的原则进行教育"。斯宾塞最早在《智育》(后编入《教育论》一书)中表达了对快乐教育的基本观点,其名言是"教育使人愉快,要一切教育带有乐趣",其后在《斯宾塞快乐教育书》这本札记和自传体著作中宣称"快乐教育是我所主张的","应当以快乐的方法来教育青少年",这可以说是西方第一部快乐教育专著。② 这些思想和观点对欧美20世纪上半叶流行的"新教育"和"进步教育"产生了重大影响。

19世纪末,欧美的工农业和自然科学都取得了新的发展,工业化和都市化使大批农村人口涌入城镇,这些儿童和青年缺乏在城市谋生的知识和技能。与此同时,社会的政治生活也发生了巨大的改变,逐渐向着民主化社会迈进。这种社会现实需要教育培养具有创造精神、能够适应迅速变化、掌握现代科学技术、善于合作与交流并且能够充分自由地表现自己人格的人。但当时的教育理论和教育实践完全沿袭欧洲的传统教育。这种教育过分重

---

① 华东师范大学教育系、浙江大学教育系选编:《西方古代教育论著选》,人民教育出版社1999年版,第144页。

② 郭戈:《西方快乐教育思想之传统》,《课程·教材·教法》2015年第3期,第18页。

视精神修养和书本知识,单纯强调形式训练和智力上的成绩,学生盲目、被动和机械地学习,教育内容与社会现实生活严重脱离。于是,欧美便兴起了一场教育革新运动,欧洲称之为新教育运动,美国则称之为进步教育运动,它们共同构成了20世纪初两股最重要的教育革新力量,共同影响了20世纪上半叶整个世界的教育发展。"新教育"的"新"和"进步教育"的"进步",主要体现在"生活教育""尊重个性""自发学习""兴趣和自由"等,这些主张和以往"苦行僧"般的教育完全不同,这样的教育是符合儿童个性发展需要的,是快乐的、自由的、自发的,因此是西方快乐教育思想的延续和发展。

"新教育"和"进步教育"尽管后来遭遇了一些失败和质疑,但其基本思想并没有被历史淘汰,只不过不同国家不同时期在具体做法上会有一些矫正和调整。保加利亚心理学家乔治·洛扎诺夫创立的"暗示教学法"、苏联教育家阿莫纳什维利的"人道的、合作的、快乐的教育学"等,都可以说是西方快乐教育思想延续和发展的现代版。这里以暗示教学法为例作出说明。

暗示教学法是由保加利亚精神病疗法心理学家乔治·洛扎诺夫受暗示疗法启发而创立的。暗示疗法是医生通过一些方式使患者在解除心理压力和负担的情况下接受某些积极观念,从而使疾病症状得以减轻或逐渐根除的一种方法。洛扎诺夫受此启发于20世纪60年代末70年代初创立暗示教学法,该方法创立之初主要针对语言学习学科,但后来证明在非语言学科的效果也很好,因此由东欧各国传到苏联、美国、加拿大、法国、日本等国,之后被介绍到我国。暗示教学法强调对教学环境进行精心设计,激发学生的学习需要和兴趣,综合运用各种方式建立无意识的心理倾向,使学生在轻松愉快的学习中获得更好的效果。可见,这一理论和方法也强调积极情绪对提高学生学习效率是非常有益的。

二、负面情绪情感的教育价值

正如硬币总有两面一样,对快乐等积极情绪情感的作用过度夸大是有问题的,何况生活总是充满了各种各样的烦恼、挫折甚至痛苦、磨难。对于成长中各个阶段的青少年儿童来说,也是如此。酗酒的父亲、唠叨的母亲、父母离异、生病、贫穷、同伴欺凌、自然灾难、学习落后等是未成年人总会或多或少、或大或小地遭遇到的。正如第三章已经指出的,积极心理学虽然致力于发掘快乐等积极情绪的价值,但并没有无视人类的痛苦。恰恰相反,积极心理学并不否认痛苦对人的价值。正如克里斯托弗·彼得森所指出的:"事实上,痛苦与幸福之间的联系也应该值得进行研究。那些在生活遭遇中饱经痛苦的人们是否会从中吸取教训?……至少那些从危机和创伤中走出来的人们能更加懂得和珍惜生命中对自己来说最珍贵的东西。进一步来说,除了极少人之外,人们的生活满意度在经过一段时间的调整和适应之后,要比危机和遭遇之前的生活满意度提高很多。"①

实际上,不幸遭遇总会带给人们痛苦等各种负面的情绪和情感体验。但关键在于,我们不应该奢望完全消除痛苦,而是要认识到负面情绪和情感本身也是有正面的积极意义的。学校和教师也要致力于引导学生正确认识负面体验,把负面体验看作探索建设性方向的宝贵资源。下面我将先以愤怒这种生活中常见的负面情绪(也是破坏力很强的一种情绪)为例来说明这个问题,然后再一般性地进行概括分析。

(一)愤怒:给我们力量去改变不能接受的情况

从前文提出的愉悦—不愉悦、唤醒—平静两个维度来看,愤怒显然属于不愉悦、唤醒程度较高的一种负面情绪。前文已经指出,从进化论的观点看,情绪是通过自然选择而形成的一种有益特征,即适应。但有人可能会反问:"如果情绪是一种有益的适应,那么怎么看待人们在愤怒情况下往往容易做出很多愚蠢甚至后果严重的事情?"这是一个很好的问题!下文将直面这一问题并尝试通过回答这个问题来阐述愤怒这种负面情绪的正面意义及教育价值。

一般而言,愤怒是抗议别人夺走了属于我们的东西,这种东西可能是有形的物体,也可能是无形的,如尊重。当别人夺走了属于我们或者我们应该

---

① 　[美]克里斯托弗·彼得森:《积极心理学》,徐红译,群言出版社 2010 年版,第 8 页。

得到的东西,表达愤怒可以帮助我们威胁侵犯我们的人,让对方有所忌惮,从而不敢随便侵犯我们。这一点最能解释愤怒情绪的进化机制。"愤怒可能是在特殊的时期进化来的,比如有人偷食物或者不尊重别人在群体中的地位,这些行为会威胁到生存和繁衍的机会。在这种情况下,表示愤怒通常是拿回财产和恢复名誉的好方法,这样别人才能知道下次不可以再冒犯你了"①。在今天的社会,愤怒同样具有这种正向功能。这里引用我在十几年前的一项现象学研究中所搜集的一位母亲报告的一则案例文本②:

> 我儿子4岁多,楼下一个两岁多的孩子宇宇(化名)常到我们家玩。前天下午两个孩子在我们家玩,快晚饭的时候,宇宇妈在楼下喊宇宇回家吃饭。宇宇前脚刚走,我儿子突然气愤地说:"宇宇把我的彩色笔拿走了!"我和孩子他爸开始说,"不会吧,你再找找"。儿子坚持说"我们刚刚还一起画画,现在不见了。肯定是他拿走了。我要去拿回来",说着就要往楼下跑。我赶紧拉住儿子,好言好语地说:"要不,你就当送给他,你们不是好伙伴吗?"儿子干脆地说了一句"不,那是我的东西"就自顾自地往楼下跑,我本来还想追回儿子"教育一番",一方面担心这样弄得两家大人很尴尬,影响邻里关系,另一方面我也不希望自己的孩子成为"小气鬼"和"守财奴"。但孩子的爸爸阻止了我。他说:"宇宇未经允许随便拿别人东西,本来就不对;儿子去追回属于自己的东西,这种行为应该鼓励。这样两个孩子都会懂得公正。"我想想也对,于是悄悄在楼梯口听下面的动静。我听到儿子大声地敲楼下宇宇家的门,宇宇爸开门了,儿子激动地大声说:"宇宇把我的彩色笔拿走了,我要要回来!"过了一会儿,儿子心满意足地回来了,手里拿着自己的彩色笔。

在这个案例里,表达愤怒有助于我们要回本来属于我们却被别人不合理地夺走的东西,这显然是对公正这一基本社会准则的一种维护。父母和

---

① [美]克里斯托弗·彼得森:《积极心理学》,徐红译,群言出版社2010年版,第38页。
② 左群英:《同情教育论》,人民出版社2012年版,第178页。

教师应该如案例中的这位 4 岁男孩的父亲那样，鼓励和支持孩子适当地表达愤怒。

不过，"表达愤怒"并不意味着可以随心所欲。恰恰相反，我们在表达愤怒的时候需要谨慎对待，否则就可能导致严重的后果。2018 年 10 月 28 日 10 时 08 分，重庆市万州区长江二桥发生重大交通事故，一辆大巴车在行驶中突然越过中心实线撞上一辆正常行驶的红色小轿车后坠江，后来通过调查确认事故原因竟然是一个女乘客因为坐过站不能及时下车而与公交车司机发生互殴而致使车辆坠入长江。人一旦被愤怒冲昏了头脑，就有可能完全失去理性和自我控制能力。

在生活中，很多人也因为愤怒而口不择言或冲动行事，结果非但没有让事情变得更好，反倒离自己希望的方向越来越远。例如，孩子不好好学习或写作业，父母或教师一怒之下动手打孩子，结果孩子的学习状态非但没有更好，反倒更厌学了。对于青春期的孩子来说，这种教育方式往往还容易导致孩子用极端的方式来反抗，甚至因此而酿成令人痛心的极端后果。正因为这样，很多不能很好管理愤怒情绪的人常常非常痛恨自己的愤怒，也常常不停地问"谁能告诉我，怎样可以摆脱愤怒这个恶魔"。如何控制带来破坏性的愤怒情绪，我们将在后面一节专门阐述，这里强调的是愤怒情绪所具有的正面意义。

实际上，愤怒情绪本身不是恶魔。正如前面我所强调的一样，把负面情绪看作探索建设性方向的宝贵资源，这是把负面情绪转化为正面意义的关键。愤怒的正面意义是"给我们力量去改变不能接受的情况"。当别人以不合理的方式甚至非法手段剥夺属于我们的东西，当别人的言行让我们无法接受时，我们当然可以借助愤怒带来的力量去改变别人对我们的态度。就像上述生活事件中所说的，当别人未经允许拿走了自己的彩色笔，愤怒的孩子勇敢地去敲门要回来，以此捍卫自己的权利。不过，日常生活中更多的情况下不是用愤怒来改变外面的人事物，而是把改变自己作为突破的方向。例如，前面列举的关于孩子不好好学习和写作业，父母或教师不能用动手打孩子的方式来试图改变孩子，而应反思、调整和改变自己的教育引导方式。

换句话说,如果孩子不好好学习的现状让我们觉得愤怒,那这份愤怒其实是提醒我们:是时候改变自己的教育方法和技巧了,否则情况不会好转。

再次强调和总结一下,愤怒情绪的正面意义包含:一是给我们力量和勇气去面对和改变我们不能接受的情况,被欺负甚至伤害了都不敢愤怒和表达愤怒的人往往是无力而无助于事情改善的;二是提醒我们要以建设性的方式去推动事情朝着我们想要的方向去改变,而不是任由愤怒情绪左右而随心所欲,否则事情非但不能变得更好,反而会更糟。

(二)寻找更好的资源和方向:负面情绪和情感对我们的正面意义

我们前面以愤怒情绪为例说明了负面情绪的正面意义。为了进一步说明这个问题,这里再以恐惧这种负面情绪为例来进行分析并对负面情绪的正面意义进行一般的总结。

同样,恐惧也是进化的产物。恐惧是动物在遇到危险的时候维持生存的必要反应,如意识到有被凶猛动物追赶和吃掉的危险会感到恐惧从而迅速逃离。同样,人如果站在悬崖边上丝毫不感到恐惧,就不会做出迅速后退到安全地带的理智选择。因此恐惧虽然是一种让我们不愿接受的负面情绪,但它和愤怒一样,仍然具有正面意义。

仔细分析我们会发现,恐惧是"不愿付出可能会付出的代价",那恐惧带给我们的正面意义就是指引我们去找出需要付出的代价是什么以及思考可以做些什么使自己避免付出代价。在一些情况下,我们会很容易确知我们可能会付出的代价是什么,如被凶猛动物追赶和站在悬崖边上,因此我们也容易本能地知道应该如何做能避免付出代价。但在日常生活中,人们有时候对一些代价并不是很明确,甚至很难觉察到内心深处的恐惧,因而行为反应就是盲目的。

在我的咨询个案中,有一对父母因为孩子打游戏成瘾,很恼火,试图去管,但孩子反应激烈,甚至做出过让他们害怕的自伤行为,加上时不时看到网络上报道家长强硬干涉孩子玩游戏导致亲子冲突,最终酿成孩子冲动之下跳楼自杀的案例,于是这对父母不敢管了,在孩子面前变得小心翼翼,但这样又让孩子更加沉溺并觉得理所当然,家长因此陷入痛苦纠结。深入分析我们会发现,这对父母的内心潜藏着一份深深的恐惧,恐惧孩子自残甚至更糟,这份恐惧让他们不敢尝试管教。实际上,当清楚地觉察到这份恐惧时,家长要努力的方向就是:在适当约束孩子玩游戏的同时,做点什么可以避免可能出现的糟糕后果。指责打骂和硬抢的方式显然不可取,改变这种情况需要家长在教育孩子的理念、方式上进行调整,尤其要提高与孩子沟通的智慧,而这需要不断地学习、调整,这虽然无法一蹴而就,却是唯一可行而且能带来可持续良性转变的方向。这样,和愤怒情绪一样,我们又会回到"通过改变自己来解决问题"这个建设性的方向上来。

　　这部分论述虽然在表达上更多使用"情绪"这一概念,但揭示的心理机制也适合"情感"这种更为持久和复杂的体验。此外,除了愤怒和恐惧,其他负面情绪和情感同样具有正面意义。当我们感到焦虑时,我们就应该意识到事情很重要,需要我们付出更多的注意力,寻找更多的资源和途径,以便提高处理事情的效率。所以学校和教师对学生考前焦虑问题所要做的就是引导学生更有效地进行复习,同时开展一些有助于缓解焦虑的活动,如运动。惭愧、内疚和遗憾等情绪提醒我们在已经发生的事情里尚有未完结的部分需要我们用某种方式去完结。我曾经在一堂心理学培训课上听到培训导师分享过她的一个咨询个案:一个初中孩子因为贪玩而落水遇险,父亲为救他而离开人世,从此这个孩子除了痛苦,还背负着深深的内疚和自责,也有告别的话都没有来得及说就和父亲永远分离的一份遗憾。这份痛苦、内疚、自责、遗憾成为一种沉重的负担一直延续到他读大学。后来在心理咨询师的引导下,这个大学生开始面对这件事,尝试选择接受和放下,他利用清明节去父亲墓前大哭了一场,把积压了很多年想对父亲说的话全部说了出来,并在父亲墓前发誓要好好念书,将来成为一个可以荣耀家族的佼佼者,用这种方式来告慰父亲的在天之灵。

　　当然,尽管我在这一部分强调负面情绪和情感有正面意义,但毫无疑问的是,它们和生活中的其他很多事物和事情一样,"适量有益,过则有害"。例如,虽然恐惧有助于我们快速行动以应对迫在眉睫的危险,或者使我们记住一些曾经发生过的创伤危险信号从而有效避免,但经常性的过度恐惧则容易固化成一种情绪障碍。恐怖神经症是目前一种典型的情绪障碍之一，患者往往对某些特定的对象或处境产生强烈和不必要的恐惧情绪，而且伴有明显的焦虑及自主神经症状，并主动采取回避的方式来解除这种不安，这类患者往往明知恐惧情绪不合理、不必要，但却无法控制，以致影响其正常活动。例如，社交恐惧症在青少年儿童中比例虽然并不高，但对患者的学习和生活所造成的影响很大。同样，适度的考试焦虑可以帮助学生更有效地利用时间进行学习和复习，但焦虑过度反倒会使学习效率下降，如果引发睡眠障碍和出现躯体症状，则不但学习状态会进一步恶化，而且会导致身体和心理健康问题。

因此，对负面情绪和情感的正面意义及教育价值做一个总结：生活总是充满了烦恼和不幸，所以痛苦、愤怒、恐惧、悲伤、内疚等负面情绪和情感是生活的一部分，尽管这些负性体验是我们不喜欢的，但我们还是应该学习和它们好好相处，而且应该学习从这些负面情绪和情感中去觉察对我们有正面意义的部分，学习如何通过这些负面体验去寻找有助于我们变得更好的资源和方向。这样就不但把负面情绪和情感变成了我们成长的一种资源，而且可以很好地管理负面体验，从而避免其持续强化以致超过一定的限度。

前面已经指出，情绪和情感既有区别也有联系。鉴于情绪是直接表现，也是情感发展的基础，因此下一节集中从情绪管理的方法和技巧入手展开论述。情绪管理是青少年儿童在成长过程中尤其需要学习的一种人生智慧，这需要由家长、学校教师，甚至一些专业工作者和教育者给予必要的指导和引导。

第三节　情绪情感管理的方法和技巧

如前面所说，我们总是欣然接受快乐的积极情绪，努力避免让我们痛苦的消极情绪。但实际上，任何情绪如果管理不好，都会出问题。过分欣喜若狂，就会像范进一样得知中举后"一交（同'跤'）跌倒，牙关咬紧，不省人事"，醒过来后"走出大门不多路，一脚端在塘里，挣起来，头发都跌散了，两手黄泥,淋淋漓漓一身的水",却还"兀自拍着掌,口里叫道'中了!中了!'",最后众人不得不让胡屠户"一个嘴巴打将去"才让他清醒正常过来,真是斯文扫地。①

同样,尽管消极情绪有正面的意义,但是管理不好就会产生消极甚至毁灭性的后果,前文提到的重庆万州公交车事故已经说明了这个问题,这样的案例在我们的生活中不胜枚举。因此情绪管理是每一个人必修的重要功课,也是教育者需要对未成年人开展的一门重要功课。未成年阶段学好这门课,可以对其形成健全人格奠定良好的基础。情绪管理可以从生理调节、认知调节和社会交往调节三个方面着手。

一、生理调节

从生理调节这个角度,冥想和运动是管理情绪非常有效的两种方式。

(一)冥想

20 世纪 60 年代,起源于东方宗教文化的冥想开始作为一个重要的科学研究主题进入心理学研究领域。"根据注意朝向的不同,国际上普遍将冥想分为正念式和聚焦式两大类。正念式冥想强调开放和接纳,要求冥想时以一种知晓、接受、不作任何判断的立场来体验自己在此过程中出现的一切想法和感受。聚焦式冥想则强调注意的集中,要求冥想过程中尽力将注意力放在感受呼吸、重复词语、想象图像等心智或感知活动上,而摈弃其余想法和感觉干扰。"②实际上,两种冥想并没有截然的分割,实践中的冥想训练往往是介于这两者之间的连续体,无论哪一种冥想,都可以对情绪调节产生积极作用,因此在各个领域实践中具有积极的应用价值,尤其是正念冥想。例如,2014 年 2 月美国著名杂志《时代周刊》封面上就出现了"正念的革命"(The Mindful Revolution)。中国在这一领域起步较晚,近些年才陆续有研究报道和开始发展。2015 年初中国心理学会临床与咨询心理学专业

---

① (清)吴敬梓:《儒林外史》,商务印书馆 2018 年版,第 29、31 页。

② 任俊、黄璐、张振新:《冥想使人变得平和——人们对正、负性情绪图片的情绪反应可因冥想训练而降低》,《心理学报》2012 年第 10 期,第 1339 页。

委员会成立了正念冥想专业组。

2018 年 12 月《人民教育》转载了英国《卫报》的一则报道①，称英国贫困地区学校采用了一项运用冥想课帮助弱势儿童的计划。例如，利特兰的英国烈士天主教小学距离附近的犯罪区仅一箭之遥，学校大多数孩子都受到过暴力影响，"父母失业、经济压力、对犯罪的担忧等，让孩子承受了莫大的压力"，校长刘易斯·丁斯代尔说，"儿童不想与父母对话，但是通过冥想他们能够将自己的焦虑和担忧表现出来"。这项由博尔顿支持青少年基金会支持的这项学校冥想计划在全国范围内培训了近 2000 名教师，比上一年增加了 40%，其中大部分增长来自弱势儿童比例高于平均水平的学校。培训一名这样的教师需要至少 2500 英镑，但刘易斯说，这项投资获得了回报，孩子们从冥想中获得了帮助，并因此改善了学业成绩。博尔顿支持青少年基金会是一个对弱势儿童进行教育的非营利独立学校，其创始人贾森·斯蒂尔说，两年前学校开始这项冥想课计划的时候，他一开始并不太相信它的作用，后来惊讶地发现几乎所有孩子都从中受益。因为通过冥想，孩子们建立了自尊和信心，并学会了积极面对生活。

冥想不但对孩子的情绪管理、人格培养等非智力因素有积极的推动价值，对认知活动和智力发展也有促进作用。在国内一项研究中，研究者通过综述国内外若干相关研究后指出：

> 与许多冥想者一样，苹果创始人乔布斯经常提到冥想是他创造性的主要来源。冥想作为一种通过调节注意和情绪使练习者放松身心、获得愉悦的综合性心理与行为训练，其与创造性思维关系密切。在认知层面，冥想训练要求个体觉察当下的一切，这种注意方式有助于实现问题情景的有效重组，加深对当前问题的理解；冥想训练还强调以开放的态度接纳当下的体验，可避免惯性反应和思维定势，有助于产生新颖的想法。
>
> ……

---

① 黄秦辉：《英国：用冥想课帮助弱势儿童》，《人民教育》2018 年第 24 期，第 8 页。

（除了认知层面外，）冥想练习还可以通过情绪调节对创造性思维产生影响。两类冥想都能降低消极的情绪反应，且 MM（正念冥想）在积极情绪的培养上效果更明显，CM（聚焦冥想）则倾向于使情绪趋于平和，这尤其体现在情绪体验的关键脑区（如杏仁核、前脑岛、眶额叶等）的活动。当面对消极情绪刺激时，MM 练习者的杏仁核激活水平显著低于控制组，冥想者的情绪唤醒度更低，体现出以一种接纳的态度面对当下的消极情绪体验，同时也会受到冥想经验的影响，长期冥想者在该区域的激活程度更低；但面对积极情绪刺激时，长期 MM 练习者的杏仁核激活水平并未受到限制，而且显著高于初学者，表明长期 MM 练习者拥有更佳的积极情绪体验。发散思维的提升有赖于积极的情绪状态，如个体处于积极情绪状态下能够产生更为丰富的联想，更具独创性和灵活性；而且积极情绪往往还会促进个体参与创造性活动的动机强度，拓宽注意广度，减弱对无关信息的抑制程度，有利于提高发散思维水平。①

从上述大量研究文献可以看出，冥想对创造性思维和认知活动的积极影响作用已经得到大量研究证实。实际上，冥想的作用机制其实并不复杂，无论哪种冥想，都包括了呼吸放松这个重要的环节，而呼吸放松状态可以启动副交感神经对体内过度兴奋的器官进行抑制，使人体器官获得必要的休息或者说"储能"。我们知道，神经系统分为中枢神经系统和周围神经系统两部分，周围神经系统由脊神经、脑神经和植物性神经组成，植物性神经则包括交感神经和副交感神经。交感神经兴奋的时候会引起机体耗能增加，器官功能活动增强，比如心率加快、血压升高、呼吸加快、血糖升高，而胃肠道蠕动分泌功能受到抑制。副交感神经系统兴奋会抑制机体的损耗，增加储能。交感神经和副交感神经的作用其实是互相拮抗的，二者都很重要。不过现代人的生活都很忙碌，竞争非常激烈，工作和学习压力很大，因此导

---

① 郭英慧、何李、陈小异、李俞熹、孙江洲、邱江：《不同冥想类型对创造性思维的影响及作用机制》，《心理科学》2018 年第 5 期，第 1254、1256 页。

致除了睡觉外,人在很多时候都处于比较高强度的工作和学习中,尤其今天的中小学生常常处于大脑超负荷运转的压力和应激状态。正因为这样,冥想可以帮助学生适度缓解大脑疲劳,通过休息和放松调节身心状态,这也是上述综述中提到的长期进行冥想训练对创造性思维和认知活动有益的原因所在。

除了调节身心状态外,冥想对注意能力的提高也有积极作用,因为"冥想是一系列自我调节方法的集合,这些方法强调通过训练注意和觉知来增强对心理加工过程的自主控制,进而提高整体的心理幸福感,培育出诸如平和、清明、专注等特定的能力"[①]。国内学者对有关冥想的研究进行综述后发现,冥想可以显著提高持续性注意、执行注意和选择性注意分配等多种注意能力,近年国内外针对小学和学龄前儿童的各种注意能力的相关研究有力地支持了这一结论。[②]

冥想中最重要的部分是呼吸放松,呼吸放松是放松方式的一种,是可以通过训练获得的一种技能。放松训练一般是在一个安静的环境中按一定要求去完成特定的动作程序,通过反复练习使人学会有意识地控制心理生理活动,以降低机体的唤醒水平,调整因紧张性刺激而引起的机体心理生理功能的紊乱。呼吸训练需要受训者在专业指导下按照一定的呼吸模式,在频率、深度、呼气吸气时间比、胸式腹式等方面进行训练。呼吸训练不但可以通过影响神经、循环、消化等系统的功能,达到对生理的调节作用,而且可操作性强,无须额外开支,因此在医疗临床工作中正在被越来越广泛地运用。例如,1952 年法国产科医生拉玛泽就创造出了一套拉玛泽分娩法,在西方国家广为流传,这种呼吸法可以帮助产妇在分娩过程尤其是第一产程中减轻生产痛楚,克服心中的恐惧,从而轻松顺利地生产。

既然冥想对人的身体和心理状态有如此大的作用,那么如果学校教育

---

① Walsh, R., & Shapiro, S.L., "The Meeting of Meditative Disciplines and Western Psychology: A Mutually Enriching Dialogue", *American Psychologist*, Vol., 61, No. 3 (March 2006), pp. 227–239.

② 贺淇、王海英:《冥想对注意能力的影响》,《心理科学进展》2020 年第 2 期,第 284—288 页。

在实践中灵活地进行冥想练习和训练,对学生的学习效率、身体健康、心理调节都可以产生积极的价值。不过,即使一些学校和教师已经开始意识到这一点,但冥想指导需要经过一定的专业训练才能胜任,这是目前冥想技术在一线学校运用很少的一个重要原因。不过,更为重要的原因还是学校和教师尚未充分意识到冥想活动的意义。学校可以通过"请进来,送出去"的方式让教师接受专业的冥想引导技术培训,鼓励教师在教育教学活动中大胆地实践和探索,结合学校教育实际情况进行创造性运用。

（二）**运动**

本书第四章对学校体育与学生身体健康的重要性进行了分析,实际上运动不但有益身体健康,对调节情绪状态和保持心理健康而言也是一个重要的因素。大量研究表明,运动有助于个体调节和维持良好的情绪,相关研究已证实其生理机制,即运动促进了多巴胺、内啡肽等递质或激素的分泌,而多巴胺和内啡肽被称为"快乐因子",可以提升我们的愉快感受。因此在常规的生物—心理—社会三因素心理咨询策略中,咨询师常常引导来访者做的一个"功课"就是运动。运动实际上就是从生物因素层面开展工作。运动可以释放负面情绪,提高来访者的愉悦感受。很多研究也常常把运动作为情绪调节的首要方法之一。如有研究者指出,"处理不良情绪可以采用多种方法,如参与体育锻炼、与朋友进行交流、阅读休闲读物等"[①]。

国外有研究者提出,"执行功能可能为运动改善情绪调节的潜在脑机制"[②]。国内也有众多学者就此开展了一系列研究,并得出大致相同的结论。例如,有人指出:"执行功能是一种高级的认知过程,是指在完成复杂的认知任务时,对其他认知过程进行控制和调节的过程,其根本作用是产生协调有序,具有目标性的行为。……大量研究表明,无论是急性还是长期性的方式,运动有助于改善个体执行功能、心境、情绪反应与情绪调节。而执

---

①　高福霞:《论教师情绪管理的困境与策略选择》,《教育理论与实践》2015 年第 30 期,第 49 页。

②　LOTT M. A., JENSEN C. D., "Executive Control Mediates the Association Between Aerobic Fitness and Emotion Regulation in Preadolescent Children", *Pediatric Psychology*, No. 2（Feb.2016）,pp.1–12.

行功能与情绪调节的关系更为紧密,执行功能发展不良会引发各种情绪方面的问题,而执行功能较好的个体善于合理使用情绪调节策略。根据情绪认知理论,情绪的产生受到环境事件、生理状况和认知过程 3 个因素的影响,其中认知是决定情绪性质的关键因素,而执行功能作为一种调节其他认知过程的高级认知过程,通过调节认知活动,进而指导个体进行情绪评价。"①

对此,积极心理学创始人马丁·塞利格曼在《持续的幸福》一书中也提到一个宾夕法尼亚大学积极心理学中心 MAPP 应用积极心理学硕士班的"课间活力运动"②。按照塞利格曼的提法,"课间活力运动"是"让刻板的院长感到尴尬的课堂体育运动",但这项运动具有明显的积极意义,因为"基本休息和活动周期"(basic rest and activity cycle,BRAC)是人类及其他昼行性动物的特点,平均而言,"我们的警觉性在上午以及傍晚时最高,在下午 3 点左右及凌晨,我们通常处在周期的最低谷,会感到疲劳、脾气不好、注意力涣散并变得悲观"。塞利格曼还指出,在他发起的 MAPP 这个课程项目中,"基本休息和活动周期"的低谷尤为严重,因为课程是每月一次,每次上三天,每天 9 小时,非常紧张,而且有些学生经过艰苦的飞行,从遥远的基隆坡、伦敦与首尔而来。因此,当处在"基本休息和活动周期"的低谷时,他们会组织学员进行课间体育活动,也因此他们会保证每年都有几名MAPP 学生是运动专家,如瑜伽教练、舞蹈治疗师、体育教练、马拉松以及铁人三项运动员。每天下午 3 点,运动专家领着大家跳舞、运动、冥想或快走。塞利格曼说:"刚开始,那群头脑发达的人红着脸躲开来了,但当他们看到运动使疲劳消失了,心智活力得到恢复时,也都积极地参加进来。"我认为大力推广经常在教室里做这一类的"课间活力运动"都不过分。不仅幼儿园的孩子需要它,而且随着年龄增长,它对我们学习和教学的帮助会越来

---

① 张艺帆、殷恒婵、崔蕾、谢怡然、李秀娟:《运动干预影响女大学生情绪调节策略:执行功能的中介作用》,《天津体育学院学报》2017 年第 5 期,第 455 页。

② [美]马丁·塞利格曼:《持续的幸福》,赵昱鲲译,浙江人民出版社 2012 年版,第64 页。

越大。

当然,塞利格曼的论断有些部分也许仍然是值得商榷的。比如,BRAC的时间节律是否准确,其在低谷时期的具体表现等可能尚需进一步研究确认。但不管怎么说,根据BRAC适当安排课间活动是很有必要的,如果在疲劳、低谷的时候仍然强制学生进行高强度的学习,容易引发或加重负面情绪,很难取得实际效果或实际效果大打折扣。

前面我们对积极心理学的核心思想做过一些介绍,从这些介绍中我们会发现积极心理学特别注重"应用",即通过行动来改善我们的工作、学习和生活。实际上,传统心理学更多地把重心放在实验和理论研究,实际应用的地位尚没有得到足够的重视,也因此积极心理学在很多人看来显得还比较"小儿科",尤其在一些学院派心理学者看来更是如此。为了让读者不带偏见地看待积极心理学的应有地位,从而不至于对"课间活力运动"持一种轻慢的态度,我在这里引用塞利格曼对创立积极心理学的由来所做的一段说明,同时我们也可以从中思考应用研究应该具有的地位:

1972年,在我回到宾夕法尼亚大学的心理学系后,有一天在当地的一家熟食店里吃午餐时偶遇贝克。

"马丁,如果还继续做与动物打交道的实验心理学家,你就是在浪费生命。"贝克盯着我说。我被口中的食物噎住了。于是我成了一名应用心理学家。明确地以问题为目标。我知道,从那时候起,我就被视为异类、"大众化者",在我的同辈中,我是披着羊皮的狼。我作为一名基础学术科学家的日子屈指可数。

让我惊讶的是,尽管我听说在不公开的教员辩论中,大家说我有向应用方向转变的可怕倾向,但宾夕法尼亚大学还是给了我终身教职。从那时起,我在宾夕法尼亚大学就打起了攻坚战,但直到1995年,参加一个招聘社会心理学家的委员会时,我才明白自己要攻克的课题是何等的艰难。我的同事约翰·巴伦提出了一个革命性的点子——招聘一个研究工作、研究爱或玩的人。"这才是生活",他说。对此,我非常同意。

结果，那一夜我没睡着。我在脑中扫描了10位世界上顶尖的心理学界的终身教授，结果没有一个是研究工作、研究爱或玩的。他们都在研究"基本"过程——认知、情感、决策、理论、知觉。可以指导我们的、让人生有价值的学者在哪里？

第二天，我正好与心理学家杰罗姆·布鲁纳共进午餐。他当时80岁，近乎失明，整个人就是一部美国心理学史。我问他，为什么这些著名大学的教授们都只研究所谓的基本过程，而不关注现实世界？

"这要追溯到过去的一个决定性时刻，马丁，"杰罗姆说，"当时我也在场。那是1946年，在实验心理学家协会的会议上，哈佛、普林斯顿、宾夕法尼亚三所大学的心理学系主任在午餐时会晤，一致认为心理学应该更像物理和化学——只做基础的研究。因此，他们将不再聘请应用心理学家。整个的学术界随即也纷纷效仿。"

这项决定是一个重大的错误。……良好的科学必然有应用与纯科学之间的活跃互动。……

我正是看到了应用与科学之间的这种紧张关系，才在2005年愉快地同意了执掌宾夕法尼亚大学的积极心理学中心，并创建了一个新的学位——应用积极心理学硕士（master of applied positive psychology, MAPP）。它的使命就是，将最新研究与现实应用结合起来。①

塞利格曼在这一部分中对心理学过分推崇基础研究而忽视应用研究的叙述的确值得我们思考。当然，毫无疑问，基础研究的重要性毋庸置疑，科学技术的重大突破有赖于基础研究的重大突破。只不过，不能一味推崇基础研究而忽略应用研究及应用实践。毕竟，一切研究终究都是为了应用于实践，服务于社会生产生活的实际改善。从这个角度来看，积极心理学对今天的心理学发展是有重要贡献的。可喜的是，宾夕法尼亚大学最终还是给了塞利格曼终身教职的荣誉，这说明心理学界已经开始走出偏见，在一定程

---

① ［美］马丁·塞利格曼：《持续的幸福》，赵昱鲲译，浙江人民出版社2012年版，第55—57页。

度上给予了应用研究应有的地位。这种情况在今天变得更加明显。

回到运动这个主题。"课间活力运动"给我们的启示就是遵循 BRAC 的规律,恰当地组织学生进行适度运动。我国实际上有一个沿袭已久的所谓"大课间运动",一般由学校和教师组织安排做统一编排的广播体操。1949 年后中华全国体育总会、教育部、卫生部等九个部门联合下发《关于推行广播体操活动的联合通知》,从 1951 年发布第一套广播体操至今已发布了九套广播体操,每套均为 8 节,时长总共 8—10 分钟。总体而言,九套广播体操的运动时间比较短,运动量较小,因此进入 21 世纪后其"黄金时代"一去不返,尤其在中学单一重复的情况下更难激发学生的热情,因为这和青少年充满活力的生命节律、喜欢接受新鲜事物的特点不相符合。"以'小胖芮雪'和异类'操帝'为代表的超大幅度、强度做操的'课间操'颠覆做法,表面看起来是对集体做操仪式的挑战,背后隐含的是对课间操单调、枯燥、乏味、低运动量的反抗,反映的是学生对个性彰显的需求,对多元化,富有时代气息的时尚身体活动的需求。"[1]2018 年 12 月山西省临猗县临晋镇西关小学举办学校文体活动,校长张鹏飞带领学生跳"鬼步舞"被人拍下后发到网上,就像"冬天里的一把火"一样迅速红遍大江南北,之后 2019 年 1 月开始张鹏飞校长就带领学生在课间操时间继续大跳"鬼步舞",成为全国学生和众多网民心目中的"别人家的校长"。此后各个地方越来越多的"另类课间操"和"花式课间操"日益成为一种时尚,戏曲广播操、绸带操、民族舞广播操等花样倍出。不过,也有很多学校不屑于追风,而是选择继续踏踏实实地做好课间广播体操,或者为了在一定程度上增加运动强度而组织学生跑步等。

其实,不管如何组织和安排,只要让学生多多开心地运动起来,都是既有利于强身健体又有助于释放压力和管理情绪的,各个地方和学校可以根据实际情况灵活组织。

---

① 江山:《舞蹈的越轨与另类成长历程——从小胖式体操到校长领跳的鬼步舞》,《体育与科学》2019 年第 6 期,第 72 页。

二、认知调节

冥想和运动虽然对情绪管理和调节有积极作用,但终究来说还是"治标",有的人在面对一些负面事件时之所以产生情绪困扰甚至障碍,根本症结在于不能从积极的角度去认识和转化,而是被一些消极的认知"标签"给困住了。正因为这样,面对同样一件事,有的人不会受到太大影响,而有的人却深陷痛苦而不能自拔。所以觉察和调整内在的信念系统是至关重要的。不过,要做到这一点往往并不容易,因为认知和信念一旦形成,就很难轻易改变,同时它们往往会以比较隐藏的方式发生作用,很多人甚至很难意识和觉察,尤其是成年以后。因此,对可塑性还比较强的未成年学生积极开展教育,让他们多多树立积极的信念认知,可以使他们终身受益。

(一)情绪 ABC 理论:决定情绪和行为反应的不是事件而是信念

生活中,当发生某一事件时,我们总会对这一事件产生某种情绪和行为反应。例如,如果公交车上有人不小心踩到我们的脚,而且一句道歉的话都没有,我们自然免不了很生气,有的人可能还会和对方理论一番。所以我们通常说"有前因必有后果"。不过,这里有一个值得注意的问题:我们常常发现,面对同样的事件,即"相同前因",不同的人可能产生不一样的情绪和行为反应,即"不同后果"。正如一个流行的励志小故事:

> 雨后,一只蜘蛛正在艰难地向墙上已经支离破碎的网爬去,由于墙壁潮湿,它爬到一定的高度,就会掉下来,它一次次向上爬去,一次次又掉了下来……第一个人看到了,叹了一口气,自言自语:我的一生不是正如这只蜘蛛吗?忙忙碌碌却终无所得。于是,他日渐消沉。第二个人看到了,说:这只蜘蛛真愚蠢,为什么不先从旁边干燥的地方绕一下再爬上去呢?我以后可不能像它那样愚蠢、死板了。于是,他变得聪明起来。第三个人看到了,立刻就被蜘蛛屡败屡战的精神感动了。于是,他变得坚强起来。

尽管只是一个故事,其中蕴含的道理却很深刻,正如美国心理学家阿尔伯特·埃利斯创建的情绪 ABC 理论所揭示的那样。该理论认为激发事件 A(activating event 的第一个英文字母)只是引发情绪和行为后果 C(consequence 的第一个英文字母)的间接原因,而引起 C 的直接原因则是个体对激发事件 A 的认知和评价而产生的信念 B(belief 的第一个英文字母)。也就是说,从前因到后果之间,一定会通过一座桥梁,这座桥梁就是信念和我们对事件的评价与解释。面对同一或相似事件,不同的人的信念以及评价与解释不同,所以情绪和行为反应大有不同。

《活出生命的意义》是 20 世纪奥地利心理学家维克多·弗兰克尔的一本著作,这部自传体式的著作和情绪 ABC 理论所揭示的道理是一致的。弗兰克尔是一名医学博士,曾任维也纳医科大学神经与精神病学教授,还曾担任维也纳神经综合医学院的首席专家长达 25 年,他创立的"意义疗法""存在主义分析",被称为继弗洛伊德的心理分析、阿德勒的个体心理学之后的维也纳第三心理治疗学派。他拥有哈佛大学、斯坦福大学、达拉斯大学和匹兹堡大学教授职位,并在加利福尼亚州圣迭哥国际大学教授意义疗法。弗兰克尔共出版了 39 部作品,很多被翻译成三十几种语言。其中《活出生命的意义》销量超过千万册,入选"美国最有影响力的十大图书"之一。

很多人称弗兰克尔是"20 世纪的一个奇迹",原因不仅仅是他所取得的上述成就,更在于他在第二次世界大战时期的非凡经历。"纳粹"时期,作为犹太人,弗兰克尔全家被关进了奥斯威辛集中营,他的父母、妻子、哥哥全都死于毒气室,只有他和妹妹幸存。弗兰克尔不但超越了奥斯威辛集中营炼狱般的痛苦,更将自己的经验与学术结合而开创了意义治疗法。《活出生命的意义》一书通过他在奥斯维辛集中营的经历说明了一个简单而又重要的道理——"正是在极端困苦的环境下,人才有实现精神升华的机会",当然,弗兰克尔并不是说我们应该可笑地去寻找甚至创造痛苦,因此他特别强调说:"但是,我还要更清楚地进一步阐述:无论如何,遭受痛苦不是寻找意义的必要方式。我的意思是说,即使在遭遇痛苦时,人们也有可能找到意义——假如痛苦是不可避免的话。"①正如顾城的著名诗句:"黑夜给了我黑

---

① ［美］维克多·弗兰克尔:《活出生命的意义》,吕娜译,华夏出版社 2010 年版,第 86、140—141 页。

色的眼睛,我却用它来寻找光明。"

在痛苦中依然能活出生命的意义并不容易。这里引用一段弗兰克尔对少数从"死亡工厂"(奥斯维辛集中营)中幸免于难的狱友在获救后仍然陷于沦落和幻灭的描述①:

> 获得自由以后,他们觉得自己可以随意而轻率地运用自己的自由了。对他们来说,唯一改变的是现在他们由被压迫者成了压迫者。他们是暴力和不公的施予者,而不是接受者。他们痛苦的经历成了为所欲为的借口,这种情况在小事中就能很清楚地看出来。有一回,我跟一个朋友穿过农田正朝集中营方向走,突然到了一块长着绿油油庄稼的田地。我本能地想绕道走,但他拽着我的胳膊,径直从地里穿了过去。我嘀咕了几句,大概是说不该践踏青苗。他生气了,恼怒地瞪了我一眼,吼道:"你甭说啦!他们夺走了我们多少东西?我老婆和孩子都被毒死了,更别说其他了,你却不许我踩几根庄稼!"

> ……我仍然记得,有个犯人卷起衣袖,把右手伸到我鼻子下面,吼道:"我一旦能够回家,这只胳膊要是不沾上血迹,我就把它锯掉!"我想强调一句,说这话的人并不坏,在集中营和后来的日子里,他都是我最好的朋友。

> 除了由于集中营生活的压力突然消失带来的道德出轨外,还有两大因素可能损害被解放囚犯的人格:回到原来正常生活后的心酸和理想情景的幻灭。……一个男人,好几年都在想自己的苦难已经达到了极限,却发现苦难还没有完,他还得经受更多、更深重的苦难。

和这些狱友不同,弗兰克尔一生对生命都充满了极大的热情并努力活出生命更高的意义。除了在心理学领域的贡献,他67岁仍开始学习驾驶飞机,并在几个月后领到驾照,据说到80岁还登上了阿尔卑斯山。

我相信,生活中很少有人所遭遇的苦难可以和弗兰克尔在集中营的经

---

① [美]维克多·弗兰克尔:《活出生命的意义》,吕娜译,华夏出版社2010年版,第108—109页。

历相提并论。把痛苦变成一种升华生命境界的资源，还是把痛苦的经历作为为所欲为的借口，这取决于我们的选择，而我们内心的信念、认知、思想决定了我们的选择，所以莎士比亚曾说：事情没有什么不同，是思想使其两样。正如2019年底到2020年的春节，面对突如其来的新冠疫情，不同人的不同反应就折射出了一副人类众生相。有的人就像弗兰克尔所说的幸免于难后却理直气壮践踏青苗甚至发誓让自己的胳膊沾上血迹的狱友一样，对自己的遭遇充满了愤怒以致用非理性、不道德甚至违法的方式来进行发泄。例如，疫情暴发期间不遵守隔离政策甚至暴力抗法的人并非个例，但大部分人选择努力克制自己内心的恐惧和担忧，积极响应国家和政府的号召，广大医护人员和其他卫生与健康工作者弘扬"敬佑生命、救死扶伤、甘于奉献、大爱无疆"的精神，在面对重大传染病威胁时勇往直前。正如"学习强国"2020年2月2日推送的《人民日报》文章所指出的："每一场特殊战斗，都需要一批英勇的战士；每一次生死搏斗，都会涌现一批无畏的勇士……面对疫情，广大医护人员冲锋在前，留下'最美逆行者'的身影；各地支援的医疗队紧急集结，在除夕夜间向着武汉进发。这些天，被口罩勒到破皮的脸颊，被汗水浸到泛白的双手，手术室外席地而眠的身影……医护人员与时间赛跑、跟病毒搏击，在病毒面前筑起一道道健康防线，让人民群众真切体会到什么是白衣战士的无畏、坚韧、奉献。"2020年1月26日，在河南首批医疗队出征的支援武汉的现场，一名护士的丈夫在给妻子送行时一边呼唤妻子的名字，一边大喊"我爱你！我爱你啊！"这段视频在网上热传，令人泪目。1月28日早上，四川省第二批、广元市首批派武汉医疗援助队伍出发，在送行现场，广元市第一人民医院一名女护士的丈夫用朴实的四川方言对妻子哭喊："你要平安回来！我保证一年的家务我做哈！听到没有？"非常时刻，这些走心的凡人金句温暖激励了无数武汉人和全中国人。

猝不及防遭遇如此重大的疫情，如何面对也取决于并考验着我们内在的信念。在武汉宣布"封城"、各地陆续启动一级响应后，仍有一些人意识不到疫情的凶险，拒不配合政府的号召和规定，甚至攻击工作人员。这种对传染病和疫情缺乏基本的科学常识，充满负面信念又不愿意学习和改变的人会在生活中被人讨厌,甚至最终因触犯法律而付出更为沉重的代价。当然,总体而言,绝大部分人在这次疫情面前表现出了良好的国民素质,不但积极响应政府号召,而且主动开展防疫工作的宣传,各行各业的人积极报名参加各类志愿者工作。参加志愿工作一方面是为抗击疫情贡献一分力量,另一方面是对自身综合素质的一个全面考验和锻炼。这里我以自己为个案提供新冠疫情中一个普通人的一份体验文本,既是以此来说明情绪 ABC 理论的重要意义,也是以这种方式纪念我写作此书时疫情尚未结束的这段特殊时期。

过完春节从老家回到内江后,我们一直响应号召在家里宅着。前几天除了基本的家务外基本上都在看手机,令人担忧的消息一个接一个,我开始觉察到自己的应激情绪反应程度在不断增强。于是我开始有意识地觉察自己的状态,之后开始尝试做一些改变,例如每天安排更多时间来做关注疫情以外的事情,如看书、弹古琴、增加室内运动,我比以前平静了。1 月 29 日,我接到自己所在的一个心理服务工作志愿者平台的电话,说内江疫情防控工作形势严峻,需要一批心理服务志愿者加入一个密切接触者集中隔离观察点的心理服务工作,于是我报了名。我们的微信工作群很快建立起来,志愿者平台负责人和卫健局领导对观察点基本情况、工作要求尤其是保密原则等做了说明后,我们陆续加入观察点已经建好的隔离人员和工作协调的微信群。最开始,我们的工作进展并不顺利,各种问题接踵而至。例如,部分隔离人员不配合,认为自己已经检查过没什么问题和症状,要求提前回家;我们自己的工作团队还没有理顺,隔离人员微信群有情况时大家七嘴八舌试图开展工作;对观察点一线工作的相关情况不熟悉,和忙碌的现场工作人员的联络对接不畅;等等。第一天结束后我们开展了总结,分了小组和时段,就有效的工作模式进行了讨论,对我们的工作范围和身份定位进行了界定,并和现场建立了简单高效的联络沟通机制。之后我们每一天结束后都开展集体工作讨论和小组长工作讨论,及时沟通当天的工作并讨论如何完善。经过几天的运行,我们的工作成效开始凸显,隔离人员群对工作人员的配合和感谢越来越多,隔离人员之间的互动和互助也开始增加(比如某房间新来人员不知道热水器怎么使用,群里其他隔离人员会有人帮忙解答),一线工作人员的焦虑情绪也得到适度缓解,增加了工作动力和使命感,我们自己的心理服务工作团队内部建设也不断完善。2月3日,应卫健局的要求,我们这个团队又新增一个集中观察点的援助工作,于是我们从各组抽调了一部分到新建点继续开展工作。

　　参加这个工作其实个人所付出的努力很有限,和一线医护人员、工作人员相比,我们这个团队所做的工作也很有限。但这份工作对我们这个团队和我个人来说,都具有一份重要的意义。对团队来说,经过这次历练,大家的凝聚力增强了,彼此看到对方的担当、付出和宽容,因此在对彼此的激励、学习和观摩中不断成长;此外团队协作的效率也在提高。对我个人来说,志愿者工作使我不断审视自己内在的信念系统,从而使自己的精神境界得到了提升。我从2012年开始致力于学校心理健康教育和心理咨询的学习,2015年获得国家二级心理咨询师资格证后开始尝试各类心理健康教育和心理咨询实践工作。带着一份心理咨询师应有的谦卑和对这一特殊工作的尊重,我开始的时候只针对自己能力范围内做一些一般问题干预工作。但越接触这一领域,越深深感到社会对心理服务实践工作者的迫切需要,尤其是优质高效的心理服务工作,因此成为一名优秀的心理咨询师和学校心理健康教育教师就成了我的一个理想。这次疫情期间参与志愿工作不但为自己的付出以及成效感到自豪,在心理服务工作方面自信心得到进一步提升,而且在实践和团队协作过程中自己对内在的信念系统也做了一个很好的审视和反思,从而在有些点上得到了很大的突破。例如,在内部的团队协作过程中,我偶尔会因为和队友的想法、做法不一致而产生焦虑甚至不满,在这个过程中我也经常会觉察自己的这份负面情绪,冷静下来思考队友想法和做法的合理性,从而在之后要么转而赞同队友,要么即使坚持己见时,也会适当考量到队友相反意见的一份提醒和平衡。而且,和一些特别有担当、特别愿意付出的队友相比,我为团队所做的贡献其实很有限,我所在的观察点的组长几乎全天都在关注微信群的动态,在需要调整之处适时提醒成员。这些同伴的精神常常会感染和激励我克服自己家庭生活中的一些困难,继续用心投入心理协助的志愿工作中去。

抛开个人经历和体验,回到新冠疫情的国家和社会层面再来考虑,我们会发现情绪 ABC 理论同样意义重大。这次疫情给我们造成了巨大的损失,而且在我写到这里的时候疫情也还没有结束(也不知道这场没有硝烟的战争到底还要持续多久)。但如果我们可以从疫情中学会反思、调整,坏事就可以推动我们更好地发展。重大疫情是考验我们政府和社会执行管理能力和全体国民素质的"试纸",我们可以从中学会反思从而不断进步。

(二)情绪 ABC 理论的教育启示:引导学生觉察和调整不合理的信念

艾利斯的情绪 ABC 理论强调,正是由于我们常有的一些不合理的信念才使我们产生情绪困扰,久而久之甚至还会引起情绪和行为障碍。情绪 ABC 理论和《活出生命的意义》启示我们,学会从负面事件、痛苦遭遇中寻找正面的意义,从中积极地学习和成长,是一个人健康发展的一门重要功课,这门功课应在一个人未成年阶段就打下坚实的基础,因此应该得到教育者的重视。"马加爵"这个名字恐怕现在很少有教育工作者不知道。马加爵案给其亲人和被害者家属造成了巨大而且长远的伤害。要想避免类似悲剧的发生,全社会和教育工作者(包括家长)必须在痛定思痛后做出积极的行动。马加爵的犯罪心理根源可以说是一种累积的怨恨情绪。为了提醒我们永远记住教训,请允许我引用公开发表的马加爵遗书中的几段原话(并请马加爵案中所有的受害者以及他们的亲属谅解)[1]:

"可是总有那么些同学总有意无意地歧视我,有时候说些话很伤我的心。"

---

[1] 转引自张夏青:《怨恨的产生及其消解的教育之道》,《教育学报》2013 年第 6 期,第22—23 页。

"是他们残忍地对我,是他们不给我活路,他们没有给我留后路。"

"我本来习惯被人歧视、被人蔑视的。"

"其他人歧视蔑视我,我也可以忍受"。

"我伤痛的心找不到归处! 总浮现出他们淋漓尽致侮辱我的样子。"

"我只想杀那些无情蹂躏糟蹋别人人格的人,我并不想伤及无辜……可是我现在留下了一个永远的遗憾,我没有机会报答这位同学了!"

《权力意志》《论道德的谱系》的作者、德国哲学家弗里德里希·威廉·尼采首先使怨恨成为一个哲学专业术语,提出怨恨是"不能通过采取行动做出直接的反应,而只能以一种想象中的报复得到补偿"①。德国现象学哲学家马科斯·舍勒在此基础上进一步指出,"怨恨是一种有明确的前因后果的心灵自我毒害,这种自我毒害有一种持久的心态,它是因强抑某种情感波动和情绪激动,使其不得发泄而产生的情态"②。倘若学校和家庭在孩子成长过程中对他们进行心理健康教育,使他们能够进行情绪管理、正确认识和看待自己的负面遭遇、调整自己的负面认知和信念、遇到问题积极应对和解决,对他们渗透关爱和尊重他人、敬畏生命的道德教育,以及任何情况下都不能非法剥夺他人生命的法制教育,那么这样的悲剧就可以避免。而现实情况恰恰是,我们的教育过分重视孩子的智力发展和学业进步,而对情绪、情感的体验严重忽视,更不用说有意识地进行疏导和教育了。

无论我们怎样努力,这个世界都不可能是绝对美好的,我们的生活也不可避免地充满挫折、不幸和各种矛盾、冲突。因此,我们一方面要致力于建设更美好的世界、更和谐的生活,另一方面要培养积极健康的认知、信念和态度——即使看到这个世界不美好甚至有很丑恶的部分,也依然愿意热爱

---

① ［德］弗里德里希·威廉·尼采:《论道德的谱系》,周红译,生活·读书·新知三联书店 1992 年版,第 21 页。

② ［德］马科斯·舍勒:《价值的颠覆》,罗悌伦等译,生活·读书·新知三联书店 1997 年版,第 7 页。

这个世界并善待自己和他人。正如法国思想家、文学家罗曼·罗兰的一句名言:世界上只有一种英雄主义,就是看清生活的真相之后依然热爱生活。教育工作者要以此为责任和使命,在"教书"的同时,好好地"育人",引导学生正确、积极对待生活的不完美。

回到这部分讨论的在认知层面进行情绪调整这个话题,作为教育工作者,我们应该积极探索情绪管理的认知策略并致力于教育实践的改善,一个有效的切入点就是引导学生觉察并调整自己内在的不合理的认知、信念、观念、判断。一个遇到任何事情都倾向于负面情绪和行为反应,甚至出现情绪障碍乃至人格障碍的学生,其内在信念系统是需要调整的,教师的工作就是引导他在自我觉察和认识的基础上进行调整和改变。调整和改变内在不合理的信念和认知,不是靠他人简单的说教和强硬的灌输,而应靠自己内在的领悟和觉察。我们知道,古希腊哲学家苏格拉底曾提出"产婆术",即由对方说出自己的观点,并依照这种观点引导他进行进一步推理,最后引出矛盾和谬误,使其自己认识到先前思想不合理的地方,从而加以改变。除了引导的方式外,还要特别注意把握恰当的时机。所以,孔子也强调"不愤不启,不悱不发"。朱熹注解说:"愤者,心求通而未得之意;悱者,口欲言而未能之貌。"①

在心理学领域,埃利斯在其情绪 ABC 理论的基础上提出了合理情绪疗法,又称理性情绪疗法,是当前流行的认知疗法的一种。既然导致 C 即情绪和行为反应的关键原因不是事件本身 A,而是人内在的信念 B,那么当 C 总是不好时(再次说明,这里的 C 强调的不是事件的自然结果,而是人对待事件的情绪和行为反应),我们就应该对自己内在的 B 进行省察和反思,埃利斯称之为"辩论",即英语单词 dispute 的第一个字母 D,通过这一觉察、调整、改变后,从而得到良好的效果,即 effect 的首字母 E。这就是完整的 AB-CDE 理论,在心理咨询和辅导中最为关键的是 D,即辩论。为了具体说明如何"辩论",这里提供一则案例供读者借鉴。

----

① (南宋)朱熹:《论语集注》,商务印书馆 2015 年版,第 147 页。

　　该案例来自武汉市某未成年人强制隔离戒毒所的一个个案工作和研究报告。案主 L 是个 19 岁的男孩，家庭成员有爸爸和姐姐，儿时主要由三叔照顾，因此他一直认为家人不关心他，最信任三叔；L 初一退学后去深圳务工时染上毒瘾，因为家乡吸毒人员较多，他一直对毒品感到很好奇。L 刚开始吸食 K 粉，随着耐受性提高开始转向麻果和冰毒；和吸食传统毒品亲离友散不同，使用新型毒品的吸毒者有自己的"毒友圈"，L 说他们经常聚在一起吸，还会互相请客吸毒。当时 L 的表哥就在深圳并且也吸毒，曾劝他没钱就不要吸毒，但在劝诫几次无效后就放弃了，也没有告知家人。该文笔者和他第一次见面时他已在戒毒所内接受教育近一年，在访谈初期，L 反复强调吸食 K 粉、冰毒等新型毒品并不会使人染上毒瘾，同时他认为就算染上毒瘾也只是他个人的行为，并未对社会造成任何危害。因此，L 一直不愿意配合戒毒所内的日常活动，几乎不和其他学员交流。

　　正如该文所总结指出的，我们从个案中可以看到，L 从最初对毒品的盲目认知——认为吸毒是个人的事，与他人无关，国家社会无权干涉，戒毒不可能成功，戒毒的过程只是对他们身体和精神的一种约束；到意识到自己吸毒给亲人带来的伤害——愧对三叔；再到愿意积极配合戒毒民警的工作，主动参加戒毒所内的活动——演讲；最后到对新生活的渴望与期盼——从戒毒所出去后，社会和家人是否会接纳他。到此时，我们不难看出，L 的认知已发生了根本的改变，这表明理性情绪疗法对于改变吸毒青少年的认识有巨大的干预作用。为了更好地说明这一点，下面摘录几段访谈记录①：

　　　　笔者：你上次提到有些国家吸毒是合法的，我回去专门仔细查了，这些国家不是允许吸毒，而是秉持"危害最小化"原则，在一定范围、一定剂量内吸毒合法，所以说不存在完全吸毒自由的国家，这是否说明吸毒确实是需要控制呢？

　　　　L：（停顿了一下）那些都是他们的规定，其实他们不一定明白。这

————————

　　① 季小天：《理性情绪疗法干预青少年吸毒认知的研究——以武汉 H 未成年人强制隔离戒毒所 L 为个案》，《中国青年研究》2018 年第 1 期，第 28—31 页。

个没有什么影响,我就是(吸了和平时)一样的,没有不同。

笔者:对,我们不知道毒品对你们具体有什么影响,但是吸毒会对社会其他人造成影响,这是我们可以感受到的,对吗?

L:我知道你要说那些吸毒后撞死人、抢钱的,但是我没有这么做,我就是和朋友们一起玩玩儿,要抓也要抓他们那种人。

笔者:看来你也认同吸毒后可能会对社会造成危害,并且也同意应该受到惩罚。

……

笔者:你在所内戒毒,听不到外界的评价。但是你能想象得到三叔他们在老家受到的压力吗?当然他们可以不在乎别人的眼光,难道他们不会心痛吗?这些我们都可以不在乎吗?

L:我们那边吸毒的人很多的。

笔者:三叔也有他的挚爱亲人,他们也会受到三叔情绪的影响,那么现在你还能说吸毒只是你一个人的事情吗?你至少已经影响了三叔、奶奶和他们的家庭、他们的亲人。

L:……我没想那么多的,吸毒这个事确实让他们伤心了。

笔者:你能感受到他们的伤心这很好。我们今天可以先不说强戒是否合理,只探讨你当初的选择为亲人带来了伤害,那么这就是个错误的选择。既然如此,为何不趁着现在年轻选择一条正确的路呢?现在回头还来得及。

L:这个我从来没想过,就觉得很对不起他们。吸毒这个事情,我觉最对不起的就是三叔……还有奶奶。

我们从案例中可以看到,这位研究者也是心理工作者在与 L 的谈话中并没有一开始就说教,而是在对 L 的认知和情绪"把脉"后找到对方自己可以接受的一个"转化点"来松动他的信念和认知,这就是对原有局限信念或错误认知的"辩论"的过程,且这一过程是循循善诱而非武断强制的。

因此理性情绪疗法对学校教师的重要启示就在于如何引导学生从内在改变自己的错误认知,或者至少不再固执地坚持自己原有的所有认知和看法,在一定程度上有所松动和觉察,愿意看到并尝试各种不同的可能性。目前相当一部分教师在"育人"的时候还主要停留在简单说教或粗暴教育的阶段,很多教师其实对学生在学习、人际交往等生活中产生的负面情绪及其背后的错误认知也缺少足够的敏感,因此很难找准"穴位"精准引导。有些教师尽管觉察到学生的各种负面情绪,也往往难以正确有效地给予干预和处理,包括明知学生的情绪存在很大的问题,试图做些教育和引导却感觉力不从心,之所以如此,就是学生的认知、信念系统没有得到根本的矫正,所以看待问题的方式仍然存在偏差。当然,有的教师可能会说,"不对,我就是在试图改变他的想法和观点"。的确,很多教师不是没看到改变学生认知的重要性,也在尝试做这样的努力,但问题在于教师的努力方式很多时候仍然还是说教,很难真正触动和改变学生内在的想法。理性情绪疗法的"辩论"是要最终引导学生审视自己原有的认知,教师只起一个推动、引导的角色作用,就如苏格拉底式对话中的"助产士",通过提出疑问使学生陷入矛盾,认识到问题并逐渐修正其看法,最终"认识自己"并发现真理。当然,苏格拉底对话中最难的一部分是教师提出疑问的智慧。这种智慧首先要求教师对这一问题的认识要有足够高的站位,即教师自己的认识是符合真理的,否则教师的引导非但不能正向教育引导学生,反倒会走向负面,这是毫无疑问的。此外更重要的是,教师绝不能高高在上、自以为是,要带着平等、尊重的心态面对学生展开对话,唯有如此,才能真正激发学生自主思考和体验,并最终取得效果。

　　教师也是不完美的,甚至教师很多时候也是有各种负面情绪和消极认知的,因此,教师应该在和学生的对话中一起探索真理,这个过程中有时候甚至教师也会松动或改变自己原有的一些局限性的或者错误的认知和信念。尤其在今天多元文化的时代,我们面临着前所未有的选择困难,而且很多时候我们自己的选择也很难使他人和自己信服。这就是美国著名人类学家玛格丽特·米德在《文化与承诺》中提出的一个重要课题。米德在该书中提出了三种文化传递的方式,即前喻文化、并喻文化、后喻文化。前喻文化指晚辈主要向长辈学习,这种文化是数千年前甚或是野蛮时代人类社会的基本特质,因为那时候社会变化和文化积累,尚在襁褓之中的新生婴儿的未来和他们的祖父母们所经历的生活没有什么不同。并喻文化指发生在同辈之间的文化传递,它肇始于前喻文化的崩溃之际,其形成过程酿就了最初的代际冲突,它从根本上来说是一种过渡性质的文化,而且年轻人相互之间的学习基本上不能逾越前喻文化的樊篱。第三类是后喻文化,即长辈向晚辈学习,这也是米德着重强调的一种新兴文化传递形态。米德在书中强调,在第二次世界大战前出生和长大的人都是"时间上的移民",正如他们的祖先是"空间上的移民"一样,人类处于文化革命的又一个全新的历史时代,因此新时代中的长辈和并喻文化形成的时候一样,失去了在前喻文化中的权威地位。而年青一代知道如何使用电子计算机,他们熟悉太空遨游的人造卫星,他们了解并紧跟变化的时代。在这样的背景下年青一代的反抗风起云涌,"他们像是在一个新的国家中出生的第一代无拘无束的新人,正奋力挣脱控制他们的所有羁绊"。于是米德在书中提出一段影响无数人的名言:"即使在不久以前,老一代仍然可以毫无愧色地训斥年轻一代:'你应该明白,在这个世界上我曾年轻过,而你却未老过。'但是,现在的年轻一代却能够理直气壮地回答:'在今天这个世界上,我是年轻的,而你却从未年轻过,并且永远不可能再年轻。'"①

　　实际上,文化传递应该是多向的,同辈人之间和不同辈人之间的学习应该是相互的、多向的。上一辈人有丰富的社会阅历和人生经验,年青一代则对新生事物具有更敏锐的感知能力和学习能力,不同年龄层次的人在思想观念上各有各的人生智慧,也各有各的认知和信念的局限。因此教师既要向学生传道授业解惑,又要尊重和重视学生的发言权,多多弘扬苏格拉底"产婆术"的对话精神。德国哥廷根大学的哲学家和教育家莱奥纳德·内尔松和古斯塔夫·黑克曼对苏格拉底对话的发展做出了多方面的贡献。"他们把苏格拉底法发展为一种小组对话,提出了苏格拉底圈(Socratic Cir-

_____

① 〔美〕玛格丽特·米德:《文化与承诺》,周晓虹、周怡译,河北人民出版社1987年版,第74、83页。

cle）的方法论观点。把苏格拉底对话发展为小组对话，这在根本上改变了苏格拉底式教师的角色，因为在小组对话中，每一个参与者都有机会充当'助产士'，为其他参与者的观念形成提供帮助。所以教师就可以从一些助产任务中解脱出来。但同时，小组交往的复杂性加大，且在探求真理的过程中偏离思考道路或遗忘初始问题的危险性增大，因此教师的任务难度会加大。在课堂上开展苏格拉底对话是一个很有难度的任务，它需要教师有深厚的哲学洞察力和对认知、情感及小组动力过程的敏感性，才能确保对话有序进行并达成相互理解。对此，教师可以从整合对话要素、实施有效策略以及拓展对话应用等方面加以努力。"①无论是教师独立对学生个体展开苏格拉底对话式的教育，还是开展这种"苏格拉底圈"的小组或团体对话，教师的两重角色定位都是很重要的，即一方面是智慧的教育引导者，另一方面是谦虚谨慎的探索者和学习者。

阿尔弗雷德·阿德勒有一句广为流传的名言："不幸的人，一生都在疗愈童年；而幸福的人，一辈子都在被童年疗愈。"我们一般把这句话理解为原生家庭对人的影响重大，尤其是那些或大或小、或多或少的负面或创伤性环境或事件。实际上，我们知道阿德勒最初追随弗洛伊德，因此深受弗洛伊德早期经验、无意识等思想的影响，但阿德勒后来认为弗洛伊德过分强调生物因素的影响，没有看到社会文化因素和人自身的主观能动性更为重要，因此他后来创立了独具特色的精神分析和人本主义融合的心理学理论。我身边有很多学习心理学的人，包括我的一些学生、朋友、心理学培训课上的同学等，也包括曾经的我自己或者说现在的"我"的一小部分，在学习心理学后会感慨地说，"原来我之所以是今天这个样子，是因为童年曾如何如何，原生家庭是怎样怎样"。这种理解本身没有错。不过，我认为我们还可以从更深刻的角度理解这句话。世界上没有完美的人，也没有完美的生活和环境。大部分人的童年和原生家庭与其他人并没有多大差异，每个人在童年和成长过程中或多或少总会经历一些相似的或不同的创伤，大部人的所

---

① 姚文峰：《苏格拉底教学对话的哲学审思》，《基础教育》2017 年第 2 期，第 79—80 页。

谓创伤和阴影尽管是真实的,但想明白后就会发现也没什么大不了的。而要"想明白",还是取决于我们的认知和信念。如果我们一直以孩子的心态去看待童年的经历和创伤,就会持续地陷入创伤和创伤带来的痛苦、愤怒、委屈中不能自拔,就会像孩子一般一味地向他人乞求安慰和帮助,从而成为"一生都在疗愈童年"的"不幸的人"。相反,正如情绪 ABC 理论和《活出生命的意义》所讲的,如果我们转换一种方式来看待创伤和不幸经历,创伤也可以变成疗愈、滋养生命的资源,走在这样一条路上的人就可以越来越成为"一辈子都在被童年疗愈"的"幸福的人"。何去何从,我们是可以选择的。所谓"念转乾坤",一念转换确可以产生天壤之别。就像阿德勒本人虽然出生在一个富裕家庭,但从小患有软骨病,4 岁才会走路,这也许是阿德勒后来创作《自卑与超越》的一分内在动力。

正如 2019 年热播的《都挺好》,这部电视剧在社会上掀起了关于"原生家庭"的大讨论。从小生活在母亲极端重男轻女阴影下的主角苏明玉最终凭借勤奋努力和辛苦打拼而赢得相当的社会地位和财富自由,但童年的阴影让长大以后的她仍然生活在血缘亲情和童年阴影的纠结和纠缠中,一方面内心被伤心、愤怒和冷漠所包裹,另一方面又放不下甚至渴望着亲情的温暖。这种分裂的痛苦最终直到她放下过去,与家人和解才真正得到改变。很多人吐槽这个"大团圆"结局是一个"烂尾",认为真实的现实生活不太可能这样美好。但不管如何,放下与和解确实是我们走出阴影、走出痛苦的唯一出路,而且唯有这样,才更有可能更为客观地重新认识过往和存在的问题,而这种时候我们往往会发现可能过度感知了自己所没有得到的爱,而忽略了自己其实已经得到的爱。

值得一提的是,当我把阿德勒的这段话分享到应用心理学专业的一个学生小组群里时,一位女生回复说:"这段话在成长过程中体会很深刻……其实有时候创伤是生命的能量,因为有了那些东西,我们的生命会更加丰盛。"她继续问我:"老师,您做心理咨询的时候,有没有觉得也是一种治愈和成长?我昨晚上做了一个咨询,做完我自己突然觉得内心一暖,像看到曾经的自己一样。"我很为学生在疫情期间能力所能及地做一些心理服务工作感到欣慰和鼓舞,同时也特别理解她所说的这种"内心一暖"的感觉。咨询中有时候的"内心一暖",有时候是心灵相通的默契,有时候是感动于人的生命承受了如此多的痛苦和艰辛却依然可以顽强地绽放,或者说看到有绽放的希望,有时候是来访者的问题和咨询过程触发了自己的某种觉察和成长。所以,心理咨询看似是在帮助他人,实际上也在成就自己。有一次我参加的一个心理咨询团队微信群里有同伴问:"是不是要搞定自己之后,才能搞定他人?"(四川方言的"搞定"有丰富的含义,这里指的是处理解决问题)大家就这个问题展开了讨论。我当时回复说:"搞定自己才能搞定他人,一定程度上对。不过咨询师自己也不可能是完美的,不一定非要完全搞定自己才能去帮助他人。某种程度上,甚至恰恰因为自己有这样的问题,才更能理解来访者的困难和苦恼,能更好地做到共情。当然,咨询师自己一定是获得了一定成长、有一定智慧的,不能完全处于无力、迷茫的状态,不然就容易和来访者一起抱头痛哭了。"确实,这么多年的心理咨询经验让我深切体会到,有时候帮助来访者也是在帮助自己甚至疗愈自己,在对人性和人心的复杂有更多认识以后,能更深切地体会人的脆弱和顽强、善良和自私的这种两面性,因此再次面对自己过往创伤的时候,慢慢就越来越觉得自己过去不能接受的有些事情变得可以接受了,而且觉得自己已经足够幸运了,更重要的是,会越来越从过去的经历中学会觉察和成长,从而以更为豁达的心胸和智慧的方式去坦然应对当下和未来生活中的各种挑战。当然,正因为人性和人心复杂的两面性,我也知道自己仅仅是走在这样一条觉察和成长之路上,离理想完美的境界还有很远的距离,或者说没有一个人能真正地抵达理想完美的境界。所以咨询师在咨询过程中要对"反移情"有特别灵敏的觉知,要以来访者为中心,自己不能过度卷入。我在和学生共同分享感受之后也提出要谨慎注意可能产生的反移情对心理咨询的消极影响,同时强调咨询师应该具备的谦卑心态,谨慎地只做自己能力范围内的事情。

从某种意义上说,教师也是广义上的心理咨询师,或者至少可以说是心理健康教育工作者。因为教师不仅仅教书,还要育人。学校的心理健康教育工作不能只由专门的心理健康教育教师来承担,心理健康教育要渗透在学校的教学、管理、校园文化建设等方方面面的工作中去。就这部分强调的主题而言,学生在成长过程中会形成一些"以偏概全""糟糕至极""绝对化要求"等不合理的认知和信念,例如,有一个脾气暴躁习惯用打骂方式教育自己的父亲就憎恨疏远父亲,父母离婚了母亲从此离开自己的生活就认定母亲一定是不爱自己、不要自己了,等等。带着这些不合理信念和消极情绪的学生是很难积极投入学习和生活的,因此教师要引导学生放下包袱,从过去不合理的认知信念中走出来。

当然,不是所有学生的所有情绪问题都和原生家庭、童年经历有关。学习压力、人际关系、成长过程中的身心烦恼等都是情绪问题产生的源头。不管是什么原因导致学生的情绪问题,改变学生对问题的看法、调整其背后隐藏的一些不合理的认知,是教师开展工作的一个重要方向。

三、社会交往调节

在动物世界,高度社会化的动物,如黑猩猩,在发生内部争斗之后,会花很多时间待在一起,拥抱、握手等,如果发生争斗的某一方或双方一开始不愿意这么做,群里的成员往往也会促使它们这样做。黑猩猩的这种做法其实是通过"和解"来化解愤怒,弥合裂痕。这种亲社会行为模式使得黑猩猩等社会化程度高的动物更能凝聚在一起,从而适应环境并更好地生存下去。人类的社会化程度虽然更高,但因为人类的思维和情感更为复杂和深刻,因此人类的亲社会行为和人际交往更深刻地指向对爱和尊重的渴求——这是其他动物所远远不能比拟的。尊重、归属与爱也是马斯洛关于人类需要层次的金字塔中基础性的需要。另外,因为人类对爱、尊重等情感的渴望太强,依赖很深,因此一旦认为自己没有得到,就会有更大的失望、愤怒等负面情绪,在人际交往中由此产生的冲突往往也可能更为剧烈和持久。

(一)爱是社会交往的动力和准则——《爱的艺术》的启示

爱是人类所有社会情感中最为深刻、最为强大的一种心理体验,也是我们在人际交往中能保持积极情绪的重要保障,因为爱使我们快乐、温柔、平和。然而,如果我们只是渴望、索求着别人的爱,而很少意识到自己应该首先去爱别人,那么我们对爱的渴望注定不会得到满足。这也是德裔美籍心理学家和哲学家、法兰克福学派重要成员艾里希·弗洛姆在其著名代表作《爱的艺术》一书中所强调的观点。他在前言第一段中就说:"这本书必定会使所有期望从这本书得到掌握爱的艺术秘诀的读者大失所望。恰恰相反,这本书要告诉读者,爱情不是一种与人的成熟程度无关,只需要投入身心的感情。这本书要说服读者:如果不努力发展自己的全部人格并以此达到一种创造倾向性,那么每种爱的试图都会失败;如果没有爱他人的能力,如果不能真正谦恭地、勇敢地、真诚地和有纪律地爱他人,那么人们在自己的爱情生活中也永远得不到满足。每个人都可以问问自己,你确实见过多少真正有能力爱的人呢?"①我所引用的这一中译本对这段话的翻译有时候使用"爱",有时候使用"爱情",但毫无疑问弗洛姆实指的绝不仅仅是我们一般所理解的爱情,这也是他在这本书中反复强调的。弗洛姆认为爱的真正艺术是具有爱的能力,而能真正掌握这门爱的艺术的人很少,因为"人们认为爱的问题是一个对象问题,而不是能力问题,他们认为爱本身十分简单,困难在于找到爱的对象或被爱的对象"②。在今天的中国,这种情形可能尤其突出。

在独生子女家庭中,很多父母给予孩子很多爱,而往往忽视培养孩子爱的能力,加上市场经济和多元文化的冲击,以自我为中心的风气在青少年儿童中变得非常普遍,不少孩子从小养成索取和唯我独尊的习惯,不懂感恩,很少考虑他人感受,不会主动关心关爱他人,这反过来也导致孩子们在走向社会后不可能得到他们想要的各种爱。因为社会生活中不会有人像父母一样宠着他们、无条件的爱他们。有一些人像"巨婴",在年龄上已经成年,但还像一个婴孩一样用哭泣和吼叫的方式向他人索取爱。爱是相互的,不会爱的人也不会得到爱,这是一个朴素的真理。

因此,为人父母者在爱孩子的同时要特别注意培养孩子爱的能力,长远

---

① [美]艾里希·弗洛姆:《爱的艺术》,李健鸣译,上海译文出版社2008年版,"前言"第1页。

② [美]艾里希·弗洛姆:《爱的艺术》,李健鸣译,上海译文出版社2008年版,第2页。

来看这是对孩子最好的一份爱。如果孩子在家庭中没有得到很好的发展爱的能力的机会，那么学校就更要在这一点上进行弥补，因为学校生活是社会生活的一个雏形。《爱的艺术》这本书的价值就在于告诉我们，如果我们希望获得爱与被爱这种人类最为珍贵的积极情感，就必须致力于发展自己爱的能力，只有具备了爱的能力，我们才会真正懂得如何去有效地开展社会交往并管理好我们的情绪和情感。对如何发展爱的能力，《爱的艺术》里有以下几个方面值得家长和学校教师学习和借鉴。

第一，所有爱的形式共有的"基本要素"是"关心、责任心、尊重和认识"——关心就是带着仁爱之心去关怀、照料等；责任心"不是外部强加"的而是"完全自觉的行动"，是"对另一个生命表达出来或尚未表达出来的愿望的答复"；尊重不是"控制"和"奴役"，而是"有能力实事求是地正视对方和认识他独有的个性""接受他本来的面目，而不是要求他成为我希望的样子，以便使我能把他当作使用的对象"；认识就是了解对方，"用他人的眼光看待他人"。[①] 这些基本要素只看字面意思似乎比较简单，但其深层内涵并不容易被理解，很多人即使理解了，可能也并不能认同，即使认同了，实行起来也存在困难。以"尊重"为例。现实的情况是很多父母和教师缺乏对孩子的尊重，这主要体现在很大程度上对孩子进行控制，要求孩子按照自己的想法、习惯安排孩子而且不允许孩子有个人不同的看法和做法，而且很多父母和老师觉得这样才是爱孩子，对孩子负责。这种以"爱的名义"捆绑孩子的做法从长远来看并不是真的爱，也不是责任心的智慧表现，因为这样孩子感受到的往往不是爱，而是控制，这种感受不但会损害亲子关系、师生关系，更为关键的是，因为孩子总是被安排、被强加，于是孩子规划生活、解决问题和为自己负责的能力没有得到很好的训练，久而久之其内在的生命动力反倒被损害了，既不会爱自己、为自己负责，也不会爱他人、为他人负责。"啃老族"就是这样产生的。因此弗洛姆的诠释是具有非常深刻的现实意

---

① ［美］艾里希·弗洛姆：《爱的艺术》，李健鸣译，上海译文出版社 2008 年版，第 24—27 页。

义的。

第二,一切爱的形式都以博爱为基础,博爱是同等人之间的爱,"爱首先不是同某一个人的关系,而更多的是一种态度,性格上的一种倾向,这种态度决定一个人同整个世界,而不是同爱的唯一'对象'的关系"①。从小生活安逸、"得到"太多的青少年往往容易以自我为中心,只爱自己或一定程度上懂得爱家人、朋友,但对家人朋友以外的人、社会、世界则漠不关心。然而每一个人与世界的关系是息息相关的,我们和他人、社会、世界,包括自然,构成了"命运共同体"的关系。因此,博爱才会让我们敞开心灵去爱这个世界,从而在合作与相互关爱中获得最为富足的心灵滋养和情感慰藉,从而即使在痛苦的时候也对自己和这个世界温柔以待。2019 年,波兰女作家奥尔加·托卡尔丘克获得诺贝尔文学奖后在获奖演说中发出"世界快死了,我们没有注意到"的震耳警告。托卡尔丘克批判了文学市场的商业化,认为被市场和垄断者控制的互联网使得创作脱离了本质,真正的小说和文学变得边缘化;我们生活在一个"一切事物都咬牙切齿地针锋相对"的世界里,世界在信息的洪流中变得空洞,我们在茫茫而孤独的地方走来走去——"在这样的世界里,我们真的是僵尸。"因此托卡尔丘克强调要恢复文学的地位,因为"文学建立在自我之外对他者的温柔之上"。她说:"温柔是爱最谦逊的形式。当我们小心凝视另一种存在,观察非'自我'的东西时,它便出现了。温柔是自发的、无私的,它超越了同理心。虽然可能略显忧郁,温柔是有意识地共同分享命运。温柔是对另一种存在的深切的情感关怀,关怀它的脆弱、独特。温柔是观察世界的一种方式,它向我们展现这世界的生机、鲜活和相互连接,展示出世界与自身的合作与相互依赖。"如果教育培养了孩子们这种温柔的博爱品质,那他们即使生活在一个并不完美的世界,也可以让自己的心灵和情感世界更平和、更美好,同时也因此为这个世界变得更美好而有所贡献,从而成就自己更为快乐和成功的人生。

第三,和其他艺术一样,学习和掌握爱的艺术也是需要实践和训练的,

---

① 〔美〕艾里希·弗洛姆:《爱的艺术》,李健鸣译,上海译文出版社 2008 年版,第 42 页。

且"应该把生活的每一个阶段训练纪律、集中和耐心作为实践爱的艺术的开端"①。这是《爱的艺术》这本书提出的最有价值的一部分,虽然在这一部分弗洛姆的论述实际上并不深入,但为我们指出了需要特别注意的几个方面。弗洛姆指出这里所指的纪律不是练习一门特殊艺术所要求的纪律,如每天要坚持练习几个小时,他强调的纪律贯穿人的一生,而且纪律不是外部强加的东西,而应该成为自我意志的体现,应该感到这是一种愉快,并且逐步习惯的一种生活态度。也就是说,"纪律"强调的是自我约束,要多多实践练习才能养成。不过,《爱的艺术》并没有就爱的艺术所要求的纪律训练作更多说明。我认为纪律在爱的艺术实践和训练中关键就是克服"自我"的部分,遵循人际交往中"共同"的基本规则。举例来说,一个从小几乎没做过家务、在父母宠爱下长大的女孩,如果婚后在新的家庭里仍然继续娇生惯养的生活习惯,不开始学习克服自己的懒散、自我中心主义,那么婚姻家庭生活或早或迟都会出现问题;如果这个女孩在出现婆婆指责、丈夫抱怨的问题后仍然不加反思,不开始学习和练习家庭生活中的纪律意识并行动起来,那么她在面临他人的情绪问题时也很难管理好自己的情绪。再如幼儿园中两个孩子在争抢玩具过程中打架并大哭,如果老师可以适当介入干预,并以此为契机引导孩子学会克制、等待,商讨一定的规则并学会遵守,那么这两个孩子,甚至其他在旁边围观的孩子,都会不同程度地实践人际交往中的纪律训练,从而成为孩子们学习爱的艺术和社会交往中的一堂生动有益的课。

所谓集中,"意味着要完全地在现时现地生活,而不是干着这事想那事",例如与人沟通和交往时"必须学会亲近对方并向对方开放,而不是像通常那样相互回避",即"清醒的关注"。弗洛姆用母亲照料孩子来举例说:"在婴儿还没有表达以前,母亲就能感觉到婴儿体内的一些变化、他的愿望和需求,婴儿一叫或一哭,母亲就会醒过来,虽然平时比这更响的声音都不

---

① [美]艾里希·弗洛姆:《爱的艺术》,李健鸣译,上海译文出版社2008年版,第102页。

会吵醒她,这说明母亲对孩子的每一种生命的表现都是很清醒的,能接受孩子发出的每一个重要信号。"①可见,真正的爱就是对爱的对象保持一份开放和清醒的关注,从而能敏锐地捕捉对方的需要进而及时应答,要做到这一点,前面提到的"觉察他人情绪"这一能力至关重要,同时也需要训练才能得到提升。

不过,"集中"所强调的这种开放和清醒不单是对别人,也包括对自己,用弗洛姆的话来说,集中的能力表现在能不能单独地待着——而这种能力又是学会爱的一个条件。确实,一个人如果不能很好地和自己相处,就很难很好地和他人进行交往。这个道理显而易见。在学校生活中,如果一个学生一刻也不能安静下来和自己哪怕是短暂地待一会儿,一下课就要找人喋喋不休地说话、玩乐否则就浑身不舒服,尤其是到高年级仍然如此,这种行为容易令人生厌,也会给自己带来很多情绪的困扰。关于和自己独处的集中能力练习,弗洛姆还提出了具体的练习方式,这里请允许我完整引用这一段文字:

> 轻松地坐着(既不要懒散,也不要紧张),把眼睛闭上,努力使自己的眼前出现一片白色,并排除一切干扰你的画面和念头。然后可以试着观察自己的呼吸——不要去想它,也不要去影响它,而只是要意识到自己在呼吸。另外还要试着得到一种"自我"的感受;我＝我的自己＋我的力量的中心＋我的世界的创造者。至少每天早晨要做二十分钟这样的练习(如果有可能还要延长)和每晚睡前坚持练习。②

弗洛姆说的这种练习其实和心理学的呼吸放松法、冥想有相似的地方,可能有些人不一定对这个练习过程中的一些具体做法完全清楚,如所谓获得"自我"的感受具体指什么、如何做。不过总体上我认为就是通过呼吸放松的方式和自己内在的身心状态在一起,从中获得一种内在的平和、安定,

---

①　[美]艾里希·弗洛姆:《爱的艺术》,李健鸣译,上海译文出版社 2008 年版,第 106 页。

②　[美]艾里希·弗洛姆:《爱的艺术》,李健鸣译,上海译文出版社 2008 年版,第 104 页。

进而获得力量和创造感。经常这样练习的人在情绪管理上通常都不会出大的问题,在人际交往中以及在遇到一些社会交往问题甚至突发事件的时候,能在可控的稳定情绪状态下积极主动地进行创造性的尝试,从而有效解决各种问题。关于呼吸放松和冥想在教育领域可能产生的积极意义,前文的生理调节部分已有更详细的说明,在此不再赘述。

《爱的艺术》对爱的艺术的实践练习还提到"耐心"。然而弗洛姆又指出工业化发展提倡的恰恰是耐心的反面,那就是要快,而到了我们今天所生存的这个时代,快节奏更是成为人类生活的主旋律。但学习任何艺术都不可能一蹴而就,学习爱的艺术更是如此,正因为这样,大部分人才无法很好地掌握这门艺术,这也是我们人类生活中很多人觉得内心孤独、在社会交往的过程中充满各种抱怨和愤怒等负面情绪的原因所在。因此我们在实践和练习爱的艺术的过程中要耐心,在社会交往中存在问题遇到失败的时候要学会在暂时接受的基础上总结反思,并思考下一步更有效的尝试方法。我曾在一个培训中学到一个人际沟通情绪坐标,觉得非常有道理。坐标中第一个维度是"我"和"他",第二个维度是"有情绪"和"无情绪",从而结合成四种情况及分别如何进行有效沟通:当"他"有情绪,"我"无情绪,则倾听;当"他"无情绪,"我"有情绪,则释放表达;当"他"无情绪,"我"无情绪,则沟通;当"他"有情绪,"我"也有情绪,则什么也别做。然而现实生活中很多人恰恰常在双方都有情绪的时候总想试图说服对方,目的也不是真正有效的沟通,而是证明自己是对的。当然,有些人在遭遇严重人际交往困扰,觉察到自己在情绪管理和有效沟通方面确实需要改变和调整,会利用身边各种资源进行学习。例如,我身边就有和我一起参加过有效沟通的情绪坐标培训的朋友,她很长时间因为和青春期的14岁儿子沟通困难而亲子关系紧张,培训结束回家后有一次聊天时她告诉我说:"这个情绪坐标确实好,回来后我就在有意识地尝试。昨天晚上孩子打游戏超过了规定时间,我让他结束游戏并关机,他不干,我开始还忍着,后来忍不住了,发了脾气,孩子虽然关机了,但情绪很激烈,我都有点后怕。过了一会儿我去找他想尝试沟通一下,孩子还是很冲动,根本不听我说,而且说了句话特别伤我,我当时就又没忍住冲他发了脾气……"朋友最后很难过地叹气沉默了。同样作为一位妈妈，我其实特别理解朋友的难过，我自己也在教育引导孩子这条路上不断学习、觉察和成长，如何教育好孩子，尤其是一个青春期的孩子，本来就是一个非常艰巨的家庭教育课题。所以，弗洛姆说的"耐心"确乎是至关重要、需要长期练习和实践才能逐步获得的一种品质。

（二）儿童社会交往中的情绪管理教育策略

在一个充满爱、和谐、温暖的社会交往环境中，人们的情绪也会更为积极和稳定，置身其中的儿童自然也更容易习得爱的品质。然而任何社会都不可能是完美的，大到整个人类，小到一个家庭，实际上都充满了各种冲突、矛盾、抱怨甚至战争和仇恨。人类社会和文明发展需要一代代人的努力才能不断地朝着更完美的方向发展。教育所要肩负的一个重要责任，就是教育引导青少年儿童正确认识生活的不完美，能很好管理自己情绪，从而最终无论在怎样的情况下都不会泯灭心中本来具有或者说本该具有的美好品质。浪漫的童话故事、温馨的现实生活有助于孩子在潜移默化中受到熏陶感染，但如何利用冲突和矛盾来教育引导孩子则更有助于美好品质在孩子心中烙下不可磨灭的深刻印记。

仍以愤怒这种未成年学生在人际交往中最难管理的情绪为例。前面已经提出，负面情绪既有消极的破坏性作用，同时也有正面价值和作用，愤怒也不例外。愤怒的正面价值就是给我们力量去改变我们不接受的，因此适当表达愤怒情绪可以是建设性的，因为这可能有助于让冲突的对方意识到自己的言行不当从而进行调整。但愤怒情绪的表达必须加以控制和管理，任其肆意蔓延就会如洪水猛兽一样带来糟糕甚至残酷的结果，因此我们要教育学生学习在审慎权衡下进行合理的智慧的表达。人际冲突产生的愤怒往往源于糟糕的沟通和交流，不受控制的愤怒情绪会使情况进一步恶化。因此在心理咨询临床工作中，咨询师们常常对来访者进行有效沟通的社会技能训练，例如，提出先要觉察愤怒情绪，之后不急于反应，而是通过呼吸放松或转移注意等方式释放一部分情绪，之后再以建设性或者说至少不是破坏性的方式表达愤怒情绪并进行谈判和沟通。父母和教师作为教育者有机会多多学习一下这些方面的沟通策略和注意事项,是很有必要的。

实际上,和谐的人际交往本身就会形成一种有效的社会支持系统,帮助学生积极应对各种压力、挫折甚至危机事件,构成情绪管理至关重要的一个支持性因素。社会支持系统是 20 世纪 70 年代提出的一个心理学专业词汇,指个人在自己的社会关系网络中所能获得的、来自他人和社会的物质和精神上的帮助和支援。依据社会支持理论的观点,一个人所拥有的社会支持网络越强大,就能够越好地应对各种来自环境的挑战。对遭遇各种问题而陷入负面情绪的人来说,社会支持系统可以帮助他更好地管理情绪,避免长期、严重的负面情绪累积而导致情绪障碍甚至心理疾病。例如,在 2019 年底到 2020 年我们所经受的新冠疫情中,无论是重症患者、疑似患者、密切接触者还是居家隔离的普通大众,应对疫情恐慌以及疫情带来的各种连锁压力的有效策略除了自己的各种努力外,和亲人、朋友保持某种形式的联系和沟通,从中获得安慰、鼓励和支持,在情感联结中获得强大的心理资源,对我们管理情绪、避免过度的应激反应都有重要的作用。此外,国家和政府在应对突发公共卫生事件中所承担的工作机制是所有公民的一个重要的社会支持系统。

尽管尚没有大数据调查结果可以显示,但我们会发现总体上未成年学生在这次疫情中的恐慌程度要明显低于成年人。也许这正说明社会支持系统所产生的作用,因为在这样的疫情之下,无论对国家和社会还是每一个家庭来说,未成年儿童都会被作为重点保护对象来给予关怀、照顾和支持。但构建未成年学生的社会支持系统以及培养学生对社会支持系统的意识和重视,还应该作为帮助未成年学生在人际交往中学习有效情绪管理策略的一个重要内容。例如,众多媒体报道称 2020 年 2 月 11 日法国一名 13 岁的男孩因为在学校和同学发生纠纷被老师叫家长,他害怕自己会因此被学校开除,恐惧之下竟在家中自杀身亡。腾讯网报道说,"男孩在学校的音乐课上与同学发生了争执,随后他对同学发出了'威胁和侮辱'。虽然事后男孩否认自己威胁了同学,学校管理人员依然决定让男孩和他的父母一起来学校进行一次面谈。这件事对男孩造成了极大的困扰,尤其是面谈之后,他陷入了深深的恐惧"①。一个 13 岁的孩子在遭遇这些看起来并不严重的事件时,学校教师和家长以怎样的方式去处理和沟通,可以成为孩子在承受心理压力、情绪产生困扰甚至严重冲突时的有效社会支持系统,也可能成为压垮一个恐惧孩子的最后一根稻草。我国近年来有的孩子因为没完成假期作业、在学校和同学发生冲突、高考中考迫近或者没考好等各种各样的原因而自杀,已经成为社会和家庭不能承受之重。因此除了知识教育外,学校和家庭一定要切实重视孩子的心灵教育包括情绪情感教育。尤其在发生上述类似事件时,更要密切关注孩子的情绪状态和行为反应,要在批评教育和情感支持上找到恰当的平衡。实际上,危机在一定程度上可以成为教育的契机,只要学校和家庭有效合作,老师和家长积极沟通,从两个层面通力协作,在孩子犯错后既能通过必要的批评和教育让孩子认识到错误,又能注意孩子的情绪波动,适当给予情感和心理上的支持,孩子们就不至于被恐惧、愤怒、焦虑一步步压垮,最终选择走上不归路。或者说,发生这些事件后,教师和家长管理好自己的情绪是首要条件,很多时候就是因为孩子犯了错,教师和家长没有管理好自己的情绪,在情绪失衡的状态下简单粗暴地进行处理,这种情况下不但不可能把事件作为有效教育引导孩子的契机,反而会加剧事件的恶性演变。

在现实的学校和家庭生活中利用人际交往中产生的冲突进行教育和引导是一方面,另一方面我们也可以采用游戏或其他组织化的体验式活动来"呈现"或"暴露"出学生在人际交往中存在的一些品质或行为障碍,从而以恰当的时机和方式进行引导和教育。关于这一点,本书将在后面专门探讨德育和心理健康教育的时候进行分析。

---

① 腾讯网:《13 岁男孩被老师叫家长,害怕遭学校开除竟自杀身亡》,2020 年 2 月 17 日,见 https://new.qq.com/omn/20200217/20200217A0L6OB00.html。

第六章　体验视角下的学科知识教学改革

　　教学工作是学校的中心工作,是贯彻教育方针、培养合格人才的重要途径,因此教学工作的成败直接决定一个学校办学水平的高低和学校在社会上的形象和声誉。从广义而言,教学包含了德智体美劳各个方面,不过本书重点对学校工作中的两个重要领域即学科知识教学和德育(包含心理健康教育)展开专门论述。实际上,德智体美劳不是割裂的,学科知识教学和道德教育工作毫无疑问是包含了体育、美育和劳动教育的。尤其从体验教育这一视角出发,本章集中论述的学科知识教学改革这一主题实际上也不可避免地会遵循"五育并举"的思想。改革开放四十多年来,我国基础教育课程教学改革从目标方向和价值追求的变迁来看,经历了从"双基"到三维目标再到核心素养三个阶段,这一发展过程也是体验学习和体验教学不断得到加强的一个过程。

第一节　促进学生的体验学习:
教学改革的指导思想

　　我们知道,我国在"文化大革命"结束之后的改革开放之初,教育领域和其他行业一样都处于拨乱反正的时期,基础教育的主要任务是恢复教学秩序、提高教学质量,因此强调基础知识和基本技能的"双基"教学。从知识观的角度,"双基论"秉承的是客观主义的知识观,强调"知识的客观性、普遍性、确定性"和"知识学习过程的接受性";从课程观的角度,"双基论"秉承的是学科本位的课程观,强调"学科知识的基础性、结构性、完整性";

从教学观的角度，"双基论"秉承的是特殊认识论，"强调教学的传承性和接受性，学习方式以理解、记忆、训练为主，教学效果追求准确性、绝对性（最高价值标准）"。① 这种"双基"教学在后来的发展过程中越来越背离了"人的全面发展"这一根本教育目标，因此1999年召开的第三次全国教育工作会议和2001年召开的全国基础教育工作会议先后提出了转变人才培养模式，建立新的基础教育课程体系的建设任务。2001年，教育部颁发了《基础教育课程改革纲要（试行）》等一系列政策文件，正式启动了新一轮基础教育课程改革。

新课程改革的一个关键词就是教学的"三维目标"，即知识与技能、过程与方法、情感态度与价值观三维一体。和以前的"双基论"相比较，我们发现这一改革主要新增了过程与方法、情感态度与价值观这两个维度，强调知识的学习是学生的主观建构，其中学生的生活经验、合作探究、情感体验等发挥着重要作用。可见我国的教育改革开始重视学生在学习过程中的自主发展和主观体验，这一方向是符合时代发展需要的。基础教育课程改革从1999年开始着手调查研究和顶层设计，2001年开始在全国38个县、区进行义务教育阶段课程改革国家级实验，分层推进，滚动发展。课程改革发展到今天，尽管在很多方面取得了一定的进步和突破，但存在的问题和痼疾也依然非常突出，这也是课程改革进入攻坚阶段需要从体验教育这个视角去审视和加强的原因。

2014年3月，"核心素养"首次出现在《教育部关于全面深化课程改革落实立德树人根本任务的意见》中，并被置于深化课程改革、落实立德树人根本任务的首要位置。本书第二章已经指出，2016年9月，中国学生发展核心素养总体框架正式发布，以培养"全面发展的人"为核心，从文化基础、自主发展、社会参与三个方面，凝练出人文底蕴、科学精神、学会学习、健康生活、责任担当、实践创新六大素养，具体细化为18个基本要点。实际上这

---

① 余文森：《从"双基"到三维目标再到核心素养——改革开放40年我国课程教学改革的三个阶段》，《课程·教材·教法》2019年第9期，第41页。

一框架对三维目标进行了丰富和发展,凸显了体验学习和生活实践的统一、个人发展与社会发展的统一,这也是体验教育的政策依据和指导思想。根据核心素养的总体要求和学校教学改革存在的现实问题,教学改革的指导思想应该进一步加强促进学生的体验学习,具体需要从"三个结合"出发进行落实。

一、理论知识和实践应用相结合

本书在前面已经就杜威《民本主义与教育》一书对正式学校教育的进步性及其"危险"做过论述,并指出我们今天的学校教育在极大程度上确已陷入杜威所言的这种危险中,但这种危险并不是学校教育的"宿命"。学校教育可以用一种审慎、科学的方式进行改革,以便从这种危险中扭转过来,体验教育正是出于这种考量而提出的。体验的核心内涵是学生在安排合理的教育实践活动中产生认知、情绪情感、意志等心理活动,并通过这一过程获得成长为可积极参与社会实践的科学知识和生活经验。也就是说,即使是学习理论知识,也需要把这些理论知识和实践应用结合起来。

实际上,在杜威之前,作为近代教育学之父的夸美纽斯在其代表性著作《大教学论》中提出的若干教学论原则中就明确强调"实践性原则"。令人遗憾的是,尽管夸美纽斯的《大教学论》已出版三百多年,尽管夸美纽斯在教育学领域被奉为里程碑式的人物,但其实践性教学原则实际上非但没有得到践行,反倒还很大程度上与之背离了,因此,这里将用一些笔墨对夸美纽斯的实践性教学原则进行说明,包括引用其中一些重要段落,一方面让对夸美纽斯的实践性教学原则尚没有形成系统认识的读者全面理解,另一方面引起教育同行的足够重视和认真思考。

在遵循自然这一基本前提下,夸美纽斯在"教与学的便易性原则"里提出了若干具体原则,其中强调"假如每件所教的事情的用途不断在望",这样"步随自然的后尘,我们发现教育的过程会来得容易"。① 这一原则强调

---

① [捷]夸美纽斯:《大教学论》,傅任敢译,教育科学出版社 2014 年版,第 81 页。

的就是教育应该是可用于实践的、有用途的、有应用价值的。对此,夸美纽斯在《大教学论》中说:

> 自然所产生的事物没有不能明显地看出其实际用途的。比如,一只鸟儿形成以后,不久就可以看出它的翅膀是为飞翔之用的,它的腿是为奔跑之用的。同样,一株树木的每一部分小至包着果实的果皮和花儿,都有它的用处。
>
> 所以:
>
> 四十四 模仿。——假如教师教授任何事情的时候,同时把它在日常生活中的用途告诉学生,学生的工作就会来得轻松些。这条规则在教语文、辩证法、算术、几何、物理学等等时必须小心地遵守。假如忽略了它,你所讲解的事物就会变成从新世界来的怪物,学生不关心它们存不存在,他的态度便会是信仰,而不是知识。当事物被他注意到了,把它们的用途向他说明了以后,就应当把它们放到他的手里,使他相信自己的知识,并因知识的应用感到快乐。
>
> 所以:
>
> 四十五 只有那些易于指明用途的事情才应该教给学生。①

概括而言,这部分就是强调:自然中的事物都是有其实际用途的,这样才有其存在的价值和空间;教师的教学工作也应该遵循这样的自然原则,让所教知识对学生有实际作用,并让他们知道这种作用,这样他们才会主动学,学得快乐,学得轻松有效。否则知识就成了来自新世界的"怪物"。这里所谓"他的态度便会是信仰,而不是知识",实指的是学生内心并不明白其意义,只是盲目地"信仰",而不会内化为对自己有用的"知识"。知识教学的实践应用性这一原则在《大教学论》中还有专门一章"教与学的彻底性原则"对此进行进一步说明:

> 人们往往埋怨很少有人离校时受到了彻底的教育,埋怨大多数人所记住的只是一种外表,只是真知识的一种影子而已。这种埋怨是有

---

① [捷]夸美纽斯:《大教学论》,傅任敢译,教育科学出版社2014年版,第91页。

事实为证的。

考察结果表明,产生这种现象的原因,似乎是双重的:一是学校专教无意义的、不重要的功课,因此忽略了较重要的功课;二是学生忘却了他们所学的东西,因为这些东西大部分只通过了他们的脑子,却没有牢固地固定在那里。后面这一种错误是非常普遍的,很少有人对它不悲叹。因为假如我们能够记住曾读到、听到和我们的心灵曾欣赏过的一切事物,随时可以应用,那时我们便会多么有学问啊!我们确实应用过许多我们所学过的事物,但是我们记住的数量是不够的,事实上我们还继续在把流水泼到一个筛子上去。①

我们今天的学校教育在一定程度上确如夸美纽斯所批判的那样,所教知识于学生的生活缺乏实际的意义,学生无法切实体会其实际应用,因此我们"还在继续把流水泼到一个筛子上去",这也是杜威所指出的学校教育的"危险"所在。夸美纽斯所指出的补救办法就是要把理论知识和实践应用结合起来。

在"教学的简明性与迅速性原则"一章,夸美纽斯继续论证这种实践应用的重要性,他认为做到这一点,可以"一次能做两三件事"。"所以,文字应当永远和事物一道教授,一道学习,就像酒永远同盛酒的桶一道买进或卖出,剑同剑鞘在一道,树同树皮在一道,果实同果皮在一道一样。因为文字除了是事物的皮壳以外还有什么呢?所以,无论用哪种语言教,甚至用国语也是一样,文字的解释应当顾到文字所指的事物;反之,学生们也应当学会用语言去发表他们一切所见、所听、所做或所可尝的东西,这样,他们运用语言能力的进展就永远可以和悟性的增长并驾齐驱了。"②举一个笔者生活中的实例来说。有一次我们一家三口应邀共赴一个饭局,饭桌上我在举杯敬酒时很真诚地说了一句"本人向来拙嘴笨舌,很难表达内心对各位的感激之情……",有一位朋友也很真诚地回应说"君子总是'敏于事而慎于

---

① [捷]夸美纽斯:《大教学论》,傅任敢译,教育科学出版社 2014 年版,第 93 页。
② [捷]夸美纽斯:《大教学论》,傅任敢译,教育科学出版社 2014 年版,第 119 页。

言'……",他的回应让我觉得非常愉快。饭后我跟正读高一的儿子分享我的感受,顺便感慨了一句:"下次你背《论语》、背名篇,妈妈也跟你一起认真背一背。这样工作上、生活中也可以在适当的时候信手拈来并能锦上添花。"孩子语文成绩一直不好,文言文默写扣分多,平时背诵这些文言文也很被动、很痛苦,不管怎么强调其重要性效果也不明显。这次借这个机会顺便小小地"敲打"后,我感觉孩子背诵文言文的兴趣稍微加强了一些,这大概就是因为孩子从这次经历中体会到平时总觉得枯燥乏味、一无用处的文言文原来的确也是有其价值和实际应用的。所以在"语文教学法"这一章,夸美纽斯明确说:"语文的学习,尤其在青年时代,应当和事物的学习联系起来,使我们对客观世界的认识和对语文的认识,即我们的对事实的知识和我们表达事实的能力得以同步前进。因为我们是在形成人,不是形成鹦鹉。"①

夸美纽斯对实践应用这一教学原则非常看重,因此在《大教学论》中还分章对科学、艺术进行专门分析和强调。在"科学教学法"一章,夸美纽斯提出"凡是教授科学的人都应该遵守"的"九条极有用的规则",其中第二条就强调:"凡是所教的都应该当以能在日常生活中应用并有一定用途的去教。这就是说,学生应当懂得,他所学的东西不是从某种乌托邦取来的,也不是从柏拉图式的观念借来的,而是我们身边的事实之一,他们应当懂得适当地熟识它对生活是大有用处的。这样一来,他的精力和精确性就可以得到长进。"②今天中小学所教的理科科目如果可以按照这样的理念去改造,或者至少做一些调整,教学效果和学生的学习兴趣可能也会大有不同,如加强实验教学、综合实践活动教学等。

在"艺术教学法"和"语文教学法"这两章,夸美纽斯对理论和实践的关系作了专门而又比较深入的说明。他首先特别强调实践的作用,认为相比于理论而言,实践更为困难而且冗长,但有极大的效用。夸美纽斯由此指出

---

① ［捷］夸美纽斯:《大教学论》,傅任敢译,教育科学出版社 2014 年版,第 139—142 页。
② ［捷］夸美纽斯:《大教学论》,傅任敢译,教育科学出版社 2014 年版,第 129 页。

"有十一条应当遵守的规则",其中第一条说:"凡是应当做的都必须从实践去学习。师傅并不用理论去耽搁他们的徒弟,而是从早就叫他们去做实际工作;比如,他们从锻炼去学锻炼,从雕刻去学雕刻,从画图去学画图,从跳舞去学跳舞。所以,在学校里面,应该让学生从写字去学写字,从谈话去学谈话。这样一来,学校就可以变成一个忙于工作的农场,凡是努力获得了成就的学生都可以体验到一句成语的真理,就是:'我们同时形成了我们自己,也形成了我们的材料'","儿童学习行走、奔跑、谈话与游戏,全是这样从模仿学来的,不要任何艰难的规则。没有一个人单靠规则精通过任何语言或艺术;至于通过实践,即使没有教诲,精通也是可能的"。①

我们可以看出,在理论规则与实践应用之间,夸美纽斯尤为强调后者的作用,不过这并不意味着他就忽略理论和规则的作用。在"艺术教学法"这一章的另外一处,夸美纽斯说:"教诲和规则也应当给予,好由它们去指导工作,防止错误。但是这种规则应当尽量简短,因为我们并不愿意学它们学到老。它们一旦被人掌握以后,就应当永远有用,哪怕搁在一旁都是一样,正和护膝对于刚学行走的儿童有用处,后来虽则用不着了,但是从它们所得的好处仍旧存在是一样的道理。"②夸美纽斯这里所谓的"规则"和"教诲",与我们现在通常理解的有些不一样,这里所说的其实就是以文字、符号的形式所代表的理论,与通过实践和实际应用的学习方式不同。无论是科学还是艺术,夸美纽斯都更为强调实践和应用的作用,因为这种方式不但对需要完成的学习任务更有效,而且能增长"悟性",实现迁移,提升能力。

从上述引用的《大教学论》里的这些话,我们可以很清楚地看出夸美纽斯所强调的理论知识要和实践应用相结合的原则,实际上这一观点和马克思主义强调的"理论联系实际"是一个意思。本书前面也已经提到,"体验学习"的直接提出者库伯划分了"感知和领悟"两种学习方式,前者是在生活中感知学习直接经验,后者即是以理论知识为载体学习间接经验,二者统

---

① [捷]夸美纽斯:《大教学论》,傅任敢译,教育科学出版社 2014 年版,第 132—134 页。
② [捷]夸美纽斯:《大教学论》,傅任敢译,教育科学出版社 2014 年版,第 137 页。

一方能获得事实的意义,而统一需要体验的转换才能完成。库伯进一步把知识分为社会知识和个人知识两类,前者通过领悟获得,后者则是感知与领悟交互作用的结果。对学生而言,书本理论知识相当于库伯的社会知识,而学生获得的个人知识需要在领悟这些理论知识的同时结合自己在生活实践中的感知和体验才能最终建构起来。"学习者在学校里的学习可以看作是由社会知识向个人知识转化的过程。然而,仅靠简单的识记和储存是不能完成这个转化的,学习者必须把此时的社会知识还原成当初的个人知识才可以理解其意义,也就是要找到社会知识当初所发生的情境或类似情境。这就是体验的必要之所在,它可以帮助学习者建构理解社会知识所必需的经验"①。所以,库伯把体验学习看作是由"具体体验""反思观察""抽象概括""行动应用"构成的一个整体,即包含了感觉、知觉、情绪情感、思维想象、行为等在内的心理过程和实践过程,这也正是本书体验教育的核心所在。在库伯的体验学习模式中,学生一般首先通过参与实践应用产生一定的切身感觉或感受,接着通过交流、讨论对观察到的感觉或感受进行分析、思考和评价,其次把反思和观察到的结果进一步抽象形成一般性结论或理论或者进行因果解释,最后在新的情境中检验结论或理论假设的正确性、合理性,即行动应用。可见,理论知识和实践应用的统一的确是学生学习建构有意义知识的必要条件,也是培养能学以致用的创新性人才的重要基础。

2020 年 7 月 30 日,教育部办公厅、工业和信息化部办公厅联合印发《现代产业学院建设指南(试行)》,其指导思想就是为了深化产教融合,造就大批产业需要的高素质应用型、复合型、创新型人才。这虽然是针对高等教育改革和高校人才培养模式改革的一个举措,但其背景也是基于当前教育改革应该突破理论知识灌输的传统模式的发展需要,基础教育改革也应该适应这种发展需要,否则错过了可塑性强的基础教育阶段,学生进入大学

---

① 　石雷山、王灿明:《大卫·库伯的体验学习》,《教育理论与实践》2009 年第 10 期,第 49 页。

后也很难在思维和行为习惯上适应高等教育的发展要求。

因此,中小学教师在进行教学改革的时候要注意研究教材文本上的理论知识和实践应用的实质性联系,这也是新课程改革进入"深水区"的必然要求。"新课程改革步入了深水区"作为经常见诸报端并众口相传的命题,已经成为形容我国新课程改革进入攻坚战的常用语,强调变革应"从文本课程过渡到实践课程"①。作为 1949 年后的第八次课程改革,新课程改革尽管取得了显著的成绩,但存在的问题和面临的挑战也很突出。要打赢课程改革的攻坚战,就必须把课程改革的重要理念实实在在地落实到教育实践活动中,并切实取得成效。2015 年新修订的《中华人民共和国教育法》将原来第五条中有关教育方针的表述修改为"教育必须为社会主义现代化建设服务、为人民服务,必须与生产劳动和社会实践相结合,培养德智体美等方面全面发展的社会主义建设者和接班人",可见理论知识和生活实践应用的结合也是教育方针的真正落实,因此教师在进行教学实践的时候也必须以此为指导思想。当然并不是说教师在备课讲课时对每一个知识点都必须明确其和生活实践的关系,但在教学设计和教学实施时的确需要有这种理论联系实践的意识。

实际上,目前基于各科课程标准而编制的各科教材在内容上已经更加注重和生活实践应用的联系,例如,增加了很多现实生活的案例,设置了一些在生活中实践的课外活动等。但问题在于,很多一线教师囿于传统理念和固化思维,在备课和上课时常常忽视教材上这些生活化的应用性资源,仍然侧重对知识考点的灌输、讲解和常规练习,因此对教学改革进行思想理念上的变革至关重要。前面第二章分析知情意行的整合这一体验教育的重要内涵时,提到一位美国教师讲《灰姑娘》的案例,这位美国教师通过提问讨论展开互动教学取得很好的教学效果,其关键的原因就是问题来源于故事但又和学生的生活体验密切相关。可见,当教学内

----

① 朱文辉:《新课程改革:从"深水区"到"新常态"——由"穿新鞋走老路"引发的思考》,《教育发展研究》2016 年第 2 期,第 19 页。

容和学生的实际生活发生实质的联系时,学生就容易产生积极的体验并获得积极的发展。

二、统一要求和尊重学生差异相结合

前面已经指出,体验教育强调教育的目的是引导学生的自我实现。"自我实现"这一人本主义心理学家的核心概念和思想对教育的重要启示就是教育应该致力于培养发挥个人独特潜能的人,就像台湾作家刘继荣的《坐在路边鼓掌的人》中那位小女孩一样。的确,教育的目的不应该是把学生塑造成我们希望的那个样子,而是帮助学生不断地认识自己的潜能所在,发现和定位自己的独特性,成为自己喜欢、对社会也有用的一个人,并能在这种生命状态里体验那一分独特和美好。这正是体验教育所追求的一种理想。社会发展所需要的正是在不同岗位上尽职尽责的公民,当人人都成为能发挥自己独特潜能的自我实现的人,社会发展不但有了强有力的保障,而且社会的和谐稳定也才能真正得以实现。

带着这样的教育理念来进行教学改革,教师就要在教学设计和实施的各个阶段和各个方面既要面向全体学生,又要尊重学生的独特性和差异性,这也是"因材施教"和教育公平原则的真正体现。2019 年 7 月,国务院副总理孙春兰在全国基础教育工作会议上讲话指出,"树立科学的教育理念,坚持有教无类、因材施教,推动多样化办学,为不同性格禀赋的学生提供更加适宜的教育",对此教育部教育发展研究中心副主任陈如平在《中小学管理》发表文章指出:"这赋予因材施教更加丰富更加鲜亮的现代内涵和使命担当,对于教师、家长、学校,对于实现教育公平和提高教育质量都具有深远而全新的意义。……值得注意的是,在具体的教育条件下,如何实施因材施教却一直没有得到很好的解决。现实情况是,应试演变成了应试教育,学习被练习取代,训练被刷题取代,所有教育教学都直奔分数、成绩和升学率,简单粗暴、罔顾一切,功利色彩浓厚。因材施教成了一句空洞的口号,甚至是一种标签。很多学校办学'千校一面',教师教学'千生一面',忽视了学生的独特性,并没有想到和做到因材施教,这必将不利于学生的长远发展,也最终影响基础教育的高质量发展。"①

的确，要做到统一要求和尊重学生差异的融合，需要在教育教学的各个环节都体现因材施教。教学既要考虑课程标准的基本要求，又要特别注意结合学生的整体和个体的实际情况，尤其要考虑不同学生的独特性，在教材内容选择、教学手段方法、活动细节安排等方面进行精细的设计，并根据课堂教学的实际情况进行灵活的调整和变通。我们都知道"孔子教人，各因其材"，朱熹对此注解道，"圣贤施教，各因其材。小以小成，大以大成，无弃人也"。教师应该在备课、上课等各个阶段都要着眼于全体学生，考虑学生的差异，尤其是"最近发展区"的差异。众所周知，"最近发展区"是维果茨基理论中一个重要的概念，指儿童在成人的指导和同伴的合作帮助下可达到的水平与根据现有能力独立解决问题的水平之间的差异。维果茨基说："教学的本质特征不在于'训练'、'强化'业已形成的内部心理机能，而在于激发、形成目前还不存在的心理机能。因此，只有走在发展前面的教学，才是好的教学。一方面，要以儿童的现有发展水平为立足点，不断激发儿童'最近发展区'中成熟阶段的一系列功能，实现儿童心理机能从低级向高级发展。另一方面，在儿童发展的总进程中，现有发展水平和可能发展水平作为最近发展区的两端，始终是不断动态前移的两条平行线，而且这两条线因个体差异而不同。所以，教学的本质特征是教学造成了最近发展区，即教学引起、唤醒和启发了儿童的一系列内部发展过程，这些过程起初是在与儿童周围人们关系和他人相互合作的环境里才是可能的，后来，当这些内部发展过程完成之后，便成为儿童自身的内在精神财富了。"②

最近发展区理论强调教学要走在学生发展的前面，要提供恰当的资源和支持，帮助学生实现突破和发展，而且很重要的一个方面是维果茨基说的现有发展水平和可能发展水平作为最近发展区的两端，始终是不断动态前移的两条平行线，而且这两条线因个体差异而不同。因此教师要着眼于学

---

① 陈如平：《"因材施教"是教育的最高境界》，《中小学管理》2020年第1期，卷首页。
② 《维果茨基教育论著选》，余震球选译，人民教育出版社2005年版，第251页。

生全体的平均最近发展区,又要关注到个体之间在最近发展区上的差异,并在两者之间进行平衡,以尽可能满足所有学生发展的需要。这的确不太容易做到,对教师的教育智慧有很高的要求。不过不容易做到并不代表不能做到,或者说,如果教师真正具有践行教育公平的情怀,把践行因材施教这一基本教学原则作为教育教学行为的准则,就一定可以不断地做得越来越好。

今天学校的主要教学组织形式是班级授课制,就是把一定数量的学生按年龄特征和学习特征编成班组,使每一班组有固定的学生和课程,由教师根据固定的授课时间和授课顺序(课程表),根据教学目的和任务,对全班学生进行连续上课的教学制度。这种班级授课制最早在近代欧美一些国家出现,随后夸美纽斯对此组织形式进行总结而确定下来,后来赫尔巴特和凯洛夫进一步完善了这一理论。我国最早使用班级授课制的是 1862 年 8 月设立的京师同文馆,是清政府鉴于当时情势于北京设立,旨在培养外交和翻译人才。这是清末最早设立的"洋务学堂",有统一的课程设置和管理章程,基本不学"四书五经"之类的传统科目,被视为中国近代新式学校的发端,也是中国最早采用班级授课制的学校。

班级授课制毫无疑问是教育的一大历史进步,其优点是通过"统一要求"实现数量和规模上的教育高效化,而且有助于文化知识的系统教学。但班级授课制在"尊重学生差异"这方面存在问题,尤其发展到今天这方面的弊端越来越凸显。由美国教育家海伦·帕克赫斯特创立的道尔顿制就是针对班级授课制的问题和弊端而进行的一个很好的尝试。我们知道,帕克赫斯特是一位极具改革精神的教育家,她在 17 岁高中毕业后进入威斯康星州一所学校从事教学工作就尝试进行了"单间校舍改革"。为了提高同时教授八个年级 40 名学生的工作效率,她将教室划分为五个区间,安排五门不同的课程,让学生根据自己的兴趣和能力选择不同的学习任务。帕克赫斯特的单间校舍改革极大地提高了学生的积极性和学校的入学率,为年轻的帕克赫斯特赢得了极大的声誉。帕克赫斯特后来进入威斯康星州立大学师范学院深造,毕业后开始了她漫长的从教生涯。1914 年帕克赫斯特到意大利考察蒙台梭利教育法并成为蒙台梭利的助手,1915—1918 年帕克赫斯特为蒙氏课程在美国的推广做出了突出贡献。之后帕克赫斯特综合前期改革经验和学习考察所得,开始着手完善自己的教育实验室计划。1920 年帕克赫斯特在纽约创立了"道尔顿制中学",被称为"道尔顿学校之母"。

帕克赫斯特在出版于 1922 年的《道尔顿教育计划》一书中明确界定道尔顿计划的基本原则是"自由"与"合作":自由即允许学生以自己的方式和速度学习和解决问题,以充分发挥学生的主动性并激发他们的潜力,为此后期还实施了合同制和图表法,即学生签订学习合同领取任务,教师用图表法对每个学生的学习进度进行记录和督促;合作即强调团体活动中的交互作用,帕克赫斯特也喜欢称之为"群体生活的互动",她认为合作可以培养学生的"社会经验",这种经验有助于学生更好地融入群体和社会生活。[①] 可见,道尔顿制中的"自由"能很好地"尊重学生差异",而"合作"则体现了基于群体和社会规范对学生的一种"统一要求",只不过这里的统一要求不是传统意义上的强制和命令,而是让学生在合作中进行体验。正因为这种理念符合科学和人文的精神,所以《道尔顿教育计划》一书出版后很快被翻译为中文、法语、德语、意大利语、日语等十几种语言,时至今日道尔顿制仍在世界各地发展着,包括美国、英国、日本、中国等在内的十几个国家仍在开设道尔顿学校,目前世界各地共有两百多所道尔顿学校。如 2016 年我国深圳成立了道尔顿新华公学,由梅连生任首任校长。

2019 年 2 月,中共中央、国务院印发《中国教育现代化 2035》,指出推进教育现代化的八大基本理念,即更加注重的八个方面:以德为先、全面发展、面向人人、终身学习、因材施教、知行合一、融合发展、共建共享;并重点部署了十大战略任务,其中第二条"发展中国特色世界先进水平的优质教育"就包含了"创新人才培养方式,推行启发式、探究式、参与式、合作式等教学方式以及走班制、选课制等教学组织模式,培养学生创新精神与实践能力"。

---

① [美]海伦·帕克赫斯特:《道尔顿教育计划》,陈金芳、赵钰琳译,北京大学出版社 2005 年版,第 15—16 页。

体验教育所倡导的理念和追求的目标和《中国教育现代化 2035》是完全符合的，同时也强调要结合时下政策改革和社会发展需要，积极探索有现实意义的教学组织形式。

当然，这并不意味着我们一定要学习甚至照搬道尔顿制教育，我们从帕克赫斯特及其道尔顿制教育发展中所应该学习的是锐意改革的精神。在道尔顿制下，学生在教师指导下拟订自己的学习计划，并以不同的教材、不同的速度和时间在实验室或作业室内进行学习，学习中可与同伴合作和交流，老师给予指导帮助并检查记录学生的学习进度和完成情况，因此其最大优点就是尊重学生差异和个性发展需要，有助于切实促进学生的体验学习，同时要注意这种组织形式也并非完全不考虑统一要求，引导学生在合作和群体互动中理解和认同社会基本规范仍然是重要而必要的。因此，道尔顿制要取得良好的教育效果对包括教师在内的各项教学资源有较高的要求，因此需要在综合考虑相关条件的基础上合理运用。道尔顿制在尊重学生差异方面具有优势的同时，在实现"统一要求"方面就会相对困难。以我国目前的现实情况看，班级授课制很显然是在很长时间内主要的教学组织形式，因此我们努力的方向应该是在班级授课制下如何兼顾"统一要求"和"尊重学生差异"，以便促进学生的体验学习和教育的内涵发展。

三、提高认知活动效率和加强情绪意志体验相结合

（一）提高认知活动效率

前面我们已经强调指出从过去的认知主义范式转向体验范式，促进学生体验学习是提高教学效率的关键。不过，这并不意味着认知活动就不重要了。实际上我们反复强调体验学习是知情意行的有机整合，除了理论知识要和行为实践结合外，从心理层面看则强调认知、情绪、意志体验的结合，换言之就是既不能仅仅停留在过去那种抽象符号的认知主义范式中，又要注意认知活动毫无疑问仍然是学习中的重要心理活动。

认知过程是学生对知识进行接收、编码、储存、提取的心理过程，包括感觉、知觉、思维、记忆等。作为学习的基础，认知活动历来受到学校和教师的

重视。不过,传统的教学方式虽然重视认知活动,但效率并不高。究其原因,就是没有以促进学生体验学习这一理念来组织认知活动。目前一线学校提高学生学习成绩采用的常用战术是让学生争分夺秒地学习,教师备课往往只看课程标准和教材知识要点,上课则极力限制学生的身体行为活动,忽视学生内在的情感意志体验,以便填鸭式地把知识尽可能灌输给学生。这种教师就像"搬运工"、学生变成"机器人"的教学弊端显而易见。实际上,即使是知识的掌握和记忆,也是需要在认知活动效率上进行深入研究和科学设计的。这里我以心理学中关于记忆的几个规律为例来对这一问题进行说明。

我们知道,学习过程中有机械识记和意义识记两种方式。机械识记是对缺乏意义了解的知识采用简单重复的方式进行记忆,就是我们通常说的"死记硬背"。意义识记是在领会、理解知识的内在意义和联系的基础上所进行的识记,这种方式往往不但知其然,也知其所以然,能把知识的内在意义和联系融会贯通,因此识记效果往往明显优于机械识记。比如,在英语词汇教学中,相当一部分一线教师惯常使用的方法是反复教读,然后让学生死记硬背,用这种单一重复的方式学生不但容易遗忘,而且会因为枯燥导致学生厌烦学习。教育心理学中有一个精加工策略,强调通过对学习材料进行深入细致的分析、加工,使学生理解其意义或内在联系,这样可以有效促进记忆。

例如,高中英语中学生学习"antisocial behavior"这个表达,我们可以用三种方式进行精加工。一是教师可以补充说明 social 是形容词,其含义是"社会的",society 是名词,意思是"社会",behave 是"行为"的动词形式。二是说明英语中的前缀 anti-表示"反对",并追加 Anti-Japanese War(抗日战争)、antifreeze(防冻剂)等词汇来进行强化。三是教师可以提供例句帮助学生在语境中体会词汇的含义和用法,例如 There is a general increase of antisocial behavior and a lack of respect to others。

可能有人会问,这样精加工会不会很花费时间,影响教学进度? 这个问题非常有意义。精加工一定比简单教读几遍要花费相对更多的时间,这是毫无疑问的。不过这样做的好处也是显而易见的。我们仍以刚才的"anti-social behavior"为例,像刚才那样进行精加工的好处至少有三个:第一,用这三种方式进行"加工"会在学生大脑中留下更深的"痕迹",有助于学生更好地识记,且不容易遗忘;第二,让学生在对比中理解词性和意义,与以前学过的相关单词建立联系,有助于学生掌握词汇的正确用法,提高语言的综合运用能力;第三,在积累单词的同时,造句加工对提高阅读、写作和语法改错等题型都有帮助。补充追加一些相关词汇除了建立新旧知识的联系,也有助于激活过往学习中的一些学习体验和情感记忆,从而增强对目前生词的学习动力和兴趣。所以,精加工虽然花费时间,但可以很好地提高学习效率。当然,教师不必对所有单词都进行这样的精加工,可以选择重难点词汇进行精加工教学,也可以让学生课后自己进行精加工学习或复习。总之,精加工策略和意义识记的好处是显而易见的,也适用于其他学科和学段,只不过具体做法要灵活调整而已。

　　不过,硬币都有两面。我们不能说意义识记优越于机械识记,就完全否认机械识记的价值。明末清初教育家陆世仪曾说:"凡人有记性,有悟性。自十五以前,物欲未染,知识未开,是多记性,少悟性。自十五以后,知识即开,物欲渐染,则多悟性,少记性。""故人凡有所当读书,皆当自十五以前使之熟读,不但有四书五经,即使天文、地理、史学、算学之类,皆有歌诀,皆须熟读。"①这段话大意就是说人在15岁以前大量进行机械识记还是非常有必要的,早期大量熟读积累的知识可以为后来的意义学习打下基础。

　　我们刚才讨论了意义识记和机械识记的区分,但无论是意义识记还是机械识记,遗忘都是不可避免的,尤其是机械识记。所以精心组织及时、反复的复习巩固非常重要。德国的艾宾浩斯最早研究了遗忘的发展进程。为了避免过去经验产生的意义联想对记忆保持量测定造成干扰,艾宾浩斯采用无意义音节作为记忆材料,采用机械重复的记忆方法对音节进行学习,然后间隔一段时间后测量记忆保留比率,由此得出了一条曲线。从这条曲线

---

① 转引自谈永康:《反思"死记硬背"》,《语文教学通讯》2004年第10期,第45页。

可以看出学习后随着时间的推移,记忆保留比率下降,这种下降就是遗忘,而且从遗忘进程看呈现先快后慢的趋势。后来有一些人重复过艾宾浩斯的研究,得到的结果大体相同。艾宾浩斯的研究对教师的启示就是,教师要及时、反复地组织复习和巩固,如精心设计当堂巩固、每天的家庭作业和定期的阶段性复习。

除了提高认知活动效率外,体验学习之所以成为新时代教育教学改革中关注的一个热点,就是因为传统教育对情绪情感、意志、行为在认识上不重视,或者说存在认识的误区,而实际上这三个维度是"体验学习"至关重要的内容,也是让学习绽放生命光彩的重要部分。

(二)让学习充满快乐体验

从情绪情感维度来说,前面已经指出,人的行为最深层的动机是对快乐的追求和对痛苦的逃避,这一点是符合人的自然本性的。英国哲学家边沁在其代表作《道德与立法的原理绪论》一书中也鲜明地指出:"自然把人类置于两位主公——快乐和痛苦——的主宰之下。只有它们才指示我们应当干什么,决定我们将要干什么。是非标准,因果联系,俱由其定夺。"①既然趋乐避苦是人的自然本性,所以积极的情绪情感体验对激发学生学习动机和热情更有意义,这也是古往今来很多人主张快乐教育的原因所在。

不过,在我国,反对快乐教育思想的主张一直没有停过,诸如"西方的快乐教育是最大的谎言"等声音不绝于耳。清华大学副教授刘瑜的演讲《不确定的年代,教育的价值》被自媒体改为《我的女儿正势不可当地成为一个普通人》后又一次掀起一轮教育大争论。例如"闲时花开"发表的题为《张桂梅 PK 清华副教授:不要站在高楼上,傲慢地指着大山》的文章中说:"她说,我们要松弛下来,要发现孩子的喜爱,要尊重孩子的个性,要引领孩子发现自我,而不是一定要考上名牌大学。而她说,我们必须拼了,要不停地刷题,要死记硬背,要用填鸭式教育逼孩子走出贫困和大山,要考上浙大、

---

① [英]杰瑞米·边沁:《道德与立法的原理绪论》,时殷弘译,商务印书馆 2000 年版,第57页。

武大、厦大和川大。她们，一个是清华大学副教授，一个是华坪女中的老校长。她们，不仅仅是她们，也是撕裂的我们……看新闻说，又有学生自杀了，一定要尊重孩子的健康和心理，马上就检讨自己是不是管得多了。又看新闻说，大学生遍地都是，不读大学工作都找不到，马上就想到自家熊孩子的成绩，又觉得必须狠狠管。"①

实事求是地说，两种观点到底孰是孰非，真的很难下定论。刘瑜老师那段42分钟的演讲大意是想说，当学历和技能成了好工作和高薪酬的象征，所有家长都被一根无形的指挥棒赶到了军事竞赛的跑道上，最终，我们的孩子在一路设计和要求中，考上了大学，却不知道自己热爱什么、要干什么、为了什么，彻头彻尾地成了"空心人"，甚至有的还没有考上大学，就跌落进抑郁、焦虑和自杀的深渊，成为应试教育的牺牲品。所以刘瑜老师强调为人父母，与其逼迫孩子成为一个痛苦的"空心人"，不如让孩子成为一个快乐的普通人，以适合自己的独特方式自在生活，哪怕平凡，哪怕并没有获得世俗所说的成功。实话实说，这些观点本身是很有道理，见解非常深刻的。只不过当她拿自家孩子为例，调侃说"我们家孩子以后就让她开个奶茶店就得了"，再被自媒体放大渲染传播后，就深深击中了无数父母内心的焦虑和迷茫了。很多人批评说刘瑜身为清华大学教师，孩子也拥有无数普通家庭孩子所无法企及的教育资源和发展资源，哪里懂得普通百姓想改变生活所要付出的艰辛和代价。所以，张桂梅校长带领下的华坪女高的另一种教育常态也被很多父母和一线教师奉为座右铭——"必须死磕，必须硬扛，必须压抑自我，必须放弃快乐，必须用不留退路的决绝和果断，向着那个叫高考和大学的龙门，用劲儿一跳，奋力一跃；不能有半点的松弛，不可有半点的怀疑，不许有半点的松懈，不该有半点的偷懒，因为这是唯一改变的机会，也背负着一个家几代人的希望"。看起来这些话显得太极端和偏执，然而谁也不能否认它在一定程度上反映了一部分孩子和家庭改变生存环境的拼搏状

---

① "闲时花开"：《张桂梅PK清华副教授：不要站在高楼上，傲慢地指着大山》，见：https://baijiahao.baidu.com/s? id＝1686339274857548367&wfr＝spider&for＝pc。

态。"他们错过了一场考试,也就弄丢了另一种人生","执念的人,之所以如此偏执,是因为没有更好的路;平和的人,之所以如此淡定,是因为还有其他选择"——这些话,让无数内心纠结和挣扎的父母感慨万千、喟然叹息。

看起来,在这个问题上,我们似乎又遭遇了两难困境,孰是孰非又是"公说公有理,婆说婆有理"。但实际上,两者与快乐教育的理念都并不必然矛盾。在这一点上,刘瑜的演讲自不必说。即便如华坪女高式的高压教学方式,如果学生在艰苦的学习中完全没有成功、快乐的学习体验,如果完全缺失了刘瑜所强调的引导学生自我发现和自我实现的考量,完全靠拼死拼活的死读书,孩子未来也极易变成空心人,很难可持续发展,因此也是不具有推广价值的。需要特别指出的是,我这里只针对网络争论,单就教学理念和方式在进行讨论,并不涉及其他。实际上我目前没有到过张桂梅校长领导下的华坪女高开展实地调查,对其更为具体的教育实践实际上没有评说的发言权,而且,张校长的教育情怀和无私奉献的精神既感动着我,也鞭策我不断自我反思和自我完善。

总之,让学习充满快乐的体验,这是提高学科教学效率的一个基本原则。我们知道斯宾塞的《斯宾塞的快乐教育》是一本半自传式的家庭教育札记,是斯宾塞收养并教育他一个远房兄弟兼好朋友的儿子"小斯宾塞"的一个成果。在这本书里,斯宾塞极力强调和论证快乐教育的重要意义,例如在第四章《对孩子进行快乐教育》里他明确说"孩子在快乐的状态下学习是最有效的"。他还做过一个实验:他带着两群孩子来到德文特河边,告诉其中一群孩子"我一发出口令你们就跑到教堂那里去,那里正在举行婚礼,先跑到的有可能会得到小糖果",而对另一群孩子则告诉他们"你们要尽快跑到教堂那里,越快越好,谁落后我就会惩罚谁";结果第一群孩子先跑到的很多,而且到了以后大多还很兴奋,而第二群孩子有的掉队,有的跑了一半就停下来了,停下来的多了,大家也就不怕惩罚了。最后,斯宾塞总结说,"从这个实验可以看出,一群孩子在开始跑的时候,就把'跑到教堂'这件事当成了一件快乐的事,因此跑起来就轻松得多,而另一群孩子则把'跑到教堂'这件事当做了一个命令,只是被动地去执行,尽管有惩罚的威胁,但仍然作用不大"①。前面第二章提到积极心理学中的实验：让孩子尽可能长时间站着不动时，在扮演一名工厂门卫的游戏情境下孩子坚持的时间更长。斯宾塞的这个实验与此实验是相通的。

因此，在学科教学活动中，教师要在教学设计和实施中致力于营造快乐的学习氛围和体验，这样学生才会更愿意投身其中，学习过程也更轻松有效。后面在教法考量部分会对如何实现这一点进行进一步说明。

（三）培养学生的意志品质

强调快乐教育并不意味着痛苦、焦虑、恐惧等负面情绪就没有教育价值和意义，前面第五章在强调积极情绪的重要意义时也论证了负面情绪的正面价值，这一点在学科知识教学中也不例外。正所谓"天将降大任于斯人也，必先苦其心志，劳其筋骨，饿其体肤"，第二章也指出体验是知情意行的整合，其中意志是有意识地支配、调节行为，通过克服困难，以实现预定目的的心理过程，是人类特有的高层次动机，自制力、坚韧性等意志品质也是一个人成功的重要保障。人的一生中一定会遇到一些问题和困难，尤其是在面临较大压力和难度的任务时，例如，对几乎每一位学生来说，在自己原有基础上实现学习的突破和进步，这是一个充满艰辛和痛苦的过程，但这些艰难困苦恰恰可以培养学生的坚韧性和自制力。另一方面，我们经常说凡事过犹不及，虽然艰难困苦对磨炼学生的意志品质很重要，但是我们不能走极端。

培养学生的意志品质是一个需要谨慎思考的问题。关于这一点，杜威的观点对我们改革今天的教育同样具有积极的启示。杜威说："所谓'意志'，是指向着将来前进的态度，顾到将来可能结果的态度；这种态度包含一种努力，要明白的，周到的，预先看出种种途径的可能结果，能主动的认识某种预料的结果。如以为'心'不过是孤立自存的东西，不过有若干天赋的能力，可以直接用到现有的材料上面去，这样一来，便要把'意志'或'努力'

---

① ［英］赫伯特·斯宾塞：《斯宾塞的快乐教育》，颜真译，海峡文艺出版社 2010 年版，第35—36 页。

视为'勉强'。有了这种错误的见解,便以为一个人对于现有的材料,只有愿不愿意用心的问题,至于材料如何,是无须问的。所用的材料愈是没有关系的东西,愈是对于个人的习惯与趋向漠不相干的东西,愈须使他努力把心用到这种材料上面去——因此更能训练人的意志。"①的确,我们的教育中充斥着这样的观念和实践:以文字、符号为载体的书本知识本来就是抽象、空洞的,很多内容和学生的实际生活本来就不相关联,加上学生要学习的学科知识如此之多,因此学习过程当然是艰苦的;但是越艰苦,越可以训练学生的意志品质。这样的观念在实践中所造成的危害已经有目共睹了。艰苦的应试训练并没有很好地培养起学生对知识的兴趣,反而培养出一些学生对书本、对学习的厌倦甚至憎恨。

近些年来值得关注的撕书现象可以进一步说明这个问题。每年中考、高考完毕,走出考场的一些学生回到学校会用一种特殊的方式——撕书来"庆祝"或者说"发泄",这些学生将自己三年以来积攒的书本、作业等资料撕得粉碎,朝窗户下、校园内一撒而尽。此时的校园已不像校园,像是下了一场大雪,也像一个垃圾场。大家其实都知道这种方式极其不文明,一方面给学校的环卫工人带来很大的麻烦,另一方面撕书对自己几年的"劳动成果"也很不尊重,毕业了,离开母校了,却留下一堆垃圾。这不得不说是学校和教育的悲哀。

学生中考、高考结束以后用撕书的方式来释放积压的负面情绪,这在一定程度上反映了学生对书本的不珍惜甚至厌恶。之所以产生这种现象,很大程度上是因为学习对学生而言成为一个不得不咬牙坚持的、很辛苦很痛苦的一个过程,这种缺乏积极体验的艰苦学习很难培养起学生对知识的内在兴趣,相反却使相当多的学生对书本和学习感到厌倦甚至憎恨,这不得不说是学校教育的悲哀。这种教育培养的部分学生会厌学、不学,或者变成学习和考试的机器,成为缺乏情感意志体验的"空心人",这样的教育无法培养真正具有良好意志品质的人。实际上,在学生充满挑战的艰苦学习中,疲

---

① [美]杜威:《民本主义与教育》,邹恩润译,东方出版社 2013 年版,第 146—147 页。

怠、烦躁、压抑等负面体验在所难免。因此教师更要在教学中设计一些可以调动学生积极体验的活动，以缓解或平衡负面体验和身体过度疲劳所产生的负面影响。有的学生之所以再辛苦也能自觉学习，就是因为总有快乐的积极体验提供强大的内在动力。因此，只有痛苦中伴随着快乐、艰苦后伴随着成功，这种"痛并快乐着"的学习体验过程才最能培养和强化学生的坚韧性和自制力，这样学生的意志品质也才能真正得到最有效的发展。

除了处理快乐和痛苦之间的张力、平衡好二者的关系外，学科知识教学中培养学生的意志品质还要特别注意培养学生对学习的自我规划、管理和调控。前面第二章已经指出意志行动包括准备阶段和执行阶段，前者包括确定目标、制定行动方案等，后者包含调控行为、检查调整方案等。意志是人类特有的高层次动机，就是因为意志充分反映了人类活动的这种目的性和主观能动性，意志的基本内涵就是人自觉地确定目的并根据目的调节支配自身行为，以便实现预定目的的心理过程。

前面提到的道尔顿制如果可以取得深度的实际效果，对培养学生的意志品质就可以产生很好的作用。前文已经指出，道尔顿制的两个基本原则是自由和合作。让学生根据自己的兴趣特点和实际情况自主制定学习目标和计划，通过合同和图表等方式对学习过程进行管理，同时在合作中获得资源、支持、指导及必要的反馈，从而动态调整自己的目标和规划，这样的学习过程有助于培养学生的自觉性，引导学生为自己的学习负责，这种品质是一个人持续发展和进步的重要保障。此外，道尔顿制下的学习方式对学生既充满挑战，又更能激发学生的积极体验。设想有一所实施道尔顿制的高中学校，一个初中成绩一般的 15 岁男孩进入这所重点高中，他面临的第一个挑战是制订合理的学习目标和计划。因为他习惯了传统的班级授课制，之所以成绩一般也是因为自己不具备自我规划的意识和能力，一直是在家长、老师的要求和安排下被动学习。假设这个孩子在教师的引导下制订了切合自己的目标和计划，这个孩子面临的第二个挑战是学习过程中遭遇的各种困难，例如，遇到挫折和打击后还能不能相信自己，能不能冷静反思自身在学习态度、方式上存在的问题，等等。我们继续设想一下：即使面临这些挑战,如果教师、学校、家长足够智慧,能在前述的各个环节提供有效的支持、引导和帮助,那么这个孩子就可能一步一步踏上一条与以前被动、低效学习迥然不同的道路,并一点一点地取得学习上的进步和突破,艰苦努力后取得进步所带来的快乐、喜悦、骄傲、自信等积极体验又会进一步强化学生的意志品质,从而使他获得更多动力去克服下一步可能遇到的困难和挑战。这样的设想在很多人眼里可能太乌托邦,但帕克赫斯特不就是在传统班级授课制大潮中大胆尝试、锐意改革,并最终取得举世瞩目的创造性成就吗?

第二节 基于并超越教科书文本: 教材资源的二次开发

从体验视角下开展学科知识教学改革的实践,首先要在教材建设,尤其是教材的二次开发上狠下功夫。教材建设历来得到党和政府的高度重视,尤其是在改革开放以后。1977 年刚恢复工作的邓小平同志在谈到教育建设问题时就特别强调,"关键是教材。教材要反映出现代科学文化的先进水平,同时要符合我国的实际情况","教材非从中小学抓起不可,教书非教最先进的内容不可"①。此后我国中小学教材建设进入迅速发展、改革和繁荣时期。尤其是和新一轮课程改革相适应,我国的教材建设在进入 21 世纪后步伐有所加快,出台的一系列文件对教材的编写、审定、出版、发行、选用等方面的管理体制改革进行了规范。2001 年,国务院体改办等部门在对中小学教材管理体制进行调研的基础上,制定了《关于降低中小学教材价格深化教材管理体制改革的意见》,并由国务院办公厅转发。此后,经报国务院同意,教育部、国家计委、新闻出版署、国家质量监督检验检疫总局等部门先后印发了《中小学教材编写审定管理暂行办法》《中小学教材价格管理办法》《关于中小学教材印张中准价等有关事项的通知》《中小学教辅材料管理办法》《关于〈中小学教辅材料管理办法〉的实施意见》《关于推广使用中

---

① 《邓小平文选》第二卷,人民出版社 1994 年版,第 55、69 页。

小学经济适用型教材的意见》《关于对全国部分贫困地区农村中小学生试行免费提供教科书的意见》《中小学教科书幅面尺寸及版面通用标准》《中小学教科书用纸、印制质量和检验方法》《中小学教材出版招标投标试点实施办法》《中小学教材发行招标投标试点实施办法》等配套的若干文件。2017年7月3日,国务院办公厅下发了关于成立国家教材委员会的通知(国办发〔2017〕61号),其主要职责是"指导和统筹全国教材工作,贯彻党和国家关于教材工作的重大方针政策,研究审议教材建设规划和年度工作计划,研究解决教材建设中的重大问题,指导、组织、协调各地区各部门有关教材工作,审查国家课程设置和课程标准制定,审查意识形态属性较强的国家规划教材"。

可以说,目前教材建设在管理体制和机构建设方面已经建立起一个比较规范的制度平台。不过,这并不意味着教材的质量和使用达到了比较完善的程度。如何顺应时代发展的要求,如何利用基本教育工具的功能贯彻落实教育规划纲要的精神,使中小学教材能够在编写理念和实践操作上更加完善,是教材建设面临的重要课题,这需要教育理论工作者和实践工作者共同努力。改革开放四十多年来,传统纸质教材一统天下的局面已经被打破,基于现代信息技术的立体化教材蓬勃发展。目前,教材已经包括学生用书、教师用书、电子教材、网络教材、挂图和图片、地图或图册、多媒体教学辅助软件等系列教学资源,一个可供不同地区和学校根据自身条件选择的系列化、立体化教材体系正在形成。因此,对一线教师而言,如何对教材进行二次开发就显得至关重要。

教材使用作为教材建设的重要环节,直接影响着教材功能的实现。面对不同地区的不同学生,一个统一、静态的教材文本经过不同的二次开发和教学实践,其产生的教育效果是千差万别的。理性主义认识论所导致的教育教学脱离学生的生活实际和生命体验,以及这种空心化教育对人的精神和心灵的漠视,已经是有目共睹的教育实践的弊端。"为了使教育走出困境,在理论上顺应中西文化和哲学发展的趋势,在实践上追求更符合生活逻辑和人性发展的本真的教育,我们必须认识到教育不能再局限于认识论和知识论的层次上,而要进入生存论和价值论层面,因此必须关注和凸显'体验'。"①我国从 20 世纪 90 年代中期开始,尤其在世纪之交展开新一轮课程改革的浪潮以后,注重体验学习和体验教学已经成为共识,在这一视域下的学科知识教学不再是纯粹的文字符号的理论学习活动,而是强调学生在学习中产生积极的情绪情感体验并培养主动学习、自我规划及坚持、坚韧的意志品质,强调与客观的、现实的、丰富的社会生活世界发生本质联系。这样的学习不但学科知识掌握更有效率,而且对学生本人和整个社会的可持续发展更有意义。教材二次开发作为学科知识教学实践活动中的重要环节,也需要在体验教育这一视域下进行审慎的考量。

一、对教科书文本资源进行合理开发

教材二次开发过程中首先面临的一个重要工作是教学内容的厘定及其资源的开发。狭义的教材专指师生统一使用的教科书,但广义的教材则除了教科书,还包括练习册、数字化资源以及教师自己研发的各种辅助资源。教师要从体验教育视域出发,首先根据课程标准并结合学生实际情况合理厘定教学目标和任务并确定重难点,进而合理选择和运用教科书的文本资源;其次根据需要灵活选择或自主研发教科书以外对教学有所助益的辅助资源,并在实际教学过程中根据情况灵活调整,实现教材的动态二次开发。

教科书是由各地区在国家审查合格的教材中根据本地区实际情况统一选定的,也称学生用书。这种狭义的教材是依据课程标准编制、系统反映学科内容的教学用书,是课程标准的具体化。中小学教科书是学校教育和教师教学的重要依据和主要材料,是学生学习最重要的载体,关系亿万名中小学生的学习与发展。"教材是一种极其特殊的文本,教材是国家意志、文化传统和学科发展水平的集中体现,是实现培养目标的基本手段,是教学、考试的重要依据。尤其重要的是,在我国,教材是几亿师生的精读文本,是读

---

① 李霞、李宁辉:《体验,教育的转向》,《兰州大学学报(社会科学版)》2008 年第 2 期,第 149 页。

者最多、最被读者看重、对读者影响最深远的文本。没有任何一种文本如此旗帜鲜明地要以改造他人的内心世界(特别是世界观、价值观、人生观)为己任。在一定程度上可以说,有什么样的教科书,就会有什么样的年轻一代,也就会有什么样的国家和未来。"①

不过,今天仍有相当一部分教师停留在"教教材"这一初级"搬运工"阶段,学生的学习变成抽象符号的记忆、思维,从而脱离了个体生活实践和生命体验。这种试图直接把文本形式的教材知识"硬塞进"学生脑子里的做法是导致目前教学效率不高的一个重要原因,而且学生很难从这样的教学中体验到乐趣,因此难以培养终身学习和可持续性发展的核心素养,难以满足当今社会发展对创新创造性人才的需求。新课程改革背景下的教材观强调,教师在课堂上不能简单地传递、灌输教科书上的知识,而需要结合实际情况对教材进行创造性的加工和使用,其间可能涉及教材内容的调整、教学资源的整合,因此中小学教材的二次开发在教育教学实践过程中至关重要。教材的"二次开发"主要是指"教师和学生在实施课程过程中,依据课程标准对既定的教材内容进行适度增删、调整和加工,合理选用和开发其他教学材料,从而使之更好地适应具体的教育教学情景和学生的学习需求"②。面对不同时间、空间条件下的不同学生,一个统一、静态的教材文本本身经过不同的二次开发,其产生的教育效果是千差万别的。不过,教材二次开发在实践中并不容易,教师即使具备了教育责任感和进取心而愿意致力于摆脱"教教材"这一初级"搬运工"阶段,也需要在教材二次开发的理论研究和实践探索中付出艰苦的努力。

教材二次开发和其他教育实践活动环节一样,在不同的教育思想理念指导下,会产生截然不同的教育实践成效。我们在前面已经指出,"体验"不但在中国传统文化和教育实践中,而且在西方近现代非理性主义哲学革

---

① 石鸥、张文:《改革开放 40 年我国中小学教材建设的成就、问题与应对》,《课程·教材·教法》2018 年第 2 期,第 18 页。

② 俞红珍:《教材的"二次开发"涵义与本质》,《课程·教材·教法》2005 年第 12 期,第 9 页。

命和教育改革中,都是一个重要的指导性理念。体验学习实质上是一种自主学习,"自主学习不仅需要学生自身对其认知、情感、动机、行为和环境等因素进行自我监控与调适,更需要外部环境的创设及学习条件和策略的提供与支持"①。教材二次开发和其他教育环节一样,要为学生进行自主学习和体验并从中获得发展提供条件和支持,其首要环节就是教师要把"教材"转变为适合学生的"学材"。

有研究者对美、日、俄等九国和我国人民教育出版社版高中数学教材进行了对比研究,指出九个发达国家的数学教材呈现出"学材特征凸显"的特征,因此"建议中国高中数学教材人教版进一步完善教材体例设计,改善呈现方式","即使在不改变教材内容(绝对)深度的前提下,也可以进一步提高教材内容的可读性,进一步凸显学材特征,更应强调激发学生数学学习兴趣,保护数学学习的自信心,同时体现学法指导的潜在价值"。② 对人民教育出版社版高中数学教材和外国教材的这一项对比研究对我国各阶段和各学科教材的编写具有普遍的启示借鉴价值。不过,21 世纪初开始的新一轮课程改革发展至今,中小学教材实际上已经在一定程度上增加了体验性的内容资源,只不过文本化教材的知识抽象概括程度仍然较高,需要教师在教材资源的利用开发和教法优化设计方面探索如何使静态的文本教材知识"活化"成学生的个人知识,即从"教教材"转向"用教材"促进学生的体验学习。此外,在"教材"向"学材"转化的过程中,一线教师开展卓有成效的教材二次开发,不但可以弥补现有教材的不足,同样还可以为将来的教材修订和重新编写提供宝贵的经验。

对教科书文本资源进行开发,首先要根据课程标准厘定教学目标和任务,包括确定好重难点。2001 年教育部颁发的《基础教育课程改革纲要(试行)》指出,"国家课程标准是教材编写、教学、评估和考试命题的依据,是国

---

① 李子建、邱德峰:《学生自主学习:教学条件与策略》,《全球教育展望》2017 年第 1 期,第 47 页。

② 史宁中等:《十国高中数学教材的若干比较研究及启示》,《外国教育研究》2015 年第 10 期,第 114 页。

家管理和评价课程的基础";同年国务院发布《关于基础教育改革与发展的决定》,明确指出"教材编写核准、教材审查实行国务院教育行政部门和省级教育行政部门两级管理,实行国家基本要求指导下的教材多样化";同年教育部还颁布了《中小学教材编写审定管理暂行办法》,对"教材的审定"的机构设置、教材审定原则、送交审定的教材须具备的条件、审查结论、对通过审定的教材的选用与评价等做了详细的规定。可见,尽管现在已经一改以往统编教材的做法而实行教材多样化,但教科书一般都是以课程标准为依据进行编写,其选用也都经过了严格审定。不过,这并不意味着教科书文本在体现课程标准这一点上就做得很完美很科学,"课程标准是教材编写的依据,然而在课程标准转化为教材的过程中,难免会有失真的情况出现",此外"尽管教材编写者在教材编制过程会尽量考虑学生学习的特点和需要,但当教材发到每个学生的手中之时,并不能总是完全满足每个学生的需要"。① 因此,一线教师需深入研究课程标准,并以此为依据对教科书进行二次审查和把关,一方面为后期开展教材修订甚至重新编写新的教材提供来自一线的经验和智慧;另一方面充分发挥个人智慧,以课程标准为依据,并结合学生的实际情况确定教学目标、任务及重难点。

　　根据课程标准确定好教学目标和重难点后,还要合理选择教科书上的文本资源,即为了实现确定好的教学目标,完成教学任务尤其是重难点的突破,教师应如何选择和组织教科书提供的各种文本资源,因为某一个教学知识点可能会有不同的文本资源可供教师选择,包括图片、故事、案例、习题等。例如,人民教育出版社版义务教育教科书英语八年级下册第五单元的学习内容是过去进行时这一基本时态,教科书上 Section A 即第一部分就先后提供了一组图片、匹配练习、听力练习,包括(1)讨论练习、听力练习;(2)复述故事、角色对话练习、短文阅读及配套练习、语法要点总结、三则语法练习。Section B 即第二部分则以难度和灵活度相对更大的拓展训练为主,并

---

　　① 沈健美、林正范:《教师基于课程标准和学生需要的"教材二次开发"》,《课程·教材·教法》2012 年第 9 期,第 12 页。

包含了一篇长度和难度更大的阅读文章。面对如此丰富的文本资源,教师需要在教学目标的指导下,以完成基本任务和重难点为导向,结合学生的实际情况灵活选择文本资源,例如,对优秀学生可以覆盖全部或大部分文本资源进行快节奏教学,但对英语基础落后的学生,可能就需要减少容量,精选资源进行精细教学。因此,对教科书文本资源进行合理选择和优化整合以便达到更好的教学效果,是值得深入研究的一个问题,这是教材二次开发中很重要的环节,需要认真分析学生的实际情况、教学过程的不同阶段以及如何对资源进行整合以便提高教学效率。这样的教学才是符合体验教学理念,也才是最能推动学生走上自主学习和发展的道路的。

此外,为了促使最优化体验的实现,在教学之初教师一般情况下宜以生活化的感性材料为主,之后再进行知识要点的总结和概括,这符合人的认识是由感性认识到理性认识的这个过程,最后在设计课后作业时也可以充分利用教科书上与生活应用相关的一些训练项目资源。然而,实际问题是,相当一部分一线教师在教学过程中仍然沿袭传统方式,注重知识点的讲解和灌输,文本中本来蕴含的和生活实践相联系的资源,也往往因为教师不愿耽搁时间而常常被忽略。

二、超越教科书文本动态研发教学资源

既然教科书很难完全符合课程标准的要求,而且各个地区的学生又千差万别,那么教科书的文本资源再丰富也很难完全适应不同地区不同学生的不同情况。因此教师在课前准备阶段就有必要根据实际情况和需要开发辅助教学资源,包括和教学主题相关的视频、歌曲、图片、模型、实物、故事、案例等以及数字化资源的教学材料。当然,在准备这些辅助资源的时候,要审慎考虑其所产生的效益和时间成本的关系,以提高资源的利用效率。例如,八年级地理中"长江"这一主题,教师就可以考虑提前准备《长江之歌》的视频资源作为课堂导入,用视听通道的感染和冲击调动课堂氛围,还可以自绘包括长江干流流经区域、几大支流等信息的草图供教学和巩固练习使用。如果教师能在工作中结合教学需要寻找现有可利用的一切辅助资源,

甚至自己动手创造有利于提高学生体验学习效率的教学资源，这样的工作就真正能使教师体验到创造的乐趣，成就精彩的职业生涯。

2014 年，四川温江的地理老师罗春把地理教学和《小苹果》这首歌曲的曲调结合在一起，自己填词自己演唱制成一段地理教学视频，歌词内容涵盖了中国各个省份及其位置，视频画面则配合歌词不但有颜色标识的地图，还有各地标志性风光等。上课时学生听到小苹果熟悉的旋律开始还以为老师要让他们唱歌，后来才发现这是经过改编的。这种新奇的方式很受学生的欢迎和喜爱，后来被传到网上后各大报刊和网络竞相转载，引起很大的反响。这个"别人家的地理老师"被众多网友慕名点赞，视频也被很多教师作为教学资源而使用。据中国新闻四川在线 2014 年 9 月 22 日一篇题为《从〈小苹果〉到〈大中国〉》　成都地理老师编歌教学走红网络》①的采访报道，罗春老师改编这首歌曲来自同行的点子，在一个全国地理老师群里一位台湾老师上传了把知识点融进《爸爸去哪儿》这首歌，于是触发了罗春老师的灵感，恰巧当时正在听《小苹果》这首歌，哼唱几句后觉得行，于是后来利用中秋假期花了 2 小时填上歌词原版，回到学校后又找到语文老师请教歌词韵律，在原版的基础上做了一些修改，家里的录音设备录出来效果不太好，于是又花了 300 元找专业录音棚录制而成。

可能有的老师会觉得罗春老师的这种资源开发太麻烦了，但是，为了增强学生的积极体验，提高他们的学习兴趣，教师除了利用现成可利用的教学资源外，这样创造性地研发各种资源，实际上自己也会从中体验到创造的乐趣，让本来平凡的教学工作增加一分乐趣甚至精彩，而且也让教学更有效率。当然，教学资源的开发可繁可简，只要有效即可。我以前在中学教高中英语的时候，教材上有一篇文章"the united kingdom"是介绍英国地图的，我当时依据教材插图自己另外绘制了一张大的挂图，按照课文信息对相应地名做了标注，提前让学生预习课文，并告知课堂上会请人扮演导游，结合挂

---

① 中国新闻四川在线：《从〈小苹果〉到〈大中国〉　成都地理老师编歌教学走红网络》，见 http://news.cntv.cn/2014/09/22/ARTI1411351399901331.shtml。

图用英语进行介绍,结果学生课前预习很积极,课堂上也争着上讲台展示,我在中间穿插着对一些重要句型和短语进行了讲解。我印象中这堂课效果大大好于平常。

除了传统的教学资源形态外,数字化资源目前应用越来越广泛,也需要教师投入更多精力去研究和开发,这是推进教育现代化的一个必然方向。2010 年 7 月发布的《国家中长期教育改革和发展规划纲要(2010—2020年)》序言明确提出"优先发展教育、提高教育现代化水平,对实现全面建设小康社会奋斗目标、建设富强民主文明和谐的社会主义现代化国家具有决定性意义","到 2020 年基本建成覆盖城乡各级各类学校的教育信息化体系,促进教育内容、教学手段和方法现代化"。实际上我国从进入 21 世纪以后就开始全面启动教育信息现代化的发展进程,初期主要是高等教育领域的数字化教材建设,基础教育则更多地推广电子书包。从 2011 年开始,微课、慕课、云课程、"互联网+课程"等概念在短短数年之内相继涌现并在实践中迅速普及。

不过,从目前发展的情况来看,高等教育领域的教育信息化建设相对快于基础教育,教育信息化在基础教育的发展还基本停留在使用多媒体等技术设施,而非教材和课程资源建设。已有的数字化教材和数字化课程资源虽然总体上日益丰富,但其教育质量还有待大力提高,核心问题是过于关注技术而忽视"人"的互动体验。例如,2018 年有学者研究后在《数字化课程40 年发展评析》一文中指出:"在微课、慕课出现之前,人们对数字化课程持一种谨慎好评的态度;而在此之后,人们对数字化课程的看法在好、坏两个方向上都更加极端,评价显得模糊。上述问题皆源于我们关注技术胜过关注'人',导致宏观研究未能结合实践,微观研究也未形成体系。"[1]

很多国家在教育信息化发展方面已超越了基础设施和设备建设阶段,在数字化教材的开发和使用方面进行了更为深入的探索。例如,美国"21

---

[1] 周序、黄路遥:《数字化课程 40 年发展评析》,《课程·教材·教法》2018 年第 10 期,第 51 页。

世纪技能合作组织"在 21 世纪初制订的《21 世纪技能框架》中提出,为了满足 21 世纪人才要求,学生需具备适应信息高速发展变化的能力,因此学校的教学体系要发生根本变化。随后美国研发了一套由专业教材编写团队开发、在北美和欧洲适用范围广泛、荣获国际软件和信息产业协会颁发的最佳电子教材奖的"发现教育"数字化教材(Discovery Education Techbook,以下简称为"DE 教材")。DE 教材将信息技术与教学内容相结合,开发人员以专家型中小学教师和有教育背景的信息技术工程师为主,实现教材从"textbook"到"techbook"的转变。DE 教材涵盖小学至高中 12 年的教学内容,服务于超过 50 个国家的近五百万教育工作者和五千万学生,美国一半的中小学课程和英国一半的小学课程均使用该教材。国内有学者对"发现教育"数字化数学教材进行研究后指出:"该教材围绕美国州共同核心课程标准理念编写,倡导学生与教材间的互动体验,注重形成性评价和数据反馈指导,关心学生个体学习差异,关注数学知识和实际生活、其他学科的关联性,提倡课程编排突出核心概念和概念连续性,重视学生在问题解决过程中的参与度。"①可见,这套教材的编写和使用都特别注重促进学生的体验学习。我国应该在借鉴他国经验的基础上,结合我国实际情况加快数字化教材资源的开发。一线教师也要学习选择和使用日益丰富的数字化教材资源,整合到自己的教学设计和教学实施过程中去,有条件的老师还可以根据学校和学生的实际情况自主研发数字化教材资源。同时要特别注意,无论是数字化教材的编写,还是一线教师的选择使用或自主研发,都要以体验教学为指导思想进行认真考量。

此外,教材二次开发在形成物化的教学资源文本后,还要注意在教学过程中根据实际情况进行动态调整和现场开发,这一过程应该由教师和学生共同完成,并成为对师生双方而言都富有意义的生命体验过程。教师可以根据情况临时选择新的资源,包括教师在变化的教学情境中受到激发从自

① 周九诗、鲍建生:《美国"发现教育"数字化数学教材编写特点与启示》,《课程·教材·教法》2018 年第 2 期,第 134 页。

己知识经验储备中临时选用的资源,也包括教师在当下时空中就地取材的现场资源,还包括教学互动中生成的事件和情境资源。例如,数学课上学生在黑板上针对某道题给出的错误解法如果很典型和普遍,教师就可以以此为"靶子"带领学生进行"诊断",让学生在亲自探索和矫正的过程中得到充分的理解和体验。此外,教师还应鼓励学生在课堂上积极主动地思考和分享,用自己的生活经验和智慧丰富课堂教学资源,并从中获得有意义的体验和发展。因此这一动态开发实际上也是促进学生体验学习的过程,这一"从教学的过程文本到学生的体验文本的转换"实际上也是"学生作为学习的主体通过互动和交流对知识实现接收、重组和内化的过程",因此"学生在'教材二次开发'过程中也起着重要作用,学生对教材知识内容的理解、探究和体验都是'教材二次开发'的重要组成部分"。①

第三节 方法和过程的优化:体验教学改革的实践策略

教学改革要实现从认知到体验的转向,最终要落实在教学方法和过程中,从而把静态教材文本资源转化为助推学生全面发展的"生命能源",因此教师不能"仅仅盯着教材"不及其余,而应围绕与教材使用和体验学习相关的要素进行教法和过程优化。归纳起来,课堂教学除了要从直观教学、活动教学、隐喻教学几个方面加强具身体验教学外,还要注意优化学生的身体时空体验,课外则要注意从家庭作业、综合实践活动两个方面加强体验教学的策略探索。

一、课堂教学要促进学生的具身体验

本章第一节对道尔顿制及其体验教学意蕴进行了说明和强调,但我国

---

① 沈健美、林正范:《教师基于课程标准和学生需要的"教材二次开发"》,《课程·教材·教法》2012年第9期,第13页。

目前到今后很长一段历史时期,班级授课制或者说课堂教学模式,仍将是占主流的一种教学模式,课堂教学也是中小学学科知识教学的中心环节。而且,课堂教学并非必然地和体验教学相冲突,只不过传统的课堂教学因为身心分离和符号认知主义的宰制而背离了体验教学这一理念而已。20世纪末兴起的具身认知理论对推动体验教育的实践变革意义重大,但已有研究更多停留在从认知科学范畴构建"新话语",而没有扎根教育理论和实践的传统根基和现实土壤进行"教育何为"的探索,因此实践成效并不大。在体验这一视角下对课堂教学的方法和过程进行优化,就需要重视身心融合、知情意行整合。

(一)加强三种具身体验教学

1. 直观教学

直观教学是教学论中古老而经典的一个教学原则。一般来说,直观教学是"以感知为主,通过学生利用各种感官直接感知客观事物或现象获得知识","使概念的形成过程有事实、实物和形象作为基础"。① 概而言之,直观教学强调学生获得概念和原理的过程要有直观形象作为基础,这与具身认知和体验学习的思想主旨是一致的。夸美纽斯在《大教学论》中也对直观教学做过非常深入的论证,将其作为"教与学的便易性原则"进行明确强调。在其遵循自然法则进行教学的思想下,夸美纽斯提出"要使教育来得容易而且快意",需要遵循种种原则,其中就包括了"从容易的进到较难的"和"每件事情都通过感官去教授"。

怎样的顺序是遵循了"从容易的进到较难的"? 夸美纽斯说:"(其一,)假如教材能这样排列,使学生先知道最靠近他们的心眼的事物,然后去知道不太靠近的,随后去知道相隔较远的,最后才去知道隔得最远的。所以,孩子们头一次学习什么东西(如同逻辑或修辞学),所用的解释不应该从学生不能领会的学科,如神学、政治学或诗学之类去采取,而应该从日常生活中

---

① 俞子恩:《自然主义教育时期直观教学思想的内在逻辑及其理论意义》,《延边大学学报(社会科学版)》2018年第1期,第126页。

去取用。否则孩子们是既不会懂得规则,也不会懂得规则的运用的。(其二,)假如能使孩子们先运用他们的感官(因为这最容易),然后运用记忆,随后再运用理解,最后才运用判断,这样才会次第井然;因为一切知识都是从感官的感知开始的;然后才由想象的媒介进入记忆的领域;随后才由具体事物的探讨对普遍生出理解;最后才有对于业已领会的事实的判断。这样,我们的知识才能牢实地确定。"①

可见,夸美纽斯特别强调教学应该由易到难,而从运用感官开始进行教学,则是容易的。夸美纽斯在多处都强调过运用感官进行直观的教学,他说:"教导应该尽可能通过感官去进行,使它能费较少的劳力被记住。比如听觉应该永远和视觉结合在一起,舌头应该和手臂联合训练。所教的学科不仅应该用口教,这只能顾到耳朵,同时也应该用图画去阐明,利用眼睛的帮助去发展想象。此外,学生应该学会用他们的嘴去说话,同时用手去表示他们所说的话,所以,在学过的东西没有彻底印在眼睛、耳朵、悟性和记忆里面以前,任何新课都不能进行。"②

夸美纽斯在《大教学论》一书中还有专门的一章论述"科学教学法",同样反复强调运用感官进行直观教学的重要性。尽管本书前面已经引述了较多《大教学论》,但为了完整清楚地说明直观教学的重要性,在这里仍然引用该书的一段论述(只要能让读者真正领会、认真践行并从中有所进步和收获,冗长的引用也是有价值的):

> 所以凡是放到青年人的智力跟前的事物必须是些真实的事物,不是事物的影子。我要重复一句,就是它们必须是"事物",所谓"事物",我的意思是指一定的、真实的、有用的,能够在感官与想象上面印上印象的东西。但是它们只有相离很近时方才能生出这种印象。
>
> 我们由此可以为教师们找出一条金科玉律。在可能的范围以内,一切事物都应该尽量地放到感官跟前。……

① 〔捷〕夸美纽斯:《大教学论》,傅任敢译,教育科学出版社 2014 年版,第 87 页。
② 〔捷〕夸美纽斯:《大教学论》,傅任敢译,教育科学出版社 2014 年版,第 91 页。

关于这一点，我们有三个有力的理由。第一，知识的开端永远必须来自感官（因为悟性所有的都是先从感官得来的，没有别的）。所以，智慧的开端当然不仅在于学习事物的名目，而在于真正知觉事物的本身！要到事物被感官领会到了的时候，文字才可实现它的功用，给它以进一步的解释。

第二，科学的真实性与准确性依靠感官的证明多于其他一切。因为事物自己直接印在感官上面，而印在悟性上面则是间接的，是通过感官的。有一件事实可以证明这一点，就是从感觉得来的知识，我们立刻就相信，而先验的推理和别人的指证则总要诉之于感觉。……科学愈是依赖感官知觉，科学的可靠性就愈成比例地增多。所以，假如我们想使我们的学生对事物获得一种真正和可靠的知识，我们就必须格外当心，务使一切事物都通过实际观察与感官知觉去学得。

第三，感官既是记忆的最可信托的仆役，所以，假如这种感官知觉的方法能被普遍采用，它就可以使知识一经获得之后，永远得以记住。比如，假如我尝过一次糖，看见过一只骆驼，听见夜莺唱过歌，或者到过罗马，每回都用心地把事实印在我的记忆中，那些事情便会是鲜明的、永存的。……事实上凡是看见过一次犀牛（哪怕看见的是图画），或者目击过某件事变的人，就能够向自己把那动物描绘出来，把那件事故记住在记忆里面，较之听别人形容过六百次都要容易得多。……同样，一个人如果看见过一次人体解剖，较之读完了最详尽的解剖学，可是实际从来没有看见过解剖，对于人体各部分的关系一定知道并记得准确得多。……假如事物的本身不能得到，便可以利用它们的模型图像，制造范本或模型，以供教学之用。……比如，假如采用下述的计划，利用目击的演示，人体就可以得到很好的解释。应当找一副骨骼（大学里面通常所藏的也可以，木制的也可以），这副骨架上面应当有肌肉、肌腱、神经、静脉、动脉以及肠、肺、心、横膈膜和肝。这些东西应当用皮革做成，里面塞满羊毛，大小应当正确，应当放在正确的位置上，在每个器官上面应当写上它的名称和功用。假如你把学医的学生领到这副制作跟前,把每一部分向他分别加以解释,他就可以毫不吃力地领会一切详情细节了,从此以后,他就会懂得他的自身的结构了。每一个知识部分都应当有类似的制作(即原物不能得到的事物的形象),应当保存在学校里面,以便随时取用。要得到这种种模型,自然必须花钱费力,但是结果大可以抵偿所费的气力。①

归纳起来说,夸美纽斯的直观教学原则包含了两个内容。首先,尽量用真实事物进行教学,即强调直接经验比间接的书本知识更重要。其次,在难以提供真实事物的情况下,也要尽量制作模型和其他直观教具进行教学。

当然,直接经验和间接经验到底孰轻孰重本就是一个难以达成共识的问题,在"知识爆炸"的当今社会,书本知识也确乎是重要的学习途径。但毫无疑问,仅从书本获得间接经验和知识,而缺少直接经验作为基础,从学习的效率和结果来看的确存在很大的问题,而今天的学校教育恰恰存在这一严重的弊端。夸美纽斯的《大教学论》成书于17世纪,但其提出的直观性原则在今天反倒更具时代性的意义。因为书本知识越是快速增长,人类越容易忽视直接经验的基础性地位,这正是杜威所指出的学校教育存在的"危险"所在,也是今天的学校教育存在的实际问题所在。体验教育正是基于学校教育存在的这一问题而提出来的。真实事物、模型和其他直观教具有助于学生激活与身体感受和情绪体验相联系的生活经验,因此记忆往往更深刻和牢固。

直观教学似乎在幼儿园和小学阶段尤为重要,如皮亚杰就指出儿童要从12岁左右开始进入形式运算阶段才能对符号进行抽象逻辑思维,在此之前的感知运动、前运算和具体运算阶段主要通过感知身体动作或借助具体事物表象进行学习。小学生大体对应于具体运算阶段,虽然可以运用符号对具体真实的事物进行有逻辑的思维活动,分类和理解概念的能力也有明显提高,但儿童通常仍需借助具体事物或形象模拟及动作直观才能更好地完成,对那些不存在的事物或从没发生过的事情也不能很好地进行逻辑思

① [捷]夸美纽斯:《大教学论》,傅任敢译,教育科学出版社2014年版,第125—126页。

维。因此小学课堂教学一般都要求提供大量直观的教具甚至真实的事物帮助学生更好地理解、记忆和运用。

以小学英语教学为例,情境匹配和直观性原则是小学英语课堂教学很重要的一个原则,也是大部分小学英语教学法教材所特别强调的。"儿童的思维特点具有极强的'具象性',根据这一特点,在英语教学中应利用直观、形象的手段来创设情境……儿童在教师语言的支配下,置身于特定的情境中,利用直观使抽象的知识具体化、形象化,有助于学生感性知识的形成,激发学生的学习情绪和学习兴趣,使学习活动成为学生主动的、自觉的活动。……因此,实物、图片、简笔画、幻灯等直观手段应在小学英语教学中经常使用。"①词汇教学是小学英语教学的一个重点,这里列举词汇的几种直观手段进行说明:

词汇的直观教具的选用有以下三方面。

1. 实物直观。运用实物直观呈现语言项目就要求教师注意就地取材,利用教室的环境,以及提前准备物品。

活动示例:

活动目的:听懂 open,take out 两个动词,复习 pen,pencil,pencil-box,book,ruler,schoolbag,two books。

活动准备:准备实物 pen,pencil,pencil-box,book,ruler

活动步骤:

(1)教师出示事先准备好的实物 pen,pencil,pencil-box,ruler,schoolbag,book,同时问问题,学生回答:

T:What's this?

S:It's a book.

(2)教师把所有实物装进包里,边装边大声说出物体的名称。

(3)教师用形体动作和实物演示,用打开包(Open the bag.),拿出

---

① 王电建、赖红玲编著:《小学英语教学法(第三版)》,北京大学出版社 2014 年版,第 17 页。

一本书(Take out a book.)做示范,边做动作边大声发出口令,速度应稍慢:

T:Hello,everybody,listen to me and mime the actions.Watch me and I will show you how to do it.Let's go!

(后略)

(4)教师再示范,学生重复一遍。

(5)教师发出指令,学生做:

T:Hello,everybody,listen to me and mime the actions.Ready?

Open your schoolbag.

Take out a ruler.

(后略)

(6)重做步骤(5)变换句子的顺序。

(7)两人一组做 pair work。

(8)其他操练。

2. 形象直观。主要指运用模型、图片、卡片、简笔画、电教设备等模拟实物的形象来呈现语言项目。

活动示例:

活动名称:Assembly Line Monster(装配线上的怪物)

活动目的:复习表示身体部位的单词,口语问句练习。

活动过程:

(1)老师解释活动活动规则,说明要每人画出一个 monster(怪兽)。

(2)学生两人一组,每人准备好纸和笔。

(3)老师让每组的一个同学问对方下列问题,被问的同学边回答边在纸上画出问题的答案。

How many heads (feet,arms……)does it have?

It is big/tall……?

Does it have a round head,a big head,a beard?

（4）一个同学问完后，反过来问对方同学，被问的同学边回答边画画。

（5）全部同学完成后，老师请同学问，老师边回答边画画。

（6）老师画完后，完整地描述一遍自己所画的 monster（怪兽）。

（7）让同学两人一组互相描述自己所画的 monster（怪兽）。

活动建议：活动结束后，老师可以要求学生回家给所画的 monster（怪兽）涂色，然后挂在教室的学习板上或墙上。

3. 言语动作直观。主要指教师运用听、说、唱、做、演、画的才能，通过生动的语言，良好的表情，形象化的动作，吸引学生注意力，并把学生带入活动中，识记语言项目。①

在上述"实物直观"和"形象直观"所举的"活动示例"中，实际上已经包含了"言语动作直观"。此外，用简易手指操来学习或复习 1—10 的英语阿拉伯数字、用表情和动作来学习 mile\surprise\sleep\breathe\swim\fly\telephone 这类词汇，都可以很好地运用言语动作直观这一手段来提高教学效率。

当然，直观教学原则不仅仅用于英语学科，各个学科都应该结合该学科的特点来进行直观教学，如语文课的某些内容可以结合简笔画来教学，数学课的几何部分可以就地取材或提前准备实物辅助教学等。直观教学原则同样不仅仅用于小学学段，初高中甚至大学都可适当运用直观手段。因为即使人在 11 岁以后以符号为主的抽象思维开始发展起来，但并不意味着形象直观思维就可以"退出历史舞台"，或者说，尽管中学生的抽象逻辑思维开始发展，直观教学也依然是有意义的。实际上两种思维缺一不可。只是人类总有一种惯常的思维模式，认为"后来的"总优于"前面的"，感觉是运用感官获得的感性认识，也是一种初级的认识活动，随着人类心理的发展，之后想象、思维等发展起来，于是感觉这一初级的认识活动渐渐被很多人所忽

---

① 王电建、赖红玲编著：《小学英语教学法（第三版）》，北京大学出版社 2014 年版，第 80 页。

视,学校教育尤其是高学段的教育,往往一味地强调抽象思维的发展,记忆方面也多重视语言文字符号的记忆,而事件记忆、动作记忆等依赖于感官的部分却被忘却了。这也是学校教育往往令人感觉枯燥乏味、负担很重的重要原因。

实际上,即使成人有时也要运用表象和动作进行思维,而且如果全靠文字、符号进行抽象逻辑思维的持续学习,大脑也会因不堪重负而降低思维效率。现代脑科学研究表明,人的左半脑负责语言、计算、抽象、逻辑等思维,右半脑负责表象、直观、音乐、空间知觉等思维,两半球互相配合和补偿,大脑才能高效工作。目前中学生大部分时间是由左脑在学习,因此多多挖掘与身体感知相关的直观教学资源对中学生而言有助于大脑的"减负增效"。

2. 活动教学

从近现代来看,活动教学的理念和模式是在批判以灌输、背诵等被动接受为特征的旧教育的过程中发展起来的。这一思想萌发于文艺复兴时期,维多利诺、拉伯雷、蒙田等一批人文主义教育家就极力主张让儿童通过观察、考察、游戏和劳动等活动来进行学习。之后,卢梭、裴斯泰洛齐等对活动教学进行了发展,但真正给活动教学思想发展以极大推动的是当代活动教育的集大成者杜威。杜威教育思想产生之时正值赫尔巴特传统学派在美国鼎盛,但其弊端也越来越凸显的时候。杜威系统提出并实践了以"做中学"(learning by doing)为核心的实用主义教育思想。"他认为教育应以儿童及其活动为起点、目的、中心,学校教育的作用就是传递、交流和发展经验,个体要获得真知,就必须在活动中主动去体验、尝试、改造。"[①]在我国,陶行知先生的"生活教育"和陈鹤琴先生的"活教育"也是强调和实践活动教学的典范。

此外,值得特别指出的是,瑞士心理学家皮亚杰创立的发生认识论深刻

① 田慧生:《关于活动教学几个理论问题的认识》,《教育研究》1998 年第 4 期,第46 页。

揭示了活动在儿童认识发展中的根本作用。我们在第四章的"具身认知理论的体验学习意蕴"这部分已经对皮亚杰划分的儿童认知发展的四个阶段进行了比较详细的说明。我们从这几个阶段可以看出认识的起源是从感知动作开始的,也就是儿童是在包含动作的活动中产生认识的。实际上,皮亚杰的《发生认识论》最早于1970年在哥伦比亚大学出版时,英国和美国主要仍以逻辑分析和语言分析出发研究认识论,因此有着生物学背景的皮亚杰从心理学分析出发研究认识论,一开始并没有得到普遍的认同。不过今天,这种情况已经得到了改变。正如皮亚杰本人在该书引言中所说的:"传统的认识论只顾到高级水平的认识,换言之,即只顾到认识的某些最后结果。因此,发生认识论的目的就在于研究各种认识的起源,从最低级形式的认识开始,并追踪这种认识向以后各个水平的发展情况……但是在这里我们从一开始就必须消除一种可能的误解,这种误解如果导致把关于起源的研究跟认识的不断建构的其它阶段对立起来则将是严重的。……所以,坚持需要一个发生学的探讨,并不意味着我们给予这个或那个被认为是绝对起点的阶段以一种特权地位。"①

可见,皮亚杰运用心理分析方法来揭示认识的发生学原理,并不意味着动作和活动仅仅作为认识的起源,实际上动作和活动在认识发展到高级阶段也是发生作用的,换句话说,抽象逻辑思维这些高级认识过程也是需要动作和活动以某种程度和方式作为基础或者支持的。例如,皮亚杰曾经做过一个实验:"比较三组不同的儿童记住许多小正方块是怎样结合在一起的:A组儿童只是注视或感知到集合在一起的一堆小正方块;B组儿童亲自把它们搭配起来;C组儿童在旁边看成人搭配。结果是B组记得最好,成人的演示并不比儿童的简单感知好多少。"实验表明:"仅仅让儿童感知或让儿童看着做实验而不亲自动手,就失去了由活动本身所提供的那种信息性和培养性的价值。这也说明了尽管直观教学比起纯粹的口授法来说是一大进步,但这种拘泥于形象的直观法和活动法比较起来,是不具有同等教育价值

---

① ［瑞士］皮亚杰:《发生认识论原理》,王宪钿译,商务印书馆1981年版,第17—18页。

的,不能混为一谈。"因此,皮亚杰十分重视活动教学法,"1959 年国际公共教育会议年会曾提议小学阶段应用活动教学法,他要求教师布置情境,提供材料、工具和设备,让儿童积极参与教学,自由操作(摆弄、实验),观察和思考,通过活动自己认识事物,发现问题,得出答案。而不能只是被动地听老师讲授,旁观教师的演示"。①

也就是说,活动教学法的要义是让学生的身体动起来,在亲自参与活动中进行学习。这里再列举一个小学英语的简单教学案例②:

活动目的: 复习 eyes, ears, nose, mouth, leg, hair, face, knee, foot, arm, shoulder 等表示身体部位的词汇。

活动步骤:

(1)老师先示范游戏和要求。

T:Now, let's play a game. Please do as I ask you to. For example, if I say, "Touch your nose." Please find and touch your nose with your finger and say, "I touch my nose."

(2)然后教师和全班学生一起做一次。

T:Touch your eyes.

S:I touch my eyes.

(3)老师请一位学生发出命令,老师和其他学生一起做,并同时大声重复指令。

(4)同桌之间轮流做。

活动建议:

(1)发命令的速度可从慢到快,最后以最快的速度发出。

(2)此游戏也可用来复习其他词汇,例如利用比较容易在教室里找到的学习用品等实物。

----

① 刘力:《皮亚杰的活动教学理论及其启示》,《外国教育资料》1992 年第 4 期,第 26—27 页。

② 王电建、赖红玲编著:《小学英语教学法(第三版)》,北京大学出版社 2014 年版,第 111 页。

在这个案例中,老师示范动作后,学生要先后完成跟着老师一起发出动作、学生之间进行活动练习,而且这个过程中在顺序、快慢节奏等方面也需要灵活调整。这就是说活动不是随意动一动就行,而是需要对过程和细节进行精心设计,包括动作活动中伴随语言练习。詹姆斯·阿谢尔提出的"全身反应法"就根据儿童学习母语的原理,强调外语教学通过设计身体动作反应来强化学生的实际体验。所以有学者提出活动教学是指教学过程中构建以具有教育性、创造性、实践性的学习主体活动为主要形式,以激励学生主动参与、主动实践、主动思考、主动创造为基本特征,以促进学生整体素质全面发展为目标的一种教学思想和教学形式。① 在这样的过程中学生也才能切实体验到学习的乐趣。所以,我们也可以说,所谓"活动",包括"心理活起来,身体动起来",这种身心融合、知情意行整合的体验学习因此也是非常高效的。

我们已经强调指出,尽管皮亚杰认为儿童在 11 岁以后开始进入形式运算阶段,抽象逻辑思维开始发展,但活动教学在中学生的学习中仍然是必要的,现代普通心理学也强调成人有时也要运用表象和动作进行思维,只不过比幼儿的思维水平更高。因此,中学阶段的活动教学在数量、形式、方法等方面要结合学生年龄特点和教学内容及其性质进行科学安排。不过,中学生在自我意识、社会经验和情感发展等方面都更为丰富和深刻,因此从体验教育思想来看,活动教学在设计和实施过程中越能和学生的生活实践产生实质性联系,就越能激发学生的参与兴趣,也越能促进学生体验的丰富性和深刻性,这种教学做合一的教学当然越能提高效率。

学科课堂中的教学活动和现实生活世界中的实践活动可能有所不同,但至少和生活实践是有某种关联的,如英语课堂上的对话练习和角色扮演等活动,就是生活中运用语言进行互动的一种模拟和操练。因此,教师要结合对教学方法和过程的考虑,对教学资源的组合、利用等进行深入研究,在备课和上课的时候注意活动教学的设计和实施。例如,教育科学出版社版

---

① 田慧生:《活动教育引论》,教育科学出版社 2002 年版,第 18 页。

义务教育教科书物理九年级上册的"电磁铁"部分,就有"动手自制电磁铁"的活动指导,这一活动就可以让学生在预习的基础上提前制作,上课则通过比较和检验让学生进一步学习和理解电磁铁的磁性强弱性质,这样不但可以加深学生对知识的理解,而且更重要的是培养学生的动手操作和实际应用能力,引导学生体验学以致用的乐趣和价值。

总之,不管是年龄很小的儿童,还是抽象逻辑思维开始发展的中学生,在身心融合的活动教学中,学生既有高效的具身认知活动,也有丰富深刻的情绪意志体验,还有情境化的行为反应活动,因此能很好地促进学生进行具身体验学习。从普通心理学的角度看,学习是个体在一定情景下由于反复经验而产生的行为或行为潜能的比较持久的变化,这种变化伴随着新的体验,并可以在实践中接受检验和验证。因此教材文本知识要成为学生真正掌握的"个人知识",需要通过反复练习和经验才会实现,而且不同的练习方式产生的经验效果会大有不同,具身活动的方式与抽象文字符号的方式相比,前者毫无疑问更能让学生产生切实的身心体验。对此目前大家熟知的"学习金字塔"理论也提供了很好的实证依据。美国学者埃德加·戴尔最先于1946年提出了"学习金字塔"的理论,强调训练他人、做中学、实际演练的学习方式比阅读、聆听、示范演示、小组讨论等方式所取得的学习和记忆效果高,之后美国缅因州 National Training Laboratories 做过类似的研究,结论跟戴尔差不多,只不过指出阅读比聆听记住的东西更多,这个结论与我们的实际经验更加贴近,因此形成今天大家所津津乐道的"学习金字塔"。

此外,交替或综合运用五种感官对提高活动教学的效率也是很明显的,正如我们在直观教学部分对感官运用已经指出和强调的一样。实际上,直观教学和活动教学并非截然区分,而是往往相互融合和渗透的。在运用感官进行直观教学和活动教学的时候,要特别注意心理学上的"感觉阈限"这一概念和"感觉适应"这一现象。所谓"感觉阈限",通俗而言,就是刚好能被我们感觉到的最小刺激量,因此感觉阈限越高,人的感受性越低,二者呈反比关系。当刺激持续作用于同一感觉器官时,人的感觉阈限会发生变化,感受性相应会发生变化,这就是感觉适应现象。例如,从明亮的室外走进昏暗的房间,开始可能什么都看不到,但过一会儿我们就可以依稀辨认出一些东西,这说明感觉阈限下降,感受性增强,这种被称为"暗适应"。但除了暗适应外,感觉适应现象一般情况下都是阈限提高,感受性下降。心理学上的这一"感觉适应"规律启示教师应改变目前视觉和听觉的单一输入,根据教材上的不同知识适当渗透其他感官的教学活动。

这部分最后要强调的是,这里提出加强活动教学是针对目前课堂教学中身体维度的严重缺失和学生活动过少而提出的,并不意味着全部教学环节都要刻板地让身体随时随地"动起来",教师要根据教材知识的性质和重难点,综合考虑学情、进度等因素进行合理安排。但无论如何,教师在设计教法和实施教学的时候认真考虑身体及活动要素并评估其效果,对实现由认知到体验的转向具有重要意义。

3. 隐喻教学

直观教学更强调把具体事物形象化地呈现在学生面前,活动教学强调引导学生把身体动作和大脑思维结合起来,在亲身参与活动体验的过程中进行理解和学习,这两种方式都是必要且重要的。不过,不是所有知识都可以很容易、很便捷地采取这些方式的,这也是杜威的"做中学"活动教学理论在 20 世纪初盛极一时之后,在中后期受到诸多批判而风光不再的原因所在。我们知道,杜威 1919—1921 年的中国之行对中国教育改革与发展产生了重大影响,但与此同时杜威的教育思想在中国一直也是备受争议的。实事求是地说,杜威的教育思想蕴含着丰富的智慧(因此本书在不同部分对杜威的思想多有提及),但我们同样应该看到杜威教育思想存在的一些局限,因此对批评和质疑的各种观点也要进行认真审视。例如,就活动教学方面而言,有学者研究后指出:"在 50 年代,批评家们认为杜威过分强调获取知识的过程而忽视了这个过程的结果——传统教育模式中系统的学科教学所反映的学生对知识的掌握程度。他们得出结论是,中国和美国杜威学校中的学生'知道如何去思考,却没有掌握知识'(曹孚,1950)。在对杜威关于此问题的重新评估中,有些学者依然坚持之前的结论,认为杜威的'做中学'的理论对中国教育是无用的(王天一,1982;蒋玲,1983)。"①

简单地说,部分学者和相当一部分一线教师认为杜威的"做中学"和儿童中心主义削弱了学生对系统知识的掌握,因为活动教学的时间成本太大,教师对知识的系统教学过少。这一点也是美国在 20 世纪 60 年代杜威的教育思想影响有所下降,而布鲁纳的结构主义又受到欢迎的原因所在。实际上,综合地看这个问题,至少就中国的实际情况来说,杜威的"做中学"教育思想可以补充和丰富我们的学校教育实践,但在我国班级授课制即课堂教学作为中心环节的现实情况下,我们还要注意开发时间成本相对较低,同时又能克服传统灌输方式和符号认知主义弊端的活动教学方法,以实现本书所强调的体验教学的目标。运用隐喻开展体验教学是值得探索的一个重要途径,同时目前还是一个研究和实践非常不深入的课题。

前面已经提到,莱可夫和约翰逊提出隐喻是人类进行抽象思维的途径,人们总是利用一个结构清晰的始源域来理解一个结构相对模糊的目标域,隐喻就是将始源域的图式结构映射到目标域上。我们可以进一步说,身体及其活动作为"始源域"构成隐喻的基础,这和皮亚杰的认识论也是一致的。长时记忆中的图式化知识因为具有动作结构性,因此更容易被提取,这一点也是显而易见的。人在生活中以身体为中心形成了诸如空间、移动、平衡、力量等基本图式,这些基本图式就是隐喻中的始源域,当这些基本图式能被激活参与教材抽象概念和知识的学习,就更有助于新知识的图式化建构,从而事半功倍地提高学习效率。有些教师以与教材知识相关联的生活感性材料导入,之后再进行知识要点的讲解和概括,这实际上也是遵循隐喻教学的映射机制。但也有教师继续固守讲解灌输的传统方式,即使教材文本中包含和身体经验相联系的"始源域"资源,也常常弃之不用,这种做法不但导致学生理解困难或认知负担过重,而且学生因为积极体验缺乏或不足够,其学习兴趣和热情也大受影响。

---

① [美]苏智欣:《杜威与中国教育:比较分析与批判性评估》,《教育学术月刊》2019 年第 2 期,第 11 页。

实际上,始源域和心理学中所说的"原型启发"类似。原型启发是指从其他事物或现象中获得的信息对解决当前问题的启发,具有启发作用的事物或现象叫原型。例如鲁班被带齿的丝茅草划破了手而发明了锯子;瓦特看到水开时蒸汽把壶盖顶起来,受到启发发明了蒸汽机;牛顿看到苹果掉到地上发现了万有引力定律;人们通过对鸟翅膀构造的研究,设计飞机机翼;通过对蝙蝠超声波定位的仿效,制造出雷达——这些都体现了原型启发的心理机制①。可见,"原型"和"始源域"类似,而目标域则和受原型启发而发明或发现的当前事物或原理类似。而且,人们在受到启发产生顿悟这个过程中既可能参与了动作或活动(如鲁班被带齿的丝茅草划破了手),也有可能仅仅是"看到"某种事物和现象(如瓦特看到水开时蒸汽把壶盖顶起来)。因此,隐喻教学中的关键就是始源域与目标域之间的内在映射机制,通俗而言,就是两者具有高度的相似或联系。

可见,运用隐喻进行学科知识教学,其关键就是教师如何创造性地研发有助于学生理解抽象概念和复杂原理的"始源域"。例如,众所周知的苏格拉底的"产婆术"就是一个非常形象的隐喻,其中产婆、产妇、新生儿分别映射教师、学生和知识,这个隐喻可以帮助我们充分理解学生在学习理解知识和创造智慧的过程中是位于主体地位的,或者说学生内在具备学习的能力和潜力,教师只是起一个帮助、引导、支持的作用,就像新生儿是产妇的,产婆不过是起专业协助的作用一样。

张霞和郑小军在《"石头汤"的信息技术教学隐喻及启示》②一文中概述了欧洲的一个民间传说"石头汤"。故事发生在一个村庄,三个饥饿难耐的士兵路经此地,原想讨口饭吃并借宿一宿,结果村民以各种理由加以拒绝。三个士兵灵机一动,向村民借来一口大锅和些许柴火,开始煮石头汤。许多村民前来围观,并纷纷带来胡萝卜、卷心菜、牛肉、马铃薯、牛奶、胡椒、

---

① 中公教育教师资格考试研究院编:《教育教学知识与能力(小学)》,世界图书出版公司2012年版,第100页。

② 张霞、郑小军:《"石头汤"的信息技术教学隐喻及启示》,《现代教育技术》2014年第1期,第30—34页。

盐等食材和作料,最后大家一起煮成了一锅美味的"石头汤"。村民对三个士兵倍感谢意,热情地邀其留宿。该文以此为隐喻,阐述了这一故事在信息技术教学中的教学角色隐喻、教学方法隐喻、教学过程隐喻、教学理念隐喻及其启示,并总结了故事所内含的八种教学角色(士兵——教师、村民——学生、石头——教学引子、水——教学内容、食材作料——学生的特长、火和木柴——教师的教学热情和信念、大锅——教学载体、石头汤——创生的知识)、三种教学方法(任务驱动、抛锚式教学、团队协作)、四大教学步骤(情境导入,呈现任务;启发引导,任务分析;任务实施,及时反馈;评价成果,情感体验)和四大教学理念(注重沟通与交流、提倡合作与共享、呼吁教育公平、强调实践性)。如何理解有别于传统灌输式教学的体验式教学,这个关于教学方法的隐喻为我们提供了一个生动、形象的通道,这种教学方法当然不仅仅局限在信息技术教学中,应该说在不同学段和学科教学中都是适用的,因为这种教学方式实质上和本书倡导的体验教育的思想是一致的。此外,夸美纽斯在《大教学论》中也运用了大量隐喻来说明他强调的教学原则和方法,这里不再赘述。

实际上,中小学学科知识教学内容中本身就包含了大量隐喻。以语文课本为例,高中文言文名篇《劝学篇》中就包含"骐骥一跃,不能十步;驽马十驾,功在不舍""蚓无爪牙之利,筋骨之强,上食埃土,下饮黄泉,用心一也;蟹六跪而二螯,非蛇鳝之穴无可寄托者,用心躁也"等非常精妙的隐喻。语文教师在引导学生大量鉴赏这些隐喻的基础上,引导学生自己在写作中尝试运用隐喻的方法来进行表达,那么作文品质就大大提高了。例如2012年广东有一篇高考满分作文,题目是《生于此岸,心无岸》①,大意是强调我们生活的这个时代可能并不完美,正如任何时代都具有两面性一样,因此纵使身处喧嚣,只要在心中修篱种菊,也如身处净土,从作文题目到内容,都巧妙地运用了隐喻的写作手法。

除了理解教材中的隐喻,教师还可以创造性地开发隐喻,来帮助学生理

---

① 《生于此岸,心无岸》,见 http://www.zuowen.com/e/20120626/4fe9261b1e46e.shtml。

解抽象的概念和复杂的原理,这是隐喻教学更高也更难的一种水平。实际上,隐喻教学和我们平常所说的"打比方"差不多,各个学科都可以灵活运用打比方来进行教学,关键是这个比方要贴切。例如,一位小学数学老师在教学"平均数"一课时,在学生对移多补少的方法有了初步认识之后,打了个比方,"就像山峰和山谷一样。把山峰切下来,填到山谷里,正好可以填平。如果山峰比山谷大,或者山峰比山谷小,都不可能正好填平",这样的打比方一下子让抽象、复杂的知识通俗易懂,更加直观化、简单化、趣味化,极大地提高了课堂的有效性。① 再如,一位中学地理老师教学"大气的受热过程"中大气的"削弱作用"和"保温作用"这一让学生"看不见摸不着"的比较抽象的知识点,就借用与学生生活密切相关的"衣服的防晒保温功能"来比喻大气的热力作用,使学生认识到"地球也和我们人一样,有一件'热时可以防晒、冷时可以防冻'的衣服——大气层"。②

(二)优化课堂教学中的身体时空体验

在具身认知理论框架下,健康的身体不但对学习活动提供保障,而且也是有效学习活动的构成性要素。因此,课堂教学要充分开发身体在学习活动中的参与作用。我们在第一章中已经指出,夸美纽斯的《大教学论》在批判旧教育的基础上提出改良学校是可能的,改良学校的基础则是"万物的严谨秩序"。就身体向度来说,夸美纽斯强调生命本身是短促的,但如果善加保护和利用,我们就既可以延长生命,也可以提升生命的品质。学科知识教学对身体维度的考量可以从时间和空间两个方面展开。

1. 教学要遵守身体的自然节律

遵循身体的基本自然节律,这是从时间维度考察身体状态的优化。夸美纽斯认为"教导的严谨秩序应当以自然为借鉴,并且必须是不受任何阻碍的",这也是"一定能产生结果的教与学的方法",他用了若干原则来说明这种以自然为借鉴的教学方法,如"自然遵守适当时机""在自然的一切作

---

① 洪伟:《数学课堂也需要"打比方"》,《教学与管理》2013年第2期,第40页。

② 袁康兴:《巧借"打比方"轻松教地理》,《中学地理教学参考》2015年第8期,第35页。

为里面,发展都是内发的""自然并不跃进,它只一步一步地前进""自然小心地避免障碍和一切可能产生伤害的事物",等等。在"教与学的便易性原则"这一章,他继续反复强调遵循这些自然法则的重要性。为了论证,夸美纽斯还大量运用隐喻的方法来说明抽象的道理。例如:

> 自然不性急,它只慢慢前进。
>
> 比如,一只鸟儿并不把它的卵放在火上,去使它们快些孵化出来,而让它们在自然温度的影响下慢慢地发展。……建筑家也并不过分急迫地在基础上面修建墙壁,然后立刻又去安上屋顶;因为,除非基础有时间变干燥、变坚固,否则,它们受了上面的压力便会下沉,整个建筑便会倒塌。……如果我们拿一只仄口的瓶子(因为我们可以把它比做一个孩子的才智),把大量的水猛烈地倒进去,而不让它一滴一滴地滴进去,结果会是什么呢? 毫无疑问,大部分的水会流到瓶子外边去,最后,瓶子所盛的水比慢慢地倒进去的还少。有些人教学生的时候,不是尽学生所能领会的去教,而是尽他们自己所愿教的去教,他们的做法也一样蠢;因为才力是要加以支持的,不可负累过度,教师和医生一样,是自然的奴仆,不是自然的主人。①

夸美纽斯从自然主义教育思想出发对若干教学原则的论证为现代教学论的产生起到了奠基的作用。"夸美纽斯是企图探索教学工作规律的最早的教育家。教育适应自然的原则是贯穿夸美纽斯整个教育理论体系的一条根本的指导性原则。他主张一切教学工作应该遵循自然。在他的教学论体系中,'遵循自然'不是一个普通的教学原则,而是一切教学原则的基础,一切教学原则与规则都是从'遵循自然'这一总原则上推演出来的。"②夸美纽斯认为自然存在普遍规律,而人是自然的一部分,人类的教育活动理所应当遵循自然的规律。因此他常常引用建筑师、园丁等人群模仿自然在人类社会活动中取得成就的事例来说明这个道理,他还列举大量自然现象来论

---

① [捷]夸美纽斯:《大教学论》,傅任敢译,教育科学出版社 2014 年版,第 88—89 页。
② 晏小敏:《教育适应自然教育思想解析——研读夸美纽斯〈大教学论〉》,《高校教育管理》2013 年第 1 期,第 117 页。

证自己的教育主张。因此,尽管很多人说卢梭是自然主义教育真正的提出者,但实际上早在卢梭之前的一百多年,夸美纽斯就鲜明地提出了教育适应自然这一主张。

不过,夸美纽斯的自然主义教育思想是存在局限的。人类固然有自然属性的一面,但更重要的是还具有社会属性和自觉能动性,不但能够认识自然而且能改造自然和社会,因此人与动植物有根本的区别,人类社会的教育活动与自然现象也有着本质的区别,有自身的发展规律。《大教学论》中有的地方也是把教育和自然进行片面、机械的类比推理。人类的学习和教育不是对自然进行简单的模仿。此外,夸美纽斯不是彻底的"革命"者,他的《大教学论》强调"人的终极目的在于来世""今生只是为永生作准备"等观念,这种思想明显带着中世纪的传统宗教精神。

尽管存在上述局限,但夸美纽斯提出的自然教育原则其意义是不言而喻的。实际上,自然主义教育是西方源远流长并影响深远的一种教育思想。最早的自然主义教育思想发端于古希腊的亚里士多德。他首次提出教育应当效法自然的原理,指出合理的教育应当遵循人的自然成长进程,形成了早期自然主义教育的基本内容。文艺复兴时期的人文主义教育家开创了引证自然的论证方式,进一步发展了自然主义的教育观,夸美纽斯就是在此基础上提出了"教育要适应自然"的自然主义教育原则。但如前所述,他的这一原则是着眼于自然类比的,这种客观自然的取向到了18世纪已不适应时代要求,在轰轰烈烈的启蒙运动中,教育要重视人的价值和主体意识的呼声日益强烈。然而在当时的法国及欧洲许多国家,教会仍然垄断了教育,学校教育的内容严重脱离实际,经院式的教条主义教学方法及烦琐的形式主义充斥着学校教学。更为可怕的是,为了培养绝对服从封建统治者的顺民,学校教育采取了各种束缚学生自由、控制学生思想行为的严厉措施,野蛮的封建教育摧残了人性,束缚了人的发展。在这样的时代背景下,法国的让·雅克·卢梭提出了"主观自然"取向的自然教育理论。1762年,他在著名教育哲理小说《爱弥儿》一书中,通过虚构的儿童爱弥儿从出生到成人的教育过程,详尽而生动地阐述了他的自然教育思想,首次在理论上确立了儿童在教育活动中的主体地位,这是近代自然主义教育在发展中的又一次革命的飞跃。

卢梭在《爱弥儿》中系统阐述了人性本善的问题,认为善良的人性存在于纯洁的自然状态之中,只因社会文明特别是城市文明才造成人性扭曲、罪恶丛生。因此,只有"归于自然"的教育,才有利于保持人的善良天性。因此他主张 15 岁之前的教育必须在远离城市的农村,按照儿童自然发展的顺序和要求去进行,以培养他所谓的"自然人"。不过,卢梭所讲的"自然人",并不是指让儿童脱离社会生活,倒退到原始状态,而是指"不受传统束缚而率性(即按本性)发展的人,是具有自身价值的独立实体,是体脑发达、身心健康的人"①,即不被欲念、偏见、权利所束缚,而用自己的眼睛去看、用心去想、用理智去判断。爱弥儿并不是一个奔波荒野的野蛮人,而是一个身体健康、感觉灵敏、理性发达、良心畅旺的人,他既喜欢漫步于乡间小道,流连于湖光山色,又具有从事劳动以维持生计的本领。

由"归于自然"的教育理论出发,卢梭主张教育应顺应儿童天性的发展,要根据受教育者的年龄特征而实施教育。他说:"大自然希望儿童在成人之前就要像儿童的样子。如果我们打乱了这个次序,我们就会造就一些年纪轻轻的博士和老态龙钟的儿童。"②他批评封建经院教育不顾儿童的天性发展,抹杀儿童与成人的区别,不顾儿童特有的观察、思考和感觉的能力,以至于把适用成人的教育强加于儿童。这种为了儿童的将来而牺牲儿童当前生活经验的教育,在卢梭看来,无异于使儿童成为教育的牺牲品。卢梭根据他对儿童发展的自然进程的理解,将儿童的教育分为四个阶段,并指出了各年龄阶段的身心特征和教育任务。他认为,从人的出生到 2 岁这个阶段,对婴儿进行的教育主要是体育,应顺应婴儿的自然本性任其发展。从 2 岁到 12 岁这个阶段,儿童在智力方面还处于睡眠时期,缺乏理性思维的能力,这一时期对儿童应主要是感官教育,目的是丰富儿童的感觉经验,让他

① 杨汉麟:《外国幼儿教育史》,广西教育出版社 1993 年版,第 105—106 页。
② [法]卢梭:《爱弥儿》,李平沤译,人民教育出版社 1991 年版,第 84 页。

们从经验中学到东西。从 12 岁到 15 岁这个阶段,少年已具备了一些经验和进行智力训练的条件,在这一时期,应重点进行智育。从 15 岁到 20 岁这个阶段,随着人的智力的理性判断能力的发展,人与人之间的关系以及个人与共同体的关系,成为这一阶段的重要问题,因此教育重点应是道德教育,目的是将人培养成道德共同体的公民。

可见,卢梭和夸美纽斯一样,都主张性善论,都强调自然主义的教育思想,只不过卢梭把夸美纽斯的"客观自然取向"转向"主观自然取向",即更重视人的价值和主体意识,并对儿童各阶段的发展及其任务进行了更具体的划分。不过,卢梭缺乏教育实践和他极具浪漫主义的思维方式,使他的教育思想带有一定的空想性,过分批判城市文明而推崇农村自然环境的观点虽然在今天仍有一定的现实启示意义,但毕竟不符合现代文明和教育发展的整体趋势。此外,把体育、智育和德育截然分开并在人发展的不同阶段实施的思想,也是不科学的。

不管怎么说,对夸美纽斯和卢梭的自然主义思想我们应该取其精华弃其糟粕,立足新的时代背景进行科学应用,其中遵循自然节律实施适合儿童身体发展和年龄特点的教育思想对今天而言就具有特别的现实意义,学科知识教学不能只根据教材的知识逻辑,还要注意不能违背学生的身体发展规律。在《孟子·公孙丑上》中,公孙丑问孟子"何谓浩然之气?",孟子说浩然之气强大而刚健,是日积月累而成的,既要"心勿忘",又要"勿助长也"。孟子说:"无若宋人然:宋人有闵其苗之不长而揠之者,芒芒然归,谓其人曰:'今日病矣!予助苗长矣!'其子趋而往视之,苗则槁矣。天下之不助苗长者寡矣。以为无益而舍之者,不耘苗者也;助之长者,揠苗者也,非徒无益,而又害之。"①

宋人揠苗助长的故事尽管被引为笑谈,但现实生活中这样做的家长和教师却并不鲜见,正如孟子所说"天下之不助苗长者寡矣"。"万般皆下品,唯有读书高"是中国人根深蒂固的一种思想观念,加上现代社会人才市场

---

① 《孟子》,万丽华、蓝旭译注,中华书局 2006 年版,第 57 页。

竞争激烈,因此望子成龙、望女成凤的中国父母都不希望孩子"输在起跑线上",因此在孩子很小的时候就推着孩子学这学那。殊不知提前学习、高压学习实际上反倒会增加孩子的厌学情绪,而且不利于孩子个性品质的健康发展。我们来看看 2018 年《宁波通讯》的一则报道:

> 近日,一篇题为"幼升小的牛娃怕不是爱因斯坦转世"的文章在朋友圈中广为流传。文章提到某名校幼升小报名人数 8000 多人,经过网选、机考、面试三轮,最终只录取 60 人,竞争激烈程度令人咋舌。名校光环之下,不少家长精心撰写了"牛娃简历",希望为孩子争得一张"入场券"。(4 月 22 日《重庆时报》)。

> "三个半月我开口说话""懂得核反应堆""学会了函数和极限",有谁会相信这些类似自我营销的自诩之词,竟然是出自学龄前儿童之口。这众多"神童简历"的出炉,显然是由孩子的家长代为捉刀。望子成龙、望女成凤本无可厚非,但孩子的教育启蒙和知识深化有其自身循序渐进的发展规律,不可操之过急、寅吃卯粮。[①]

这种"大跃进"、浮夸风式的揠苗助长在今天仍然非常盛行。违背年龄特点和孩子身体发育规律的揠苗助长对孩子的教育和成长非但无益反而有害。与"揠苗"及其导致的竞争形成对比的是,一些父母,尤其是一些文化程度不高的父母,又容易忽视对孩子的教育,"以为无益而舍之"从而放弃"耘苗",放任不管导致问题越来越严重时又以简单粗暴的方式进行高压式的管教,但这种管教不但没有效果,而且会极大破坏父母与孩子之间的感情,甚至由此引发一些极端事件,尤其在孩子进入青春期以后。

青少年弑亲在我国应该说是一种极为罕见的社会现象,但近年来却时有发生。西方文化中有较多关于杀父或者杀母的神话传说,这或许反映出在西方社会观念中父母权威的可挑战性。与此相对,有研究者指出:"我国的历史或是传说中几乎难以找到以弑亲为主题的故事,即使存在代际的冲

---

① 张玉胜:《拔苗助长的"神童简历"要不得》,《宁波通讯》2018 年第 5 期,第 71 页。

突也多以年轻一辈的失败和服从而告终,挑战父母权威的行为不仅在现实中不被认可,在文学作品中也几乎'销声匿迹'……我国古代社会奉行的儒家文化强调伦理纲常,并有相对应的严厉惩罚机制,在这样的文化观念中对父母的敌意和冲突是被绝对禁止的。"①研究者对 2010—2019 年发生在我国的 31 起青少年弑亲典型案件进行回溯性、描述性研究后发现,导致青少年实施弑亲行为既有内在的个人因素,也有外在的家庭因素与学校因素。2018 年 6 月,山西太原一位 14 岁男孩不满父母管教,持水果刀刺向正在睡觉的父母,导致父亲死亡,母亲受伤;2018 年 12 月,湖南沅江一位 12 岁男孩因不满母亲管教太严,在一次被打后持菜刀将母亲杀害;2019 年 3 月,一位 13 岁男孩因母亲不满儿子玩手机强硬制止导致母子发生争执,愤怒中男孩持菜刀砍伤母亲,母亲不治身亡。

尽管弑亲案件只是极端个案,但这种现象确实应该引起社会、学校和家庭的高度重视。教育者要引导孩子身心健康发展,就要遵守个体身体发展的自然节律,根据孩子的年龄特征循序渐进地施加恰当的教育和影响。正如《学记》所说:"禁于未发之谓豫;当其可之谓时;不陵节而施之谓孙;相观而善之谓摩。此四者,教之所由兴也。"②既要小心预防孩子形成不良习惯,又要鼓励孩子在同伴交往中互相学习;既要在合适的时机及时提出学习和成长的要求和任务,又要循序渐进避免操之过急。

再以孩子的学习成绩和智力发展为例来说,我们在前文提到过怀特海在《教育的目的》一书中提出的智力发展过程应该包括"浪漫阶段、精确阶段和综合运用阶段"三个阶段,而今天的教育存在的一个很大问题就是,让孩子过早进入"精确阶段",重视条理化、系统化的知识分析和积累,忽视了"浪漫阶段"的感性积累和情绪积淀。根据怀特海所说,"浪漫阶段"是"开始有所领悟的阶段,各种题材对孩子来说新奇而生动,孩子们好像懵懂地面对着若隐若现的大量内容,不知所措却又兴奋异常","孩子在青春期的浪

①　于阳、周丽宁:《青少年弑亲行为的主要特征、成因分析与防治对策——基于 2010—2019 年的 31 起典型案件分析》,《青少年犯罪问题》2020 年第 1 期,第 68 页。

②　《学记》,高时良译注,人民教育出版社 2016 年版,第 121 页。

漫阶段所表现出来的东西决定了他将来的生活如何被理想和想象所塑造和丰富……但令人悲哀的是,在这个黄金时期孩子们却不幸落在填鸭式教育的教师的阴影之下"。① 怀特海所指出的这一教育问题在今天的我国仍然存在。

教学除了要符合学生的年龄发展特点外,遵守身体的自然节律也体现在让身体处于张弛有度、劳逸结合的状态,从而为智力活动提供支持和保障。前文在家庭作业布置部分已经指出,目前很多中学生晚上熬夜完成繁重作业,白天上课却难以保持最佳学习状态,这容易导致学生身体素质和学习质量下降,因此学校应该在调研的基础上对家庭作业的数量和质量进行最优化考量。除了家庭作业外,在白天高强度教学中安排适当的身体运动或放松活动,以便缓解大脑疲劳并促进产生内啡肽、多巴胺,从而有效调节学生身心状态。我在第五章情绪管理的方法和技巧部分已经对冥想和运动的作用进行过论述,实际上冥想和运动不但对情绪管理有益,而且对身心健康和学习效率都是具有促进作用的。正如前面曾详细说过的,英国投资实施了一项全国范围"贫困地区学校冥想计划",学生从冥想中获得了很多帮助,也因此改善了学业成绩;另外,还有宾夕法尼亚大学积极心理学中心依据人的"基本休息和活动周期"特点,在下午 3 点左右人处在周期低谷,感到疲劳、脾气不好、注意力涣散时,组织 MAPP 应用积极心理学硕士班学员开展"课间活力运动",从而有效帮助学员缓解疲劳,使心智活力得到恢复。

2. 考量身体的空间设置及其教育意义

优化学生身体的空间体验,首先是审慎考量学生在教室中的座位设置及其教育意义。前面第四章关于身心分离导致的教育问题部分已经指出,基于效益法则的"秧田式"矩形课桌形制是目前班级授课制中的一种主流形态,但这种课桌形制实际上主要适合传统讲授式的课堂教学,不适合基

---

① [英]阿弗烈·诺夫·怀特海:《教育的目的》,庄莲平、王立中译注,文汇出版社 2012年版,第 27、32 页。

础教育新课程改革所倡导的自主、合作、探究等学习形式。所以有研究者指出"变革学习方式要从改变课桌的形制开始""课桌形制是课堂教学变革的突破口"①。日本著名教育家佐藤学研究后指出："如今在许多国家里，不仅小学的课堂，而且在中等教育的学校里，用粉笔和教科书上课，在黑板和讲台之前单向地排列课桌椅的课堂已经进入博物馆的资料室了。在新的课堂里，20几名儿童(学生)把几张课桌合并在一起作业，展开合作学习……20世纪90年代以来，教师的活动由'传递'变化为'支援'，这样，就展开了以儿童的学习为中心的教学与课程的改革。从教室的环境看，已经出现了讲台从小学的教室中消失的倾向，每一间教室里的课桌配置也是形形色色的。"②

不同课桌形制下学生的身体和心理体验及学习方式是不同的，例如一般来说，马蹄形的课桌形制有利于每一位学生方便地从座位上走出来进行汇报和分享，圆形课桌更容易拉近学生与学生之间的距离。实际上，如果课堂教学可以根据教学活动的性质和任务偶尔对座位进行适当变化和调整，还可以给学生带来新奇的体验，从而激发学生的学习兴趣和热情。如果拘泥于传统秧田式课桌形制确实存在很大的问题，我们不妨大胆做些改革和调整，不必因为顾虑太多而故步自封。实际上，19世纪末至20世纪初在欧洲，20世纪上半叶在美国，曾分别兴起了所谓的新教育运动和进步主义教育运动，其主要目标都是建立与旧式学校在目的、内容、方法上完全不同的教育，这种变革中就包含了课桌形制的灵活改变，或者说改变课桌形制是适应这种教育改革的必然要求。

前面提到的道尔顿制就是打破了传统的矩形课桌形制，为了践行自由和合作这两个道尔顿制原则，教室和课桌布置被重新安排，各个学科的"实验室"代替了各个班级的教室。例如，《道尔顿教育计划》中提供了道尔顿

---

① 王硕、熊和平：《课桌形制：课堂教学变革的突破口》，《全球教育展望》2016年第3期，第55、59页。

② 佐藤学：《课堂改革：学校改革的中心课题》，钟启泉译，《上海教育科研》2005年第11期，第4页。

计划在一所初级学校实施的具体例子,其中就说:"所有的地理工具书、地图和地球仪都集中到一个房间……图书馆也按同样的原则分配到各个实验室……原来教室的课桌在实验室里进行了重新组合,课桌被摆成面对面,5张为一组,以备不同年级的小组使用……在大厅中设立 150 个带锁的储藏柜,贴上号码,每个学生以前堆积在课桌上的乱七八糟的东西可以存放在属于自己的柜子里。"①

当然,我们不必完全照搬道尔顿或道尔顿制以外的其他教学模式。但他山之石,可以攻玉。我们可以借鉴优秀的经验,再结合自己的实际情况进行灵活改造和变通,目的是既能提高教学效率,又不违背科学的教育理念。我们知道,在 2010 年前后的几年,"杜郎口中学"曾在国内引起相当大的关注,一度吸引来自全国各地的考察团去参观学习和研究,但实际上,从声名鹊起到风靡一时,再到今天的"归于平淡",这所学校都备受争议。"10+35"分组教学模式下教师课堂上只讲 10 分钟,其余 35 分钟由学生自主学习、汇报展示,教室没有讲台,四周都是供学生演算和展示的黑板等,这些"另类"做法的确是引人注目的。无论杜郎口后来怎样,今天怎样,敢于锐意改革、大胆尝试的这种精神也是值得肯定和尊敬的,何况至少这所曾经普通落后的学校,能通过改革一度取得令人瞩目的成绩,引起从教育行政部门到各地学校领导和教师,再到诸如"杨澜访谈录"等传媒的全国范围的关注、参观、报道等,说明"杜郎口模式"是有一些经验值得学习和借鉴的。例如,把时间更多地还给学生,激发学生的主体性,这种理念本身是值得大力提倡的,因为学生身上确实潜藏着巨大的自主学习的潜力,而取消讲台改革教室空间布局的做法也是与这种理念和教学方法相适应的。当然,据说当年全国各地很多学校去参观考察杜郎口中学后,曾一度效仿这一模式在本校进行改革,但大多收效甚微甚至问题多多,于是很快放弃或只保留少部分做法。这种情况很正常,教学模式和方法往往要和办学理念、校园文化、教师队伍

---

① [美]海伦·帕克赫斯特:《道尔顿教育计划》,陈金芳、赵钰琳译,北京大学出版社 2005 年版,第 33 页。

等建设相结合才能产生实效,而不是简单地学习"10+35",简单地把讲台撤掉、几面墙都设黑板、课桌按小组布局,就万事大吉了。何况杜郎口中学的教学模式本身也并非完美,我相信也是在不断调整、改革和完善中的。作为教师,我们只需学习这种困则思变的教育改革精神,因为只有不断探索和改革,才能走出旧的困境,开创新的局面。

除了课桌形制外,学生对座位安排也会产生复杂多样的心理体验,尤其当教师对一些特定座位如"后排座位"存在明显的偏向和不公正对待时。学生的座位不仅仅是一个物理的空间,身体所处的座位空间还会带来一系列复杂的心理体验,甚至影响到学生的学习态度和效果。对此,有一位研究者曾做过"座位的潜课程意义——中小学生座位体验研究",从空间意义、同学关系、师生关系、认同体验和学习环境意义五个主题来展示座位对学生的意义,从而整体地把握学生座位体验的一般结构。在此,请允许我引用该文中一些学生就"坐在后排"的体验所报告的几段原话来说明后排座位对学生产生的负面影响:

> 一次数学考试我考得很差,被数学老师调到了最后一排。这一排只有一张桌子,就我一个人坐。在这里我才感受到教室的空旷、寂寞、寒冷。以前的伙伴不再有什么交往,因为他们很快就有了新的同桌和朋友,而我却没有。我恨数学老师,她的课我无法听下去……

> 从小学到初中,从未为"座位"担心过,也许那时根本就没有现在这样的危机感。到了高中,情况一下子就变了,班级座位是按照成绩排的。高一时还坐在前排,而高二下学期的成绩着实折磨了我一整个暑假。因为这次考得差,整个暑假我都怕见到同班同学,怕在街上遇到老师。突然觉得很丢人。一想到高三开学就要坐到后面,心里就害怕。有时正和朋友聊得开心,思绪会不自觉地被牵到"换座位"这件事情上来。我倒不是担心坐到后面,而是因为大家已经在"坐到后面",和"成绩差"之间画上了等号……

据我精密洞察,老师提问检查一般都是到第五排就"打道回府"。所以越往后面就越不用担心。

老师从来不叫我们回答问题,他只叫前排的同学回答问题,给我们造成很大的压力。当然,老师偶尔也会叫到我们,但都出乎我们意料之外。结果更加打击了我们的自信心。

数学老师每次讲到有挑战性的题目时,总是把眼光投向前面几排的同学,"谁能够做出来?"而讲解很一般的题目时,却把眼光抛向后面,"听懂了没有?"①

可见,如果教师在座位安排和教育教学活动中对"后排座位"存在明显的偏向甚至不公正对待,这种座位的空间安排就会对学生的心理带来负面的影响,进而影响到学生的学习效果。当然不只是后排座位在现实中具有普遍的歧视意义,有时候离教师讲桌最近的"专座"也具有很微妙的含义并带来微妙的体验。很多学生不喜欢坐离教师最近的这个座位,一则感觉被教师完全"透视",不自由;二则"要吃粉笔灰",对健康不利。很多家长也因为第二个因素而不愿意自己的孩子坐在第一排。有些教师会把调皮捣蛋的孩子安排在这样的特殊位置,以方便自己严密监控,使学生不敢造次;也有教师会把自觉性不强但学习有潜力的学生安排在这个座位,方便自己随时关注和帮助。可见座位的空间设置本身并不必然意味着某种意义,意义往往是教师和学生所附加的体验。

因此,座位问题不是一个简单的规则问题,关键是教育者要理解座位对学生的意义,然后机智地做出合理的安排。例如,有的老师安排座位会考虑同学之间的"优势互补"或者优秀同学对差一些同学的"一帮一"作用。例如,有学生说,"我的字本来写得很丑,同桌的一手好字真是让我羡慕,和他一起我不但写字有了很大进步,而且把好讲话的毛病也改掉了";还有学生说,"每次考完试,我都抢过同桌的卷子来比一比成绩,可几乎每次都是我

---

① 朱光明:《座位的潜课程意义——中小学生座位体验研究》,《教育学报》2006年第6期,第22—28页。

垂头丧气地把卷子还回去，因为他每次都比我高，但我并不灰心……有一次，成绩下来，我一看，哈哈，我比他高出 2 分"①。因此，好的座位安排可以促进学生相互学习和激励。不过，一些学生和很多家长可能并不喜欢和接受这样的安排，尤其是品学兼优学生的家长，因为很多家长不愿意自己的孩子受到落后学生甚至问题学生的负面影响和干扰。所以，教师在进行座位安排的同时，还要做大量工作来调查、了解座位安排带给学生及家长的心理体验，根据实际情况开展及时、恰当的引导工作。

二、在课外活动中引导学生学以致用

(一)课外家庭作业

这里的"家庭作业"特指各学科教师在课堂统一教学外布置给学生，要求学生回家完成的学习和练习任务，同时包括住校学生平时每天在学校或宿舍完成的课外作业，也包含寒暑假及其他假期作业，但不包括学校内完成的非学业活动，也不包括家长要求孩子在家里完成的课外学习和课外机构辅导布置的作业。这一类作业可能用"课外作业"界定更好，但我们常常习惯性地称之为"家庭作业"，即英文的 homework，其主要功能是督促学生通过练习对所学知识进行巩固，其次是要求学生提前预习即将学习的新知识。家庭作业是被教师广泛采用的教学手段，也是学生课后至为重要的学习活动，其重要性毋庸置疑。按照艾宾浩斯的遗忘曲线，我们知道学生学习新知识后会出现遗忘，而且遗忘的进程呈现先快后慢的趋势。所以，各科教师在当天完成课堂教学后，一般都会或多或少布置一些作业，以便学生课后通过及时完成作业来对当天学习的知识进行再学习和强化巩固。

不过，家庭作业是非常复杂的一项学习活动，有研究者就"家庭作业与学业成绩的关系"这一主题开展过研究文献综述，从家庭作业数量、形式、质量等特征和家庭作业完成过程、家庭作业中父母参与几个因素与学业成

① 朱光明:《座位的潜课程意义——中小学生座位体验研究》,《教育学报》2006 年第 6 期,第 27 页。

绩的关系,及家庭作业对学习效果影响的机制几个方面探讨了家庭作业与学业成绩的关系,结果发现研究虽然形成了一些结论,但研究结果存在一些矛盾。例如,Cooper 和 Valentine(2001)收集了家庭作业量与学业成绩的关系的研究,"发现 50 项相关研究中有 43 项显示两者的正相关,说明大多数研究支持家庭作业时间更多的学生有更高成绩这一结果,他们还揭示了两者的关系受到年龄或者年级的调节,高中生的家庭作业与成绩的相关比初中生高,而初中生又比小学生高"①。实际上,即使 50 项研究中有 43 项显示作业量与成绩呈正相关,也不能说明家庭作业越多越好,尤其在小学阶段更是如此。我国近些年提出的"减负"就是基于中小学生作业负荷过大,导致学生厌学、压力大、身心健康受影响等一系列问题。很多中学生晚上熬夜完成繁重作业,白天上课却难以保持最佳学习状态,因此学校应该在调研的基础上对家庭作业的数量进行最优化考量。

除了科学考虑作业量外,家庭作业布置的方式和质量也是需要特别重视的。"作业减负"不等于取消作业,而是"减负增效"。正如好的课堂教学方式和过程会激发学生认真学习的热情,作业方式和质量也是影响学生是否认真完成家庭作业,从而使家庭作业真正产生实效的重要因素。整体而言,目前我国教师在家庭作业布置上存在盲目性,形式单一,抄写、演算等文本性机械训练占主流,这是导致很多学生作业敷衍的重要原因。西方很多国家总体而言在家庭作业布置上更注重引导学生实际操作,例如一项研究所反映出的美国教师设计的家庭作业包括:测量房间面积;采访某一个人;在放学后卖东西;为学校设置 10 种新的课程,给学校董事会成员写一封信说服他们执行其中的一种;列举答案是 54 的 10 个不同问题、情境;等等②。这种开放性的家庭作业需要学生动手去做、去创造、去发挥想象力,与本书倡导的体验学习理念是一致的,这种作业也更能激发学生的参与兴趣,并引导学生把所学知识真正应用于生活,从而培养他们学以致用和实践创造的

---

① 李涛:《家庭作业与学业成绩的关系》,《心理科学》2011 年第 3 期,第 642 页。

② Sullivan Burstein," Real- life Homework is Popular with Students ", *Educational Leadership* ,No.9,1998.

能力。

可能很多教师会说,在我国考试指挥棒下,提高学生考试成绩是第一要务,哪里顾得上采用这种"非主流"的家庭作业形式。但问题在于,布置大量单一的机械训练类作业,未必真的如老师所愿可以大幅度提高学业成绩,因为当这种作业形式变成面目可憎的负担,学生往往也容易随便应付。因此两全其美的做法是创造性地布置作业,以便既能让学生及时巩固复习,提高学习成绩,又能鼓励和引导学生学以致用,从而激发兴趣,培养实践应用的能力,二者能有效结合,则是家庭作业布置的上乘水平。只要教师转变理念,其实各个学科都可以一定程度上进行这样的探索和尝试。例如,前面我们提到物理"电磁铁"部分的学习就可以让学生回家后动手制作简易电磁铁,这就是把知识巩固和动手实践相结合的很好尝试。

需要指出的是,家庭作业布置方式和质量不仅仅是作业内容本身,还与对作业的说明方式有关。本章前面关于动态研发教学资源的部分提到我以前在中学教高中英语的时候,教材上有一篇文章是介绍英国地图的 the united kingdom,我当时依据教材插图自己另外绘制了一张大的挂图,按照课文信息把相应地名做了标注,提前让学生预习课文,并告知课堂上会请人扮演导游,结合挂图用英语进行介绍,结果学生课前预习很积极,课堂上也争着上讲台展示。这里的家庭作业其实就是"预习课文",但这里的预习任务不是简单发出指示"今天的作业是预习这篇课文",而是结合了挂图展示和后续课堂教学活动的说明,这样学生更清楚第二天上课教师会以哪种方式进行检查,加之以导游的方式到讲台上去展示,既是有一定压力的,又是具有一定乐趣的,因此学生的体验会更积极,课后作业完成质量也相对更高。

此外还要注意的一个问题是家庭作业布置的个体差异性和"因材布置"。我们常常说"因材施教",家庭作业布置的数量和任务性质也要根据学生的不同情况考虑区别对待,注意结合整个班级的学生水平情况和其中的个体差异情况,对特别具有挑战性和困难性的任务,不必要求全部学生必须完成,否则学生很有可能完不成,反倒会进一步挫伤其积极性。但对学习暂时落后的学生也不能一味降低要求,要布置适合的作业并同样给予督促,确保其认真完成,这样学生才能在一次次完成要求的基础上取得进步,并反过来强化他们完成作业和认真学习的积极性。例如,肇东市明久中学孟宪文老师在20世纪末就撰文介绍了他通过探索和实践摸索出的"分层次布置作业"的办法:变过去布置作业"一刀切"的传统做法,设计出上、中、下三类习题,分别布置给学习成绩优、中、差三个层次的学生做,通过几年的尝试,在"解决尖子生吃不饱后进生又吃不消的矛盾,避免学生相互照抄作业、激发全体学生学习兴趣和积极性"等方面取得良好效果①。这种做法在今天已经被很多教师所采用。不过,这种分层次布置家庭作业的方法要想真正出实效,除了科学分层外,还要在具体实施过程中特别注意在思想、落实、学生心理感受等方面慎重对待,并定期给予评估和调整。

总之,家庭作业是一项非常复杂的学习活动,多种变量参与其中使家庭作业与学业成绩的关系以及所产生的综合教育效益变得极为复杂,未来的研究和实践可能需要从多个角度进行深化和细化。另外,国外针对这个问题展开的实证研究远远多于国内,我国对这个问题的研究基本还停留在经验总结上,这可能也是导致我们缺乏强有力的研究来指导我们实践的原因所在。

(二)综合实践活动

实践活动教学应该从两个方面加强:一是在各学科课堂教学中注重活动教学,对此前文已有论述;二是切实加强各类综合实践活动课的开展。加强综合实践活动课程的建设是实现体验学习的综合程度很高的教学方式,教师可以把综合实践活动课程和学科课程有机整合,立足生活实践和跨学科的视野,对教材进行整合性的二次开发,在实施过程中充分发挥其应有的效率。实际上,2001年的《基础教育课程改革纲要(试行)》就已经明确指出"从小学至高中设置综合实践活动并作为必修课程",之后在实践上取得

---

① 孟宪文:《分层次布置作业好》,《黑龙江教育》1994年"纪念《黑龙江教育》出刊400期"特刊,第28—29页。

了一些成绩,但总体来说,"这门课程开设和实施的状况仍不容乐观,还有不少地区没有真正开课,开课的学校其课程实施的有效性也亟待提高"①。这种情况到今天仍然没有得到实质性的突破。

为进一步推进综合实践活动课程的建设,2017 年 9 月,教育部颁布了《中小学综合实践活动课程指导纲要》,这份文件规定了该课程的性质是"从生活情境中发现问题,转化为活动主题,通过探究、服务、制作、体验等方式,培养学生综合素质的跨学科实践性课程",从课程规划来看,"中小学校是综合实践活动课程规划的主体","在设计与实施综合实践活动课程中,要引导学生主动运用各门学科知识分析解决实际问题,使学科知识在综合实践活动中得到延伸、综合、重组与提升"。因此,负责综合实践活动课程的教师需要具有跨学科的综合素养,要联合学科教师开展课程开发,既充分挖掘利用各科现有教材资源,同时又结合活动主题自主研发各种资源,这样既可以对教学重难点内容进行巩固和拓展,同时又促进学生文化基础和实践创新等核心素养的有机整合。

例如,北京市东城区史家小学王佳老师撰文提出包括一线真问题驱动、小组合作、校本资源三个特点结合的综合实践活动课程主题课型,并以北京市中小学地方教材《研究性学习实践与评价》六年级上册第三单元第二课《我为老人搞发明》这一大主题为例,与校本资源——学校特色活动"创·智汇",即每支团队需设计并营销一款"具有一定科技含量的自造品"——相结合,论证了这一综合实践活动课的教法:驱动性问题为"以我们的力量,如何有效改善老人生活",通过对教材内容选取、内容组织的分析,确定教学流程包括 SWOT 分析、组建团队、选择主题、确定分工、查阅资料、设计计划、设计调查问卷/访谈提纲、完成调查报告、认识发明发放/寻找发明实例、设计发明、汇报分享②。在这一综合实践活动课程中,学生要选择适合

---

① 冯新瑞、田慧生:《区域推进:综合实践活动课程有效实施的重要策略》,《教育研究》2015 年第 11 期,第 69 页。

② 王佳:《综合实践活动课大主题课型教学初探》,《中国教育学刊》2018 年第 12 期,第 159 页。

的主题并进行发明设计和实践,就需要结合相关学科知识内容并进行跨学科的整合,同时又以改善老人生活这一生活现实需要为驱动,而且过程中还学习体验了 SWOT 分析的方法以及小组合作和人际交往技能等,因此可以很好地体现综合实践活动课程的性质。

在综合实践活动课程的实施中,整合高校、研究机构和一线学校及社会资源也是很有必要的。例如,某高校研究者在参与相关课题研究的实践中,发现在中小学课堂教学中,存在一些较为抽象的概念或理念,单纯依靠教师的讲授,并不能有效地让学生获得全面的理解和建构,如对 79 名学生进行问卷测验,结果显示 62% 的学生对"气候"这一概念的理解存在错误或者不到位。基于此他指导某小学教师进行了如下的教学活动设计:让教师根据小学地理学科中的植物生长与自然条件关系的主题知识作为主要的学习内容,围绕"气候"这一核心概念,通过种植青椒,让学生观察、测量、探究影响青椒生长的因素,从而引导学生逐步获得对核心概念的理解;本设计跨数学(测量)、语文(观察日记)、生物(植物)、自然(环境因素)等学科[①]。

有老师可能又会说:"天哪,这样开展综合实践活动教学,我的教学任务还能完成? 这些费时的综合实践活动能提高学生考试成绩?"的确,综合实践活动课程肯定是比较花费时间的。不过,适当开展设计科学、实施有效的综合实践活动课,虽然花费时间,但能够激发学生自主探索和发现,激发学生学习兴趣,并把所学知识通过应用进行巩固和检验,实际上其隐性的教育效益是非常显著的。枯燥单一的死记硬背和大量"刷题"方式降低学生学习热情和学习效率,学生的学习成绩实际上也很难真正提高。而且,如果总以"考试指挥棒不变,我也无可奈何"为说辞,然后心安理得地继续陈旧的灌输式教学,那我国的教育就难以得到实质性的改革和突破,《中国学生核心素养框架》即使发布了,也难真正得到落实。所以一线教师是否愿意积极参与综合实践活动课程的研发和实施,取决于教师教育理念的站位高低。

---

① 任英杰:《例谈"概念"驱动的综合实践活动课设计》,《中国电化教育》2008 年第 6 期,第 81 页。

　　遗憾的是,综合实践活动课程的实施现状的确不容乐观。2016 年有研究者对全国各地 15 个省份城市和农村各占 55.2% 和 44.8% 的学校开展了调查,发现"目前将综合实践活动课程列入学校课表的占 84%,尚未将综合实践活动课程列入学校课表的占 16%;在开设综合实践活动课程的学校中,每周用 1 课时的占 26.4%,2 课时的占 24.8%,开足 3 课时及以上的仅占 16%,不确定的占 32%"(国家对综合实践活动课程的开设时间明确要求平均每周不少于 3 课时,学校可以在确保课时的前提下弹性规划时间),从实施效果看"学校课程开设缺乏整体性、全面性和衔接性,盲目性和随意性较大"。① 可见,总体而言,我国的综合实践活动课程尽管在政策层面已经得到大力提倡,但实际实施还有待大力完善。不过,地区差异和学校差异比较明显,这与各地教育部门和学校领导的重视、学校文化和教师的教育观念等密切相关。

　　此外,研学旅行是一种特殊的综合实践活动课程,和我国深厚的游学传统及"读万卷书,行万里路"的理念相契合。2016 年,教育部等 11 部门联合印发《教育部等 11 部门关于推进中小学生研学旅行的意见》,该意见指出,中小学生研学旅行是由教育部门和学校有计划地组织安排,通过集体旅行、集中食宿方式开展的研究性学习和旅行体验相结合的校外教育活动,是学校教育和校外教育衔接的创新形式,是教育教学的重要内容,是综合实践育人的有效途径②。此后,各个地方也陆续开展了一些研学旅行活动。不过总体而言,迄今为止中小学研学旅行的实施效果和其他类型的综合实践活动课程一样并不理想,突出表现在"旅行"和"研学"没有被有机整合。研学旅行应该是教材知识的整合、拓展、延伸和深化,学生应该在旅行过程中切实开展主题化的研究性学习,并在这个过程中获得积极的身心体验,这是研学旅行取得实效的关键,也是中小学教材使用和教学改革实现从认知到体验的一个有效途径。

---

　　① 李宝敏:《核心素养视域下综合实践活动课程实施现状与对策研究》,《教育发展研究》2016 年第 9 期,第 50—51 页。

　　② 《教育部等 11 部门关于推进中小学生研学旅行的意见》,见 http://www.moe.gov. cn/srcsite/A06/s3325/201612/t20161219-292354.html。

第七章　学校德育改革的体验转向

道德对人类社会的作用毋庸置疑。没有道德的约束，人类可能还和其他动物一样，受弱肉强食的丛林法则的支配，那样的话，人类文明将不复存在。道德的产生，就是为了规范人的行为，以维护个人和群体的利益。但问题在于，个体的需要及利益和社会或群体的需要及利益有时候甚至常常是相冲突的，正因为如此，古往今来总有很多人为了一己私利而违背社会道德规范。但道德对人类发展和文明建设又是如此重要，因此道德教育的重要性不言而喻。道德教育要从未成年人抓起，我国的教育方针历来都把德育放在培养全面发展的人的首位，2012 年党的十八大报告也首次明确指出"把立德树人作为教育的根本任务"。

不过，仅靠外在的约束甚至强制，是难以让人们自觉自愿地遵从社会道德的，对未成年人尤其年幼儿童来说，即使约束和强制可以暂时让学生遵从道德规范，但如果缺乏内在的体验和认同，成年后当环境发生变化时，他们在道德自我约束上也会出现问题，甚至部分在学生时代就会养成违背道德的不良习惯。体验教育之于道德，就意味着克服简单说教和粗暴强制带来的弊端，通过教育如春风化雨般地培养认同并遵守道德的人。因此本章重点就学校德育改革的体验转向这个问题展开讨论，其中同情道德具有基础性地位，也是促进学生道德发展的体验教育机制，因此下文首先就此展开讨论。

第一节　同情道德的基础性地位和现实迷失

18 世纪，英国著名的情感主义伦理学家大卫·休谟从经验主义立场出发,在其代表作《人性论》中提出"道德的区别不是从理性得来的","如果道德对于人类的情感和行为不是自然地具有影响,那么我们那样地费了辛苦来以此谆谆教人,就是徒劳无益的了,而且没有事情再比一切道德学者所拥有的大量规则和教条那样无益的了"。① 既然休谟认为理性、说教、规则和教条难以奏效,那如何才能让道德真正被人所认同,对人的情感和行为产生自然的影响? 休谟进一步提出同情是一种基础性的道德感,他对"同情"的界定是一种"主体间性的情感经验",泛指人们对同一情感的彼此分享,但道德意义上的"同情",一般指对他人不幸的怜悯之情。

一、同情:道德发展的心理机制和基础性的道德品质

(一)广义的"同情"是道德发展的心理机制

"同情"在汉语词典中解释为"同情,犹同心,同气。对于别人的遭遇或行为在感情上发生共鸣"②。在英语中,"同情"为 sympathy, sympathy 由 sym (together)和 pathy(feeling)两部分组成,意为"与……有同感"。因此"同情"简言之即指"产生和某人相同的情绪或情感",即《罗马书》中说"与喜乐的人要同乐;与哀哭的人要同哭"③。可见情感从性质上可以分为快乐、喜悦等积极的情感和悲伤、痛苦的消极情感,在道德哲学和伦理学发展的历史上,很多伦理学者正是取这一广义"同情"概念,并认为这是道德发展的基础。

例如休谟这样来论证他的同情理论:道德的基础是一些"特殊的"苦和乐的感觉,使我们感到快乐的行为或品格就是善的,使我们感到痛苦的行为或品格就是恶的,因此情感是道德的根源和道德判断的标准;但问题是感觉因人而异,我们很难对同一行为或品质有相同的苦乐感觉,做出相同的价值判断,这样我们就很难获得普遍的道德准则,因此他提出"同情说"来克服

---

① ［英］大卫·休谟:《人性论》,关文运译,商务印书馆 2016 年版,第 491、493 页。

② 夏征农主编:《辞海》,上海辞书出版社 1989 年版,第 222 页。

③ ［瑞士］巴特(Karl Barth):《罗马书释义》,魏育青译,华东师范大学出版社 2005 年版,第 408 页。

"道德感"理论的个体性和相对性,认为正是因为同情,人们的情感才克服其相对和个体的一面,换言之"同情"是促使个体感觉形成一致的道德情感的重要机制;因此休谟提出,"同情是我们对一切道德表示尊重的根源","同情是人性中一种非常有力的原则","同情是道德区分的主要来源"。①

　　稍晚于休谟的英国著名经济学家和伦理学家亚当·斯密提出了和休谟同情论大体一致的思想。我们知道,斯密的《国富论》奠定了现代经济学的根基,其基本观点包含人具有利己本性,因为这种本性,人总是出于个人利益而从事生产经营活动,因此在分工与交换的市场法则(即我们常常说的"看不见的手")驱动下人人追求自己的利益,从而也就增长了国家和社会的财富。不过,这种论证比较理想化,没有解决当个体利益和团体或社会利益发生冲突时面临的问题。所以,后来斯密又出版了《道德情操论》,这本书成为道德哲学史上不朽的经典之作。该书并不否认人的利己本性,继续强调一只"看不见的手"会引导他们对自己显然无法完全消费的财富进行适当分配,以这种方式不知不觉地增进了社会利益;同时《道德情操论》更强调了人除了有利己本性,也有利他的天性,而"同情"则是解决"利己"和"利他"这一被称为"斯密人性悖论"的关键环节。

　　休谟和斯密的论证总体而言是没有问题的,但有一个关键点实际上仍然没有得到充分论证:个体如何通过同情而与他人在道德感和利益上获得一致? 尤其当个人的苦乐感觉和利己本性与群体和社会的利益发生冲突时怎么办? 人是如何获得或懂得同情的,即同情是天生的还是后天的? 实际上,利己主义与利他主义的人性论之争是伦理学领域长期争论不休的一个疑难问题。例如,17 世纪英国经验派哲学家托马斯·霍布斯从机械论观点出发,提出人同自然界的其他事物一样是一个"物体",只不过是有心理感受的生命个体,当外界作用于人,有助于人的生命运动时,就会引起喜悦和快乐的感情;当外界作用有碍于人的生命运动时,就产生厌恶和痛苦的感情——因此人性就是自我保存,趋利避害,无休止地追求个人利益,这种不

---

①　[英]大卫·休谟:《人性论》,关文运译,商务印书馆 2016 年版,第 305—506 页。

可调和的利己主义带来的冲突和矛盾,只能依靠"法"来解决。按照这一逻辑,同情这种道德情感是不可能自发产生的。18世纪的道德哲学家伯纳德·曼德维尔甚至通过讽刺性散文诗《蜜蜂的寓言》强调"私人恶德即公共利益"这一命题,同时极端地认为道德不过是"浪漫的奇想",公益心和道德感这样的"善之花",终将结出贫困和伪善的"恶之果"。

不同于霍布斯和曼德维尔的是,休谟和斯密主张人的本性中具有天生的同情利他意识,这种意识和人的利己意识一样,是根植于人的本性需求。这一点,即使是生物进化论的奠基人达尔文也是持赞同态度的。达尔文在《物种起源》一书中提出,生物之间存在着生存斗争,适应者生存下来,不适者则被淘汰,这就是所谓"物竞天择,适者生存"的自然选择法则。但达尔文还写了另一部代表性的著作,即《人类的起源》。在这本书中,达尔文一方面对生物进化理论进行了重申,强调人类也是生物进化链条上的一个环节,但另一方面达尔文也强调,"爱和同情"作为一种社会本能,也深深扎根于生物进化机制中,换言之,同情是生物在进化过程中获得的一种社会本能,这种本能通过进化已经扎根于人类的本性之中。可见,达尔文不但承认人具有同情天性,也对这种天性的产生机制做了一些说明。不过,需要指出的是,人虽然具有同情利他的天性,但与根深蒂固的利己本性比较,前者可以说显得有点"弱不禁风",所以还需要后天的精心呵护和生长发展,才能最终开出道德之花,这也是道德教育之所以重要的原因所在。

同情作为基础性的道德情感,需要在早期开始培养,作为道德发展的心理机制,广义的"同情"和心理学上的"移情"尽管有些差异,如前者更强调情感的一致和共鸣,后者则侧重对他人情感的理解,但其内涵基本相同,且二者在情感的性质上都包含积极和消极两个方面。或者也可以说,移情是同情的心理机制,同情是移情的结果,二者并没有本质上的重大差异。从20世纪中叶尤其是20世纪七八十年代以来,以相关学科的发展为契机,如情绪情感的心理学研究、情绪发生的神经生理学研究、情感与意识关系的认知科学研究等,心理学上对移情及其与亲社会的相关性进行了一系列微观研究,研究结果表明:"虽然关于移情和亲社会行为关系的研究结论不尽相同,但是大多数研究者都认为移情是儿童亲社会行为的重要中介因素之一,同时也是亲社会行为的重要动机源。"①一项"国外移情与儿童欺负行为的研究述评"也显示移情与儿童欺负行为存在负相关,并报告了国外开展的儿童移情训练与欺负行为干预的若干策略②。目前国内外心理学对儿童移情能力的培养已经展开了很多研究和实践,包括情绪敏感训练、角色扮演、情境讨论、分享体验训练、榜样示范等在内的移情训练被广泛运用于儿童亲社会行为的培养中。

当然,并非对儿童进行单一的移情训练,儿童的道德水平就可以得到发展了。移情训练要和道德哲学及教育学相结合,心理学意义上的"移情"才能转化为道德教育意义上的"同情"品质。此外,儿童需要在安全感、信任感的基础上才可以发展出同情这一基础性的道德品质,并深刻影响其后以及成年后的道德发展,因此加利福尼亚人格量表(CPI)也将同情作为一种重要的社会性品质。不过,同情不是唯一的基础性道德情感。如我国当代的朱小蔓老师通过哲学的、心理学的探讨,确认"有三种典型的、作为道德根基的情感,即依恋感、同情心、羞耻感或罪错感……儿童日后发展的道德情感及各种美德都与这三种原始道德情感有内在依赖关系"③。

最后需要强调的是,同情不仅仅是作为一种道德情感,而是整合了认知、情绪情感、意志和行为的道德品质,只不过道德情感体验对推动同情道德品质的发展确实至关重要。无论是积极情感的分享同乐,还是消极情感的同情怜悯,感同身受、心意相通必不可少,同时因为人是很复杂的动物,往往在一刹那的"同情"后,又会被各种杂念缠绕,从而意志动摇、行为摇摆。例如,当自己很要好的同学考试大获全胜时,自己真心为同学高兴,也会和同学分享成功的喜悦;但很多人在这种情况下可能很快又会产生"羡慕嫉妒"甚至加"恨"的情绪,道德意志不坚定的人可能在这种情绪的腐蚀

① 丁芳、郭勇:《儿童心理理论、移情与亲社会行为的关系》,《心理科学》2010 年第 3 期,第 660 页。

② 冯维、杜红梅:《国外移情与儿童欺负行为研究述评》,《中国特殊教育》2005 年第 10 期,第 63—67 页。

③ 朱小蔓:《情感德育论》,人民教育出版社 2005 年版,第 153—154 页。

下产生认知和行为偏差。再如,当看到有同学被蛮横凶狠的人欺凌时,虽然同情同学的遭遇甚至感同身受,但是想到自己出面制止可能非但帮不了同学,自己也会陷入危险,于是最后选择逃离或旁观。可见,正如我们在第二章对体验教育的内涵进行的界定,同情品质也是包含了知情意行在内的。对学生开展同情品质的培养,也要从这四个方面开展综合性的体验教育。

(二)狭义的同情更具有伦理道德上的基础性意义

广义的同情是道德发展的心理机制,因此包含了积极情感和消极情感。不过,当我们把同情作为一种道德现象来进行讨论,或者我们在生活中具体使用这个词的时候,同情通常都具有很强的指向性。对好的事物,我们通常用"分享""同乐"等词汇来表达,真正引起我们同情的一般都是他人遭遇的痛苦和不幸,而且对他人不幸的同情和人追求快乐的天性不符,所以同情他人的不幸才更具有道德上的意义。加上人有利己的本性,所以"锦上添花易,雪中送炭难"的现象就不奇怪了。17世纪法国数学家、物理学家、哲学家、散文家布莱士·帕斯卡有一句名言,"人是会思想的芦苇",可见人如芦苇一样脆弱不堪,但人虽然脆弱,人又是有思想的,这种思想包含了人的情感、精神的追求,人也会因为这种追求而变得更高贵。

人类生活充满了战争、贫穷、疾病、灾祸等不同程度的不幸和苦难,因此人类社会如何对待遭遇不幸或苦难的人就是一个永恒而重要的大问题。人类社会不能处于像霍布斯所说的"一切人反对一切人的战争"的"自然状态",在那种冰冷残酷的"丛林法则"下人类是没有希望的。人类之所以从丛林世界中"脱胎换骨",成为"万物之灵",也恰恰是因为人类懂得用道德这一被康德称为的"崇高法则"来实现抱团取暖、守望相助,从而演绎出令人荡气回肠、"深深震撼"的人类道德文明和精神文化。所以当冰心客居海外,久病忧苦中朋友陆续来看望问候安慰,会真切体会到"同情和爱,在疾病忧苦之中,原来是这般的重大而慰藉",所以她以"最庄肃的态度",用一段诗意而温暖的话说:"爱在左,同情在右,走在生命路的两旁,随时撒种,随时开花,将这一径长途,点缀得花香弥漫。使穿枝拂叶的行人,踏着荆棘,不觉得痛苦,有泪可落,也不是悲凉。"①

因此,对他人的不幸遭遇产生的"同情"和怜悯更具有伦理道德上的基础性意义。俄罗斯哲学家索洛维约夫于 20 世纪初对原始部落进行文化人类学考察后也认为原始人有羞耻、怜悯、敬畏三种作为道德"原始材料"的基本情感②。我国伦理学学者何怀宏在《伦理学是什么》一书中则指出:"我们确实可以看到怜悯之情作为人类最原始和最纯正的一种道德情感,对于使人们履行最起码和最基本的道德义务,使社会不致长久堕入野蛮的巨大意义。……不仅现代社会的底线伦理乃至我们整个生活都需要这种道德情感'垫底'。"③美国心理学家霍夫曼在《移情与道德发展》一书中之所以关注的是"移情忧伤",就是因为他认为"亲社会道德行为通常包含帮助某个处于不愉快、痛苦、危险或其他形式的忧伤之中的人"④。霍夫曼在该书中把移情忧伤分为"新生儿反应性哭泣""自我中心的移情忧伤""准自我中心的移情忧伤""真实的移情忧伤""超越情境的移情忧伤"五个阶段,并分析了从"移情忧伤"到"同情忧伤"的转变过程。亚当·斯密的同情观也有力地证明了狭义的同情在道德发展中的基础性地位,尽管他在《道德情操论》一书中有时也主张广义的"同情"内涵,但他反复强调,"'同情'这个词,就其最恰当和最初的意义来说,是指我们同情别人的痛苦而不是别人的快乐";因为"对不幸者来说,最残酷的打击是对他们的灾难熟视无睹,无动于衷。对同伴的高兴显得无动于衷只是失礼而已,而当他们诉说困苦时我们摆出一副不感兴趣的神态,则是真正的、粗野的残忍行为"⑤。可见,斯密更为看重狭义的同情所具有的道德意义。

狭义的"同情"与"怜悯""恻隐"是近义词,中国先秦时期众多思想家

---

① 冰心:《寄小读者》,商务印书馆 2015 年版,第 84 页。
② 转引自朱小蔓:《情感德育论》,人民教育出版社 2005 年版,自序。
③ 何怀宏:《伦理学是什么》,北京大学出版社 2002 年版,第 142—144 页。
④ [美]马丁·L.霍夫曼:《移情与道德发展》,杨韶刚、万明译,黑龙江人民出版社 2003 年版,第 35 页。
⑤ [英]亚当·斯密:《道德情操论》,蒋自强、钦北愚等译,商务印书馆 1997 年版,第 51—52 页。

就已经对其在伦理道德上的基础性意义进行了论证。儒家思想代表人之一孟子从其性善论思想出发提出："人皆有不忍人之心者,今人乍见孺子将入于井,皆有怵惕恻隐之心。非所以内交于孺子之父母也,非所以要誉于乡党朋友也,非恶其声而然也。由是观之,无恻隐之心,非人也……恻隐之心,仁之端也。"①墨子从其"兼爱""非攻"的思想出发也指出:"天下之人皆相爱,强不执弱,众不劫寡,富不侮贫,贵不敖贱,诈不欺愚。凡天下祸篡怨恨,可使毋起者,以相爱生也,是以仁者誉之。"②墨子主张要同情扶助弱者,而不能恃强凌弱,唯有如此,才会天下太平,这就是墨子的"兼相爱,交相利"的义利结合思想,这一点和道家老子的思想其实是相通的。老子说:"天之道,其犹张弓与? 高者抑之,下者举之;有余者损之,不足者补之。天之道,损有余而补不足;人之道则不然,损不足以奉有余。孰能有余以奉天下? 唯有道者。"③所以老子主张"上善若水,水善利万物而不争",这种合乎自然之道的善才称得上是"上善",既利万物又保全自身,如承载万物的天地,因此,"损有余而补不足"和"上善若水,水善利万物而不争"的思想既充满"利他"的同情思想,也是一种"利己"的保身之道。

我国先秦时期的这些思想和我们今天提出的"人类命运共同体"在本质上是相通的,无论是国家之间还是人与人之间,在面对困难和不幸的时候能够互相同情扶助,这样才能实现和平与发展和互利共赢,这才是符合人性的道德文明。因此习近平总书记强调的"构建人类命运共同体"作为新时代中国特色社会主义思想的重要组成部分,具有重大的社会意义。人类命运共同体旨在追求本国利益时兼顾他国合理关切,在谋求本国发展中促进各国共同发展;而从小的方面看,人类命运共同体则指的是与周围的人,如家人、同学、同事及每天和我们相遇的陌生人以恰当的方式互帮互助、合作共赢。

当今世界面临着百年未有之大变局,政治多极化、经济全球化、文化多

---

① 徐洪兴撰:《孟子直解》,复旦大学出版社 2004 年版,第 79 页。
② 《墨子今注今译》,谭家健、孙中原译注,商务印书馆 2009 年版,第 84 页。
③ 《老子》,饶尚宽译注,中华书局 2006 年版,第 184 页。

样化和社会信息化潮流不可逆转,各国间的联系和依存日益加深,但也面临诸多共同挑战。粮食安全、资源短缺、气候变化、环境污染、疾病流行、跨国犯罪等各种问题层出不穷,对国际秩序和人类生存和发展构成了严峻挑战。无论身处何国、信仰如何、是否愿意,全世界的人实际上都已经处在了一个命运共同体中,因为人类只有一个地球,各国共处一个世界。然而,"人类命运共同体"的构建需要全人类培养这种意识和态度,而这种意识和态度不是凭空产生的,需要通过教育和培养才能逐步形成。各个阶段的教育侧重应该不一样,对未成年人来说,需要在人际交往中、在人与人的关系中培养他们的这种意识,尤其是对弱势群体的态度。

二、同情道德的迷失:未成年学生不能承受之重

人固有同情的本能或天性,但其作用却要受到利己本能的限制,两种本能常常处于矛盾和冲突中,这是人性的复杂性所决定的。如前所述,和他人共享快乐和喜悦相对而言可能更容易,因为这符合人趋乐避苦的自然本性;而当我们面对他人处于不幸境况时,即使心生"恻隐之心",也常常会出于各种原因最终选择拒绝或逃避帮助。因此有人说,在今天这个物质日益繁盛而精神却日渐空虚的时代,恻隐之心似乎已经变得越来越无处安放,一些恶性社会事件也暴露出一部分人的冷漠和冷血。然而,这些现象绝不能简单地归结为人性的麻木甚至堕落,弘扬同情道德和严肃地思考其合理的界限,二者同等重要。令人忧心的是,同情淡漠和道德绑架恰恰越来越成为未成年学生不能承受之重。本部分将重点以狭义上的同情道德为例,对这一问题展开论述。

(一)恻隐之心人皆有之

我们可以设想,任何人在面对他人的不幸遭遇时都会或多或少产生同情的心理感受,正如孟子所谓"恻隐之心,人皆有之""人皆有不忍人之心者,今人乍见孺子将入于井,皆有怵惕恻隐之心"。亲身的经验告诉我们从高处掉落会疼痛或受到伤害,间接的经验告诉我们严重的高坠可能会导致死亡,于是无论我们是否有过落井的经验,我们看到"将入井的孺子"常常

本能地感到惊惧并引起自身的一系列反应,进而一般都会本能地实施一定的救助。这种恻隐同情之心是人类进化过程中社会性高度发展而形成的一种天性,对此即使是年龄尚小的儿童也不例外。

儿童看到有人处于悲伤中时也常常感到悲伤,看到有人处于危险中时会不由自主地为他们"捏一把汗"。悲伤、惊惧等情感都是一种令人不适的紧张状态,当儿童处于这种紧张心理状态时,总会通过某种方式来缓解或解除这种状态,按照心理学的解释,这是机体的一种本能反应。虽然逃避似乎是缓解或解除这种紧张状态的一种反应方式,但人的想象力却往往使人不由自主地继续"看到""听到"或"想到"事发现场的种种情景,因此会继续承受着惊惧和悲伤的煎熬,而且人的想象力常常会放大事情的可能后果,因此逃离往往非但不能缓解和解除这种惊惧和痛苦,反而可能使之变得更为强烈。这似乎表明,同情怜悯之心一定程度上是由儿童的自爱之心所激发的。卢梭也说:"当孩子还不能想象别人的感觉时,他只能知道他自己的痛苦;但是,当感官一发育,燃起了他的想象的火焰的时候,他就会设身处地为他的同类想一想了,他就会为他们的烦恼感到不安,为他们的痛苦感到忧伤。怜悯,这个按照自然秩序第一个触动人心的相对的情感,就是这样产生的。"[①]

不过,同情或怜悯并非单纯由自爱之心而产生,自爱之心只是儿童对他人的不幸和危险"感同身受"的心理基础,教育、舆论和文化的熏陶会一步步强化儿童这种关爱他人的道德情感和行为,从而使自爱之心逐渐扩展到关爱身边熟悉的人,如亲人、玩伴、邻居、同学、老师等。给予遭遇打击或不幸的熟悉的人以帮助,这似乎已经很难说是"同情",更多的应该是人际交往形成的亲密情感所自然触发的关切爱护之情。这里引用我前几年开展现象学研究过程中收集的两则案例:小芳听说自己从小一起玩的好朋友小梅得了一种可怕的"血液病",随时可能死掉,小芳伤心地哭了很久,她和另外几个姐妹把平时攒的零花钱全部给了小梅的妈妈,还一起为小梅折了很多

---

① [法]让·雅克·卢梭:《爱弥儿》,李平沤译,商务印书馆1983年版,第68页。

纸鹤;体育课上,老师交代了一下安全事项,然后让大家自由活动,突然,淘气的小刚从双杠上摔了下来,好像摔坏了胳膊,他疼得流出了眼泪,一些同学赶快去扶小刚,另一些同学飞快地跑去叫老师,老师很快就跑来了,抱起小刚飞速送到了医务室,下课后大家都去看小刚,用温暖的话安慰他。① 儿童生活中这种平常但却充满温情的例子还有很多。

从人的本性来说,与亲朋好友相比,我们对关系不紧密的人甚至毫无关系的陌生人的同情的确会更弱。对此,美国著名生物学家爱德华·威尔逊在《论人的本性》一书中有过明确的论述。该书把动物的自利—利他描述成一个"行为谱","其中一端的行为只能让个体受益,接下来的行为的受益者依次是小家庭、大家庭、群体……另一端的行为的受益者是最高级的社会政治单位","人类非常接近行为谱的一端,即使个体受益的行为"。② 按照威尔逊的观点,人类的利他性虽然并不强,但作为人类进化选择后的一种生存智慧,古往今来一直备受推崇,同情利他的天性也作为文化基因得以延续。

正因为人固有恻隐之心,所以尽管人的利己本性非常强大,人类社会也不至于堕入冷酷和野蛮。同时,也因为人有利己本性,因此人的恻隐同情天性需要后天的小心呵护和进一步培育才能发展得更为成熟。如前所述,人的生活总是充满了大大小小、各种各样的不幸,因此儿童在生活中几乎每天都会遭遇同情道德的"考验",例如,班上一个同学被其他同学排斥和孤立甚至欺负,在大街上看到一个衣衫褴褛的乞丐在乞讨,地震后学校组织捐款捐物,电视上看到关于某国动乱的难民报道,等等。之所以说这些是考验,是因为同情怜悯的天性、周围人的不同反应、自利之心等几个方面会同时产生作用,从而导致儿童有时候会非常困惑和苦恼,因此这些考验既有可能成为儿童同情道德发展的机遇,也有可能一步步导致儿童同情道德的迷失,朝哪个方向发展关键取决于社会环境和教育影响。

---

① 左群英:《同情教育论》,人民出版社 2012 年版,第 56 页。
② [美]爱德华·威尔逊:《论人的本性》,胡婧译,新华出版社 2015 年版,第 158—159 页。

（二）同情淡漠不容忽视

19世纪80年代，美国一位传教士阿瑟·史密斯写过一本书《中国人的德行》，该书以西方文明的视角观察中国人的行为方式尤其是底层人民的生活，试图对中国人的德行和性格进行总结。该书认为中国人既有"节俭""辛勤努力""柔中带刚""生命力旺盛""忍耐""孝心"等优点，也有"死要面子"（排在第一）、"因循守旧"、"互相猜忌"、"缺乏公德心"、"缺乏诚信"等缺点。就同情道德而言，该书则指出中国人既有"仁德"，又"缺乏同情心""缺少利他思想"，但实际上批判得更多。在史密斯看来，中国人在儒家思想和佛教的影响下表面上重视仁德，但常常不过是做做样子。比如官府、富贵人家会在百姓闹饥荒的时候施粥等，但这些善行不过是为了"行善积德"，目的是来世能够得到好报，并非出于真正的善意，实际效果也并不大。比如他说："发生灾难的时候，政府的官员们总是快速赶到灾区去，想要帮助受难的百姓，但他们并不会采取什么长远的措施来防止灾难的再度发生，只是采取一些治标不治本的方法，来解决眼下的问题而已"，而且"赈灾的物资还要受到日渐衰落的中国政府的盘剥和压榨"；"有些人站在河边，将渔夫打的鱼全部买下然后放生，类似这种做法可以看到很多，每个人都在模仿做这些'善事'，因为这种善事本身对自身并没有什么影响，要比帮助那些上门求助的人解决问题容易得多"①。此外，史密斯认为中国人缺乏同情心，尤其反映在对贫穷的麻木，对待残疾人和精神病人缺乏尊重甚至拿别人的痛苦来进行嘲弄和逗乐，以及重男轻女观念下女性地位低下、生活悲惨等方面。

当然，《中国人的德行》一书反映的是19世纪中国社会动荡的黑暗年代，而且史密斯的观察和总结多少带着一个西方人的优越和傲慢，不一定符合实情。但该书对中国人部分劣根性的分析和批判在一定程度上是切中要害的。所以该书译者在前言中引用鲁迅的一段话："我至今还在希望有人

---

①　[美]阿瑟·史密斯:《中国人的德行》，朱建国译，译林出版社2016年版，第120—121页。

翻出史密斯的《支那人气质》来。看了这些,而自省,分析,明白那几点说的对,变革,挣扎,自做工夫,却不求别人的原谅和称赞,来证明究竟怎样的是中国人。"①鲁迅这段话实际上到今天仍然是发人深省的。

同情道德的淡漠在今天仍然是一个令人忧虑的社会问题,只不过程度和方式有所不同而已。社会学上有一个概念叫"道德恐慌",意指"由媒体引发的过度反应"②。在今天互联网日益发达的时代,所谓同情道德的淡漠一定程度上可能和这种媒体引发的道德恐慌有关,但不可否认的是,这类现象在我们的生活中也确实真实地存在着。面对街头乞讨者的视若无睹,面对罪恶下求助的眼睛选择漠然离开,诸如此类的现象反映了复杂社会变迁下人们的种种复杂心态:乞讨的职业化导致信任丧失,暴力犯罪令普通人在胆战心惊之中无奈选择明哲保身③。如果说 2006 年南京"彭宇案"、2011 年广东"小悦悦事件"等典型案例已经过去很久,那近年如 2018 年甘肃一位 19 岁女孩准备跳楼,几个小时以后几位围观者起哄,女孩最终挣脱消防员的手跳楼身亡④。尽管几个起哄者后来被拘留,但滞后的法律制裁难以弥补道德冷漠带来的伤害。如果有一天我们大多数人,无论以何种理由——不管是真正的道德冷漠甚至冷血,还是大众传媒引发的"道德恐慌",或者"苦难饱和"下的"同情疲劳"——对处于困境中的人选择漠视和拒绝同情帮助的时候,我们迟早会失落一种守望相助的美好人性,在这样的社会环境下,未成年人也很难发展出同情利他的美好品质。

再次强调,缺乏同情和拒绝帮助并不能简单归结为"不道德",因为即使是不乏同情心的人,也常常在面临现实的具体情境时感到困扰和迷惑,这

---

① 鲁迅:《"立此存照"(三)》,载《鲁迅全集》第 6 卷,人民文学出版社 2005 年版,第649 页。

② [英]安东尼·吉登斯:《社会学》,赵旭冬等译,北京大学出版社 2003 年版,第851 页。

③ 左群英:《同情道德的迷失和教育复归——基于人性论的视角》,《教育研究与实验》2019 年第 2 期,第 36 页。

④ 环球网:《甘肃女孩跳楼事件 多名"起哄者"被拘》,见 https://baijiahao.baidu.com/s?id=1604288462505385121&wfr=spider&for=pc。

是成年人和未成年学生共同面临的问题。我在 2009—2011 年所做的一项关于未成年学生同情助人的现象学研究表明这种情况的确非常突出,造成这种情况的原因很多,这里列出儿童的自我陈述和从中分析的几种具有代表性的心态:"我不能见一次就给一次吧",儿童在最初看到大街上、校园里甚至偶尔溜进教室里的乞讨者时,一般会或多或少地给一点儿,但经常遇到后就有点"招架不住"了,觉得"心有余而力不足";"我没有勇气",这种情况通常是儿童面对他人遭受不公正对待甚至是暴力行为时,虽然气愤和不满,但慑于实施不公正行为或暴行的人力量和自身相比过于强大,所以虽然同情弱者的遭遇,却没有勇气站出来制止;"别人会笑话我",儿童在面对他们认为很"可怜"的人时,有时候会采取观望的态度,如果别人没有采取行动,他们会担心如果自己采取和他人不一样的行为,别人就会笑话自己,因为他们扪心自问觉得自己也无法达到大公无私、舍己为人的高尚境界,所以担心自己的点滴善举会招来不屑,被人嘲笑为"五十步笑百步";"我不知道怎样帮助她",年龄较小的儿童在遇到他人的不幸境况和危险处境时常常不知所措,因为他们的身躯实在太柔弱,社会经验也非常有限,这导致他们虽然有同情心但最终很难做出助人行为,而且一般都会或多或少体验到内疚或自责。①

　　问题的关键在于,学生的上述种种消极体验和困惑如果得不到有效的化解和正确的引导,同情这份美好的天性随着学生的成长就容易慢慢地淡漠以至于失落。不幸的是,伴随着当今消费主义和竞争主义的浪潮,这种情况正在成为一种令人担忧的"现在进行时"。人类自工业社会以来在物质财富方面已经大大增长,这一方面极大地提高了人们的生活水平,另一方面又更大地刺激了人们的消费欲望和攀比心理。日益膨胀的消费和竞争欲望驱使人们陷入快节奏的奔波忙碌中,人生演绎成一场旷日持久的激烈竞赛,孩子从一生下来就身不由己地被抛进一个巨大的竞技场。2010 年出品的

---

① 左群英:《同情的失落——一种教育现象学视角的儿童情感观察》,《上海教育科研》2011 年第 11 期,第 36—39 页。

电视剧《瞧这一家子》就折射出了以孩子小升初为中心的家庭、学校、老师的焦虑甚至"疯狂"。尽管电视剧以我们期待的皆大欢喜作为大团圆式的结局,剧中的孩子"被扒了一层皮"以后最终也考上了理想的重点初中,然而现实生活中这样的幸运儿实际上终归是少数。

智力平平、学习成绩不好、家庭资源又非常有限的学生在现实生活中常常成为不被注意的"沉默的大多数",学校和老师很少在意他们的困境和在困境中备受煎熬的心灵。那些得不到应有的肯定、欣赏和尊重,自我效能感也非常缺乏的学生常常会变得平庸自卑,有的还会因此产生各种人格障碍,极度自卑自怜后要么自暴自弃,要么对他人对社会产生冷漠和敌视,有的甚至因此在错误的道路上迷失自己,最终一步步走上违法犯罪的道路。

2009年网上曾流传一则时长为5分钟的视频,上海一女生在一个弄堂里不断抽打同校另一女生的脸,扯其头发,击其腹部,踹其头,甚至后退十米然后加速从背后冲撞该女生,旁边一群旁观的同学非但不制止反而跟着起哄。无论是因为什么人际冲突导致这样的校园欺凌,这种行为已经反映出学生心灵的扭曲和道德的冷漠。再如2018年4月27日陕西某中学校门外巷道发生的一起震惊全国的伤害案,一名男子持匕首行凶导致至少9名学生死亡,而行凶动机竟是因为该男子读书期间曾遭校园欺凌而心生报复。我们应该从这些层出不穷的类似案例中进行反思并努力变革和完善我们的学校教育和校园文化环境。

(三)"道德绑架"值得审视

同情淡漠固然令人忧虑,但强迫他人做出道德行为则是一种值得审视的"道德绑架"。一般意义或者法律意义上的绑架通常是以暴力为手段,以限制被绑架者的人身自由甚至是以剥夺被绑架者生命相威胁来侵害被绑架者或其他相关者的利益;道德绑架则是以人们对社会道德舆论的畏惧,即常言所谓的"人言可畏",或对自身道德形象或名誉受损的恐惧,而迫使当事人选择牺牲自己的利益。可见无论什么意义上的绑架,其共同点都是利用人的某种畏惧或恐惧心理而达到控制当事人行为并使其牺牲自身利益的目的。①

无论谁做出严重"缺乏爱心"的"不道德"行为,都会面临巨大的道德压力,这一方面体现了社会舆论巨大的道德力量,但另一方面,越来越多的人也开始批判强迫他人做出道德行为的道德绑架行为。道德不同于法律,法律是强迫性的,而道德更多的应该是自觉自愿。道德植根于丰富的人性,因此一般具有三个层次:个体的利益和权利,即道德必须首先尊重每个人的生存与发展权,否则就是"非道德";共同的社会规范,以约束个人的自然冲动,调节人与人之间的利益纷争;崇高的精神境界,为保全他人和社会的利益而不惜做出自我利益的重大牺牲,但只能倡导而不能将其拔高作为一种强制的规范②。然而在现实生活中,道德的三个层次并没有得到很好的厘清,因此本来属于倡导但不能强制的崇高层次的道德,甚至还没有形成公认必须遵守的第二层次的共同社会规范,有时候也会被人以语言、舆论等方式进行"软强制",从而实际上导致对个体利益和权利的伤害。如一些名人在发生重大灾情后捐款数额达不到一些人的预期就遭到口诛笔伐,工作中被评为优秀的人常常被要求凡事都应该公而忘私,即使争取自己应得的权益也会有人指责其"名不副实"等。

2012年由陈凯歌导演的电影《搜索》,就反映了网络社会下过度升级的道德绑架及其危害。某上市企业董事长秘书叶蓝秋在获知自己罹患癌症之后,心灰意冷地上了一辆公交车,沉浸在惊愕与恐惧中的她拒绝给车上的老大爷让座而引起公愤,这一过程被电视台实习记者杨佳琪用手机拍个正着。新闻主编若兮凭着敏锐的嗅觉将此新闻播出,蝴蝶效应引发大规模的网络暴力和道德审判,叶蓝秋被"人肉搜索",最后在疾病和舆论的双重压力下选择了自杀。值得注意的是,记者在这一事件发生之初采访叶蓝秋母校的教师时,这位曾以叶蓝秋为骄傲的班主任对这一事件及其引发的网络暴力并没有保持理性的审视态度,而是和大多数人一样,站在"道德高点"审视

---

① 余涌:《非权义务与道德绑架》,《道德与文明》2018年第4期,第40页。

② 左群英:《人性视野下的道德层次论——儒家伦理道德与古典功利主义道德的比较》,《理论与改革》2013年第6期,第126—127页。

和批判叶蓝秋的不道德。

道德绑架不仅伤害当事人,而且容易导致社会道德舆论的非理性发展。而且,拒绝帮助他人并不一定意味着不道德。以同情这一基础性道德品质为例,对"同情"表现出不以为然甚至激烈批判就一定意味着不道德吗？马文·奥拉斯基在《美国同情心的悲剧》一书中分析了美国社会福利政策的变迁后认为,滥用同情会最终扼杀同情,他说:"在全美,'同情疲劳症'成为人们厌倦滥用慷慨的原因,或者显然成为慷慨无用论的证据。就像专栏作家艾伦·古德曼所言:'对我们大多数人来说,慷慨正以一种缓慢的过程转为憎恨,同情心也变得冷酷无情了。'"①这本书之所以被誉为20世纪90年代"关于福利和社会政策的最重要的一本书",就是因为它现实而理性地对滥用同情的危害进行了清醒的分析。

道德绑架除了伤害人心,还容易导致人们迫于压力用虚假道德来对自我进行保护或者"装饰",而这种情况不幸正在蔓延到未成年人身上。有的学生虽然做出了帮助他人的行为,但其动机却并不是源自内心的道德情感和良知使然,相反要么是外界的压力,要么是一种伪装的道德行为。比如,当学校组织捐款的时候,同学们排着队纷纷经过募捐箱——这种情况下即使内心丝毫没有产生同情心的学生,或者内心很抵抗制度化募捐活动的学生,在周围老师和同学的目光注视下一般也会或多或少捐款。曾经流传一个笑话,说一个小学生回家和家长说,学校要求每个同学必须要学雷锋做一件好事,家长问他做了什么,他说今天放学后搀扶一个老奶奶过了马路,家长很为自己的孩子高兴,不料小孩又加了一句"那老奶奶不愿意过马路,是我硬把她搀扶过去的!"自然,这不过是一个笑话。但与之类似的情况我们很难说没有。

当然,不能说任何道德要求、道德舆论和道德批判都是"道德绑架",只有以不道德的方式强迫他人做出道德行为时,才是"道德绑架"。区分合理的道德要求和不合理的道德绑架并不容易,就如在面临具体的道德情境时

---

① [美]马文·奥拉斯基:《美国同情心的悲剧》,文津出版社2000年版,第1页。

应该如何选择也不容易一样——这对学校生活中的学生来说更是如此。缺乏同情和拒绝帮助并不是一个可以简单归结为"不道德"的现象,尤其要求力量本身就很弱小的儿童在面临他人处于危险处境的时候见义勇为,这本身也是不道德的。但问题的关键在于,如果儿童的种种消极体验和种种困惑得不到有效的化解和正确的引导,如果我们只是简单告诫儿童不要逞强从而导致他们对见义勇为产生持续的恐惧,那么同情这份美好的天性很容易随着儿童的成长慢慢地淡漠以至于失落,即使当他们成人以后具备了帮助他人和见义勇为、见义智为的能力。总之,当今社会各种和同情道德有关的现象和问题及其引发的道德大讨论对学生的品德发展有些什么影响,教育如何应对,如何培养学生的同情品德并引导他们学会正确的表达同情,这些是学校和教师应该正视并进行认真研究的。

第二节　体验式学校德育改革的实践策略

第一节重点围绕同情这一基础性道德品质进行了阐述。实际上,由此推而广之,道德都是在利己和利他的人性冲突中发展起来的。道德的迷失植根于人性中利己和利他的冲突中,这种冲突在遭遇社会环境中的诚信危机、竞争主义、道德恐慌、道德绑架等后就会变得更加复杂。因此,让迷失的道德实现人性化复归,是一个关乎社会、家庭、学校的系统教育工程。不过,学校教育作为人类社会发展到一定历史阶段后产生的一种机构化的专门教育形态,一经产生就理所当然地成为教育的主要阵地,承担起教育的主要责任。道德以利己和利他的和谐为条件,以人的自觉自愿为发展基础,因此学校道德教育应该在人性的利己和利他之间、在关心他人和践行正义之间寻找合理的平衡,在方法层面则要摒弃传统的灌输、说教、强制等,在激发体验、聆听体验和反思体验三个方面探索有效的体验式道德教育模式。

一、关怀伦理和公正伦理的平衡

在伦理学和道德哲学领域,自从美国心理学家卡罗尔·吉利根的《不同的声音》出版以后,关怀伦理和公正伦理就成为伦理学和道德哲学的两个重要取向进入相关研究和实践中。比较而言,关怀伦理学强调同情、理解、体验,因此和本书的旨趣似乎更为一致,学校德育要进行体验式改革,看起来也应该关注关怀伦理学。但实际上,体验教育理念下的学校德育改革的确需要加强关怀伦理这一视角的考量,但同时公正伦理和关怀伦理并不是非此即彼的,二者同等重要,应该平衡发展。应用在学校德育改革实践中,就是要教育引导学生"学会关心"和"践行正义"相结合。

(一)教育学生"学会关心"

美国心理学家卡罗尔·吉利根是关怀伦理学的先驱。她早年曾作为著名发展心理学家劳伦斯·柯尔伯格的助手,也在一段时间里和其他心理学同事一样,讲授弗洛伊德、埃里克森、皮亚杰和柯尔伯格等人的心理学理论。但之后她在大量研究女性对道德问题的看法和体验后,在《不同的声音》一书中指出,人们在谈论"道德和自我"的过程中往往有两种不同的声音,或者说"谈论道德问题的两种方式",即男性和女性对道德问题的看法和表达存在差异。概括而言,吉利根认为传统心理学在长期的男权主义制度和文化下,遵循的一直是男性的标准,即追求公正、权利,以竞争和心理的独立和分离作为价值取向,在心理和道德发展上基本上以普遍道德原则为基础进行抽象逻辑分析,但女性的伦理推理和心理发展是集中于实际关系和情感的,注重事件发生情境的细节,遵循的是"关怀"的路线,注重人与人的心理联结与和谐。因此吉利根的这一理论被归入女性主义伦理学的范畴就不足为怪了。不过,吉利根特别强调这两种不同的声音"并非是以性别,而是以主题为特征的",只不过从经验观察和统计的角度看,性别往往和某种特征的声音更容易结合起来[①]。也就是说,虽然女性更倾向于关怀伦理,男性更注重公正伦理,但这种性别差异不是绝对的,两种伦理取向毋宁说是人类普遍存在的两种方式。

之后美国著名的关怀伦理学家弗吉尼亚·赫尔德在分析传统伦理学中

---

① [美]卡罗尔·吉利根:《不同的声音》,肖巍译,中央编译出版社1998年版,第36页。

义务论、功利论局限的基础上，也强调关怀伦理具有不可替代的价值意义。义务论认为行为的善恶或者说正当与否取决于该行为是否符合普遍的道德原则，特别关注人们行为的动机；功利论则强调应该根据行为是否促进最大多数人的最大幸福来判定行为的善恶和正当与否，尤为注重的是人的行为结果。赫尔德认为义务论和功利论都是"关于正确行动的理论"，"二者都依靠普遍的准则和所建议的简单抽象原则，这些原则被假定可适用于所有个案"，他反对将道德理论视为某种"固定形式"，但他还是对其强调的关怀伦理学的特征从三个方面进行了概括：主要关注迫切的道德感，为满足周围人的需要而服务，对周围人负有责任；尊重而不是拒斥情感，培育同情、共鸣、敏感等道德情感有助于落实理性的道德原则；对"道德难题的推理越抽象越好，因为越是避免偏见和人为化就越是接近公正"这一主导性伦理观点进行拒斥，主张尊重人的需求和要求。[①]可见，赫尔德和吉利根的关怀伦理在实质上是相通的，只不过赫尔德更为明确地强调情感和关系的重要性，这与体验教育的理念是一致的。

吉利根和赫尔德是从心理学和伦理哲学的角度对关怀伦理学进行论证，美国关怀道德教育理论的代表人物内尔·诺丁斯则针对美国学校教育成效甚微的实际，从教育学理论和实践的角度更为明确地提出"关心和被关心是人类的基本需要"，因此让学生"学会关心"，是教育的另一种重要模式。诺丁斯批判"当前的教育目标并不是培养会关心的人，而是近乎残忍的学术训练"，因此她提出"教育最好围绕关心来组织：关心自己，关心身边最亲近的人，关心与自己有各种关系的人，关心与自己没有关系的人，关心动物、植物和自然环境，关心人类制造出来的物品，以及关心知识和学问"。[②]可见，在诺丁斯建构的"关心伦理"中，"关心"是贯穿于教育活动方方面面的理念性的教育模式，其中人与人之间的互相关心是尤为重要的。

---

① ［美］弗吉尼亚·赫尔德：《关怀伦理学》，苑莉均译，商务印书馆2014年版，第12—14页。

② ［美］内尔·诺丁斯：《学会关心——教育的另一种模式》，于天龙译，教育科学出版社2003年版，第1—3页。

如前文所述,对弱者的同情扶助是一种基础性的道德情感和品质,尤其需要学校给予高度的重视。所以诺丁斯强调:"关心既是人对其他生命所表现的同情态度,也是人在做任何事情时严肃的考虑。关心是最深刻的渴望,关心是一瞬间的怜悯,关心是人世间所有的担心、忧患和苦痛。我们每时每刻都生活在关心之中,它是生命最真实的存在。"①

关心当然包括物质救助,同情当然包含捐款捐物,但教育学生学会关心,培养学生的同情道德,更重要的是教育日常生活中的春风化雨。这要求教师首先要以敏感真诚的态度去关心热爱每一个学生,尤其是那些遭遇挫折、需要帮助的学生。苏联著名教育家苏霍姆林斯基曾列举一个观察到的课堂片段:一个孩子因为外祖母——他生活中最亲的人——去世而在上课时思想不集中受到老师批评,同桌的学生把这一原因告诉了老师;老师却冷淡地说"外祖母死了有什么关系?外祖母归外祖母,但是学习必须认真",这极大地刺痛了孩子的心,他一声不响,暗自流泪,从此以后他恨透了这位教师,直到毕业。苏霍姆林斯基内心沉痛地说:"同情心,对人由衷的关怀,这就是教育才能的血和肉,教师不能是个冷淡无情的人。"②苏霍姆林斯基把同情心作为教育才能的血和肉,就是为了说明教师如果缺少一颗悲悯仁慈的同情之心,即使具备再高深的专业才能也是不行的。教师是学生的榜样,教师的日常教育行为毫无疑问会潜移默化地影响学生。所以,要教育学生学会关心,教师自己首先要学会关心。

真正的关心以对他人处境及感受的敏感觉察为基础,这样的关心是平等的、尊重的,充满温暖和善意的;相反用不恰当的方式滥施"自我中心主义"式的同情,这不是真正意义上的关心。如果以"高高在上"的态度进行"施舍"性的"给予",这种目中无人的态度更容易使被同情者不舒服,甚至毫不掩饰自己的抗拒和排斥态度,正如我国古代"廉者不受嗟来之食"这个故事所揭示的那样。当然,人们对同情的反感有时候并不会通过激烈的方

---

① [美]内尔·诺丁斯:《学会关心——教育的另一种模式》,于天龙译,教育科学出版社 2003 年版,第 23 页。

② 转引自余文森、连榕等:《教师专业发展》,福建教育出版社 2007 年版,第 90 页。

式表达出来,而是潜藏在他们内心深处。对人类的这些微妙的心理状态,年幼的儿童往往知之甚少,一方面因为处于"自我中心"阶段的儿童常常从自我感受出发,另一方面是他们的经验还很缺乏,因此他们很少顾忌处于不幸中的人的复杂心态,常常"童言无忌"地说出令人尴尬或触及他人伤痛的话。另外,前已述及的竞争主义已经越来越催生出"赢家"和"输家"的两极分化,学校中也不例外。更不幸的是,学生中一些所谓的"赢家"恰恰已经越来越沾染上成人世界中的"优越感",对那些处于弱势的同学持一种看不起或高高在上的施舍态度,这其实也是一种"自我中心"式的同情。无论是出于无知还是出于优越感,这种自我中心式的同情应该得到教师恰当的引导,这样学生才能学会真正地关心并有效帮助他人。

当然,关心不仅仅是对弱者的同情和帮助,实际上学校生活中的所谓"学霸"和其他方式的各类"强者"也需要关心,只不过关心的内容和方式可能略有不同。实际上,再优秀再刻苦的学生也有疲惫的时候,也有犯错和后退的时候。而且学习成绩一路拔尖的学生在挫折承受能力方面容易有所缺失,习惯了掌声和鲜花的他们一旦失利或失败往往难以接受。今天越来越多的尖子生因为压力过大或者人格不健全而出现各种心理问题,这种现象要引起学校和教师的注意。此外,在小学、中学学习拔尖的学生在进入人才济济的重点中学和大学后,优势不再明显,有的还可能从山巅跌入谷底,如果学生的心理不具备弹性和韧性,不能很好地调整、适应和改变,就可能钻牛角尖、走极端。因此在中小学阶段,在这些学优生头顶光环的时候,教师就要注意他们光环背后可能的阴影,根据学生的实际情况给予关心和引导。

对学优生和尖子生来说,和挫折教育同样重要的,还有对成功和卓越的理性思考。2008年,耶鲁大学教授威廉·德雷谢维奇决定辞去自己的终身教职,离开这所颇负盛名的常春藤名校,同年他发表了题为《精英教育的劣势》一文,指出精英教育对学生造成了很多不利影响,如疏远人性、鼓吹虚假的自我价值、提供平庸和安全的诱惑、消磨欣赏孤独的能力等,强调大学的宗旨是塑造灵魂而不是培养就业能力。几年后,德雷谢维奇出版了《优秀的绵羊》一书,进一步阐述了他对精英教育的反思。请允许我在这里直接引用该书第一部分的导言：

> 就算是那些曾经赢得无数奖项的最成功的学生，他们也会在某个时刻停住脚步思考这一切是否都值得。在他们三四十岁的时候，他们是社会公认的有成就的医生、律师、学者、商人，但他们往往让人感到，他们不过是一样在终生竞争的集中营里茫然的生还者。其中有些人说，他们最终从事的职业是出于他人的希望，或者他们随波逐流并不假思索地加入了目前从事的职业。经常有人会说，他们没有去体会自己的青春，他们从没有生活在当下，他们总是在追逐一些未经深思熟虑的目标。他们总会思索，曾经的努力是否都值得？[①]

《优秀的绵羊》反映和反思的是美国的高等教育，但实际上其所揭示的深刻问题在我国的中小学阶段就已经存在了。父母和教师总是催促着懵懂的孩子们要刻苦学习、追求卓越，这样才能在竞争中处于领先地位，这样未来才有机会成为社会的精英。这种精英教育下的尖子生们内在实际上往往缺失了对自我独特生命价值的选择和体验，最终沦为德雷谢维奇所说的"在终生竞争的集中营里茫然的生还者"。

从关怀伦理的普遍教育意义来看，教育学生学会关心，实际上就是强调教育学生学会爱，包括爱自己、爱他人、爱社会、爱人类。前面第五章情绪管理策略部分介绍了阿德勒的《爱的艺术》，强调爱是一种通过练习获得的能力，学校德育改革就是要致力于培养全体学生爱和关怀的意识和能力，而这种教育应该渗透在学校教育活动的方方面面。

（二）引导学生践行正义

关怀伦理是 20 世纪后半叶兴起的伦理价值取向和道德实践取向，强调人与人之间的关心和爱，关注个体的心理需要和情感体验，赫尔德认为这可以成为解决人类道德难题的新的道德理论。不过，这绝不意味着公正伦理就应该被取消和代替。相反，公正伦理和关怀伦理一样，应该共同发挥各自的作用，二者是相互补充和完善的。"公正"和"正义"是一对非常相近的概

---

① ［美］威廉·德雷谢维奇：《优秀的绵羊》，林杰译，九州出版社 2016 年版，第 1 页。

念,二者都与强制性规则相关联。正如约翰·斯图亚特·穆勒曾指出的:"即使不是在所有的语言中,也可以说在大多数的语言中,'正义'的词源都与'公正'的词源一致,其源头要么与成文法联系在一起,要么在大多数情况下与法律的原始形式——权威性风俗联系在一起。"①

实际上,法律和道德都是风俗习惯演化发展的结果,只不过前者具有强制性,后者主要靠个人自觉和社会舆论进行约束,但二者又有着千丝万缕的关系,比如一些底线道德对社会生活至关重要,单靠人们自觉和社会舆论不足以落实,就可能作为法律条文规定下来,以确保其强制执行。所以我们也可以说,法律是底线的道德。而之所以需要法律和道德,是因为人虽然生而有同情利他、关怀他人的天性,但是人固有的自私利己又非常强大。按照英国著名演化生物学家、英国皇家科学院院士、牛津大学教授理查德·道金斯在《自私的基因》一书中所指出的,成功的基因的一个突出特性是其自私性,生物的大部分行为和性状,正是为了保护其基因得以延续。② 道金斯从生物的角度阐明了人类的自私性,但实际上随着人类文化的演进,人的自私性不仅仅或者说主要不是为了延续基因,而是竞争主义下的攀比和炫耀。对此前文已多有论述。总之,正因为人类存在自私利己的生物和文化冲动,因此约束、规则就变得非常必要,正如如果没有交通规则的约束,人人都想优先通行,那整个世界就会变得无法想象的混乱和危险。

法律毫无疑问是追求公正和正义的。实际上,公正和正义也是道德的基本内涵所不可或缺的。《尼各马可伦理学》记载亚里士多德曾引用古希腊的一句谚语强调说:"公正是一切德性的总括。"③美国哈佛大学教授约翰·罗尔斯在《正义论》中也对正义的内涵及其重要性进行了充分论证。罗尔斯提出"正义"的内涵包含在"无知之幕"或"原初状态"下人们都会选

---

① [英]约翰·斯图亚特·穆勒:《功利主义》,刘富胜译,光明日报出版社 2007 年版,第69页。

② [英]理查德·道金斯:《自私的基因》,卢允中、张岱云译,科学出版社 1981 年版,第2页。

③ [古希腊]亚里士多德:《尼各马可伦理学》,廖申白译注,商务印书馆 2003 年版,第130页。

择的两个原则中:一是平等自由原则;二是机会公平原则和差别原则。① 其中差别原则体现了对最少受惠者给予同情救助的思想,因为只有"采取措施使天生不利者与有利者一样可以同等地利用各种机会",才可真正实现平等自由和机会公平。不过,罗尔斯强调第一原则优先于第二原则,这就是"正当对善的优先","自由只能为了自由的缘故而被限制",换言之,平等自由是优先于对最少受惠者的差别对待的,差别对待只有在有助于实现平等自由的前提下才有意义。这是原初状态下人们普遍的自然选择,是符合人性的。我们从罗尔斯的论证里又一次看出,正义,或者说公正,既是法律所追求的,也是道德的底线所在。

至此我们可以说,公正伦理和关怀伦理实际上是道德的两大基本内涵,前者是个体必须遵守的底线的义务道德,后者是个体可以选择的倡导性的权利道德。学校在进行道德教育时,要注意兼顾二者,同时又区分二者。正如罗尔斯指出的"差别原则"体现了对最少受惠者的同情救助,这也是学校教育应该对因为天赋、家庭出身而处于劣势的学生给予特别帮助的意义所在。可见,公正和关怀的确是不可分割的。教育学生对处于劣势或困境的同学给予善意的同情和切实的帮助不但是道德的,更是正义的,因此应该被学校所重视。但另一方面,对同情这一美好品德进行弘扬的同时,我们要始终践行"正当对善的优先",这才是真正的正义。再以道德绑架为例,有学者就明确指出:"在道德义务的范围内,必要的外在压力是任何一个社会进行道德规训的必要手段。因此,不能说对'道德行为'的任何强迫,都是'道德绑架',只有当强迫、要挟发生在要求他人去做超越其义务的奉献时,才是'道德绑架'。"②超越道德义务的奉献,我们可以称之为道德权利或道德自由,即在这个范畴主体是可以选择的。

不过,处理正当和善之间的关系并不容易,就如区分道德义务和道德权利非常困难一样。对成长中的学生来说,更是如此。这就需要学校教育自

---

① [美]约翰·罗尔斯:《正义论》,何怀宏等译,中国社会科学出版社 1988 年版,第 302 页。

② 王小章:《"道德绑架"从哪来,何时休?》,《人民论坛》2017 年第 5 期,第 59 页。

身能站在道德、正义的高度对学生给予智慧的教育和引导。以未成年学生在上学、放学路上经常遇到的乞讨现象为例。一些学生可能认为对大街上的乞讨者采取漠然视之的态度是道德冷漠的表现,另一些学生则可能认为人们的慷慨施舍恰恰是造成和加剧乞讨职业化现象的罪魁祸首。我们很难简单地说两种观点中哪一种更符合正义和道德。此外,家境宽裕的学生每天逢乞讨必施舍并不构成负担,而自身家庭经济并不宽裕的学生每天面对无数的行乞者会感到无所适从。学生在这种情况下常常在道德认识和情感上产生混乱和迷茫,如果学校不把类似这些问题纳入教育研究和实践的视线,通过教育活动对学生困惑、混乱的认识进行澄清,引导学生在具体情境中学会辨别和判断,学生就难以发展出符合正义的道德品质。

此外,正如有学者从苏格拉底的"关心你自己"这一命题出发所论证的一样:"道德是调节人与人之间关系的规范",但"我们自己也是人","看护自身存在是人的首要使命",因此"关心自己"是"道德的根基","没有自身善的保证,我们对他人的关心甚至可能是害人之举","关心自己和关心他人是一体的"。[①] 换句话说,关心自己不但是正当的,也是善的保障。不过今天的学校德育在引导学生关心自己方面是有很大缺失的,这可能就是源于大家把道德更多地看作是规范我们与他人之间的关系,而很少指向我们与自己的和谐相处。实际上,"与自己的关系"处理好了,我们才能更好地处理与他人的关系、与社会的关系。

二、体验式德育活动的基本阶段

刘惊铎教授在对理性哲学传统的消解和非理性主义伦理学的兴起进行研究后指出:"如果说 20 世纪是科技理性占统治地位的时代,那么,21 世纪则是一个凸显体验的时代。"[②]这个结论是有理论和实践依据的。反映在学校德育工作中,我们会发现,基于对传统灌输说教式德育的批判,注重体验

[①]　高德胜、安东:《"关心你自己":不能失落的教育之"本心"》,《教育研究与实验》2018年第 2 期,第 7—14 页。

[②]　刘惊铎:《道德体验论》,人民教育出版社 2003 年版,第 11 页。

已然成为德育研究和实践工作者的共识,尤其对低年龄段儿童更是如此。全国少工委在 2015 年 9 月颁发的《少先队活动课程指导纲要(试行)》中对少先队活动课程的途径也这样规定:"以体验教育为基本途径,在校园内外、家庭、社区和社会上积极开展主题鲜明、生动活泼、丰富多彩、独具特色的实践体验活动,帮助少年儿童接触社会生活、接触大自然、体验伟大的时代,注重情感体验,丰富成长经历,实现少先队教育和学校教育、家庭教育、社会教育相互融合、相互促进。"不过,现实的问题是,很多学校的一线教师在如何组织和实施体验式德育上遭遇很多困惑和困难。基于各类课题和社会服务横向项目的研究和实践,我从激发体验、聆听体验和反思体验三个方面对如何有效提高中小学德育活动的实效性进行了探索,以期对德育活动如何真正走进学生的心灵为德育研究和实践提供一些参考。

(一)激发体验:德育活动的起点

目前中小学具有德育性质的活动并不少,但"体验式德育活动"却不多,即使形式上追求的是体验式,但其实效性却并不令人满意,或者说学生在学校和教师所谓的体验式德育活动中少有真正意义上的体验或其体验并不具有多少德育价值。产生"体验"最基本也是必要的特征就是产生情绪情感变化和生理唤醒,后者也称"身体感觉"或"本体感觉"。而且,这种情绪情感和身体感觉在程度和性质上对道德发展能产生切实的影响。

1. 情绪感受是体验的"温度计"

学生真切的情绪感受是真正的体验式德育活动的基础性要素,情绪感受就像"温度计"一样反映着体验是否真的发生及其程度如何。如何才能有效激发学生的情绪感受和体验,尤其是具有德育引导价值的情绪感受和体验? 这也是很多学校和一线教师感到困惑和困难的问题。解决这个问题的关键是德育活动要和学生的生活世界和生命成长产生实质性的联系。前文已经指出,感觉、知觉、记忆、想象、思维等是人类生活和生命成长过程中基本的认知过程,伴随这些认知过程我们会产生对周遭事物的态度,这就是情绪或情感。当客观事物或情境符合主体的需要和愿望时,就能产生积极的、肯定的情绪和情感;当客观事物或情境不符合主体的需要和愿望时,则产生消极、否定的情绪和情感。显而易见，积极的情绪和情感具有激励、提高人的活动效率的功能，消极的情绪和情感具有抑制、降低活动效率的作用。

一般来说，人性都是趋乐避苦的，正如前面提到的杰瑞米·边沁所指出的，人的行为最深层的动机是对快乐的追求和对痛苦的逃避，这在很大程度上是对的，也符合人的自然本性。本书第六章分析了让学习充满快乐体验可以提高学科知识教学效率，实际上，学校德育活动也应该创设情境让学生在真正体验快乐的基础上培养道德情感，进而内化道德认识，强化道德行为。例如，要想引导儿童懂得分享和帮助他人，最好创设情境让儿童真切地体验分享、互助的快乐。边沁不但认为人的行为最深层的动机是对快乐的追求和对痛苦的逃避，而且认为快乐和痛苦是可以计算和比较的，这也是评价行为的道德好坏的标准，方法为：根据"强度""持续时间""确定性或不确定性""邻近或偏远""丰度""纯度""广度"这七个因素来计算每一个利益相关者的快乐和痛苦的值，最后分别"加在一起"后进行比较，如果"快乐的总值较大，则差额表示有关当事人全体或他们组成的共同体的、行动的总和的良善倾向；如果痛苦的总值较大，则差额表示有关同一共同体的、行动的总的邪恶倾向"。①

边沁把快乐和痛苦拿来进行烦琐的条分缕析和简单的"称重计算"的处理办法使他的理论被很多人蔑称为"庸俗低贱"的"非道德学说"，这种带有情绪化色彩的批判并不能抹杀快乐主义的真理光芒。人的行为的深层动机是对快乐的追求和对痛苦的逃避，这一人性假设是符合人的生活经验事实的，心理学上对快乐的一系列研究和生命科学领域对多巴胺这种神经信息传递介质的研究也证明快乐是一种具有生理和心理基础的基本情绪和情感。既然快乐是"评价行为的道德好坏的标准"，快乐也必定是评价德育好坏的标准。因此，德育不应抑制学生的快乐，恰恰应该帮助学生体验和追求

①　［英］杰瑞米·边沁：《道德与立法的原理绪论》，时殷弘译，商务印书馆2000年版，第86—89页。

快乐。快乐从性质上大体可以分为感官的快乐和精神的快乐,前者如可口的饭菜带来味觉的快乐,后者如科学研究带来创造的快乐。道德除了具有规范人类行为的工具性价值,更重要的是它本身能带给人一种合宜、名誉、光荣等精神的快乐,恰如鲁洁教授在20世纪90年代提出的"德育之个体享用性功能":"德育对每一个个体来说,除具有发展的功能以外,还具有一种享用的功能。所谓德育的享用功能,即是说,可使每个个体实现其某种需要、愿望,从中体验到满足、快乐、幸福,获得一种精神上的享受。"①德育的享用功能,实质上就是马斯洛说的"高级需要的满足"。

不过,德育之个体享用性功能这种"前锋"式的话语方式很容易招致"商榷"和"质疑",快乐主义也很容易被误解为与德育是格格不入的。因为人们通常认为应启发学生要快乐地享受求知和创造的学习过程,但我们对"享用性"德育和"快乐主义"德育这种提法讳莫如深。这种现象的根源在于对德育根深蒂固的刻板印象:德育就是教育学生成为道德的人,道德即是遵守社会规范甚至为了他人牺牲自我,道德和德育因而与快乐都是"绝缘"的,它应该是一幅严肃或庄严的面孔。受这种刻板印象的影响,我国的传统德育是一种重道德说教轻情感体验,重"艰苦"教育轻快乐教育的枯燥而缺乏实效的"填鸭式"德育。但是,当德育带给学生的主要是一种负担和痛苦时,道德是绝不会被学生自觉自愿地内化为一种康德所谓的"内心的法则"的,即使学生会表面遵奉,也是基于压力甚至恐惧而暂时"表现"出道德的行为,一旦明显的威胁解除,道德则被弃之脑后。

要特别注意的是,当我们倡导快乐主义德育的同时,也要避免德育活动蜕变为庸俗的"快乐大本营",即学生除了快乐的游戏活动,并没有在道德上得到实质性的教育和引导,这种情况是需要引以为戒的。这也是边沁的快乐主义受到批判的原因所在,也因此他的功利主义被很多人看作是实质上的利己主义,其快乐主义也被很多人误解为庸俗的享乐主义。为了进一步完善功利主义理论中的快乐主义思想,穆勒在其代表作《功利主义》中继

---

① 鲁洁:《试论德育之个体享用性功能》,《教育研究》1994年第6期,第46页。

承边沁快乐主义的同时否定了其对快乐量的处理办法,主张快乐不仅有量的不同,更重要的是有质的差别,人们应该而且一般总会首先挑选"精神上的、道德情操的快乐","做不满足的苏格拉底比做一个满足的傻瓜要强",穆勒把这种优先挑选"精神上的、道德情操的快乐"的动力诉诸人类"超拔于动物"的"骄傲""高贵感""高级官能"等,他相应地把"人类的良知"这一"我们自己心灵的主观情感"看作是"道德的终极约束力",并认为"这种情感的确存在于人类的本性之中","在先进文化的影响下也会变得强大","随着人类进一步消除野蛮的独立状态,这种联系会更加紧密"。① 不过穆勒自己也承认,"享受高等情感的能力,在大多数人的人性中是像一株脆弱的植物","大多数个体的这种情感在力量上都比他们的自私感要弱,并常常缺乏这种情感",因此他又提出,"如果我们假设现在把这种(社会)统一感教导为一种宗教,所有的教育、制度和舆论理论力量都支持它,就像曾经的宗教事件一样,通过传授和实践使每个人成长的方方面面都围绕它,那么我认为任何认识到这个概念的人都不会为这种'幸福道德'的终极约束力的充分性而担心"。②

可见,穆勒既认为人固有"高贵的社会情感"和优先选择"精神上的、道德情操上的快乐"这种天性的"种子",同时又认为制度、教育、舆论等外在力量是使这种天性的种子得到进一步培育从而得以发展壮大的外部条件。毋庸置疑,学校德育是培养学生"高贵的社会情感",引导学生优先选择"精神上的、道德情操的快乐"的重要力量。鉴于对传统德育的反思和批判,我国目前的学校德育越来越重视让德育成为一种快乐的体验,"生活性""活动性"等理念日益受到关注,这种改革趋势无疑是积极的。但对快乐的狭隘理解使很多德育课堂和德育活动有蜕变为"快乐大本营"的危险趋势。深入讨论道德问题被一部分人看作是传统道德说教的延续,是一种令人痛

---

① [英]约翰·斯图亚特·穆勒:《功利主义》,刘富胜译,光明日报出版社 2007 年版,第44—47 页。

② [英]约翰·斯图亚特·穆勒:《功利主义》,刘富胜译,光明日报出版社 2007 年版,第49—50 页。

苦的心理负担,因而是和快乐的教育理念相违背的。传统德育把道德说教当作"正餐",把快乐当作"饭后甜点";极端化的快乐主义德育则把活动和快乐当作正餐,道德变成不得不囫囵吞下的"枣子"。这与边沁和穆勒创立的古典功利主义倡导的快乐主义思想其实是不相容的。边沁之评价行为道德好坏的标准是快乐和痛苦的"差额",可见,快乐主义并不否认道德是和痛苦相伴的。人固有趋乐避苦的自然欲望,当个人的快乐和他人的快乐或社会"最大幸福"发生冲突的时候,要求人按照道德的要求放弃或部分放弃自己的快乐的确是令人痛苦的,只不过最终而言优先选择道德情操的快乐大于优先选择一己私利的快乐,或者说违反道德的痛苦大于放弃个人快乐的痛苦,因此这种包含痛苦的道德行为总的来说仍然是快乐的,因而是值得向往的。因此,学校德育不能回避痛苦,而应充分利用痛苦的教育价值,引导学生理性认识并切身体验优先选择精神上的、道德情操的快乐比优先选择纯粹利己的快乐于人于己都会更加快乐这一道理。

实际上,我们在前文也已经指出,负面情绪如痛苦也是具有德育价值的。当代新儒家唐君毅先生在《人生三书》中曾强调苦难是道德产生的根基,或者说,道德是超越苦难的产物,通过这种转换,悲苦的人生也充满了价值和温度,正所谓"人能知道艰难,人心便能承载艰难。人心能承载艰难,即能克服艰难";"人世多苦辛,道路迂且阻。悲风动地来,万象含凄楚。恻恻我中情,何忍独超悟? 怀此不忍心,还向尘寰去"——这就是他所谓的"悲悯之情的流露与重返人间"的"道德自我"的确立之道。① 由此可见,痛苦情绪和情感的确是具有德育价值的,只不过要根据德育对象的年龄及实际情况谨慎运用。例如,笔者曾观摩过一次以"交通安全"为主题的小学四年级班会公开课,教师为了让学生知道交通事故的危害,用多媒体呈现了一些惨烈的交通事故现场,课后评议中有教师提出这些图片太血腥,对心智不成熟的小学儿童恐怕会产生心理上的负面影响,这一观点引起很大的争论,有的教师赞同,反对的教师则认为正是因为这样才会让学生明白出行时注

---

① 唐君毅:《人生三书》,中国社会科学出版社 2005 年版,第 46、109 页。

意交通安全很重要。孰是孰非很难一概而论,这需要教育者进一步审慎思考和研究,问题的关键在于哪种方式可以产生以对学生不造成伤害为原则的教育和引导意义。

2. 本体感觉是体验的"探测仪"

德国著名导演维姆·文德斯的电影《柏林苍穹下》有一个镜头:一位哀伤欲绝的青年人无望地坐在屋檐上,天使伸出"手"想要"挽持"他,但"手"从虚空中滑过,而那青年纵身跳下。天使竟是如此无力,因为它只是一个纯粹的精神、纯粹的灵。天使没有身体,没有"手",所以无法"挽留",无法"保持"。难怪梅洛-庞蒂会在其知觉现象学理论体系中赋予身体以"本体"的基础性地位。前文也已经指出,感觉是全部心理现象的基础,是外部世界在人类心理世界的最初投射,这种投射是经由身体的官能性才得以完成的,因此身体感觉也常常被人称为本体感觉。"然而随着自身不断的理性化,我们常常忘记与世界最根本的联系,语言、逻辑成为我们认识和把握世界的惟一方式,本体感觉被看成是一种原始的、纯粹生理性的感觉,相比理性来说是低级和无价值的。当这种惟理性取向的弊端越来越突显时,人们不得不重新审视人与世界的关系,突显人自身一些本原性的东西。"①

实际上,所有的心理活动既以身体和生理的机能为基础,又以身体和生理的变化为表现,身体感觉是我们心理活动的一种信号。换言之,生理变化及由此产生的身体感觉和前已述及的情绪情感变化是不可分割的。如当人处于激动、兴奋的情绪状态时,交感神经系统开始活动,心血管系统会发生一系列变化,人可能会感觉到自己心率和呼吸加快、身体发热等。因此,德育活动是否真正令学生产生体验,身体感觉就是很重要的判断依据。一般情况下,人的身体感觉和对情绪情感的觉察是一致的。但人对情绪情感的觉察常常受个人观念和经历的影响因而有可能并不准确甚至相去甚远,比较而言身体感觉则更能说明人真实的状态。

① 易晓明:《论本体感觉在儿童艺术教育中的价值》,《学前教育研究》2004 年第 3 期,第 22 页。

例如,我曾在某小学开展了一次主题为"感恩父母"的团体心理辅导活动,当引导一群六年级的学生闭上眼睛,呼吸放松,在想象中和父母进行心灵对话的时候,我观察到一个在前面的活动中表示对父母没有感恩,对父母的严厉打骂感到抱怨甚至仇恨的男孩数次泪流满面,在这一活动环节结束引导他们分享的时候,男孩表达出的是对父母的爱和渴望被父母爱。在这个案例中,男孩开始对父母的感觉是冷漠、抱怨甚至仇恨。但后来身体的感觉则揭示了他内心深处对爱和被爱的情感渴望。因此,在活动过程中,教师要注意多观察和询问学生的身体感受和表现,以此判断或验证学生的情绪状态。

身体的本体地位也告诉我们,德育活动要真正激发学生体验,无论是设计活动还是实施活动,都要重视从身体这个维度去考量。例如,在正式德育活动前安排一个"热身"小活动,这绝不是可有可无的。"热身"的目的反过来说就是"破冰"。特别是一个临时组建的团队德育活动,学生之间会有一定的陌生感,人际亲密度一般不会太高,让学生进行简单、有趣的游戏和运动以便"热身",这不但有助于在短时间内让学生彼此拉近心理距离,而且可以让学生的身体处于一种温暖、活跃的状态,从而形成开放、接纳的心理氛围,为后面的活动开展打好基础。除了热身活动,从身体角度还可以展开更多、更深入的工作,并产生意想不到的教育效果。本书前面介绍过斯宾塞曾做过的一个小的教育实验,用来证明快乐教育的效果,《斯宾塞的快乐教育》一书还记录了斯宾塞的另一个"拥抱和抚摸的奇迹"教育案例,这里节选其中一些部分串联成一个文本:

这是镇上唯一的一家孤儿院,刚开办不久。可孤儿院里的孩子们好像都得了一种奇怪的病,他们目光呆滞,没有兴趣到游艺室玩,食欲不振,偶尔还发出长长的叹息。院长请来镇上的奥尼尔大夫也没有用。我从镇上的学校请来一些十几岁的小女孩来和他们玩耍。孤儿院的气氛立刻改变了。她们大声的笑、闹,把那些孤儿抱起来,亲吻、拥抱、抚摸,沉闷的孤儿院像飞进了一群漂亮的天使。不久,奇迹发生了,孤儿院孩子们活跃起来,有的还像风一样绕着院子里的白杨树跑,他们眼睛发亮,食欲增加,身体明显转好。院长问这些孤儿究竟得了什么病,我的回答是:皮肤饥饿病。事实证明,对孩子多一些拥抱、抚摸,有时甚至是亲昵的拍打几下,孩子在对外交往以及智力、情感上都会更健康。①

从这个案例我们可以看出身体接触和身体活动的奇妙效果。实际上,身体的确蕴藏着很多目前没有被我们完全理解的奥妙,但可以肯定的是,从身体着手开展工作,对学生的心灵和精神层面的确是非常有帮助的。德育活动面向的就是学生的心灵和精神层面,心理健康教育也是德育的重要部分,而从身体角度展开本体层面的工作,是目前心理工作中被日益重视的一个方面。例如,前面在情绪管理策略部分提到的运动和冥想,实际上就是从身体角度展开工作,从而调节管理情绪的心理状态的很好方法。此外,目前国际国内日益流行的"舞动治疗"这种心理工作方法也可以结合学校一线实际情况进行改造和运用。

(二)聆听体验:在接纳中实现心灵唤醒

当德育活动成功激发学生的体验后,教师要特别注意鼓励学生分享和表达自己真实的想法和感受。学生是千差万别的,不同的成长经历、家庭环境、个人发展等会导致他们在相同活动中的实际体验存在诸多差异,因此教师不能期待在自己精心组织的德育活动中,学生能一致地呈现自己期待的状态。教师不能回避和排斥这种差异,而应鼓励学生真实表达、真诚分享,从而听到学生的心声。而且即使学生的分享和表达反映出一些负面的问题,也要共情学生的体验,在接纳中实现心灵的唤醒。

1."听到"学生的心声

教师在体验式德育活动结束后,要鼓励学生分享自己真实的感受,教师也应该用心聆听,这既可以了解学生的真实体验,检验德育体验活动的实效,也可以因此而调整明确下一步德育活动工作的方向和思路,尤其是对一些比较深入的体验活动,更需要聆听学生内心真实的体验。

---

① [英]赫伯特·斯宾塞:《斯宾塞的快乐教育》,颜真译,海峡文艺出版社 2010 年版,第5—7 页。

然而，很多教师常常只顾自己"说"，或者带着一份评判去"看"学生，而很少认真"听"。这大概与中国历来对聆听的轻视有关，如我们常说"眼见为实，耳听为虚"。有学者对西方哲学和宗教进行解读后指出："看"是把对方视为客体，"听"则是进入对方；"聆听是精神与精神的交流"，"聆听指向理解"，"聆听是存在的敞开，聆听乃开放"；重要的是"聆听"，而不是滔滔不绝的"言说"；聆听能开阔视界，产生新的融合，"言说"之前，必须"聆听"。①

人本主义心理学的先驱卡尔·罗杰斯也通过研究证明，精神病人多年不被听到，或者不被真正听到的连续经验，是他们患病的根源，作为心理治疗师，一个重要任务就是为这些病人提供"被倾听"的机会，这就是罗杰斯"以患者为中心"的心理咨询思想。当然，我们今天一般用"来访者"代替"患者"，心理咨询中这种称呼的变化，不仅仅表现了对来访者的尊重，也意味着我们不能把来访者看作"病人"，而是人本主义心理学所强调的具有"自我实现"潜能的人。从广泛的意义说，每一位学生都可以说是教师的"来访者"，只不过是自然生活情境中没有达到心理异常的来访者，而非因为较大的心理问题而走进心理咨询室主动寻求帮助的来访者，但两类来访者的共同点在于都是需要帮助和引导的发展中的人。因此德育从某种意义上说，也是一种心理健康教育。

要听到学生的心声，首先要鼓励学生表达自己的真实体验。不过，目前学校教育中恰恰存在的一个突出问题是，学生不愿意或不敢表达自己的真实想法和感受，尤其当认为自己的想法和体验会被认为是比较负面、"不合时宜"的时候。我经常因为课题研究和社会服务项目而去一线中小学开展调研和各种实践工作，我在研究和实践的过程中发现，很多一线教师无论是组织班级主题班会活动，还是全校的德育活动，常常是活动结束后由教师简单地进行总结，很少有教师鼓励学生分享活动中的感受。即使有，学生要么沉默，要么"心领神会"地配合老师，以让主题班会课和全校性的德育活动

① 安希孟：《信仰与聆听：西方哲学与神学对聆听的解读》，《江海学刊》2004年第2期，第32—33页。

像一些通讯报道惯常所写的那样"完美结束"——这样的德育活动只是一场华丽的作秀和表演。我国伟大的人民教育家陶行知先生曾经说："真教育是心心相印的活动，唯独从心里发出来，才能打动心灵的深处。"德育更应如此，如果没有触及人的心灵而舍本逐末地去追求形式上的一片大好，教育者也完全不关注学生真实的心理体验，那么我们培养出来的可能只是口是心非的伪善者。

高德胜教授在《道德教育的 20 个细节》里批判过我国的公开课的负面道德影响，他说："很多老师在公开课活动中竭尽全力展示自己的完美无缺，事先演练几遍，就像春节联欢晚会的排练一样，不厌其烦；布置学生事先背好提问的答案，在上课时能够对答如流"，为了保险，有的学校和教师还"不让'差生'上公开课"，公开课时这些学生"被教师留在班上做作业"，但这种做法"比较露骨"，于是还有一种做法"隐蔽些"，就是借班上课，但上课教师仍然"把优秀生的名单抄录过去，做到心中有数"，上课时选择这些学生来"回答"和"表演"，"学生在这一被工具化的过程中也许浑然不觉，甚至兴高采烈，但这是最可怕的，负面的影响已经悄无声息地进入他们的心灵深处！"。① 学校的很多所谓德育活动的表演性和虚假性可能比这种公开课有过之而无不及，尤其有些活动要被作为新闻进行报道的时候，更是如此。但问题在于，这种表演式和虚假性的德育非但不能真正培养学生的思想政治和道德品质，反倒可能离这一目标越来越远，因为真正的道德是出于内心的深刻认同和自觉自愿的行为实践。

实际上，鼓励学生真实、真诚地表达内心的真实想法，德育才有可能触及他们的内心并恰当给予引导。"个体的品德发展是在其内部矛盾运动的过程中实现的，内部矛盾是促进品德发展的直接动力"②，这一品德发展的一般规律启示教育工作者不要害怕和拒斥学生出现道德问题和困惑，因此不要担心学生表达出和正确道德品质不相符的观点和感受，甚至可以说，

---

① 高德胜：《道德教育的 20 个细节》，华东师范大学出版社 2007 年版，第 131—137 页。
② 刘慧、李敏等：《小学生品德发展与道德教育》，高等教育出版社 2015 年版，第 11 页。

鼓励学生通过真实表达暴露出内在的困惑、冲突,教师才有机会洞察和分析学生的矛盾,进而为下一步恰当引导打好基础,否则德育也会如夸美纽斯分析的教学活动那样,在继续"把流水泼到一个筛子上去",无法进入,留不下痕迹。

要鼓励学生真实、真诚地表达自己内心的想法和感受,教师要特别注意自己的表情和肢体语言,如注视、微笑、点头等,这样学生才更愿意敞开心灵表达自己真实的心声。此外,聆听不能只"听到"学生表达的语言,还要理解学生的言外之意,尤其是他的内心世界和生命状态,这不但需要教师专注地"听",更重要的是要用心感受和觉察。有时候,学生的表达是不清晰的,可能存在自相矛盾的地方,这既可能是学生表达局限造成的,也可能是仍有顾虑而有所掩饰,这就需要教师通过追问进行澄清,必要时借助心理咨询中的"面质"技术,即指出对方身上存在的矛盾,促进其探索,最终实现统一。

2. 共情学生的体验

当教师真的做到了"聆听"学生表达的真实体验时,接下来面临的最大挑战是接纳和尊重。世界上没有两个人是一样的,正如我们不可能找到相同的两片树叶。作为教师,我们常常期待通过自己精心设计的德育活动,学生就可以如我们所愿地产生积极的体验和积极的改变,一旦学生的表达和表现相反,我们就会急于去"纠正"。很多德育活动,包括打着"体验式"旗号的德育活动,之所以低效甚至无效,就是因为很多教师对学生"不合时宜"的观念或感受急于进行评判和矫正,从而使学生刚刚打开的心灵世界又向教师关闭,而且因为有了被评判和否定的经历和体验,他们的心灵之门往往关闭得更紧,要么装着顺从,要么则直接对抗。因此,无论在什么情况下,教师学会接纳和尊重学生,都是至关重要的德育原则。德育只有放弃不恰当的操控,才有可能真正促成学生的积极改变。

前已述及,罗杰斯首创的"患者中心疗法"或"来访者中心疗法"意义重大,影响深远,其中"共情"已成为心理咨询中最基本的一种态度和技术。"共情反映出罗杰斯治疗理念的关系性本质。共情意味着理解当事人的感情和认知信息,并且给予回应,使之明了自己的信息已经被理解。共情在临床上的作用是有目共睹的,因为来访者一旦感觉到自己被理解,他们就会进一步更深入地进行自我反省和自我接纳。"①共情的最高境界,也是一般心理咨询师不容易做到的,是接纳来访者的阻抗。美国一位心理咨询师曾说:"我们需要确认和理解求助者的阻抗;当阻抗被成功地转换成可接受的思维、情感和生存方式时,我们还要感谢阻抗。接纳求助者的阻抗,把它看作当事人在以往面临挑战时必要的防御反应,这是治疗取得成功的法宝之一。……阻抗是在过去的经验中习得的,目的是为了在类似的情境中生存;我们需要接纳、发现和探索阻抗,而不要认为阻抗是针对咨询师的。"②

再次强调,德育工作者即使无法像经验丰富的心理咨询师那样具备心理咨询的技术和能力,也至少要具备心理咨询要求的共情,即接纳和尊重这样一种态度。因为从本质上说,道德教育和心理咨询一样,都是关乎心灵和精神世界的。共情不但对心理咨询至关重要,也是德育取得实效的关键。当学生表达出自己真实的体验和看法时,哪怕这些想法和看法在教师看来是"有问题的",甚至学生直接用一种对抗的方式表达,教师也要学会真正接纳和尊重学生,并把这些不同和对抗看作是一种了解学生,进而进一步推动学生的教育资源。

教师要做到共情学生的体验,是不太容易的一件事,尤其当教师的观念停留在"教师中心"这一陈旧水平,自身又缺乏接纳和包容的胸怀和气度时。但不突破这一点,不能在共情这一理念和能力上进行尝试和培养提升,就会成为妨碍德育取得实际成效的一个坚硬的"卡点"和"痛点"。以青春期学生的叛逆为例。学生一般在小学高年级开始进入青春期,在初中阶段尤其初二达到顶峰。很多教师和家长把孩子青春期的叛逆当成洪水猛兽,各种看不顺眼。的确,初中生虽然身体发育快,认为自己"长大"了,因此希望成年人不要把他们当成小孩子看待,但从教师和家长的角度看,又觉得很

---

① 田茂泉、吴少怡:《走向关系:试析罗杰斯心理治疗理念的本质》,《医学与哲学(人文社会医学版)》2009 年第 1 期,第 57 页。

② [美]路易斯·科佐林诺:《心理咨询师的 14 堂必修课》,黄志强、张朝阳译,华东师范大学出版社 2012 年版,第 95—96 页。

多学生幼稚、问题多多,因此很难做到平心静气,更难真正理解和共情孩子的需求和状态,尤其是我国的家长普遍望子成龙、望女成凤,就更难做到了。望子成龙、望女成凤本是人之常情,无可厚非,但问题是我国家长大多认为自己在孩子面前有至高无上的权威,因此容易对孩子表现出专制和控制,而这和青春期孩子日益膨胀的自我意识是严重冲突的,这也是现实生活中学生和家长的冲突成为非常普遍的现象甚至有的最终演化为极端悲剧事件的一个重要原因。

在青春期孩子叛逆这个问题上,学生其实也是充满困惑、苦恼和纠结的。一方面是自我意识膨胀,对独立、获得尊重的渴望与来自家长高压和控制之间的冲突,另一方面是不惜一切代价反抗高压和不忍心让父母痛苦之间的纠结。这个时候教师如果能很好地理解、共情学生,对学生和家长都进行恰当的指导和引导,是可以很好地帮助学生度过青春期这一被卢梭称为的"暴风骤雨期"的。但实际上,现实中很多教师并没有做到这一点,因为他们自己都没有正确地认识青春期这一特殊的时期,因此看到学生出现厌学、游戏成瘾、情绪冲动等各种问题时,往往容易和家长一样,站在道德的制高点去评判和指责学生。这种教育当然很难让学生心服口服,因此也很难有效。

当然,接纳、尊重、共情绝不等于纵容和放任,对违反纪律和规则的不良行为,教师当然可以运用权威去进行约束和管理,极端情况下甚至可以给予一定的惩罚。但需要注意的是,惩罚学生要遵循教育性、可接受性、有效性和法律框架下的专业性。① 而要做到这一点,在一定程度上做到共情学生仍然是必要的。因为即使学生犯了比较严重的错误,需要自己承担相应的惩罚和责任,但没有建立在教师理解、共情基础上的批评和惩罚,学生往往在内心是抵触的,因此不利于其真正地从错误中吸取教训。

(三)反思体验:在平等对话中升华道德认识

共情和尊重并不意味着教师可以完全丧失价值立场,对学生不教育、不

---

① 金心红:《教师惩罚学生的界线》,《中国教育学刊》2016年第3期,第35—38页。

引导,任其自由发展。在德育活动中,当学生表达出负面的情感体验和道德观念时,教师仍然要运用智慧的方法对学生进行正确的引导,只不过要做到不操控,因为哪里有操控,哪里就有对抗。一旦学生觉得教师是在试图评判和改变他时,他就会产生心理和情感上的防御,这种情况下教师说再多也已经毫无意义。德国哲学家和教育家卡尔·雅斯贝尔斯认为,人与人的对话是思想本身的实现和真理的敞亮,任何中断这种你与我的对话关系均使人萎缩①。所以,教师应该像会议的推动者一样,努力营造和谐的对话氛围。苏格拉底的"产婆术"也是主张不直接告诉人道德概念,而是通过谈话一步一步引导学生自己得出结论。

1."先跟后带"

要实现平等对话,一个比较有效的做法就是借鉴 NLP 中的一种沟通和引导技术——"先跟后带"。NLP 是"神经语言程序学"的英文缩写,由美国的理查德·班德勒和约翰·格林德于 1976 年创立。所谓"先跟后带",就是在与对方沟通的时候,先接受对方的观点或态度(肯定可以肯定的部分),让对方感觉到被理解和尊重,再寻找恰当契机和方式引导对方从另一个角度看问题,带他走出原来的思想和行为模式,或者至少找到更多更具建设性的方向。

我曾观摩过一次主题为"人际交往"、对象为 14 岁左右少年儿童的团体心理辅导活动,其中一个常常被称为"信任跌倒"的活动环节是:两人一组,同向站立,一人在前,一人在后,距离约 1 米,教师发出"倒"的口令后,前面的人就身体绷直向后倒,后面的人用双手撑住前面人的后背使其不摔倒。在分享交流环节,教师鼓励大家分享活动中的真实体验,大部分人分享的是关于勇气和信任,但有一人(为叙述方便,后面用 A 表示这位学生)在教师的鼓励下分享说:"刚才轮到我的搭档往后倒时,她一直不愿意倒下来,我觉得很不舒服,有点受伤,特别是看到其他组的同学都玩得很开心

---

① ［德］卡尔·雅思贝尔斯:《什么是教育》,邹进译,生活·读书·新知三联书店 1991年版,第 34 页。

时。"老师接过话说："所以你觉得是她不信任你？因此觉得不舒服？"在得到肯定回应后，老师接着说："不被信任的感觉的确不好受……我很理解你的心情。"到目前为止，教师都是在"先跟"，对学生 A 的情绪表示接纳和理解，这其实就是前文说的共情。之后老师开始"后带"。老师先问 A 的搭档，搭档反馈说，"我其实不是不信任她，主要是自己从小就胆小，不敢往后倒"。教师借机宽慰学生 A 说，"你看，她不是不信任，而是自己没有勇气做这样的尝试"，然后话锋一转继续问 A，"当你发现搭档不敢往后倒的时候，你有说什么话或用什么肢体动作鼓励她吗？"A 若有所思地表示没有。教师在对 A 的这种"不作为"表示接纳和理解后随即面对全班说："看来当我们在生活中希望得到他人的信任时，也许我们可以首先说一些话、做一些事让他人感到我们是值得信任的。这可以让我们在人际交往中变得更主动积极，也因此更有人际魅力。因此，谢谢 A 的分享给我们带来这样一份学习和觉察。"

上述案例为我们呈现了一位教师用"先跟后带"的方式化解学生在体验式德育活动中的负面情绪，在平等对话中将之导向积极的、建设性的方向，从而使体验式德育活动的效果得到深化的一个比较成功的例子。这里再一次强调的是，"先跟后带"要取得成功的关键是"先跟"，其实就是前文强调的共情、接纳、肯定，但这一点恰恰很多教师不容易做到，更不容易做好。之所以不容易，还是因为很多教师固有的教师权威观念，当看到学生做错或做得不好时，会习惯性地马上开启说教模式，或者直接批评指责。这种方式会让学生本能地产生心理防御或对抗，甚至直接用攻击的方式来进行自我保护。当我们发现身体有遭遇他人攻击的危险时，我们会本能地躲避，无法躲避则启动搏斗模式。心理上其实也一样，一旦觉察到老师在批评指责自己，或强硬说教，会同样本能地要么防御，要么对抗。

学生的心灵是极其敏感的，因此，"先跟"的作用就是让学生放下隐藏的心理防御和对抗，让他们感受到即使自己做了错事，老师至少也是理解他们、爱他们的，这样他们才会觉得安全，这种情况下教师再"后带"，就更容易出成效。当然，这并非意味着只要"跟"好了，"带"就可以随心所欲。要对学生进行恰当引导和教育,让他们深刻意识到自己的错误并积极改正,仍然要选择恰当时机和方式,谨慎地进行"带",即引导工作。

2."道而弗牵"

反思体验的过程也是在平等对话过程中引导学生升华道德认识的过程。《学记》里说"道而弗牵,强而弗抑,开而弗达",就是强调对学生要引导,但不控制。在德育活动的分享反思环节,教师重要的不是评价和控制,而是维持和谐的对话氛围,并适时引导方向。同样,这个过程教师不能急于求成,而要随时观察和觉察学生的心理状态,必要的时候要暂时停下来,等待更为恰当的时机。学生的心理状态是流动和变化的,前面提到的《学记》里说的"教之所由兴"的四个方面就包含了"当其可之谓时",就是强调要在学生能够接受的恰当时机进行教育,在道德教育的过程中这一点同样要遵循,教师要把握引导的速度和节奏,不能强拉着学生往前跌跌撞撞地奔跑,这种方式师生双方都累,而且都可能"摔跤"。

一般来说,教师对学生的某种道德认识和行为总有自己的评判和观点,当教师发现学生的道德观念和行为选择存在偏差时,在不涉及大是大非的权利道德的范畴最好遵循"不拿走学生的选择,而是增加他们的选择"这一原则。即教师分享和提供符合一定道德标准的选择,启发学生换个角度思考问题,抓住过程中的积极资源,从而引导整个讨论进程。正如著名的柯尔伯格两难道德问题:欧洲有个妇女患了重病,生命垂危,医生认为只有本城某药剂师新研制的药可能治好她,配制这种药的成本为200元,但药剂师销售价却要2000元,病妇的丈夫海因茨到处借钱,可最终只凑得了1000元,海因茨恳求药剂师将药便宜点卖给他,或者允许他赊账,药剂师拒绝了,于是海因茨在一个夜晚偷走了药。在这样一个道德两难困境中,不同的学生可能做出不同的选择,而这些不同的选择可能都有自认为比较充分的道德理由。如果学生以"生命诚可贵"为由支持偷药,甚至赞赏海因茨不惜付出代价也要偷药为妻子治病的"重情"行为,而教师坚持认为偷药是不道德的,也是违法的,从而对学生的道德选择生硬地否定,学生也未必心服口服。而如果教师在肯定学生对生命、爱情、亲情的重视的基础上,委婉提出毕竟偷窃会破坏社会秩序,因此如果坚持选择偷药,就要做好承受法律惩罚和道德谴责的心理准备,同时除了偷药以外,也许还可以有其他选择,那么效果可能要好得多。

当然,这里不过是以心理学上一个著名的假想两难故事为例来说明教师不要强制学生接受本来就存在争议的道德观念,实际生活中的情况可能远比这个复杂。不过,"道而弗牵"的原则仍然是指引教师开展德育活动的一个重要原则。精神分析的自体心理学派创始人海因茨·科胡特有一句影响很大的名言——"不含敌意的坚决,不带诱惑的深情",强调父母对孩子以及分析师对待病人的一种成熟、智慧的态度——后者指关心对方同时不附加任何条件,前者强调拒绝对方时态度坚决但不会贬低、威胁。用这种态度开展教育工作,既是美好的,也是最容易起到教育实效的。因为这种教育是真正把孩子作为一个独立的生命个体,用爱滋养,用智慧教化,引导的同时不操控。

此外,当教师发现自己对某一道德问题也很难用确定的标准去评判和引导时,更不能勉强找一个经不起实际生活检验的教条式的道德标准。在这种情况下,诚实地表达困惑,允许学生在遵守底线标准的基础上保留个人看法,鼓励学生在未来的社会生活中自己去体验、去发现,这才是真正的道德和真正的道德教育。这种态度和20世纪后半叶西方社会兴起的后现代主义哲学文化思潮是一致的。前面已经指出,后现代主义认为德育的目的不在于在道德标准上达成共识,而是通过宽松的争论去发现悖论和错误,引导学生理解他人对其选择的差异性所可能提供的各种良好理由,在此基础上培养具有批判性和创造性人格的人。如米歇尔·福柯在对希腊和古罗马的道德演变进行历史考察后指出:"我们必须拒绝这几个世纪以来强加于我们的这种常态化的道德模式。以提倡新形式的多元的道德。"①

尽管后现代主义德育观倡导的道德多元化和相对主义存在一些问题和

---

① 转引自邓云洲:《后现代伦理思潮的道德教育意蕴》,《比较教育研究》1999年第4期,第25页。

争议,但其倡导打破教师的权威地位、主张学生平等参与道德探究的活动,这对培养真正自律且具有创造性人格的学生来说,仍然具有重要的意义。因为灌输和强制不代表真正的道德内化和自律,只有通过平等的对话促使学生自我觉察和反思,进而真正接纳和认同,道德的阳光才能真正照亮学生的心灵。

第三节　体验视角下德育和心理健康教育的协同发展

1989 年世界卫生组织对"健康"的定义包含"躯体健康、心理健康、社会适应良好和道德健康",可见道德发展和心理健康存在密切的关系,二者都主要指向人的心灵和精神世界。因此德育和心理健康教育具有内在关联,二者应该协同发展,用这种方式开展学校德育工作,其效果也会更深入和持久。本书倡导的体验教育强调教育应该与现实社会生活世界发生本质联系,引导学生在学习发展过程中产生切实的体验,针对人的心灵和精神世界开展的德育和心理健康教育尤其应该如此。从协同论的角度分析,德育和心理健康教育既相互区别,又相互影响相互融合,二者的协同发展是学生的心灵和精神世界作为一个远离平衡态的开放系统在与外界发生信息交换和交流的情况下,通过自己内部协同和自组织作用,从相对无序或失衡走向有序和平衡状态。

在我国,广义的德育一般包括思想教育、政治教育、道德教育、心理健康教育、法治教育五个方面,但我们在研究和实践中通常所指的德育一般指道德教育的简称,但内涵上又包含了思想教育、政治教育等,有时候我们也用"思想品德教育"来统称。因此,为了明晰概念的边界,这部分所指的"德育"和"道德教育""思想品德教育"是类似的概念,但和心理健康教育形成区别。德育和心理健康教育之间既有联系和协同关系,又存在着诸多的差异和边界,但目前无论是在学术研究界,还是在一线学校的实践教育工作中,这种既协同又存在差异的关系并没有很好地得到重视,更谈不上有边界地实现协同发展,二者常常被割裂地进行分开研究,实践中也没有很好地得到区分和整合,因此常常导致两者的实效性都不高。尤其在德育工作中融合心理健康教育的视角,或者说借鉴心理健康教育的方法,对创新并推进学校德育工作是具有积极意义的,这也是本节专门就这一主题进行分析的意义所在。

一、德育和心理健康教育的差异和边界

在论证德育和心理健康教育的协同性之前,先行对二者的差异和边界进行厘清是非常有必要的。德育和心理健康教育之间当然存在诸多本质的不同。例如,有教育学者总结指出"心理健康教育与思想品德教育有着本质的不同,主要表现在以下几个方面":理论基础不同,心理健康教育是以心理咨询学、心理卫生与治疗、人格心理学、变态心理学等为理论基础,而思想品德教育则以马列主义、毛泽东思想等为指导;目的不同,心理健康教育的出发点和归宿是关注人的身心健康,使人体会到活着的价值并享受活着的快乐,而思想品德教育解决的是人的世界观、人生观、道德观的问题;内容不同,心理咨询的面非常广,几乎涉及人们日常生活学习工作的方方面面,而思想品德教育主要包括爱国主义、集体主义、理想道德、民主法治教育及基本行为规范等;对工作人员要求不同,从事心理健康教育的人员必须接受相应的心理专业培训,掌握相应的技能和技巧,而思想品德教育的从业人员却比较广泛,可以是任何一位教师、家长、先进人物等;方法不同,心理健康教育要以尊重、理解、真诚、倾听、助人自助等为方法论原则,对学生中出现的问题不存在对与错、应该不应该的问题,而思想品德教育是从正面出发,对学生的错误思想与行为进行说服、矫正,存在着对与错、应该不应该的问题。[①]

结合目前一线学校的实际情况,最需要引起教师注意的是:心理健康教

---

① 张彦云、孙淑荣、佟秀莲:《中小学生心理健康教育的理论与实践》,北京师范大学出版社 2015 年版,第 24—25 页。

育强调以共情、尊重、理解、倾听、助人自助等为方法论原则,意在帮助学生成为更和谐健康的自己,学校的心理健康教育虽然不同于严格意义上的临床心理咨询,但一定程度上要遵循心理咨询"不评判,不否定,不批评"的原则,否则难以取得实效,难以真正帮助学生走出心理困扰;但德育强调从正面出发对学生进行规范和约束,旨在引导学生正确处理和他人、社会的关系,因此需要对学生的错误思想和问题行为等及时给予矫正,必要的时候要严格甚至严厉地提出批评。因此,二者在工作理念和方式上存在明显的差异。不同对象、不同场合要注意把握德育和心理健康教育各自的边界,学校德育在融合心理健康教育这一视角时也要注意这一点。

此外,在学生是否自愿和主动这个问题上,心理健康教育和德育也存在需要注意的不同。我们知道,心理咨询是遵循来访者主动求助这一原则的,即只有对象主动自愿接受,否则不能对其开展强制的心理咨询,这样一般也不会有效。学校的心理健康教育虽然不同于严格的心理咨询,但也要区分不同的情况。比如,2015 年 7 月教育部就印发了《中小学心理辅导室建设指南》的通知,要求按照这一指南结合实际认真贯彻执行,该指南对心理辅导室的位置选择、环境要求、基本配置、开放时间、人员配备、经费投入等都做了规定,其中人员配备要求"心理辅导室至少应配备一名专职或兼职心理健康教育教师,并逐渐增大专职人员配比,专兼职教师原则上须具备心理学或相关专业本科学历,取得相关资格证书"。学生如果遇到心理困扰和困难,可以到心理辅导室进行咨询求助,这一类学生一般应该遵循主动、自愿的原则,班主任、家长不能强迫。

当然,鉴于一线的实际,也存在一种比较常见的情况:教师和家长发现学生存在一定的心理问题,鼓励其主动求助,学生出于各种原因不愿意,但如果不及时对学生进行心理干预,又的确存在风险和隐患,这种情况下学校一般也会会同家长,半做思想工作、半强迫地把学生送到心理辅导室。一般来说,心理健康教师可以接待,尝试开展工作,通过建立信任关系,在遵循保密原则以及保密例外原则的前提下开展专业的心理咨询工作。但这种情况要特别谨慎,不能随意采用这种特殊方式,一般情况下,正规的心理咨询还是要遵循主动自愿这一原则的。

德育工作则不需要严格遵守心理咨询意义上的"自愿原则"，教师觉得学生思想品德方面存在问题，或者触犯纪律甚至法规，就有义务对学生进行教育，只不过仍然要遵循本书强调的体验教育这一理念，因为只有这样，德育才可能真正取得实效。

二、德育和心理健康教育的联系和协同性

尽管前文强调德育和心理健康教育存在差异，要注意二者的边界，不能随意僭越，但另一方面，二者都是针对学生的精神和心灵世界展开工作，因此不可能截然分割，二者实际上是互相促进和统一的，或者说，当且仅当二者互相融合协同发展，才能更好地发挥"整体大于部分之和"的功能。因此，学校德育工作要想提高实效，需要融合心理健康教育的一些理论和方法技术。

从某种意义上我们可以说，心理健康教育更侧重引导学生自己过得更好，即"利己"；而德育则侧重引导学生遵循外部规范，做到"利他"。这种说法可能不严谨，容易引起争议，但一定程度上表达了两者之间在人性利己利他问题上的差异和联系。从这个角度分析可以帮助我们更好地理解德育和心理健康教育如何实现协同。我们在前面已经分析过，利己和利他是人性基本属性的两面，二者存在一定的冲突和矛盾，"同情"是实现二者统一的基础或机制，因此是一种基础性的道德情感，与"移情"这一心理学概念在内涵上有相通之处。因此，实际上，德育和心理健康教育的协同机制的核心是引导学生在利己和利他、在满足自我和遵守规范之间寻求平衡。

按照前面提到的威尔逊的理论，人的本性更趋向利己性，利他不过作为一种生存智慧，这虽然一定程度上是符合事实的，但实际上又并非完全如此。人作为情感更丰富、思维更复杂的高级动物，对爱与被爱、对情感和精神上与他人融合又具有深刻的需要和渴望。这种冲突反映在行为方式上，就是我们一方面渴望"自由自在"地做自己，另一方面又不得不遵从一定的社会规范，与大家保持一致。人只有合理解决这些冲突，才有可能真正达到

心灵和精神世界的和谐,否则就容易出现各种心理问题和社会适应问题。德国心理治疗医师吕迪格·达尔克在《抑郁症:走出心灵的黑暗》一书中对抑郁症这一在现代社会发生比例日益提升的心理疾病进行了深入分析,他在该书中指出:"不管是夸张的个人主义其表现从独立自主、孤独、与世隔绝到冷漠,还是另一种极端,即让自己淹没到芸芸众生之中变得平庸无意义,两者都会在同等程度上促进抑郁症的形成。"①

因此,只有德育和心理健康教育系统发展,才能真正解决人内心的冲突,从而培养身心和谐的健康的人。然而,今天一线学校德育工作长期存在的一个很大的问题,就是过分强调利他、规范,较少考虑学生的实际心理感受和自身的需要,方式上也采用说教或强制的方式,这是德育工作难以走心、难以有效的原因所在。而另一方面,随着今天心理健康教育在中小学越来越受重视,一部分专职从事心理健康教育工作的教师过分执着于心理咨询的理论和理念,看重对学生的接纳、尊重、理解、共情等,忽视必要的规则约束和要求,从而导致工作实效同样不高。这也是在以育人为天职的学校这个特殊环境中,心理健康教育目前很难得到普遍理解和认同、陷入尴尬境地的原因之一。

学生的很多心理问题其实也和学校的管理、纪律、规范等有关,因此,对德育和心理健康教育进行协同和融合,意味着要在德育中渗透心理健康教育,在心理健康教育中融合德育。然而,要做到这一点,同时又要注意前文提到的二者的合理边界问题,确实是相当不容易的。不过不管多难,如果这个方向有意义,就值得我们去探索。本书倡导的体验教育对这个问题的探索是具有重要意义的,如果朝着体验教育的方向去努力,德育和心理健康教育的科学协同就有了保障。换句话说,无论是德育还是心理健康教育,其效果都通过学生的实际体验和体验过程中获得的实际发展得以保证。下文以沙盘游戏为例,对德育和心理健康教育的协同发展进行讨论。

---

① 〔德〕吕迪格·达尔克:《抑郁症:走出心灵的黑暗》,屈美娟、李婧译,山西经济出版社 2014 年版,第 94 页。

三、德育和心理健康教育协同工作的体验方法探索——以沙盘游戏为例

"一沙一世界,一花一天堂",英国作家威廉·布莱克《天真的预言》这首诗中的"一沙一世界"本意并非指我们现在所指的沙盘游戏,但却是沙盘游戏的一个生动写照。早期的沙盘游戏是一种充分利用非言语交流和象征性意义在无意识层面进行工作的比较有效的心理治疗方式,但可以灵活运用于中小学德育和心理健康教育的协同工作。

我们知道,《时光机器》和《世界大战》是英国作家赫伯特·威尔斯极负盛名的两部作品。实际上,威尔斯还在 1911 年发表过一部鲜为人知的作品《地板游戏》,描述他与两个年幼儿子以缩微模型和小物件为工具所玩的一种自发性游戏,这成为英国医生玛格丽特·洛温菲尔德后来发展"游戏王国技术"的灵感源泉。童年卧床养病的孤独经历和后来艰难的战争岁月促进了洛温菲尔德对儿童丰富、细腻内心世界的深刻理解以及对语言这一交流工具的怀疑,因此探索非言语沟通的多维层面成为她毕生的兴趣。于是,在后来创建自己的儿童诊所并受到《地板游戏》的灵感促发后,她开始把威尔斯的这种游戏转化为一种治疗技术,即用各种小玩具和模型在一个"奇妙盒子"中玩游戏。1929 年,洛温菲尔德正式将这一技术命名为"游戏王国技术",并认为这一技术实现了她创立儿童诊所的初衷:"找到一种媒介,这种媒介本身既能立刻吸引孩子,又能为观察者和儿童提供一种'语言',使他们之间能够建立沟通。而且,一旦这种媒介被发现,其作用得到验证,研究者就有必要设计方法来对收集的材料进行研究和评估。"①

正式以"沙盘游戏"命名这一技术的是瑞士的多拉·玛利亚·卡尔夫。卡尔夫在荣格分析心理学的基础上,融合东方的思想与哲学,受到洛温菲尔德"游戏王国技术"的灵感激发和直接帮助后最终创立了"沙盘游戏"这一

---

① [美]瑞·罗杰斯·米切尔、哈里特·S.弗里德曼:《沙盘游戏——过去、现在和未来》,张敏等译,中国人民大学出版社 2016 年版,第 10 页。

技术,并于 1985 年创立国际沙盘游戏治疗学会,以提供沙盘游戏方面的培训和认证。除了《沙盘游戏》这本代表性的著作,卡尔夫留下的关于沙盘游戏的文字出版物并不多,但是她做过的工作坊有很多通过广泛发行的录音、录像记录下来,同时她在世界各地所作的讲座和演讲对沙盘游戏也起到了很好的推广作用。卡尔夫的"沙盘游戏"和洛温菲尔德的"游戏王国技术"在材料和技术上大体相似,都是运用各种小玩具和模型在沙盘里进行自由创作,两种沙盘内侧都被涂上蓝色,以形成水或天空的意象,卡尔夫和洛温菲尔德一样都不主张对沙盘作品过多解释,强调咨询师的作用是创建安全、受保护的心理氛围,以鼓励参与者自由呈现。这种自然、自由表达本身就具有心理整合功能。"荣格认为,人的心灵具有自我疗愈和趋于整合的倾向,这一倾向在适当的条件下会被激活。在沙盘游戏治疗的过程中,经由一系列立体三维途径的创造,来访者无意识的冲突通过象征的形式表现出来,其混乱的心理内容得到有益的重整,从而实现心灵的疗愈与转化。"[①]不过咨询师或引导者是不是完全不应该解释,或者说多大程度上、以怎样的方式进行解释,在今天仍然是一个值得进一步探索和研究的问题。

　　洛温菲尔德和卡尔夫的两种沙盘也有一些不同,例如,洛温菲尔德的缩微模型放在可以开关的抽屉里,卡尔夫的模型材料则放在一个开放的架子上;再如,洛温菲尔德提供的材料包括沙子和水,而卡尔夫的沙盘则是不同湿度的沙。今天我国的沙盘基本采用的是卡尔夫式的沙盘游戏。沙盘游戏治疗在日本还有另一个名字叫"箱庭疗法"。日本临床心理学家河合隼雄于 1962 年在瑞士的荣格研究所留学期间跟卡尔夫学习了这一技法,并获得了荣格派精神分析的资格,后来回国后将这一技法介绍到日本。在日本的民间游戏中有一种类似于卡尔夫沙盘游戏的"HAKONIWA",汉字即写为"箱庭",就是用一些小玩具在盒子中创造图景。于是河合隼雄就将沙盘命名为"箱庭"。

---

　　① 　周彩虹、申荷永、张艳革、徐凯:《沙盘游戏治疗纵深化与本土化》,《华南师范大学学报(社会科学版)》2018 年第 4 期,第 62 页。

沙盘游戏治疗 20 世纪 90 年代末传入中国,在申荷永、张日昇、梁信惠等一批专业学者的努力下迅速发展起来,尤其是近十年来,沙盘游戏在心理治疗领域得到了非常广泛的普及和应用。虽然各个流派对沙盘游戏的治疗和辅导功能及具体的操作策略和理念侧重会有不同,比如有的强调沙盘游戏带领者(在心理咨询过程中就是心理咨询师)不过多干预,以静静陪伴和守护为主,有的则本着治疗和引导的功能看重带领者或咨询师应该积极干预和推动,但其核心思想和作用机制是一样的,即都是来访者通过寻找玩具,在沙箱中摆放、移动玩具的过程在无意识层面进行自我体验、自我觉察和自我成长。沙盘游戏分为个体和团体,依据功能的不同可以在治疗、干预的程度上有所不同。

尽管沙盘游戏目前一般用于心理领域,但实际上中小学德育和心理健康教育中可以根据对象的不同进行灵活的改造和实践,从而很好地实现二者的协同作用。尤其是团体沙盘游戏,除了前面已经论述过的沙盘游戏本身具有的功能外,团体互动产生的系统动力对推动学生通过体验提高人际交往能力所具有的作用是非常明显的,这个过程不但对学生的心理健康发展有益,对其思想品德的发展、社会适应能力的提升等也是具有促进作用的。下面我基于对沙盘游戏的各种学习呈现一个典型团体沙盘游戏的一般流程,由此我们可以对这一协同功能有更清楚的认识。

团体沙盘游戏的主要流程示例

1. 指导语

我们每个人都有想和别人交流的想法,也都有遇到的问题,但有时我们用言语不太容易表达得很清楚。现在让我们用这些玩具在沙箱里共同制作一个作品,这不是心理测试,所以不需要考虑好坏、对错问题,只要将自己想放的玩具放上,将自己的想法表现出来就可以了。

2. 规则

摆放玩具的顺序一般由事先的抽签或猜拳来决定(多次活动尽量保证团体中的每个成员都有做"第一"的机会)。

每人每次只允许一个"动作"(有的称"作业"),如放一个玩具、挖一条河或堆一座山等。整个制作过程成员之间不说话,但成员可以在必要时与引导者之间有适当交流。不能将他人或自己已摆上的玩具拿走或放回玩具架,但允许移动自己或他人所摆放的玩具,并算作一次"动作",即移动后在这一轮中就不能再摆放任何玩具。

3. 制作

触摸沙子,体验沙的感觉。

按规则进行玩具的选择、摆放或移动。每一轮按照事先确定的顺序每人轮流作业,一般经过六轮左右。

过程中带领者或咨询师负责记录每一轮每人的作业情况,并在每轮结束的时候拍照。记录包括每个成员每一轮的制作情况,摆放玩具的个数、名称、所占的区域、所用时间等。每一轮完成后对作品进行拍照是为了方便以后整理和讨论。

4. 讨论

整个制作完成后,组织所有成员进行讨论。

讨论内容:摆放玩具的意图、对他人摆放或移动玩具的感受、对作品的整体构思、作品的主题等。咨询师不做过多评价,只谨慎推动分享和讨论。

最后每个人对作品主题命名,团队再商讨出一个共同的命名。

5. 作品的拆除和场面的清理(略)

我们从上述流程可以看出,团体沙盘之所以能产生良好效果,一是游戏本身对人就有天然的吸引力,尤其对青少年儿童更是如此;二是团体沙盘游戏通过非语言的象征意向,可以降低参与者的自我防御和社交回避;三是团体沙盘游戏的若干规则可以让参与者在无意识中自然呈现其人际交往的一些模式;四是轮流摆放模型、可以移动他人模型、分享讨论等过程有助于参与者觉察自己在人际交往中的行为模式以及真实的人际冲突,从而有所领悟。可见,团体沙盘游戏可以很好地促进学生的体验并因此能更好地促进学生的成长。在洛温菲尔德看来,"沙盘游戏之所以有效,首先是孩子们喜欢。同时,它能够作为一种'语言',来表现孩子们的'问题',起到交流与沟通的作用;孩子们就在这样有沙有水的盘子里,摆放着他们喜欢的各种玩具与模型,'表现'着他们的情绪与心理状态,'表达'着他们所遇到的问题以及应付问题的方式"[①]。

因此,团体沙盘游戏不仅仅对心理治疗有帮助,而且对思想品德的发展也是有益的。带领者在游戏开始前和过程中做好充分的心理氛围调控工作。在优秀导师带领下的团体沙盘游戏可提升学生认知和行为移情、自我表达及聆听他人、遵守规则、适当拒绝、学会反思调整等。比如在6—8人的团体沙盘游戏中,导师可以适当挑选2—3名人际交往能力强的学生加入作为榜样,这样有助于团体成员通过观察习得良好的人际交往技能。通常来说,随着共同经历的团体沙盘游戏次数的增多,团队之间的默契和共感便会增加,表现在沙盘游戏作品的主题趋于明确、统一,制作过程中的冲突减少,作品的风格更加协调、整合。如果成员能将团体沙盘世界中所获得的人际互动成功经验迁移到现实生活中去,就可能会促进他反思自己往日在生活中的言行,促使其社会性成熟和人际关系的改善。

因此,将团体沙盘游戏作为培养学生社会交往中情绪管理能力的一种策略,是完全可以在中小学校中大力推行的。与其他正式的德育和心理健康教育形式相比,游戏会更容易被中小学生接受,甚至受到喜爱。从一些地方和一些教师的一线实践来看,团体沙盘游戏能较好地推动一个团队从无序、疏离或混乱走向团结有序、凝聚力增强的方向。尽管很多团体开始常常会有矛盾和冲突,尤其当别人随便移动自己的玩具时,但在讨论环节部分成员一般会在规则的制约下,在一种坦诚、真诚的团队氛围中引导团体氛围走向积极和谐,或者至少也会促使部分成员有所觉察和反思。这种氛围的引导有时候来自优秀团队成员在人际交往中自然呈现的稳定情绪、温暖支持所起到的示范影响,必要的时候也来自教师在恰当时机运用恰当语言进行

---

① 申荷永、陈侃、高岚:《沙盘游戏治疗的历史与理论》,《心理发展与教育》2005年第2期,第124—125页。

的简洁有效的干预。因此这虽然是一个游戏的过程,但却自然呈现了成员的部分人际交往模式和情绪管理模式,同时又在团体动力的影响下引导成员觉察自己的这种模式,观察学习同伴更为令人接纳的语言和行为模式,而且这个过程主要是在参与和体验的过程中在无意识层面发生的,因此其产生的效果反倒更为深刻、更为持久。学生会把在团体沙盘游戏中体验和学习到的更为积极有效的人际交往模式和情绪管理策略迁移到他未来的生活和学习中。

第八章　家庭教育的体验性质及现实改革

　　早期亲子依恋是儿童在陌生的现实世界中获得安全感和信任感的集中体现,它为儿童人格发展奠定了至为重要的心理基础。尽管随着儿童年龄的增长,儿童越来越多地和同辈群体及学校教师进行交往,但家庭生活对儿童发展的意义仍然不容置疑。实际上,家庭是影响个体一生的重要因素。英国一项调查让人们开放式地回答"在近期发生的事件中哪些是个人认为最重要的事件",其中家庭事件比其他类型的事件更多地被人们所提及,"家庭成员大概以 11∶1 的压倒性优势被认为比其他人更重要"①。

　　因此,尽管学校顺应历史的需要承担起教育的大部分功能,但是家庭教育仍然在未成年人发展中具有重要的地位。作为一种"非制度化"的教育方式,家庭教育本身具有天然的体验性质,然而今天的家庭教育在实践中并没有很好地发挥体验教育的优势,因此非但没有成为学校教育的"有益补充",反而在很大程度上成为一种分裂和对抗的因素,从而造成学校教育的"事倍功半"。正确认识家庭教育自身的体验性质,是卓有成效地实施体验教育改革的重要环节。

第一节　家庭教育具有天然的体验性质

　　人类的新生婴儿在很长一段时间内是不能自立的,孱弱的新生命如果

---

　　① ［加］大卫·切尔:《家庭生活的社会学》,彭钢旎译,中华书局 2005 年版,第 44—45 页。

得不到亲代的照料,便不能存活。和自然界的大多数动物相比,人类个体的发育是非常迟缓的,在相当长的时间内都需要与父母生活在一起,之后才能独立生存。除了生理发育,文化教育和社会适应也是人类个体在成年前需要得到家庭的物质和精神支持的另一个重要原因,亲子依恋和早期经验为儿童的发展奠定了至为重要的心理基础。血缘关系赋予家庭教育特殊的情感性,家庭生活的"日常性"也赋予家庭教育真正意义上的"生活性",这使父母对子女的爱在生物本能的基础上会升华为一种深刻的心理和精神需要,从而赋予家庭教育深刻的体验内涵。

一、亲子之间的血缘关系:家庭教育的情感体验性基础

世界上有一种爱,既深刻坚固,最终又走向分离——这就是亲子之爱。在黑格尔提出的"伦理实体"中,家庭是"一个天然的伦理的共体",其中父母意识到自身是以"他物"(子女)为其现实,尽管这种现实是一种"异己的现实",即自身"日渐消逝",而"他物成长为自为存在而不返回他们"[1],这也是为什么说亲子之爱最终是走向分离的。不过,尽管黑格尔更多地强调家庭作为一种实体,是具有法的意义的"普遍"制度,但他仍然认为这种制度是以情感为基础的,最基本的是家庭成员之间的爱。实际上,恰恰是这种主客观的统一赋予家庭成员之间基于血缘关系而建立起物质和精神的同一性与特殊的情感关系,所以父母会不惜付出自身大量的生命资源(时间、精力、物质等)来养育子女。

古今中外以各种方式讴歌父母的作品不胜枚举。如我国最早的诗歌总集《诗经》"小雅"篇中《蓼莪》一诗云:"蓼蓼者莪,匪莪伊蒿。哀哀父母,生我劬劳……父兮生我,母兮鞠我。拊我畜我,长我育我。顾我复我,出入腹我。欲报之德,昊天罔极!"[2]此诗反映的就是一个儿子深情回忆父母的养育之恩,表达不能报答深恩于万一的心情。此外讴歌母亲的文学作品如我

---

① [德]黑格尔:《精神现象学》,贺麟、王玖兴译,商务印书馆1997年版,第8、9、14页。
② 《诗经》,王秀梅译注,中华书局2016年版,第264、266页。

国唐代诗人孟郊的《游子吟》、现代作家冰心的《写给母亲的诗》,国外如德国作家歌德的《致我的母亲》、印度诗人泰戈尔的《金色花》等。此外绘画、摄影、音乐、电影电视等献给母亲的各类艺术作品更加不胜枚举,例如当我们听到车行作词、戚建波作曲、刘和刚演唱的《儿行千里》时常常情不自禁地泪流满面:"替儿再擦擦鞋,为儿再缝缝扣,儿行千里揪着妈妈的心头肉。一会儿忙忙前,一会儿忙忙后,一会儿又把想起的事塞进儿的兜。如今要到了离开家的时候,才理解儿行千里母担忧。千里的路啊,我还一步没走,就看见泪水在妈妈眼里,妈妈眼里流,妈妈眼里流。"

父爱和母爱同样深厚博大,但内涵会有不同,如人们常常用"父爱如山"来形容。按照精神分析学派的一般观点,母爱是无条件的,而父爱则是有条件的。例如,艾瑞克·弗洛姆在《爱的艺术》一书中说,"婴儿无论从身体还是心理上都需要母亲的无条件的爱和关怀。在六岁左右,孩子就需要父亲的权威和指引。母亲的作用是给予孩子一种生活上的安全感,而父亲的任务是指导孩子正视他将来会遇到的种种困难","在最初几年内孩子同父亲几乎没有什么联系,在这个阶段父亲的作用几乎无法同母亲相比……父亲代表人类生存的另一个极端:即代表思想的世界,人所创造的法律、秩序和纪律等事物的世界。父亲是教育孩子,向孩子指出通往世界之路的人"。[①]

精神分析学派的观点也许在一定程度上是有道理的,父亲和母亲的角色的确应该有所不同。不过,母亲的责任是无条件照顾和关爱孩子,父亲则代表社会规范和权威制度的教育和引导,这种角色划分实际上反映的是父权制文化的深刻影响,在今天已经变得并不绝对,或者说,可以一定程度上提倡,但不能截然区分。实际上,母亲对孩子除了无微不至的关怀照顾,也应该对孩子进行教育和规范,而父亲除了用权威和规则指引孩子走向社会,也需要给予孩子温情的关心和爱。而且,说父亲的爱是"有条件"的,这并

---

① [美]艾里希·弗洛姆:《爱的艺术》,李健鸣译,上海译文出版社 2008 年版,第 39、40 页。

不符合事实,实际上无论是在现实生活还是文化作品中,我们都可以看出父爱和母爱一样深沉厚重。例如丰子恺的绘画作品《兼母的父》就反映出一位父亲一边艰辛谋生、一边悉心照顾孩子的场景,我们可以感受到浓浓的父爱之情在画面温情地流动。罗中立的《父亲》饱含深情地刻画出中国农民的典型形象,画家用浓厚的油彩、精微而细腻的笔触,塑造了一幅感情真挚、纯朴憨厚的父亲画面,因此即使没有斑斓夺目的华丽色彩,也没有激越荡漾的宏大场景,却深深地打动了无数中国人的心。

父母对孩子的爱之所以深沉厚重,血缘关系是很重要的一个基础。血缘关系使父母基于前文提到的道金斯所说的基因"自私性"而对子女进行"无条件的付出"。在中国传统家庭伦理体系中,血缘关系也以"续香火"的方式和"寻根"的逆推关系构成一种薪火相传的链条。虽然中国传统的家庭伦理因其内部的自我否定性和现代价值理念的双重影响正在遭遇一种现代转换,一种以自由和幸福为核心的新型家庭伦理开始出现,血缘关系在现代并非婚姻和家庭伦理的唯一纽带,但仍然具有不可替代的价值内涵。

基因自私性和中国的"续香火"可以作为人类亲代为子代"无条件付出"的一种生物解释,但这种"无条件付出"还基于更深刻的心理需要。人类从古至今永远无法逃避死亡,正如海德格尔所说,是被历史的"抛"在特定的时间和空间的那个交点而开始存在,因此人"注定是孤独的",随时可能"被连根拔起"。因此,人类敬畏并珍惜生命,父母对子女"无条件的付出"即源于延续自身生命的渴望,源于爱的情感需要和自我实现的精神需要,这使人类摆脱孤独和死亡的恐惧得以"诗意地栖居"——这种情感和精神需要也赋予人类超越"基因自私性"而实现博爱的可能,这种可能绝不是一种幻想,而是建立在人们社会生活的经历之上,建立在人们对理性的爱的体验和需要的基础之上。

不过,正因为父母对子女的爱太过深沉,出于希望孩子光宗耀祖的同时未来能生活美满的考虑,父母的爱很容易变成孩子的一种负担,妨碍甚至毒害孩子的身心健康发展。前面提到过青少年弑亲在我国传统文化中虽然极为罕见,但近年来也有发生。本部分开头已经提到,亲子之爱既深刻坚固,最终又走向分离。如果父母深刻认识到亲子之爱的这种性质和特点,在孩子幼年的时候倾尽全力照顾和教育,而当孩子逐渐长大,尤其是青春期开始,在继续关爱孩子的同时逐渐放手让孩子自己探索和成长,孩子就会带着爱和力量逐渐远离父母的庇护,创立属于自己的独立人生。孩子走向属于自己的远方,父母则在背后用温暖的目光注视,用爱和支持继续陪伴孩子。这种爱才是成熟、智慧的。然而,今天很多中国父母的纠结就在于,控制太多会妨碍孩子独立和成长,放手太多又担心孩子遭遇失败或危险。

总之,父母的爱和支持对孩子是至关重要的一种动力,可以帮助孩子克服学习、生活、人际交往中遇到的各种困难。所以,我们经常说家庭是一个人温暖的避风港湾。而且,学校教师面对一个班级的几十个学生,很难对每一个学生的情况都了如指掌,也很难有足够的精力对每个学生随时给予足够的关注和帮助。而父母面对的只是一个或两个孩子,尽管父母也有自己的工作和家务等事情需要承担,但相对而言还是可以有比较充足的时间和精力来照顾并教育孩子的,而且父母基于血缘关系和情感体验也总是愿意对孩子的成长倾尽全力。因此父母对孩子的影响是教师所无法取代的,家庭教育具有学校教育不可替代的体验性质和功能。

二、家庭生活的"日常性":家庭教育的生活实践性基础

受"科学世界"的宰制和工具理性的支配,今天的学校教育已经越来越失去生活的根基和体验的性质,这是学校教育实效性不高的重要原因之一。著名现象学家胡塞尔强调"科学世界"是"用数学方式奠定的理念的世界",科学容易陷入的一个危机就是"理念的外衣使我们将只不过是方法的东西认作是真正的存在,从而"丧失其对生活的意义"。① 这一点实际上与本书第一章提到的杜威认为学校教育的"危险"是一脉相承的。在杜威区分的两类教育中,与学校教育相对应的是社会生活教育,这类教育是在真实生活

---

① [德]埃德蒙特·胡塞尔:《欧洲科学的危机与超越论的现象学》,王炳文译,商务印书馆2001年版,第15、64、67页。

中自然进行的,因此具有实践体验的特性。自古希腊开始,"家庭是社会的基本单位"这一表述就在西方思想史中获得充分发展,我们今天则常常说"家庭是社会的细胞",因此说家庭教育具有生活性是没有问题的。

严格意义上,生活本身是一个整体,并不存在一个天然的"纹理"可供我们进行截然的"切割",即使是作为与"生活世界"相对而提出的"科学世界",应该说也是从属于"生活世界"的,因为科学活动是人类生活的一部分。尽管如此,根据一定的标准将生活划分为不同的领域(如生活世界和科学世界)仍然可以为研究和思考提供合理而必要的"话语体系"。例如有学者把人的生活领域划分为三个基本层面:最基础的层面是以个人的衣食住行为主要内涵的日常生活领域;中间层面是政治、经济、技术操作、经营管理等非日常的社会活动领域;最高活动层面是由科学、艺术、哲学等构成的非日常的人类精神和知识领域。[①] 从胡塞尔的角度看,作为相对于科学世界而提出的生活世界,大致相当于第一个层面的"日常生活世界",其实这也是胡塞尔所谓生活世界的本真含义。

从上面的三个基本层面进行粗略划分,家庭生活更多的是在最基础的第一个层面,而学校生活更多地在第三个层面,其次是第二个层面。从词义看,"日常"就是"每一天都发生",强调的是常规性和反复性。不过,学生在学校中除了接受科学文化知识、社会道德规范等教育,实际上也存在同学之间、师生之间的日常交往。因此这种简单的界定不能真正把"日常生活"和"科学世界"相区分。学校生活的重复性和常规性是受制度保障的,但一旦被"科学世界"所宰制,这样的学校教育也已经远离了真正意义上的"生活世界"。有学者总结了日常生活教育的几个特点:是凭借日常生活的习惯系统得以实现的,具有"濡化"的特点;是在以日常语言为媒介,以血缘和天然情感为基础的日常交往活动中实现的;是促进人的生命发展的基本的、主要的活动;具有传统性、自发性和异质性。[②] 从这些特点来看,家庭教育正

---

① 刘慧、李敏等:《小学生品德发展与道德教育》,高等教育出版社 2015 年版,第 20 页。
② 靳玉乐、李森:《现代教育学》,四川教育出版社 2005 年版,第 125 页。

是一种典型的日常生活的教育。

当然,家庭生活并非仅仅涉及衣食住行等基本活动。除了照顾好孩子的日常起居生活,家庭在今天也越来越多地承担起教育孩子学习科学文化知识和社会道德规范的责任,或者至少要配合学校开展教育和引导工作。不过,家庭教育和学校教育在开展方式上有很大的不同。家庭生活由于其自在状态呈现出杂乱的形态,构成了哈贝马斯所言的"灌木丛"。灌木丛一般指那些没有明显主干,树木呈丛生状态、比较矮小且分枝密集,从而呈现为交错、缠绕的整体。也就是说,家庭不像学校有"教育"这一特定"主业",对父母来说,赚钱养家、承担各种家务、经营好夫妻关系、照顾孩子生活、配合学校教育孩子,等等,都是重要的职责,很难说哪一个是最为重要的,而且各项职责之间相互影响形成错综复杂的关系。当然,学校也是包含各项工作且各项工作互相影响和关联的,不过毫无疑问的是,学校所有工作都是服务于"教书育人"这一中心工作的。

"灌木丛"还有另一层含义,就是它是"原生态"的,未经刻意雕琢、修饰和伪装的,不像繁华都市中修剪平整后的绿化带。学校作为制度化的专门教育机构,教育活动很大程度上是经过精心"修剪"和安排的,因此与学生真实、丰富、自然的日常生活是有一定距离的。家庭教育是渗透在"灌木丛"式的杂乱日常生活中的,因此具有自然性和整体性,儿童目睹种种清晰可见的生活图景,耳闻生活中的生存规则和文化习俗,就在这种不知不觉的下意识状态和实际体验中,接受了生活世界给予的生存法则和文化。正因为如此,比较而言,家庭教育对孩子道德发展的影响更大于文化知识教育。

与科学不同,道德是关于人与人之间关系的一种伦理之知,道德教育只有在完整而真实的生活中才能真正有效地发生,而一旦从道德的整体——生活世界中脱离出来,就必定被边缘化、外在化、知识化[1],人类就会与内在丰富的心灵体验相分离,从而与悲欢离合、情动于中的精神家园渐行渐远。

---

① 鲁洁:《边缘化、外在化、知识化——道德教育的现代综合症》,《教育研究》2005年第12期,第2页。

精神家园的重建要求道德教育要回归"生活世界"。道德之所以产生,就是为了让我们的生活变得更好,所以有学者说"道德源于生活,道德在生活中,道德为了生活"①。家庭作为社会的细胞,其所包含的日常生活领域是人类生活最基础的部分,同时家庭成员也在社会生活中发生着交互活动,因此家庭教育对未成年人的道德发展有着至关重要的影响作用。

对孩子的学业进步来说,学校教育应该是主要的。但家庭教育的作用也不容忽视。在今天学业竞争如此激烈的情况下,孩子在学校往往承受着巨大的压力,这种情况下,父母在家庭日常生活中以不同的态度、方式去教育孩子,往往会使孩子有着截然不同的体验,进而产生截然不同的结果。智慧的父母对孩子往往更多鼓励、欣赏和支持,适当给孩子空间对在家的学习进行自我安排,同时在恰当时机以恰当方式给予督促;简单粗暴的父母则容易以高压的方式对孩子进行控制和安排,不关注孩子内心的体验,不愿聆听孩子内心的呼声。此外,教师在目前的班级授课制下要做到因材施教难度比较大,尤其是在课堂教学过程中,这种情况下家庭教育面对一个或几个孩子,有相对较大的空间来针对孩子的实际情况进行辅助教育和学业支持,随着国民文化素质的普遍提高,父母一方或双方发挥自身能力对孩子的学业发展提供支持在一定程度上也是可能的。

第二节　家庭教育实践和研究的体验缺失

从应然的层面看,家庭教育具有重要的地位,且具有学校教育所不具备的体验性质,但是从实然的层面看,我们又会发现家庭教育存在很多问题。学校是专门的教育机构,因此教师也是经过系统培训后"持证上岗"的;但家长群体整体而言却并非如此,这导致家长虽然对孩子的爱几乎是无条件的,对孩子的教育也给予了殷切的期待,但家庭教育在实践中却存在非理性化的问题,对家庭教育的研究目前也没有得到应有的重视。

---

① 刘慧、李敏等:《小学生品德发展与道德教育》,高等教育出版社 2015 年版,第 19 页。

一、非理性化家庭教育实践中儿童体验的被遮蔽

正因为父母对孩子的影响巨大,所以现实生活中父母既有可能对孩子形成积极的支持,滋养孩子的生命,但也容易成为孩子成长的阻碍,甚至成为杀伤力极强的破坏性因素。这一方面是父母自身的思想观念、生活方式、行为表现、语言谈吐等在不知不觉中对孩子产生的正反影响性质不同,另一方面是父母有意识地对孩子进行教育时在观念和方式、智慧和能力等方面所导致的结果差异巨大——前者和后者只是隐性和显性的不同,但都是家庭教育的重要组成部分。从现实来看,家庭教育实践很大程度上是非理性化的,置身其中的儿童所具有的复杂体验又在很大程度上被遮蔽。

美国家庭治疗师维吉尼亚·萨提亚说,"在接触了上百个家庭后,我发现每个家庭都可以在我所说的从'和谐家庭'到'问题家庭'这个范畴中找到自己的位置"[①]。过去社会学家们倾向于从功能主义的角度来观察家庭活动,因此家庭经常被描述为适应性的和谐美好的系统,然而家庭中的功能性关系很容易变成功能紊乱的关系。绝对的"和谐家庭"是极少的甚至可以说是不存在的,几乎每一个家庭或多或少都存在一些问题和不和谐的地方。当家庭中的问题过多、整体呈现非常负面的状态时,就容易让孩子产生消极的体验。英国社会学家安东尼·吉登斯就曾说:"家庭生活的'阴暗面'非常广泛,而且与电视广告及大众媒体等其他地方所经常强调的那种和谐融洽的美好图景形成对照。"[②]

以家庭功能紊乱的一个直接后果——离婚为例。虽然离婚并不总是不幸的反映,但有一点是毫无疑问的:离婚在给父母带来自我实现的新的可能性的同时,也常常使家庭成员产生深深的焦虑和其他各种负面体验。单亲家庭中的父亲(或母亲)往往因为疲于应付离婚带来的经济、情感等压力而

---

① [美]维吉尼亚·萨提亚:《新家庭如何塑造人》,易春丽、叶冬梅等译,世界图书出版公司2006年版,第10页。

② [英]安东尼·吉登斯:《社会学》,赵旭冬等译,北京大学出版社2003年版,第244页。

疏于关心孩子,对孩子失去父母一方长期陪伴带来的种种内心冲突和痛苦也很少关注。失去孩子抚养权的一方则往往要么疲于应对新生活秩序的重建,要么因为与前夫或前妻关系紧张而主动或被动地避免和孩子见面,更不用说用实际行动抚慰离婚带给孩子的被抛弃感。正如吉登斯指出的:"许多父母担心离婚对孩子造成的伤害,但却不知道怎样把自己的担心和内疚感转化为积极的行动。这使得一些父母把孩子管得太紧,或者像对待'成年'知心朋友那样对待孩子;在另外一些情况下则会导致父母和孩子的疏远、关系冷淡以及亲子联系的缺失。"①

与离婚带来的家庭解体几乎一样困难重重、麻烦多多的是,重组家庭也常常产生各种适应性或情感性的困难,对此这里不再展开论述。尽管如此,要求一对婚姻严重冲突的夫妻为了孩子的缘故继续勉强"捆"在一起是"不道德的",对孩子的成长发展也是极为不利的。从现实来看,儿童在父母离婚后所表现出来的行为问题在父母离婚之前就已开始了,因为大多数夫妇在离婚前就有过一段时间的冲突,这类冲突经常、公开地出现,儿童就比离了婚的父母有相对比较和睦的关系时显示出更多的行为问题,如侵犯、缺乏自我控制。实际上,如果夫妻双方的确因为"三观"不合、生活方式差异太大等原因无法和谐相处,以理性、平和的方式选择离婚,并通过审慎处理把对孩子的伤害和负面影响降到最低,那么孩子从父母离婚这一事件中体验到的伤害和打击就会小很多。甚至在一些情况下,年龄稍大的孩子从中反倒开始对爱情、婚姻有比较积极认真的思考,通过正确认识婚姻的冲突以及父母理性处理离婚事件等形成正确的观念和行为应对方式。不过,这是比较理想化的状况。现实的情况是,绝大多数父母在婚姻破裂的时候都陷入自己的痛苦和纠结中,加上人本身存在自私和局限,因此很难做到理性和智慧应对,不闹得鸡飞狗跳就已经很不错了。

当然,因为本身自私而不愿意承担照顾和教育孩子责任的父母实际上

① ［英］安东尼·吉登斯:《社会学》,赵旭冬等译,北京大学出版社 2003 年版,第232 页。

是极少数。如前所述,以血缘关系和情感联结为基础,父母一般都是爱孩子的,绝大多数父母也愿意对孩子不辞辛劳地付出,包括对他们进行教育和引导,以使他们在身体健康、学业进步、社会性适应等方面能良好发展。不过,现实最大的问题是,很多父母缺少教育智慧和能力,所以爱的方式存在很大的问题,从孩子的角度并不能体验到父母的爱,甚至很多感受到的是杀伤力很强的控制和专制,这种非理性化的方式及其带来的消极后果实际上占了问题家庭教育的绝大部分。对此前面已有涉及,因此不再赘述。

家庭教育的非理性化还表现在家庭教育偏重孩子的学业成绩,忽视孩子的心灵、道德发展和积极人格的培养。有学者指出:"由于物质主义、拜金主义、实用主义等影响,目前国内外尤其我国现阶段家长的期望构成上存在一个危险的倾向,那就是重子女的智育、体育、美育成就,而对子女的品德发展漠不关心,出现了'许多人花钱买智育、体育、美育,就是没有人花钱买德育'的现象。"[1]尽管不是绝对的,但来自各地的调查报告显示这一倾向是令人忧虑的。这种功利主义的思想造成一部分家长认为德育是"无关紧要"的,甚至不乏家长持孩子"越道德越吃亏"的错误思想。结果,家长对子女的"无条件付出"这一本来对儿童发展极为有利的因素反倒成为儿童发展中的一个消极因素。一些批判社会学家们认为,家庭是"内在取向"的,"倾向于将个人利益置于一个较高的优先地位,并将其凌驾于公共利益之上",即一方面"用诚实、公平、宽容的态度来对待那些属于他们家庭中的人",另一方面"并不认为应该用同样的方法和态度来对待那些位于他们家庭之外的人",结果,"公共道德遭到破坏"。[2] 即在家庭内部,家长对子女是一种利他主义的"无条件付出";家庭作为一个"群体",对社会却表现出一种"自私"。

家庭教育是渗透在日常生活的点点滴滴中的,对未成年人的影响是潜移默化并深刻而持久的。即使未成年儿童在很多时候没有发言权,他们对

---

① 檀传宝:《德育原理》,北京师范大学出版社 2007 年版,第 294 页。
② [加]大卫·切尔:《家庭生活的社会学》,彭铟旎译,中华书局 2005 年版,第 11 页。

很多事情的认识可能的确存在局限,但这并不意味着他们对看到、听到的事情就没有自己的看法和想法,实际上儿童内在的体验是丰富、细腻的,对这一点成年人往往难以充分意识到,导致他们对自己的言行和对子女的教育采取了随意和盲目的态度。

二、"边缘化"家庭教育研究中体验维度的被忽视

家庭教育的重要性和实践中存在的非理性化之间的反差与家庭教育研究本身的薄弱和体验维度的被忽视有关。实际上,我国政府早在 1992 年 3 月颁布的《九十年代中国儿童发展规划纲要》中就提出:"有关学术机构和学术团体要开展家庭教育的理论研究,为改善儿童成长的家庭、社会环境提供理论支持。"然而,有学者在 20 世纪 90 年代中期指出,家庭教育理论研究存在"浅薄性","家庭教育自身理论建设薄弱,超前性的理论研究少,专业性研究人员不足"[1]。2001 年 3 月举行的"加强家庭教育学科建设"学术研讨会也指出:"以往的家庭教育研究局限于或偏重于对某些现状的调查和描述,缺乏理论探讨;研究之间缺乏借鉴、比较和积累,同一层次的重复性议论较多,可比性研究或在已有研究成果的基础上进行的更深入的开创性研究较少。"[2]

进入 21 世纪以来,尽管家庭教育的研究和普及工作在一定程度上有所推进,公开发表的关于家庭教育的文章也并不少见,但关于家庭教育的专门或重点研究从数量来看总体上并不多,从内容来看则主要立足于社会变迁下家庭教育面临的新情况和新问题,重点对家校合作、海外家教、儿童学业和心理发展、亲子关系等进行考察,且上述家庭教育研究的"浅薄性"和"重复性"并没有得到实质性的改变,"对现实问题具体描述多,深入理论探索少","缺少对学科性质定位的自觉,社会性话语同学术性话语转换不畅,缺

---

[1]　邓佐君:《家庭教育学》,福建教育出版社 1995 年版,第 33 页。
[2]　厉育纲、赵忠心:《"加强家庭教育学科建设"学术研讨会综述》,《教育研究》2001 年第 7 期,第 80 页。

乏语言表达'确定性'的基本规范,学术概念与范畴的表述缺乏科学性与严肃性"①。

家庭教育的"日常生活性"既是其区别于学校教育的优势所在,也是社会公共机构难以有效"介入"其中,使之规范化、制度化的原因所在。家庭教育作为游离于学校"围墙"之外的一种"非制度化"的教育方式,在教育研究中被很大程度地"边缘化",原因之一也在于这种操作性的难题。作为一个"私人领域","家"成为很多人心中的"冷漠世界中的天堂",被人们希望在其中可以"做回他们自己"。在这种情况下,充分发挥"人"的因素,即父母最大可能地提高自身素质,就成为家庭教育的关键。但是,家长素质的提高,这本身又是一个并不轻松的重大课题,"家长素质"也是一个很难界定的概念(教育部、全国妇联联合颁发的《家长教育行为规范》也只是一个纲领性的文件,缺少操作性定义)。如果说学校教师作为公共教育机构的代言人其素质必须达到一定标准,那么要用具有强制性和约束力的"文本"去规范经济、文化差异如此大的家长,难度是可想而知的。

家庭教育的非制度化是目前家庭教育研究被边缘化的重要原因,但绝不是合理的原因。首先,制度如伊万·伊利奇所批判的那样并非"神话",制度在凝结人类理性力量的同时,也积聚着非理性的因素,制度的"机器"或"铁笼"所导致的人的异化在今天也已广受批判。米歇尔·福柯在《规训与惩罚》一书中揭示了"全景敞视主义"的监控功能及其在社会公共机构中的广泛渗透。但家庭这一私人生活领域可以在很大程度上避开他人的"注视",人们在其中可以真正地"做回自己",这种卸掉了"表演"和"做秀"重负之后的"真情流露"中蕴含着有利于儿童发展的至为珍贵的积极因素和有益条件。

其次,为了推动教育的整体发展和进步,我们不能断然否认制度的"触须"可以而且应该有限度地向家庭教育伸展。我国清末即有《蒙养院及家庭教育法》(1903年),民国时期又颁布过《推行家庭教育办法》(1940年);

---

① 宗秋荣:《"中国家庭教育发展论坛"综述》,《教育研究》2004年第8期,第94页。

2003年,我国台湾地区正式颁布家庭教育的相关规定;在2008年全国两会上,有代表递交提案,主张将我国家庭教育法列入新一届全国人大立法计划,以进一步确认家庭教育的法律地位和原则,明确主管部门及职责,规范家长及其他监护人的权利义务等。自2016年开始,重庆、贵州、山西、江西、江苏、浙江、福建、安徽、湖南九个省、直辖市已经先后以"家庭教育促进条例"的方式出台了家庭教育地方性法规,国家层面也于2021年10月颁布了《中华人民共和国家庭教育促进法》,并于2022年1月1日起施行。

家庭作为一个相对私人化的领域,不同的人有着不同的诉求,不同的家庭有着不同的实际情况。法律法规通常也只是对家庭教育的基本要求进行规范,如何真正落实有待大力开展家庭教育研究并在研究指导下开展实践,尤其是从体验的视角出发开展研究和实践。不过,目前的现实情况是,家庭教育研究整体上都处于被边缘化的地位,从体验教育的维度开展研究更是被严重忽视。研究应该先行于立法,并为立法提供依据。家庭教育的非制度化不应该使其成为教育研究边缘化的客观理由,其所具有的特殊性只能说明其研究范式和学科性质具有特殊性。学科建设是特定研究领域成熟程度的表现,它所构建的概念、理论和"话语"体系是进一步开展研究和"对话"的基础。我当然无意将家庭教育提到高过学校教育的地位,但我同时认为,学校教育不可能"一枝独秀",家庭教育研究应在教育学研究中占据一席之地。家庭教育本身就具有体验教育的天然优势,或者说体验教育的落实离不开家庭教育这一重要环节,因此教育理论和实践也应把家庭教育纳入体验教育研究的视野,否则,不管学校教育如何殚精竭虑,也走不出"事倍功半"的困境。

第三节 体验视角下家庭教育改革的实践途径

亲子之间的血缘关系决定了家庭教育的特殊情感性,家庭生活的"日常性"赋予家庭教育真正意义上的"生活性",因此家庭教育是实现体验教育,并确保其实际效力的重要保障,其在未成年学生成长发展中的重要地位是学校教育所不能代替的。但目前家庭教育在学生发展中的影响在一定程度上存在实践上的非理性化和研究的边缘化问题,人的体验被遮蔽和忽视。要弥补家庭教育"应然"和"实然"之间的差距,除了加强家庭教育的自身理论研究和学科建设外,还要在家庭教育实践层面采取一系列措施,这也是走出学校教育"事倍功半"这一困境的前提。只有对家庭教育进行改革和改善,体验教育才可能得以有效实施,而家校合作、社会力量指导、家长自身进步是家庭教育改革的三大重要实践途径。

一、家校合作推动家庭教育的体验式改革

合作是一种社会互动的形式,是两个或两个以上的人或群体为达到共同目的自觉或不自觉地在行动上相互配合的一种互助方式。从国际上看,家校合作在实践层面早在 19 世纪末开始就引起一些国家的重视,但其进入研究者视野并由政府和教育机构参与推动,是在 20 世纪中后叶开始的,一些发达国家把家校合作的纵深推进作为教育改革的一个重要举措,并取得了比较明显的成效。我国家校合作在研究和实践层面真正受到重视是近年的事,而且因为处于起步阶段,所以存在诸多困难和问题。实际上,为了孩子的发展和成长,学校和家庭对加强合作的认识和意愿是没有分歧的,尤其是我国家长实际上普遍重视孩子的教育和发展。家校合作对提高学生的学业成绩、促进其人格的健全发展和身心的和谐健康等,都有重要的意义,这一点不会有人怀疑。我国目前家校合作在研究层面取得了比较丰硕的成果,在实践层面也借鉴西方的一些有益做法并结合本土的实际情况做了一些尝试并取得了一定进步。但总体而言,目前家校合作存在的问题还很多,取得的实效还较低,学校、教师和家长也存在很多迷茫。

导致家校合作难以达到深度和效果不佳的主要原因是目前的合作基本停留在"信息沟通"层面,例如家长和老师打电话一般交流的是孩子在学校的表现如何、最近作业完成质量如何、孩子生病需要请几天假,等等。家校合作中涉及的教师、家长、孩子三个主体的内心体验是不受关注的。这里以家庭作业的家校合作为例。前面第六章在分析学科知识教学改革部分已经

强调过家庭作业的重要性,并重点从教师角度进行了方法和策略上的分析。但在家庭作业布置方面,还需要特别注意家长是否需要以及以何种方式参与到学生的家庭作业中,这是需要审慎研究和实践的一个问题,也是目前存在争议和困惑的一个问题。

从某种角度来说,家长适当参与到学生家庭作业完成的督促、指导中来,在落实作业和提高完成质量上是具有积极作用的,因为教师要面对几十个学生,如果学生的作业完成得潦草,教师再去展开补救,那么在精力上很难顾得过来。但从另一个角度看,家长参与督促学生完成家庭作业在实践中存在诸多困难。例如,很长一段时间以来流行的"家长签字"现象,很多家长抱怨这已成为家长不能承受之重,因为家长白天要工作,晚上也有很多家务要处理,对很多文化教育水平不高的家长来说,督促孩子完成家庭作业并签字确认是存在困难的,即使文化程度较高的家长,督促和辅导孩子完成作业也被戏谑为"不写作业,母慈子孝;一写作业,鸡飞狗跳"的一种社会现象。很多研究者和教师也极力反对家长督促孩子写作业并签字确认,例如某教育研究者和一线教师联合撰文《"家长签字"不可取》,指出家长签字是带有强迫性质的急功近利之举,容易造成孩子厌学、不诚信,而且这种做法加重家长们的负担,是教育工作者推卸自己应尽的责任①。我们再来看一位家长参加家长会后写的一篇教育随笔的片段:

　　　　儿子上小学了,学校召开家长会。……所有到会"训示"的老师不约而同向家长再三再四强调的一项共同要求是:孩子的所有作业都必须家长签字。……离开学校回家的路上我一直在琢磨着老师的用意,可是最终也没有找到一条站得住脚的理由。

　　　　回到家再一琢磨,其实是我领会差了,人家老师说得明白着呢:一年级的学生懵懵懂懂、理解力不行,学习的主动性和自觉性也差,教材要求又高,没有家长的指导、帮助根本达不到教学要求。老师接着还语重心长地告诫我们说:一年级对孩子的一生发展是非常关键的。这第

---

①　赵德、鲁统振:《"家长签字"不可取》,《当代教育科学》2004年第5期,第42—43页。

一步走好了,成才有望;走岔了,一辈子麻烦。可千万不能掉以轻心啊!言下之意,你们这些做父母的,要不想拿孩子的前程开玩笑,就该赶紧重视孩子的教育——从签字开始吧!

这下我总算是理解了"家长签字"的真正含义——不就是陪读、陪练、陪写作业嘛!总之,孩子回家后的一切活动、老师交代的所有任务,你做家长的都得老老实实陪着完成!

……完全弄清楚"家长签字"背后的"深远意义"后,我发现我是真的难以苟同了。第一,孩子就是孩子,不能拿成人的标准来衡量,一年级的学生就只应该根据六七岁孩子的身心发展水平来要求;第二,学龄初孩子最基本、最重要的学习方式就是在错误中学习,在出错、纠错中发展的;第三,孩子的学习兴趣和自觉性不是监督、威逼出来的,而是经由启发、诱导和激励生成的;第四,家长的陪读、陪练表面看提高了孩子作业的正确率和规范性,但更容易滋长孩子的依赖性和懒惰思想,到头来只能是"捡了芝麻却丢了西瓜"。①

有意思的是,这位家长发表这篇文章采用的是笔名"子丑",我猜测即使这位家长极有可能具有较高的学历,极有可能也从事教育行业,对教育也有自己的一些思考和成绩,但仍然不敢以真实姓名公开发表这类"和教师对着干"的文章——毕竟自家孩子还在读小学,未来还要读初中、高中,还是不要冒风险得罪老师们,以免孩子不受老师待见。这种现象确实是极具讽刺和令人遗憾的,因为家长和老师本来应该形成最紧密的同盟。

上面这个案例反映了家长对学校和教师一些做法的抱怨、反对和批评。但学校和教师站在另一个角度对家长同样存在抱怨和批评,正如这个案例所指出的,教师希望家长配合督促学生的家庭作业,本意是共同促进孩子的学业进步,但结果有些家长却如上面这篇随笔的作者一样对这一做法指手画脚、评头论足,有些家长根本不重视孩子的学习,认为孩子到了学校就该由学校和教师负起责任。"这么多孩子,我一个人管得过来吗?你自己的

---

① 子丑:《"家长签字"的背后》,《江西教育科研》2005年第12期,第60页。

孩子你都不重视,我还那么着急上心干什么",在一些情况下,教师产生这些负面体验和想法就并不奇怪了。当然,也有一些家长是因为文化程度低、思想观念落后、教育能力有限,因此无法有效配合而感到心有余而力不足。因此,关于家长是否应该参与督促孩子完成家庭作业这个问题,我觉得还是不能一概而论,这需要教师在工作中对这个问题在数量、方式方法方面谨慎考量,同时还要结合考虑班级家长群体的具体情况。除了家庭作业和学习成绩等外,家长和教师在其他很多方面非但难以在教育上达成共识,实际上还存在很多分歧。

因此,家校合作的改革要在体验教育这一理念下开展,这样才能切实提高家庭教育的效力和效率,从而对学生形成强有力的深刻、持续的影响。家校合作的目的是以学生和学生的发展为中心,因此除了要关注教师和家长的体验外,也要关注学生的体验。不过,中小学生是未成年人,心智尚不成熟,而家长的文化水平参差不齐,因此家校合作的关键是学校和教师,其中学校主要起统筹领导的作用,教师则是亲历其中的最关键的动力因素。作为专门的教育者,与家长积极沟通、协调,以切实发挥家校合作的作用,整体提高家长的家庭教育能力,这是教师的责任和义务。首先,教师要对家长的一些不理解、不支持和其他各种负面的认知和行为反应尽可能地宽容、接纳和理解,并在这个基础上对家长的一些不当教育观念和方式进行引导和指导。其次,教师要具有一种谦卑、开放的心态,对自身的教育观念和行为进行反思,要有勇气承认自己并非完美,对一些问题的看法不一定科学合理,对家长具有建设性的一些意见和建议要以开放的心态进行借鉴和尝试,并在调整和实践中继续和家长保持交流和商讨。这样家校合作才会走向深度发展,这样的家校合作必定让教师和家长都有所成长,并形成教育合力,从而让教师、家长和学生都体验到一份愉快的成就感。

二、社会力量参与家庭教育体验式改革的指导

学校和教师指导家长虽然是有益的,但毕竟时间、精力有限,而且家庭教育指导也是一个专业性很强的工作,除了自身要具备科学的教育观外,还

要懂得一些家庭教育咨询的专业方法和技术。因为家长往往具有较丰富的社会经验，也形成了一些固有的思维模式和行为模式，要想改变并不容易，往往需要使用一些专业的心理辅导技术。学校教师虽然在科学文化知识方面水平较高，但在咨询和辅导方面专业性不够。因此，社会力量参与家庭教育指导是非常有必要的，而且社会资源往往来自生产生活的各行各业，因此更能跳出理论的束缚，从而以更符合体验教育理念的方式开展家庭教育指导。比如心理临床工作者、社区工作人员、医护人员、卫生学专家等群体通过他们从事行业的丰富实战经验，以示范、练习、督导等实践体验的方式对家长如何有效开展家庭教育进行指导，对家长的帮助作用是非常大的——不过这是比较理想化的情况，现实中优质的社会资源还是比较欠缺的。

社会力量参与家庭教育指导目前有三种途径：一是社会营利组织的市场化服务，由专业机构提供服务，有需要和意愿并具有一定经济能力的家长自行购买；二是作为社会公共服务的政府购买服务，是惠及老百姓、促进民生的举措；三是学校购买服务，往往是根据学校的实际需要和存在的实际问题，为了提高家校合作成效而邀请专业机构或专家对家长开展指导。由于家庭教育问题在现实中日益突出，家庭教育指导的市场需求日益增大，这导致目前的家庭教育指导的营利性服务市场在一定程度上存在良莠不齐、无序竞争的乱象，政府或学校购买家庭教育指导服务可能对这一现象有所遏制，政府和学校可以对这类社会服务进行监管和规范。因为家庭教育指导是一项专业性较强的服务，对服务提供者的资质、水平有着较高的要求，只有拿得出过硬的服务和产品，才可能经得起政府、学校的监管和市场的检验。

无论是社会力量自主竞争，还是政府或学校购买服务，前提都是具有比较成熟的服务市场和比较过硬的服务产品。"但是家庭教育指导服务在我国尚属新生事物，能够提供合格的家庭教育指导服务的机构和组织很少，无法形成实质性的竞争，服务市场更是无从谈起。……譬如说，有的社会组织是伴随着政府购买需求出现的，这类组织虽然在特定时期解决了政府购买没有服务提供商的燃眉之急，但由于其缺乏长远规划，内部发展动力较弱，政府购买合同一旦完成后,这类组织也将消失。还有的社会组织是由服务购买者——地方政府直接发起成立的,可以说是政府驱动的产物,这类社会组织常常带有浓厚的官方色彩,与其说是独立的法人机构,不如说是'准政府'部门,由于依赖政府扶持,极易造成供给的成本增加、效率下降,引发寻租行为。"①因此,社会力量参与家庭教育指导的当务之急是培育服务市场,建设有资质、有能力的专业人员队伍和管理规范的社会组织。

　　社会力量参与家庭教育指导,还要特别注意与学校、社区建立协同长效的发展机制。无论是政府、学校购买,还是家长自主购买,家长在接受指导服务后终归要回到生活中去实践,一两次的培训和指导其实并不能一下子让家长转变观念、创新家庭教育方法,有些家长在参加一些课程和活动后尽管愿意尝试改变和调整,但是回到现实,一遇到挫折就容易"被打回原形",这会加重他们的挫败、抱怨、失望、无助的负面体验,转而彻底放弃改变,听之任之。因此家庭教育指导最好在系统思维指导下,社会力量、学校、社区建立联动机制,而不是孤立地对家长群体展开指导服务。

　　例如,除了对家长直接展开指导外,政府还可以购买服务对学校教师、社区相关工作人员等提供"家庭教育指导的指导"服务,即指导学校和社区对家长开展家庭教育指导。在相关工作人员指导的基础上,还可以在每一所学校、每一个社区重点培养、建设一支骨干力量,经过系统化的培训指导后,由这支队伍渗透到学校和社区,进而对家长提供指导服务,由于这支骨干力量与学生、家长在工作和生活中有比较多的交集,更有机会展开自然的互动交往,往往能更好、更持续地展开深入的工作,而且这种工作一般不是纸上谈兵,而是在现实生活中解决问题,因此往往带给家长和学生更实际和更优化的体验。

三、家长终身学习提高体验教育综合能力

　　要提高家庭教育的质量和成效,家长自我的觉察、反思、学习、提升至关

重要，因为外因只是条件，内因才是根据，外因要通过内因起作用。为人父母者一般都有比较丰富的社会经验，形成了一套自己的信念系统和固有的行为模式，往往很难轻易改变，所谓"江山易改，本性难移"。这也是人之常情，因为改变意味着不适应，面临不确定，存在自己无法预估的风险，所以我们往往总是优先选择走熟悉的、习惯的路，而不愿意开辟一条新路。家长在教育子女上也是这样，一直这样做习惯了，也只知道这样做，所以哪怕知道存在一些问题，但不知道更好的方法，也不愿意冒险去尝试新方法。何况家长很多时候要承担辛苦的工作和家务，教育子女本就已经很累，所以常常也没有精力去学习和更新自己了。

但是，正因为教育子女是一项重要而又非常艰辛的工作，不容易做好，所以更需要家长树立"活到老学到老"的终身学习的意识和态度。何况，前面提到的类似"不写作业，母慈子孝；一写作业，鸡飞狗跳"的家庭教育之痛在今天确实也深深困扰着很多家长，子女的身体健康、心理健康、学习成绩以及网瘾、早恋、叛逆等问题也让很多家长操碎了心却并不令人满意。有些家长甚至因为孩子的种种问题而陷入极度的痛苦和辛苦中。本书倡导的体验教育是帮助家长走出这种困境的重要指导思想，但与我国根深蒂固的传统家庭教育理念和策略是存在很多差异的。因此，在家校合作、政府牵头、社会力量参与指导家庭教育的背景下，家长要学会利用各种资源和机会，通过多学习、多实践、多反思、多交流培养自己的体验教育的意识，从而切实提升自己的教育水平。

前面已经提到《斯宾塞的快乐教育》一书，该书是斯宾塞成功探索家庭教育的一个总结，实际上我们从里面也可以看到斯宾塞对自我的一些反思和调整。例如，在第一章的"给孩子良好的模仿对象"这部分，斯宾塞回忆，有一次小斯宾塞不愿意学习法语，他开始还强忍繁忙工作后的疲惫不堪、心情烦躁，试图耐心引导孩子学习法语，但小斯宾塞仍然坚持要去玩鸽子，斯宾塞终于无法压住心中的怒火，冲孩子大声吼叫，并走了出去。"小斯宾塞呆呆地站在原地，望着我的背影，显然，他被吓坏了。不一会儿，我渐渐平静下来，也意识到对孩子大吼大叫是不对的。如果孩子不喜欢用卡片的方式学习法语,那么,我强迫他去学习,也不可能取得好的学习效果。既然孩子喜欢玩鸽子,那么,我就不妨给孩子讲讲有关鸽子的知识,在讲解的过程中再穿插地教他几个法语单词,这样一来,应该可以取得不错的学习效果。"①

从具体教育方法来看,该案例中斯宾塞的调整其实也是反思后关注孩子的体验,以适应孩子特点和兴趣的方式,在孩子喜欢的活动中融入语言教学,这种方法和策略与本书倡导的体验教育的思想是一致的。不过,该案例给我们家长更为重要的启示是:斯宾塞作为当时已经颇有成就、颇具声望的人,在对孩子的教育问题上,依然保持着这种觉察、反思和调整的意识和习惯,这是难能可贵的。今天很多家长其实很难做到这一点。再以我国的翻译大家傅雷为例,《傅雷家书》是在我国家喻户晓的一本书,傅雷写给儿子傅聪的这些信件中记录了他与儿子对艺术、人生、做人、生活细节等方面的讨论,字里行间渗透的是一位父亲的爱和智慧。但这本书的第二封家书,即写于 1954 年 1 月 19 日晚的信中,傅雷怀着悔恨和反思这样写道(节选):

> 昨夜一上床,又把你的童年温了一遍。我知道你从小受的挫折对于你今日的成就并非没有帮助;但我做爸爸的总是犯了很多很重大的错误。自问一生对朋友对社会没有做什么对不起的事,就是在家里,对你和你妈妈做了不少有亏良心的事。——都是最近一年中常常想到的,不过这几天特别在脑海中盘旋不去,像噩梦一般。可怜过了四十五岁,父性才真正觉醒。……跟着你痛苦的童年一齐过去的,是我不懂做爸爸的艺术的壮年。幸亏你得天独厚,任凭如何打击都摧毁不了你,因而减少我一部分罪过。可是结果是一回事,当年的事实又是一回事;尽管我埋葬了自己的过去,却始终埋葬不了自己的错误。孩子! 孩子!孩子! 我要怎样的拥抱你才能表示我的悔恨与热爱呢!②

我们知道,傅雷实际上是一位特别严格甚至严厉的父亲,傅聪小时候没少挨父亲的打骂和体罚,傅聪青春期叛逆的时候,父子关系也一度因此非常

---

① ［英］赫伯特·斯宾塞:《斯宾塞的快乐教育》,颜真译,海峡文艺出版社 2010 年版,第12—13 页。

② 《傅雷家书》,生活·读书·新知三联书店 2018 年版,第 1—2 页。

紧张。后来傅聪出国留学后,虽然两人之间的距离远了,心却慢慢拉近了。可能有的家长马上会说,看来小时候对孩子严厉并没有坏处,傅聪就是在傅雷的高压和严格要求下才成长得比较优秀的。但实际上,今天的孩子和傅聪生活的时代已经大不相同了,而且我们不能只看到傅雷在家庭教育中严厉的一面,而忽略了他还有柔情和智慧的一面。傅聪后来经常说自己在钢琴上的童子功并不好,所以长大后反倒如拼命三郎一样地刻苦练习——而这,与傅雷后来的反思和调整肯定也不无关系。

遗憾的是,现实生活中很多父母明明教育孩子无效或低效却常常不自知,不致力于通过学习提升自己的教育智慧和能力,反倒变本加厉地对孩子进行管教,因此常常让整个家庭陷入矛盾冲突中,甚至因此升级为令人唏嘘的极端悲剧事件。有人说,每一个问题孩子背后,都有一个问题家庭,而问题家庭往往也是和问题父母分不开的,这个说法不无道理。当然,世界上没有完美的父母,所以为人父母者也不必为自己做得不好的地方而一味内疚,重要的是父母要具备终身学习、自我反思和教育的意识和习惯,并积极行动起来。

第九章　在校本行动研究中探索体验教育

自 2001 年教育部印发《基础教育课程改革纲要(试行)》以来,新一轮课程改革的热潮在全国各地逐步涌现,人们期待着这次新课程改革成为落实和推进 20 世纪末提出的素质教育的突破口。新课程改革的确取得了一定的进步,例如在教材文本建设方面;但新课程改革目前仍然障碍重重、步履艰难,其中至为关键的瓶颈是学校一线教师的教育教学理念和专业综合能力无法适应新课程改革的需要。尽管《国家中长期教育改革和发展规划纲要(2010—2020 年)》《国务院关于加强教师队伍建设的意见》《教育部、国家发展改革委员会、财政部关于深化教师教育改革的意见》等文件都对大力推进教师教育综合改革、着力提升教师专业发展水平提出了明确的要求,但现实是教师教育和教师专业发展仍然面临盘根错节的困境。要走出困境除了需要大力改革教师职前师范教育外,更要着力加强在职教师的继续教育。然而"他组织"范式的在职教师继续教育模式如果没有和"自组织"的教师自我研究和学习进行融合,教师专业发展就会成为一个美丽的泡沫。

校本行动研究是实现基础教育学校教师专业发展的一条必经之路,也是本书倡导的体验教育要取得实际成效至关重要的基础和保障。然而一线教师和专家学者之间存在的隔阂、教育研究方法的重思辨和量化实证而忽视人的生活体验、一线教师对研究成果的功利化追求等问题,导致校本行动研究陷入"目中无人"和"纸上谈兵"的困境。校本行动研究必须植根于学校日常生活世界中与个体关系密切的那些问题和现象,重视研究教师和学生是如何经历和体验的,加强运用质性实证研究方法开展校本行动研究,并在研究中始终保持强烈的教育学指向,在实践和理论的张力中探索教育改革的出路。

第一节 体验的缺失和行动力的弱化: 校本行动研究的现实困境

教育研究和改革的实质性推动有赖于理论和实践的深度融合,二者缺一不可。因此,从一线教师实际工作遇到的问题出发,联合专门的教育研究专家和学者,整合资源开展"在行动中研究,在研究中行动"的校本行动研究是推动教育教学实践工作和新课程改革取得实效的重要途径。而对一线教师来说,通过校本行动研究来加强教育教学理论和众多研究成果的学习,围绕教育教学实践中存在的实际问题进行探索和创新,是促进自身专业发展的必经之路。但目前校本行动研究存在"目中无人"和"纸上谈兵"的问题,体验的缺失和行动力的弱化导致研究没有真正发挥其反哺教育实践的功能。

一、体验的缺失:校本行动研究的"目中无人"

我国的教育研究存在成果转化的问题,众多有价值的研究成果没有很好地发挥实践指导的作用。造成理论和实践脱节这一问题的原因是一线教师没有很好地成为研究的主体。职前高等师范教育更多以理论教学为主,尽管高等师范教育一直不断加强实践教学,但囿于时间、空间的束缚,加上师范生角色难以和一线教师相提并论、实践教学基地建设遭遇重重障碍等原因,职前教师教育的实践教学环节在一定程度上类似于"隔靴搔痒"。教育教学实践工作的复杂性决定了一线教师在实际工作中会遭遇种种问题和困难,教师唯有"活到老学到老",在实践中研究,在研究中实践,才能成为教育教学的能手。2013年我国修订的《中小学教师职业道德规范》第六条就规定教师要"终身学习",要"潜心钻研业务,勇于探索创新,不断提高专业素养和教育教学水平",这样就把终身学习和研究创新提到了教师职业道德的高度。

　　然而，一线教师普遍反映，尽管大学期间学习了一些理论，但是职前教师教育阶段的理论学习因为缺乏实践经验的融合而大多囫囵吞枣，大部分很快就遗忘了。理论素养的缺乏、实践能力的不足导致教师群体专业化整体程度不高。由教育部、财政部于 2010 年开始实施的旨在提高中小学和幼儿园教师特别是农村教师队伍整体素质的"中小学教师国家级培训计划"（以下简称"国培计划"），在一定程度上推动了我国尤其是农村地区教师专业发展的进程，对促进一线教师学习理论和加强实践改革的探索有一定的作用。然而正如有学者研究指出的，当前我国教师的专业发展意愿很少来自教师内生的价值诉求而多是外部的工具化期待，其发展手段并没有充分考虑教师的内在力量而是带有明显的外塑化痕迹，其发展动力很少来自对美好教育的向往而多是各种压力下的被动反应。① 最近几年的"国培"虽然在一定程度上有所调整和进步，例如跟岗学习为参加培训的老师提供了在一线学校观摩优秀教师上课的机会，但总体来说仍然存在研讨深度不够、缺乏对"疑难杂症"问题的追踪解决、教师体验不深收获不大等问题。

　　现在倡导的校本行动研究是把高校专家的优势资源整合到一线学校，推动教师结合实践开展研究的有效策略。然而遗憾的是，目前的校本行动研究存在"目中无人"的问题，主要体现在一线学校的教师和从事教育学术研究尤其是理论研究的专家学者这两个群体之间存在令人遗憾的鸿沟和隔阂上。很多一线教师抱怨"理论知识只在天上刮风而很少在地上下雨"，要求"别给我们讲那些没用的理论知识，直接告诉我该怎么做就行了"。② 而不少专家学者则认为相当一部分一线教师只盯着"术"，忽视对"道"的学习和研究，用这样的态度从事教育实践改革是肤浅而有害的。实际上，两个群体对彼此的批评一定程度上切中了各自的要害。教育理论研究者对一

---

① 阳泽、杨润勇：《自组织：教师专业发展的重要机制》，《教育研究》2013 年第 10 期，第95 页。
② 朱文辉：《理论知识是可有可无的赘物吗？——对"实践优先"教师专业发展路径的质疑与反思》，《课程·教材·教法》2018 年第 1 期，第 127 页。

线学校实践工作不深入开展调查和研究,脱离实践"闭门造车",这种情况并不鲜见。而一线教师沉溺于按部就班的工作常规,不读书、不学习、不研究,不站在教育思想和理论的高度进行审视和反思,因此陷入"头痛医头,脚痛医脚"的困境,这一现象也很普遍。两个群体的优势资源没有得到有效整合和深度融合,导致现在的不少校本行动研究收效甚微甚至中途流产,一线教师和专家学者也很少从校本行动研究中获得积极的体验和实际的突破。

校本行动研究的"目中无人"还体现在对学生体验的严重忽视上,这和我国目前教育研究方法存在的偏颇有很大关系。前几年有研究者选取了五种代表性的 CSSCI 教育类期刊,以其 2001—2011 年发表的论文为对象,用系统随机抽样的方式抽取了 1073 篇为样本,在对研究方法进行统计分析后指出:综观选取的研究文献样本,仍以思辨研究方法为主(占样本总量的87.7%),而思辨研究又以理论思辨居多,理论思辨研究是建立在经验基础上的纯粹哲学思辨,论证过程良莠不齐,质量堪忧;量化研究方法虽然呈逐步上升趋势(仍只占 10.3%),但是存在研究过程不规范、数据分析方法浅显等问题,导致无法揭示教育现象的深层规律或动因;国际教育研究趋势越来越受到重视的质性研究和混合研究方法,在我国教育研究领域尚处于起步或初步发展阶段(分别占 1.6%和 0.4%)[1]。

上述这一问题到今天仍然没有得到更多突破。思辨、量化研究毫无疑问有其价值和地位,但教育是关乎人、关乎人的生命和成长的人文科学和精神科学,如果忽视了对人的真实生命体验的研究,那就不是真正的科学研究,因为"精神科学不同于自然科学探寻普遍的、规律性的自然法则的确定性,而是要通过历史个体的内心体验,对各种特殊的、具体的生活现象及事实的意义作出解释"[2]。

---

① 姚计海、王喜雪:《近十年来我国教育研究方法的分析与反思》,《教育研究》2013 年第 3 期,第 21—23 页。

② 刘惊铎:《道德体验论》,人民教育出版社 2003 年版,第 16 页。

二、行动力的弱化：校本行动研究的"纸上谈兵"

造成校本行动研究"纸上谈兵"的一个重要原因是大家对研究成果的功利化追求。北京大学教育学院某科研小组曾到一所小学开展合作式行动研究,访谈中科研主任透露,很多课题研究一般都是由专家开展相关讲座,然后教师回去写论文、提交论文,最后评奖,学校很少有老师真正关心这些科研是否真的对教学实践有所帮助,该校校长也说,"科研与教学是两张皮,要的时候往一块一粘,很虚"①。这种功利化的现象在今天依然非常普遍。中小学如此,高校实际上很大程度上同样如此。为了晋升职称、各种评奖评优等切身利益,高校教师需要在论文发表、专著出版、课题立项方面达到一定的数量要求,因此教师往往想方设法通过"短平快"的方式快速完成各类科研成果,即使到中小学一线开展教育行动研究也不少是走过场,加上中小学一线实际上也并不重视认真开展行动研究,于是双方都"心照不宣"。

除了功利化的追求外,很多中小学一线教师在主观上要么不相信研究可以对实践产生价值,要么自身不具备研究能力,尤其在研究方法上非常欠缺。如前文所指出的,我国当前的教育研究存在研究方法不科学、不严谨的问题,学者们以理论思辨研究为主,理论素养不深厚的一线教师则以经验总结为主。西方发展比较成熟的一些量化研究技术引入我国后,因为学习掌握并非一朝一夕之功,大多数教师只能望而却步。例如,SPSS 软件是 IBM 公司推出的一系列用于统计学分析运算的软件产品,除了学习该软件的技术操作外,如何解释和分析也需要一定的统计学基础。量化研究对研究对象的个性化体验难以有深入的把握,所以现在国内的教育研究也开始重视质性实证研究,但如何操作,也存在诸多争议和困难。

再从教师专业发展的阶段看,我们知道教师一般分为三个阶段:新手型

① 牛瑞雪:《行动研究为什么搁浅了——大学与中小学合作研究的困境与出路》,《课程·教材·教法》2006 年第 2 期,第 71 页。

教师、熟手型教师、专家型教师。新手型教师往往处于"生存定向"阶段,这一阶段的年轻教师往往经验不足,知识不扎实,因此大部分时间和精力都在应接不暇地完成各项日常工作事务,以便让自己能够在新单位立足,不至于出大的差错。一般经过五年左右,新手型教师大多都会发展为熟手型教师,这时候他们对学科知识已经非常熟悉,教学技能也更娴熟,经验也比较丰富,特别关注教学任务能不能有效完成,学生能不能取得好的成绩,这个阶段的教师虽然技能娴熟,但一般不能进行深度反思,尤其是站在学生发展的角度和教育科学性的角度进行深层次的教育反思。因此即使他们的教学业绩可能并不差,有的甚至比较突出,但总体上说,熟手型教师最多只能说是"高级匠人",在教学理念和方式上尚未形成自己的风格,不是对教育有自己独立的思考同时又具有可持续性教学成效的老师。因此,从研究的角度看,新手型教师和熟手型教师的一个共同点是缺乏深度反思和开展校本行动研究的意识和能力,即使参加学校安排的一些课题,也往往是被动、敷衍的。

熟手型教师之后的教师专业发展更高阶段是专家型教师。专家型教师不仅仅关注功利,而且对教育目的、理念、策略等有自己的思考,尤其注重以学生为中心组织、实施并反思教学,他们擅长洞察学生的学习状态和内在体验,并在实践中不断反思和改革,因此他们会以不同方式自觉地开展行动研究,而非"纸上谈兵"。即使没有立项课题作为平台,他们自己也会针对实践中的问题开展一些研究和改革,因此一旦有课题平台作为支撑,尤其是有来自高校或研究机构的专家学者参与和指导的校本行动研究,他们往往更愿意实际参与。不过,一旦发现课题研究不过如前文所述的只是走过场,他们也会选择放弃甚至退出,作为学校有资历、绩效也获得权威地位的专家型教师,他们一般也更有底气拒绝。

不过从现实来看,只有少部分教师最终能发展为专家型教师。换言之,除了少数的专家型教师外,大部分一线教师常常忙于应付每天的日常教学工作,不会认真关注学生的生命状态和学习体验,也无暇深入开展调查和研究,因此很多所谓的校本行动研究只是在专家指导下写写课题申报书,再纸上谈兵地写写论文以期发表或获奖,从而获得评职称和各类评奖的"筹码"。这样的研究已经脱离了现实的需要,脱离了人内在的丰富体验和实践工作中面临的复杂问题。教育研究要想从"纸上谈兵"走向行动改革,就要切实回归生活世界,回归生活世界中人的丰富、复杂的体验。教育与生活的关系犹如树(身)与根的关系,如果说教育是人们视野中的一棵大树,那么生活则是其深埋于地下的根,根不仅是树的支撑,更是树的营养源,树能否枝繁叶茂,在很大程度上取决于根是否强健壮硕,一旦切断其根,树(身)就会变成一堆枯木残枝。①

第二节　教育现象学:体验教育校本行动研究的重要方法

20 世纪 70 年代以来,西方教育科学领域发生了重要的"范式转换",即开始由探究普适性的教育规律转向寻求情境化的教育意义,这种转换的突出表现就是质的研究的兴起。质的研究是"以研究者本人作为研究工具,在自然情境下采用多种资料收集方法对社会现象进行整体性探究","通过与研究对象互动,对其行为和意义建构获得解释性理解"。② 从某种程度上说,教育作为一种关乎人的心灵的复杂社会现象,质的研究比量的研究显得更有意义。正如狄尔泰的一句名言——"自然需要说明,而人需要理解",对研究对象的行为和意义建构获得解释性理解,就需要重视研究人的生活体验,因为他人的看法和理论知识无法充分诠释个体独特而鲜活的生命经历及其个体体验。正是在这样的背景下,尤其在加拿大教育现象学家马克斯·范梅南的几部代表性著作在中国被翻译出版,范梅南本人也于 2004 年应中央教育科学研究所邀请访问中国后,现象学以其贴近生活的实践品性和独具魅力的人文情怀吸引了我国一批致力于教育改革的研究者。

---

① 孟建伟:《教育与生活——关于"教育回归生活"的哲学思考》,《教育研究》2012 年第 3 期,第 12 页。

② 陈向明:《质的研究方法与社会科学研究》,教育科学出版社 2000 年版,第 12 页。

一、现象学的方法论基础和体验教育价值追求

当讨论什么是现象学方法时,我们首先要面对的是现象学的多元性。早期如康德和黑格尔也曾提出过"现象学"的概念和思想,不过我们今天一般所指的现代现象学,是肇始于胡塞尔基于对科学的危机和实证主义的批判所创立的现象学。著名现象学研究权威赫伯特·施皮格伯格在《现象学运动》一书中说:"现象学并不只限于胡塞尔的哲学。现象学包括的范围更为广阔。这正是我要在本书中所要确立的一个主要论点。甚至说胡塞尔本人的全部哲学都是现象学也不正确。因为只有在胡塞尔将近四十岁的时候,他的哲学才成熟到提出现象学的构想。尽管如此,胡塞尔确确实实曾经是,而且现在仍然是现象学运动发展中的中心人物。因此,探讨胡塞尔的现象学,就成了这部现象学运动史的中心课题。"①因此,本部分选择胡塞尔的"现象学还原"和关于"生活世界"的理论,由此出发对现象学的核心思想和价值追求进行基本说明,以便我们大体把握运用现象学方法对体验教育开展研究和实践的价值追求和基本方向。

(一)现象学还原:对体验的研究彰显人的主体性

"现象学还原"是理解胡塞尔现象学的关键性概念,也是我们洞察整个现象学思想的入口。胡塞尔有时借助古希腊哲学家使用过的术语"停止判断",有时候又用"悬置""加括弧"来说明这一概念的基本思想。概括地说,现象学还原就是从一切已有的和现存的东西返回到纯粹的或超验的意识领域,亦即停止对一切经验现象和既定观念做出判断,复归纯粹意识领域的超验自我。现象学还原后剩下的"超验自我"类似莱布尼茨的"单子",既是实体的,也是观念的,同时也是个体的、能动的,犹如一切意识的"光源",经由这种意识之光的照耀,外在的客观世界才得以照亮,从而"本质直观"得以完成。这样一来,作为意识主体的人在取得作为绝对真理之主体地位的同

---

① [美]赫伯特·施皮格伯格:《现象学运动》,王炳文、张金言译,商务印书馆2011年版,第118页。

时,也获得了价值之创始者的地位。

现象学还原的方法使人从经验主义状态朝向本质的、纯粹的超验意识领域,从而打开了一扇通向纯粹意识自我的主体性大门,因为这种方法强调作为超验自我的人才具有"本质直观"、把握真理的主体性地位。胡塞尔也认为尽管现象学内部存在一些分歧,但本质直观却是共同的核心,他在1913年的《哲学与现象学研究年鉴》中指出:"这些编者没有一个共同的体系。把他们联合起来的是这样一种信念,即只有返回到直观这个最初的来源,回到由最初的来源引出的对本质结构的洞察,我们才能运用伟大的哲学传统及其概念和问题,只有这样,我们才能直观地阐明这些概念,才能在直观的基础上重新陈述这些问题,因而最终至少在原则上解决这些问题。"①

概言之,胡塞尔主张的现象学方法认为,当且仅当通过"悬置"一切已有经验和观念,将它们全部"加入括弧",真正做到"停止判断","超验自我"的"纯粹意识"才会做到"本质直观",从而正确地认识和把握真理。这体现了现象学反对把既定经验主义认识和人类科学文化知识体系奉为权威的价值立场,这恰恰是现象学方法最为珍贵的一种态度。这种态度被后来的海德格尔概括为"面向事情本身"(存在与时间),并将其作为现象学的基本原理。这一原理对人文社会科学范式下的校本行动研究具有重要的意义,尽管要做到"普遍悬置"是非常困难的,因为不但要悬置自己已有的先入之见,而且还要努力把相关理论和已有研究"放入括号里",让自己暂时保持价值中立的态度,这实际上很难完全做到。但这种态度和方法恰恰可以帮助我们更敏锐地洞察研究对象最真实的内在体验,从而更有效地激发对象内在的动力和能力。这里的研究对象,除了学生,也包括教师等。

不过另一方面,教育研究不可能也不应该放弃自己的价值立场,因为"教育研究是一种人文研究,而人文研究的最高目的就是显现存在的真理和人的意义,人文研究的这种目的性和价值性正是通过自己的学术立场和

---

①　转引自高伟:《关于教育现象学的几个根本问题》,《当代教育科学》2007年第9期,第3页。

价值判断得到表现,任何教育研究都不能借故价值中立以躲避自己的学术立场和价值判断"①。因此,现象学还原和纯粹意识的科学性和价值性虽然不一定绝对正确,而且"普遍悬置"实际上难以完全做到,"价值中立"也不应该绝对化,但这种要求我们不带个人偏见、在"事实"的基础上建构或检验"价值",即遵循"从事实到价值"的研究理路而不是"从价值到价值"的态度,对教育研究是具有重要意义的,尤其在今天教育研究"目中无人"、严重忽视人的内在体验的情况下。

在我国,传统思辨研究主要是以理论和经验为依据展开的逻辑论证,这和现象学倡导的"停止判断"和"搁置前见"是违背的;量化研究借鉴自然科学研究的一些方法和技术手段,把人"物化",研究对象真实的生命体验被遮蔽;尽管近些年已开始出现运用质性方法针对某一具体教育问题展开的研究,但数量并不多,现象学意义上的具体质性研究更是凤毛麟角。

现象学方法最为独特的价值就在于强调搁置前见,回归人最真实的"超验自我"状态,从而才有机会实现"本质直观"。无论是对于研究者还是研究对象来说,这都是人的主体价值的真正彰显。只有摆脱已有理论和外在定见的羁绊,人才能真正自由地洞察到自我最为真实的生命体验,并运用这种主体性真正实现理性的自觉和价值行为的自主自律。我国目前众多的教育科学研究成果之所以在很大程度上无法担当起真正的实践引领的作用,就是因为这些成果实际上是"目中无人"的,作为研究对象的人的内在生命体验和内心真实的声音被淹没在理论知识的浩瀚之海中,作为研究者的人同样被各种没有搁置的前见束缚成没有生命活力的"稻草人"。教育研究,尤其是校本行动研究要想真正对实际的教育活动产生影响和引领作用,就需要重视对人的生命体验的研究,因此运用现象学方法开展校本行动研究具有重要的意义。

(二)自然科学实证主义批判:让教育研究扎根生活世界

一些批评者认为胡塞尔的"超验自我"存在唯我论的局限,无法解释人

---

① 薛晓阳:《价值中立与教育研究的学术立场》,《教育科学》2003年第4期,第16页。

类共同主体性问题,基于对这一困难的充分意识,胡塞尔在后期的著作中通过"意向性"提出了"交互主体性"和"生活世界"的概念。前面介绍梅洛-庞蒂的知觉现象学时已经对意向性的主观性进行了说明。实际上,"意向性"也是指向与主体活动相对应的人事物的,人与人作为不同主体则通过意向性产生了交互作用,这种交互主体性及其相关的一切构成了意向性投射的边界,即"生活世界"。可见,胡塞尔强调的"生活世界"是个体通过意向性投射所实际经验的一个具有边界的对象世界。这样的生活世界对个体也才具有实在的意义,且越是与自己关系密切,其意义越重要。正如丹尼斯·米都斯所指出的:"大多数人在把所关心的事情伸展到较大领域里的问题以前,必须已经成功地解决了较小领域里的问题。一般说,与问题有关的空间愈大,时间愈长,真正关心其解决办法的人数就愈少。"①正因为这样,教育研究必须植根于人们日常生活世界中与自己关系密切的那些问题和现象,以及人们是如何经历的及在经历中的具体体验。教育现象学研究恰恰以教育生活世界及其中的个体体验为旨趣。

"生活世界"是胡塞尔最后的名作《欧洲科学危机和超验现象学》所提出的一个结论性概念,是在胡塞尔对近代以来欧洲科学主义的发展及其造成的危机进行尖锐批判的基础上提出的,他说:"在19世纪后半叶,现代人让自己的整个世界观受到实证科学的支配,并迷惑于实证科学造就的'繁荣'。这种独特的现象意味着,现代人漫不经心地抹去了那些对于真正的人来说至关重要的问题。……实证科学正是在原则上排斥了一个在我们的不幸的时代中,人们面对命运攸关的根本变革所必须立即做出回答的问题:探讨整个人生有无意义。"②

生活世界是不同个体基于交往而产生的交互主体性的关系世界,不同个体在生活世界中的具体体验及意义追求是有很大差异的,教育和教育研

---

① ［美］丹尼斯·米都斯:《增长的极限》,李宝恒译,吉林人民出版社1997年版,第13页。

② ［德］埃德蒙特·胡塞尔:《欧洲科学危机和超验现象学》,张庆熊译,上海译文出版社2005年版,第32页。

究应该关注和尊重这种差异,而不是忽视甚至压制这种差异。如果教师缺乏对学生差异的关注和尊重,就难以接受那些行为方式与自己的标准和期望不一致的学生;如果教育研究者对教育生活中教师之间、学生之间的差异缺乏关注和尊重,就难以对丰富的体验进行敏锐的洞察并产生具有建设性的研究成果。人与人之间的差异是永远存在的,作为教育研究者,我们不应该也不可能消除差异,而应该通过理解和尊重差异,推动平等对话基础上的和谐共存,这样的教育研究不仅扎根于丰富的生活世界中,而且也因此会对生活世界有切实的改造作用。

当代著名的教育现象学家马克斯·范梅南在其代表作《生活体验研究——人文科学视野中的教育学》中对现象学研究扎根于生活世界的这种特性及其教育意义有过分析:"现象学研究首要的特点是它总是起始于生活世界。我们以自然的态度面对日常生活的世界,这种态度就是胡塞尔所描述的原始的、前反思性的、前理论性的态度。我们以这种态度对所经历事件的本质进行反思时,能够在真正教化的意义上转化或重塑自我……许多教育研究倾向于将生活彻底割裂成细小的抽象的碎片,而这对实际工作者来说几乎毫无用处。"[①]范梅南的《儿童的秘密——秘密、隐私和自我的重新认识》和《教学机制——教育智慧的意蕴》就是他运用这一"解释现象学的人文科学"理念,面向日常教育生活世界所开展的卓有成效的生活体验研究,不仅为我们提供了可供学习和借鉴的校本行动研究的范例,更为一线教育工作者提升洞察力和教育智慧提供了有效的指引。

需要指出的是,胡塞尔批判的实证科学针对的是自然科学范式下对客观物质世界的探索,而且反对把这种实证科学上升到"主义"的高度,而忘却了人在"生活世界"里所体验到的意义和价值。当然,自然科学的发展对人类进步的意义无可辩驳,教育科研的进步同样也离不开实证科学的方法,尤其在我国的教育科研一直以来在实证学科这个维度上发育不健全的情况

---

① [加]马克斯·范梅南:《生活体验研究——人文科学视野中的教育学》,宋广文等译,教育科学出版社 2003 年版,第 119 页。

下。2016 年 5 月,习近平总书记在北京主持召开哲学社会科学工作座谈会并发表重要讲话,强调对现代社会运用的模型推演、数量分析等有效手段,我们也可以用,而且应该好好用。此外,教育实证研究并不等同于自然科学范式下的量的研究,正如华东师范大学学报教育科学版联合二十多家相关单位发布的《教育实证研究华东师范大学行动宣言》中指出的:"实证研究是基于事实和证据的研究,强调的是用科学的方法,获得科学的数据,得出科学的结论,接受科学的检验。实证研究具有多种类型和不同层次,实验研究、调查研究、访谈研究、考古研究、文本分析、案例研究、观察记录、经验筛选、计算机模拟等等,都可以做出高水平的实证研究。"[①]

由此我们可以说,现象学的研究和实证研究并非对立。对学校"生活世界"中不同群体的体验开展基于事实和证据的现象学校本行动研究,这种"面向事情本身"的研究态度和范式实质上也是一种实证研究。校本行动研究要想产生影响和引领学校实际教育活动的研究成果,就需要对教育生活世界及人们的生活体验开展实实在在的实证研究。一切可以反映人们意识和体验的表达方式都可以作为生活体验研究的"资料",资料搜集的途径很多而且可以很灵活,而作为丰富、真实的教育生活世界的直接参与者,一线教师在时空上也拥有开展这类研究的得天独厚的条件。因此运用现象学的方法和态度对学校教育问题展开校本行动研究,是非常值得推广的。

二、现象学体验教育校本行动研究的两个关键步骤

当我们计划运用现象学方法进行某项教育研究时,我们首先应该清楚的一点是:现象学方法没有一套必须遵守的固定程序,方法是为研究的问题服务的,我们不必拘泥于某种固定的研究范式,而应该着眼于教育现象中的某一问题,在现象学这一无限敞开的方法领域内进行探索和创造。尽管如此,教育现象学方法仍然具有区别于其他研究方法的取向,即搁置理论,面

[①] 《教育实证研究华东师范大学行动宣言》,《华东师范大学学报(教科版)》2017 年第 4 期,第 1 页。

向人的真实体验,在此基础上再进行主题分析和意义反思。我们应该从前人的研究中汲取现象学研究的养料,从而体现现象学的这种独特魅力。范梅南的教育现象学研究是运用现象学方法研究教育问题的优秀范例,一线教师和教育研究者可以在学习的基础上结合自己对现象学方法的研究和实践,从两个关键步骤上对运用现象学方法开展校本行动研究进行探索。

(一)"面向事实",搜集资料

所谓"面向事实",其实就是现象学所强调的"搁置"所有理论和经验判断,"回到事情本身",搜集教师、学生或其他研究对象在真实生活世界中的真实体验,这些体验就是现象学意义上的研究"资料"。正如范梅南所强调的,"现象学是对生活世界的研究——一个即时体验而尚未加以反思的世界,而不是我们可以为之定义、分类或反映思考的世界"①。也就是说,所谓"事实"和"资料"并非"自在"的现实世界,而是我们所主观意识到的东西,只有这种"纯粹意识"才可能真正抵达现象的"本质",这是胡塞尔把现象学称为"纯粹现象学"的原因所在,也是现象学的独特魅力所在,范梅南的"生活体验研究"其实秉承了现象学研究的这一精髓。因此,现象学研究的所谓"资料"就是一切可以反映人们意识和体验的表达方式。因此,搜集资料的途径可以有很多,概括起来,对校本行动研究而言,至少可以包括以下几个方面。

1. 研究者自身体验

这与悬置个人先入之见并不矛盾,我们悬置的是个人的价值判断,但"我"仍然是生活世界众多主体当中的一员,"我"的体验和其他主体的体验具有同等的研究价值。因此,范梅南说"现象学研究将自我作为逻辑的起点","一个人对自己生活经历的描述发生在他人身上也是可能的","现象学的描述具有普遍的跨主体性的特征"。② 实际上,对自我体验的觉察是否

---

① [加]马克斯·范梅南:《生活体验研究——人文科学视野中的教育学》,宋广文等译,教育科学出版社2003年版,第9页。

② [加]马克斯·范梅南:《生活体验研究——人文科学视野中的教育学》,宋广文等译,教育科学出版社2003年版,第67、72页。

真实,研究者自己最能进行"直观"。当然,在这一点上,研究者要对个人体验和主观判断进行区分,这并不容易,但又必须遵循,否则就违背了现象学研究的原则。例如对一项"师生关系"的研究,本身也是教师的研究者可以把自己在与学生互动中产生的真实体验作为研究的资料,但一定不能过早进行价值判断。研究者如果能在资料搜集和整理阶段把自己的价值判断和理论"放入括号",像旁观者一样客观地去看到、听到自己在生活世界中涌现的真实体验,才是成功且有意义的。

2. 他人经历和体验

搜集他人真实的经历和体验并非易事,尤其当事关一些敏感话题或个人隐私的时候。而确保这些资料的真实性恰恰对现象学研究来说又至关重要,是校本行动研究能否实现研究价值的重要保障。因此,搜集的形式和最终成效主要取决于研究者和研究对象的信任关系。对无所顾虑又愿意鼎力帮助的人,研究者可以请求他们把自己亲身经历的事情以及自己的体验写成文字;对没有顾虑但"懒得"写的人,研究者可以通过谈话聆听他们的口头描述,自己整理成文本。也可以模仿问卷调查的研究方法,由研究者精心设计一份书面的"指导语",大面积获得书面的体验故事文本。指导语要对写什么、怎么写进行具体详细的说明,鼓励并帮助调查对象在真实坦诚的基础上认真撰写。只要研究者的态度和指导语足够真诚,是完全可以激发研究对象的真诚共鸣的。

对有些研究对象——对研究不感兴趣或者一无所知的人、语言文字表达能力有限的人,等等——我们很难取得对方口头描述或亲自撰写的体验文本,这时候观察法是一个可行的办法。观察法源于人类学的研究,后来逐步走进心理学的研究领域。一开始许多精神分析学家对观察法并不认可,认为它太肤浅,不适于理解复杂的潜意识,但是安娜·弗洛伊德提出,精神分析理论已经赋予观察者足够的能力理解自己所看到的东西,而且面对还未发展出语言能力的儿童,观察法是研究儿童心理的最好选择,她也因此在第二次世界大战期间建立起汉普斯特德战时托儿所,战后继续亲自并指导工作人员和研究者对年幼儿童进行了大量系统的直接观察,并对其进行了细致的研究和分析,由此建立并发展了她的精神分析理论。当然,即使对前面提到的愿意自己撰写或乐于并善于表达的研究对象,观察法也可以是很好的补充。因此,在一线学校开展现象学的校本行动研究,采用训练有素的观察方法是很有意义的。

3. 文学艺术作品

我们知道,有一些体裁的文学作品是反映真实生活的,如散文、通讯报道等,这些反映人的真实生活经历和体验的作品作为研究资料进行分析是没有太大争议的。那么诗歌、小说等这些虚构的文学作品能否作为研究资料呢? 答案是肯定的。因为小说往往是作者借用虚构的人名和地名记录自己和他人的真实生活经历,诗歌往往是作者借助虚构的故事或意境来抒发自身的情感体验。可见,文学作品的素材一般都来源于真实的生活,我们也常常能在这些虚构的故事中发现我们自己和周围人的影子,这就是为什么成功的文学作品往往会引起我们强烈的共鸣。正如斯蒂芬·茨威格在其《心灵的焦灼》里所说的:"人们总以为,在作家的脑海里,想象力在一刻不停地纵横驰骋,作家根据取之不尽的积累,无休无止地虚构出种种事件与故事。这种过于随意的想法,真是大错特错。其实作家用不着虚构,只要保持日益精进的观察与倾听的本领,就自有各种形象与事件连连不断地找到跟前,让他做它们的传话人。谁要是常常致力于解释他人的命运,那么,会有许多人向他倾诉自己的遭遇的。"①

同样,绘画、摄影等艺术手段也都有各自的表现方式,但它们和文学作品一样,都是以卓越的形态表现的真实生活,这就是我们经常说的"艺术源于生活而又高于生活"。很多现象学家在写作文本时常常借用各类文学艺术作品,如范梅南在《儿童的秘密》中专门用一章分析"小说中描写的秘密",海德格尔在《林中路》中对真理与艺术进行分析时就反复借用凡高的画《农夫的鞋子》,等等。前面介绍的沙盘游戏也是一种很好的洞察研究对

① [奥]斯蒂芬·茨威格:《心灵的焦灼》,谢建文等译,安徽文艺出版社 2004 年版,第 1 页。

象内心体验的方式。可见,运用什么方法研究人的生活体验不是重点,重点在于研究者的研究态度是否真的严谨,是否真的做到了"回到事情本身"。

4. 其他现象学文献

文献"在载体形质上包罗万象","除印刷型出版物外,还包括各种非印刷型出版物,如声、像载体,手稿等"。① 因此,这里所谓现象学文献是可获得的任何人对涉及研究主题的具有"现象学"特征的各类表现形式,除了前面提到的以外,还可能是人们的个人日记、札记、笔记等,这些素材均包括了具有现象学价值的人类经历的体验描述。在当代生活中,个人博客、微信和QQ 空间以及各种论坛等网络空间也是人们表达和交流个人经历和体验的重要平台。在校本行动研究中,研究者可以搜集包括上述在内又不受其局限的一切有价值的现象学研究资料。

需要注意的一个问题是,原始的现象学资料往往都是质性资料,无论采取什么方式搜集的现象学质性研究资料,如何对搜集到的质性资料进行分析则是另一个重要的问题。由陈向明教授领衔的北京大学教育质性研究中心举办的"实践—反思的质性研究"学术研讨会自 2013 年以来已经在全国各地成功举办了多届。2017 年 4 月,在珠海召开的第五届会议的研讨主题之一就是质性资料的分析,北京大学的张冉副教授和吴筱萌副教授还为参会者开设了题为"利用 N-vivo 进行质性研究数据分析"的工作坊。实际上,国内运用包括 N-vivo 软件在内的工具进行各领域质性资料分析的人正在增加。从 20 世纪 80 年代以来,质性分析过程的数字化和计算机化逐渐成为一个不可逆转的大趋势,据不完全统计,目前已有 40 多种质性分析软件。② N-vivo 是澳大利亚 QSR 公司开发的定性分析软件,其名称意指自由自在地对非数值、非结构化数据进行标引、检索和理论化,它具有强大的编码功能。其他如 S-T 分析法还可用于对课堂教学中教师和学生的行为进行质性的统计分析,以便对教学模式进行确立和研究。有志于开展质性行

① 彭克宏主编:《社会科学大词典》,中国国际广播出版社 1989 年版,第 719 页。
② 黄晓斌、梁辰:《质性分析工具在情报学中的应用》,《图书情报知识》2014 年第 5 期,第 5 页。

动研究的一线教师可以从这些文献和研究动态中按图索骥,开展深入的学习、研究和实践。

(二)提炼主题,反思教育

现象学方法的校本行动研究并非仅仅是搜集和描述教师或学生的各类体验,现象学研究更重要的是从中提炼有意义的主题,进而对教育实践进行反思和改革,换句话说,我们在运用现象学方法进行研究时,要注意保持行动研究的教育学指向。

因此,现象学意义上的主题分析重点不在于对某些术语或编码的出现频率进行统计,而在于透过现象发现"意义",从而帮助我们获得深刻理解和把握生活世界的一种洞察力,而这种洞察力可以对我们开展切实有效的教育行动产生真正的助益。范梅南用比喻对主题的内涵及其意义进行过生动的描述:"现象学主题并不是某一对象或关于现象的概括总结,用比喻的话讲,它们更像生活经验网络中的结点,周围的生活经验犹如网上的纲,两者共同构成了一个意义整体并保存下来。主题就像一颗颗星星,构成了我们生活于其中的意义的星空,靠着主题之光,我们能遨游并探索这个星空。"①

也就是说,当我们在校本行动研究中对搜集的各类资料进行主题分析的时候,我们应该树立一种意识,即一个主题往往只能反映某一教育现象的某一重要方面,而主题分析及其教育意义的挖掘工作几乎是永远无法彻底完成的,就如我们对星空的认识永远是有局限的一样。教育研究面向的是发展中的复杂的生活世界和发展中的一个个鲜活复杂的生命,因此任何固定的标签和僵化的结论都是有害的,研究者应该随时保持对未知可能性的敬畏,用一种开放性的态度谨慎对待主题提炼和分析的工作。

保持行动研究的教育学指向意味着主题分析不是基于认识论或方法论,而是立足于教育学理论和实践的结合。正如范梅南所指出的:"当我们

① [加]马克斯·范梅南:《生活体验研究——人文科学视野中的教育学》,宋广文等译,教育科学出版社 2003 年版,第 11 页。

为了取得科研理论成果却将研究从教育本质中分离出来时,我们必定朝脱离实际、偏离教育的方向发展。处于这种发展状态,教育理论形式将与伦理生活、通常的教育实践相分离而成为独立的一部分。因此,有许多教育理论似乎失去教育性。这些教育理论家只顾建构自己的理论,而放弃对读者、儿童所应承担的教育义务。"①也就是说,开展校本行动研究的最终目的是提高一线学校工作者的教育实践智慧,研究者自始至终应该保持这一强烈的教育学指向,即在研究中行动,在行动中研究,以提高教育实践智慧为出发点和最终归宿。研究者如果不具备厚重的教育情怀,就很难做到这种教育学指向的行动研究,也很难使研究从前文所说的"目中无人"和"纸上谈兵"的泥淖中拔出。

值得强调的是,保持行动研究的教育学指向还要特别注意对相关理论的严肃考量。尽管前文提出过要"搁置"理论,用"回到事情本身"的态度去洞察事实的真相,但这一态度只限于对现象和事实的客观考察这一特定的研究阶段。要完全搁置已有的相关理论,让自己保持价值中立的态度,这实际上既难完全做到也并非必要,因为如前文所强调的,教育研究作为一种人文研究,其目的就是显现存在的真理和人的意义,任何教育研究都不能借故价值中立以躲避自己的学术立场和价值判断。

例如,尽管杜威曾指出正规的学校教育存在一种危险,即因为是"符号的""抽象的""书生气的",所以容易变得"冷漠和死板",脱离生活,但这并不意味着杜威对教育理论是排斥的。实际上杜威在《民本主义与教育》的后面部分专门用一章论述"教育哲学"的价值,认为哲学的思维有它的特殊性,哲学是作为审慎进行的实践的教育理论。因此,一线教师要想真正开展卓有成效的教育教学改革,必须加强理论学习和研究,因为比关注方法和技术这个"冰山一角"更重要的是培植"冰山"之下隐性的教育理念,而包括哲学在内的各种理论知识对培植教育理念是必不可少的。

---

① ［加］马克斯·范梅南:《生活体验研究——人文科学视野中的教育学》,宋广文等译,教育科学出版社2003年版,第181—182页。

第三节　现象学视角下的体验教育
校本行动研究案例

教育现象学研究是一些学者不满教育研究中盛行的科学主义范式和脱离生活的理论思辨范式,以现象学为方法论基础,结合教育自身的特点而提出的一种新的研究取向。教育现象学研究强调首先要把已有的理论和个人观点进行"普遍悬置",回到生活和教育场景中去,关注事情本身是什么样子的,人们是如何体验的,在此基础上还要通过主题分析揭示现象的本质和教育的意义。因此,教育现象学研究没有固定的研究方法,但要遵循"面向事实本身"的基本原则,而评判一份教育现象学文本好坏的依据取决于读者,即读者认为这份文本是否或在多大程度上实现了"面向事实本身"。如果一份教育现象学意义上的校本行动研究成果能引起读者强烈共鸣,能够帮助读者透过现象看本质,进而引发读者对某一教育问题进行严肃认真的思考,这样的教育现象学研究就是成功的。这里以我几年前对农村小学教师和顶岗实习支教师范生两类特殊群体所作的两项小型教育现象学研究为例进行分享,抛砖引玉。

一、农村小学教师职业道德发展的教育现象学研究

我国从 20 世纪 90 年代起顺应时代要求和世界教育发展形势展开了提高教师专业化水平的改革运动,虽然总体上取得了一定的成绩,但和城市比较而言,农村教师专业化发展仍然相对滞后、问题突出。近年来,在城乡统筹发展的背景下,国家制定和实施了一系列专门支持农村教师队伍建设的政策,如 2009 年开始实施的义务教育教师绩效工资改革,同年中央财政投入 5000 万元专项经费,支持教育部组织实施"国培计划"。总体而言,农村师资水平虽然有了一定提高,但重点体现在学历提高、知识技能培训等方面,农村教师职业道德发展方面仍然存在诸多问题。

"教育发展,教师为本;教师发展,师德为本"。今天的农村教师大多受

过"城市文明"的熏陶,因为各种原因又被重新"抛入"农村,他们在农村社会中处于中上层,属于"体制内"人群,但在"体制内"人群中,农村教师又处于下层"弱势"地位,这种不同于城市教师的特殊生存环境和文化背景势必对农村教师的职业道德发展产生深刻的影响。此外,小学教育阶段是一个人成长的摇篮,所接受的教育对其一生的发展有着持久而深刻的影响。因此我以课题研究为平台,以四川省某市为个案,采用教育现象学的研究方法,对农村小学教师职业道德发展现状及建设机制进行了研究。

(一)研究方法说明

前面已经指出,现象学研究的所谓"资料"是一切可以反映人们意识和体验的表达方式。因此本研究围绕2008年教育部修订颁布的《中小学教师职业道德规范》的六点要求,即爱国守法、爱岗敬业、关爱学生、教书育人、为人师表、终身学习,采用多种方式搜集资料。除了到学校听课、访谈、参与式观察等常用的教育现象学方法,我还设计了一份体验故事文本撰写指导语(旨在帮助教师了解如何写现象学意义上的体验文本,尤其鼓励和引导他们遵循真实、坦诚的态度),通过研究合作者发放给一线教师,以搜集教师自己写的真实经历和体验作为资料文本。

如前文所强调的,现象学研究更重要的是对现象进行解释和分析,并从中提炼有意义的主题。在主题分析中,本研究运用质性分析中常用的编码和归类的方式,从访谈、文本和参与观察等搜集的一手资料中提取有意义的主题,重点关注教师本人、学校领导和学生对农村小学教师职业道德发展的认识和体验,而非只停留在对行为和问题的描述上。

此外,虽然现象学主张"普遍搁置",但这并不意味着我们应该完全拒斥已有的理论和研究成果。在我们对现象进行主题分析和意义发掘的时候,在我们进行思考和总结的时候,最初被"放入括号"中的各种理论和"判断"总会"现身"出来,参与我们的思考和对话,这既不可避免,也是理所当然,尤其就教育现象学研究来说,更需要站在一定的价值立场上思考问题。因此,本研究在进入教育行动反思阶段的时候,会结合相关理论进行分析。

（二）研究结果分析

我在整理各类现象学资料时,发现对教师职业道德规范持完全认同并认识深刻的老师与完全不以为然甚至肆意嘲弄和违背的老师都是极少数,在"优秀"和"恶劣"之间是平凡的大部分,且三部分人群存在连续的过渡,打个比方说,在"黑"与"白"之间存在广阔的颜色深度不一的"灰色地带",即大体呈正态分布,这一点和对学校领导、学生的调查是一致的。正态分布中间地带的教师往往在平淡机械的"教书匠"生活中既没有对学生造成直接显著的伤害,也没有为学生、为社会做出创造性的突出贡献。

例如,在"爱国守法""关爱学生""为人师表"方面,大部分教师在大是大非问题上能遵守,但在日常工作和生活中存在程度不一的违背情况。如在正式场合,大部分教师都认同爱国守法是应该遵循的职业道德规范,但实际上很多教师在工作和生活中所表现出的爱国主义情感并不深刻,甚至有的时候显得很淡漠。例如,课题组研究人员有意在日常工作与生活中和教师们在私下场合讨论热点时事政治新闻时,占六成以上的教师反应淡漠,要么完全不知道(约占一成),要么知之甚少(约占五成),相比来说,男性教师比女性教师更关注时事,而农村小学的女教师在数量上占了绝大多数。此外,课题组对教师们日常讨论时事新闻的原始记录进行编码和归类分析后提取出频次最高的主题依次是"调侃嘲弄""抱怨批判""冷漠旁观",这表现出教师们存在部分负面情绪和认知。在遵守法律方面,很多教师常常要么"知法犯法",要么对在工作中属于法律禁止的一些行为认识模糊。例如,很多教师对不完成作业或违反纪律的学生采用各种形式的体罚,而且对此觉得理所当然,对法律禁止这条也持抵触情绪,认为"农村的孩子太调皮,没教养,不厉害点管不住"。再以"关心学生"为例,课题组重点以3所小学6个班级按学号随机抽取60名学生为样本进行了研究。对"你觉得老师关心你们吗"这一问题进行访谈,课题组经过分析原始访谈记录后归纳出"很关心""比较关心""不太关心""完全不关心"四项,统计发现依次占12%、33%、46%和9%,进一步分析发现,认为"不太关心""完全不关心"的学生中成绩在后三分之一的学生(以最近三次考试成绩总分排序为参考)

占了78%,可见,相对而言教师对后进生的关心更少。课题组对在该6个班级所听的12节课进行分析也发现,成绩在后三分之一的学生被抽到回答问题的比率是13%,其中有4%属于"羞辱型"提问,即发现学生没有听讲,故意提问并在全班同学面前进行批评或嘲弄,而观察学生面对这种批评和嘲弄的反应并进行非正式访谈,可以看出学生的内心体验是充满挫败、愤怒的。此外,对上述6个班级的12名教师的访谈分析发现,有8名教师对后进学生流露出明显放弃的态度,且普遍持有"基础太差,父母也不管,老师没办法"的观念。当然也有老师出于责任心会尝试督促孩子学习,但是往往会在学生迟迟没进步、行为也常常出现反复时产生抱怨和放弃的心态,这种纠结的心理体验在部分老师中比较普遍。值得提出的是,这6个班级中父母均不在身边的留守儿童的比例是41%,而成绩在后三分之一的学生中留守儿童占了83%,结合前述研究,说明农村小学留守儿童的学习仍然存在很大的困难,且没有得到教师很好的关注和帮助。

比较而言,农村小学教师存在的更突出的职业道德问题体现在"爱岗敬业""教书育人""终身学习"方面。研究发现,相当部分农村小学教师对所处的环境很不满意,缺少对职业生涯的规划,持得过且过甚至怨天尤人的态度。究其原因,可能是大部分农村小学教师虽然来自农村,但因为接受了3—4年的高等教育和城市文明熏陶,已很难心甘情愿地待在物质文明和精神文化都相对落后的农村小学,但因为没有其他更好的出路,所以为了一个"饭碗"而勉强工作,而且客观上农村小学教师的工资虽然在绩效工资改革后有了很大的保障,但比较而言仍然相对较低。此外农村学生受家庭教育和物质条件的局限,在学习和成长方面遭遇一些阻力,尤其是留守儿童数量呈上升趋势,这导致教师在教育学生时遇到很大的困难。这些因素的综合影响使农村小学教师很难做到爱岗敬业,加上自身教育理念和信念存在很大的问题,认识不到既教书又育人对孩子一生的成长乃至对社会的发展有着多么大的意义,因此也很难真正做到教书育人。课题组以新课程改革三维目标中的"情感态度价值观"为标准,对前述所听的12节课的原始记录进行分析,发现很难提取可以反映情感态度价值观教育的资料,勉强算得上的也多是简单的说教,从效果来看也是低效甚至无效的。

此外,农村小学教师培训进修的机会并不多,尽管这种情况随着近几年"国培计划"的实施有所改变,但仍然不能满足庞大的农村小学教师队伍的需求。在对5名校长和15位参加过"国培"的教师进行访谈发现,教师们对参加"国培"的态度和体验总体上并不积极,课题组经过编码和归类发现比较普遍的两个问题:"培训内容和形式存在一些问题,因此实效性不高"(包括"重理论理念轻实践操作""不能紧贴农村教育实际"等次级主题),"教师自身的信念价值观和行为模式存在问题"(可分解出"懒于学习,不思进取""对新事物持审视和怀疑的态度""学了不用"等次级主题)。对教师日常工作和业余生活进行研究发现,教师除了备课(对备课的时间和方式进行进一步研究,反映出这种备课很多也是比较简单的)外,常规工作之余能坚持阅读、自主学习研修的不多。

(三)教育行动反思

不同的思维模式和职业道德背后,折射的是教师不同的理解层次,而不同的理解层次,决定着教师个人的职业生涯发展高度和人生高度。"理解层次"是NLP中的一个重要概念,前面对NLP已经进行了简要说明。理解层次早期由格雷戈里·贝特森发展出来,后由NLP代表人物之一的罗伯特·迪尔茨整理而成,认为人的理解层次分为六层:环境、行为、能力、信念和价值、身份、精神(又译系统)。"环境"指人自身以外的各种因素,包括人、事、物,时间、地点、文化等亦在其中。"行为"是在环境中我们从事的各种活动,简单地说就是"有没有做""做什么""怎样做",如教师的备课、上课、批改作业等。"能力"就是做事需要的技能、知识以及解决问题的综合能力等,情绪也属于能力的层次,因为良好的情绪识别和管理能力是工作、学习的重要保障。"信念和价值"是指人们用于判断人、事、物的标准或准则,即人们做出选择的依据,如认为"善有善报",就会积极行善;认为"好人多磨难",就会消极行善。"身份"是指人在环境里、在行为过程中的角色定位,是人们对自己应该承担什么责任的认识,即"我是谁""我将如何实现我生命的最终意义""我要有一个怎样的人生"等。"精神"指人在与环境相互作用的过程中对环境中的人、事、物的影响及认识,是关于自身与系统的关系问题,即"我对世界的贡献是什么",这一层面体现了人与世界之间的关系,属于世界观层次,反映的是生命的最高意义,正如马斯洛的"自我实现"是人的最高心理需要一样,一个人也往往是在为世界做出贡献的基础上才谈得上自我实现,这是一种最高的精神享受。

在上述理解层次概念中,"精神、身份、信念和价值"这三组概念分别对应于世界观、人生观和价值观,对人的言行具有决定性影响,属于高层次抽象概念,平时比较隐蔽,只有通过仔细观察和分析人们的日常生活表现才有可能被发现。而"能力、行为、环境"是人们在"三观"指导下的日常表现,属于较低层次概念,比较容易观察。农村小学教师之所以存在如前所述的一些职业道德问题和行为表现,很大程度上就是思维方式被局限在了理解层次的低层。例如,"这种环境下还奢谈什么事业",这是课题组在研究过程中教师们直接或间接表达出来的一种内心状态。

一位小学教师曾说:"我并不安心做一个小学教师,我只是凭一个教师的职业道德不忍心误人子弟。我并没有向孩子们投入全部的精力,只是觉得拿了工资应该干一点实实在在的事情。我想,我只要问心无愧。"[1]这位教师不愿意误人子弟,愿意做一些实实在在的事情,这种职业良知一定程度上是值得称赞的。不过,显然这位教师并没有站在理解层次中身份、精神的高度去认识自己的职业,因此其工作热情和对教育的贡献是要大打折扣的,在课题组研究中发现这也是很普遍的职业心态和工作状态。一个人对社会的贡献越大,其人生价值和个人得到的回报也才可能越大。理解层次对教师的意义就在于,帮助教师站在高处思考和规划职业人生,同时落在低处脚踏实地地做事情。目前,农村小学教师存在的一系列职业道德问题,究其原因就是没有在精神和身份层次进行职业规划和定位,因此存在很多消极无为的局限信念和错误价值观,从而导致抱怨环境、行为消极、能力有限的直接后果。

---

[1] 余文森:《教师专业发展》,福建教育出版社2007年版,第87页。

马克思主义主张"内因是根据,外因是条件",这一方面强调教师自身是关键因素,另一方面也突出了外部环境的作用。有学者研究指出,现在的农村小学教师大多数成了农村文化环境中的"陌生人":"教师的生活方式向城里人看齐,而与农村文化渐行渐远。当教师们的眼光向外看的时候,他们离当地的社区和学生家长就更远了。这些并非出自本村的外地教师们与其所服务的社区没有文化的和亲情的联系,对于他们而言,在这里任教只是一份工作而已。老师和社区、学生及其家长之间的距离越来越大,教师成了村落中的陌生人。"①

因此,有效改善农村小学教师的生存环境,加强农村精神文化建设,引导农村小学教师真正融入农村,并能在这种特殊的环境中创造和增大自己的人生价值和快乐,这是社会对农村小学教师最有力的支持,也是农村小学教师职业道德发展强有力的保障。例如,加大课题项目申报的资金投入和管理力度,引导农村小学教师开展教育教学改革校本研究,或参与农村文化产业建设和公益服务。就后者而言,可以政府和社会(包括公益机构和企业等)联合出资的方式,并借鉴五四时期平民教育运动的具体做法,引导农村教师发挥自身文化优势服务于农村精神文明建设,并给予基本劳务补助和评优、职称晋升等方面的倾斜。这样既可以促进农村文化建设,又可使农村教师与农村文化融为一体,提升他们的自我成就感和价值感,从而有力推动他们的职业道德发展。此外,目前针对农村小学教师的"国培计划"项目如果在提升农村小学教师的理解层次上提高实效(特别是信念价值观、身份定位),并在跟岗指导和联合开展行动研究上加以引导和监督,那么教师就会更容易走上一条自我发展和提升的道路,其职业道德发展也会变成一种内在自觉的精神追求。

二、顶岗实习支教学生专业成长的一项教育现象学研究

本研究是我 2009 年作为带队老师负责西南地区 W 校 77 名顶岗实习

---

① 魏峰:《从熟人到陌生人:农村小学教师的角色转变》,《南京师大学报(社会科学版)》2010 年第 5 期,第 83—84 页。

支教学生派驻 S 县若干中小学的管理和指导,并以隐蔽研究者的身份就顶岗实习支教对大学生的专业成长产生的影响进行的一项教育现象学研究。"顶岗实习支教"指高师院校派出在读师范生到师资缺乏的农村中小学进行一学期的顶岗工作,2007 年《教育部关于大力推进师范生实习支教工作的意见》对这一模式的重大意义进行了肯定,并对高师院校和各级地方教育行政部门提出了进一步推进这一工作的若干意见,因此该模式由个别高师院校在 20 世纪末率先实施后,现已在全国陆续推广。

（一）研究说明和结果分析

"教师专业发展"是近年教育界讨论的一个热点,一般包括"师德水平的提升""教育观念的更新""教学能力的增强""教学行为的改善""教学经验的积累""教育智慧的生成""自主意识的觉醒""教育幸福的体验""生命价值的实现"等方面,不同学者虽说法不一,但内容大体与此一致。尽管实习支教学生严格来说还不具备教师的正式资格,但他们在顶岗期间是一名教师,其经历对即将正式踏上教师岗位的他们来说也是弥足珍贵的第一步。因此,本研究中的"专业成长"所包含的内容取自"教师专业发展",概念名称的改变仅仅是为了体现研究对象的特殊性。

本研究搜集资料的方式是现场观察、非正式访谈和实物分析等,在关注的对象上采取点面结合的方式,即在总体扫描的基础上,聚焦典型个案。为遵循研究的伦理,研究对象中的具体人物采用化名,校名和地名以字母代替,W 指研究对象所在的高校,S 指研究对象顶岗实习支教所在的县,具体的中小学按学校编号依次用 S1、S2 等指称。

通过一学期的历练,实习支教学生在"教学能力的增强""教学行为的改善""教学经验的积累"方面都不同程度地有所收获。我在巡查期间随堂听了 21 节课,大部分学生已克服初登讲台时的紧张、语速快、只顾自己讲不注意课堂互动等问题,一些综合素质较强,又能吃苦、肯钻研、好学习的学生业务能力提高很快,个别学生在教态上表现出的自然大方和从容气质,以及课堂气氛的有效调动,令我特别惊讶和欣慰。除了做好常规的顶岗教学和助理班主任工作,实习支教学生还积极为学校策划或组织了内容丰富、形式多样的团队活动。这些在"象牙塔"内常常只会空谈理想的大学生面对农村地区的经济状况和教育现状,逐渐学会了吃苦耐劳和担当责任,并在奉献中体会到"教育的幸福"和"生命的价值"。我在和同学们聊天的时候,同学们说得较多的是"现在站在讲台上没有一开始那么手足无措和紧张混乱了,挺开心的"。S4 初中的黄伟写的《山那边——我的支教见闻》被刊登在W 校校报上,其中饱含着一名大学生对农村教育的一种理性思考和一份赤子之情。

尽管如此,引起我深思的一个问题是:相当一部分学生不同程度地经历了从"激情燃烧"到困惑、无奈的心路历程,顶岗前后对教师的职业理想也存在不同程度的落差。在出发前学校召开动员大会和岗前培训会期间,通过观察和访谈,我发现同学们虽然存在很多担心和疑虑,但总体而言是充满信心和激情的。然而奔赴工作岗位后,随着时间的流逝,一些学生慢慢对单调重复的工作感到麻木甚至厌倦,于是按部就班、得过且过,或者因为困难和挫折变得意志消沉、怨天尤人。即使是工作热情自始至终都很高的同学,也遭遇了不少困难和困惑。这些曾经幻想给农村教育带去崭新教育理念的支教老师,在辛苦工作仍然换不来学生的学习热情和令自己满意的考试成绩后,现实和理想的落差让很多同学既困惑又沮丧,对"以人为本""素质教育"等理念也产生了怀疑。

很多同学开始往往对学生过于"亲切"和"宽容",待到发现学生"不听管教"后又走向反面,试图对学生严厉一点,结果非但无济于事,还让自己陷于尴尬的境地,个别同学因为年轻气盛,面对极端的学生缺少耐心和技巧,导致师生关系紧张甚至演化为冲突事件。在 S6 初中实习的刘剑飞曾在上课期间管教一个调皮捣蛋的男生,结果男生不服,现场矛盾升级,最后演变为肢体冲突,双方扭打后被拉开,虽然并没有造成身体伤害,但学生不依不饶向学校领导告状要说法,家长到学校后对刘剑飞的态度也不是很好。我当时刚好在不算很远的另一所学校巡查,接到学生干部的电话后当即坐车赶往 S6 学校协同处理。刘剑飞开始时负面情绪非常大,内心被愤怒、委屈、挫败感、焦虑等包围,不停诉说自己对这个班级的学生倾注了多少爱、关心、期待以及辛苦的付出,结果学生非但不听话不领情,居然这样公开和自己叫板。"老师,我自己觉得自己是有一分教育情怀的,我也很用心很辛苦地在完成工作,结果却是这个样子……我不知道怎么熬过后面的日子",说到这里的时候,这个 22 岁的大男孩难过得终于无法控制一直强忍的眼泪。这件事情对在同一个学校一起实习的另外两位学生的情绪也造成了不小的影响。尽管后来通过耐心工作,事情得到各方接受的解决,学生情绪也基本调整过来并继续正常开展实习工作,但我能感觉到这件事带给学生内心的负面体验和影响还是一定程度上一直持续到实习结束。

除了教学工作和师生关系,学生出现较多的另一个问题是不能和当地的领导和老师很好地沟通和交流:有的学生待人接物不成熟,认识问题也简单;有的学生对待建议和批评很敏感,觉得有的老师自己不怎么样还喜欢说教;也有学生向我诉苦,说很难融入学校的人际圈子,很难理解和适应农村的一些文化;等等。

(二)教育反思和讨论

我曾就"你为什么参加顶岗实习支教"这一话题和同学们随意聊天,S2初中的魏刚肯定地告诉我,以他对整个群体的观察和了解,"完全出于为农村教育事业做贡献而报名的不到 20%;30%—40%是因为参加支教在保送研究生的时候可以加分;20%左右是抱着好奇或者说'猎奇'的心态;其余是各种想法都有点"。魏刚提供的数据不一定准确,但至少说明大学生参加顶岗实习支教的动机和原因是很复杂的。不过,他们大多曾在农村生活过较长时间,所以,即使是抱有功利或"好奇"想法的同学,对农村也怀有一份朴实的情感,对工作是充满向往和激情的。问题在于,教育是一项艰辛的事业,顶岗实习支教又是一项涉及面很广的教育工程,当这群激情有余理性不足的年轻人真正面对艰苦的环境和不断出现的困难、挫折,出现情绪波动和各种问题,产生理想和现实的心理落差,就是并不令人意外的"正常现象"。但这并不意味着我们可以忽略这种现象,因为它事关这些未来教师的专业成长和职业理想。

因此,总结反思和岗后培训在顶岗实习支教工作中有着重要的意义。

带队老师、高师院校、地方教育行政部门、中小学校首先应该总结和反思自身在组织和管理工作中存在的问题，并以宽容和合作的态度进行坦诚的交流，以进一步完善各项制度，从而最大限度地实现"实习"和"支教"的双赢。从顶岗实习支教学生这个角度看，积极的反思可以促进"自主意识的觉醒"和"教育智慧的生成"，并化解积压在内心的消极体验，对"教育的幸福"和"生命的价值"进行重新认识。因此，组织管理者应该提供机会和平台让学生倾诉内心的困惑和消极体验，鼓励并引导学生进行理性的总结和反思，在此基础上组织具有针对性的岗后培训。目前高校一般都组织一定的岗前培训和返校总结及表彰等活动，但从了解学生、引导学生总结反思，以及聆听他们内心复杂的体验这个角度看，这个工作开展的深度和效果有待大力加强。

S县无论就经济条件还是教育状况都是农村地区的一个典型，W校在S县的顶岗实习支教工作尽管不能代表全国所有地方，但它犹如大海里的一朵浪花，又如秋天里的一片树叶，我们可以通过对本研究所揭示的共性问题的认同达到推广的目的，也可以通过了解个性问题对某类现象的多样化获得丰富的认识。当然，我的研究不可能反映现象的真实全貌。我的特殊身份对研究既有正面影响，同时也存在一定的效度威胁，学生可能认为我具有对他们进行评价的"权力"，从而产生所谓"印象整饰"，我只能尽可能减小这种因素，但不可能完全消除。此外，校方在和我交流的时候也往往倾向于"报喜不报忧"，对存在的问题只要不是很严重，要么轻描淡写，要么只字不提——他们显然不愿充当"告状者"的角色，或担心"告状"后学生会受到批评，从而对工作产生抵触情绪。因此，我对研究对象在顶岗实习支教过程中存在的问题及各种消极心理体验认识并不全面，对其顶岗前后在职业理想上存在落差的深层原因了解也不深入。也正因为如此，在全面客观把握学生认识和体验的基础上开展岗后总结和反思的意义就显得更为突出了。

参考文献

一、著作

［1］［美］杜威:《民本主义与教育》,邹恩润译,东方出版社 2013 年版。

［2］［捷］夸美纽斯:《大教学论》,傅任敢译,教育科学出版社 2014 年版。

［3］［加］马克斯·范梅南:《生活体验研究——人文科学视野中的教育学》,宋广文等译,教育科学出版社 2003 年版。

［4］［美］埃里希·弗洛姆:《健全的社会》,孙恺祥译,贵州人民出版社 1994 年版。

［5］［英］阿弗烈·诺夫·怀特海:《教育的目的》,庄莲平、王立中译注,文汇出版社 2012 年版。

［6］［英］伯特兰·罗素:《西方哲学史(上卷)》,何兆武、李约瑟译,商务印书馆 1963 年版。

［7］［德］康德:《实践理性批判》,商务印书馆 1960 年版。

［8］［美］马丁·塞利格曼:《持续的幸福》,赵昱鲲译,浙江人民出版社 2012 年版。

［9］［美］亚伯拉罕·马斯洛:《动机与人格》,许金声等译,中国人民大学出版社 2012 年版。

［10］［英］齐格蒙特·鲍曼:《后现代伦理学》,张成刚译,江苏人民出版社 2003 年版。

［11］［奥］阿尔弗雷德·阿德勒:《自卑与超越》,吴杰、郭本禹译,中国人民大学出版社 2013 年版。

［12］［美］克里斯托弗·彼得森:《积极心理学》,徐红译,群言出版社 2010 年版。

［13］［美］米哈里·契克森米哈赖:《心流——最优体验心理学》,中信出版社 2017 年版。

［14］［古希腊］亚里士多德:《尼各马可伦理学》,廖申白译注,商务印书馆 2003 年版。

［15］［美］Michelle N.Shiota、James W.Kalat:《情绪心理学(第二版)》,周仁来等译,中国轻工业出版社 2015 年版。

［16］［美］维克多·弗兰克尔:《活出生命的意义》,吕娜译,华夏出版社 2010 年版。

［17］［德］弗里德里希·威廉·尼采:《论道德的谱系》,周红译,生活·读书·新知三联书店 1992 年版。

［18］［德］马科斯·舍勒:《价值的颠覆》,罗悌伦等译,生活·读书·新知三联书店 1997 年版。

［19］［美］玛格丽特·米德:《文化与承诺》,周晓虹、周怡译,河北人民出版社 1987 年版。

［20］［美］艾里希·弗洛姆:《爱的艺术》,李健鸣译,上海译文出版社 2008 年版。

［21］《维果茨基教育论著选》,余震球译,人民教育出版社 2005 年版。

［22］［英］杰瑞米·边沁:《道德与立法的原理绪论》,时殷弘译,商务印书馆 2000 年版。

［23］［英］赫伯特·斯宾塞:《斯宾塞的快乐教育》,颜真译,海峡文艺出版社 2010 年版。

［24］［瑞士］皮亚杰:《发生认识论原理》,商务印书馆 1981 年版。

［25］［法］卢梭:《爱弥儿》,人民教育出版社 1991 年版。

［26］［美］海伦·帕克赫斯特:《道尔顿教育计划》,陈金芳、赵钰琳译,北京大学出版社 2005 年版。

［27］［英］大卫·休谟:《人性论》,关文运译,商务印书馆 2016 年版。

［28］［瑞士］巴特(Karl Barth):《罗马书释义》,魏育青译,华东师范大学出版社 2005 年版。

［29］［美］马丁·L. 霍夫曼:《移情与道德发展》,杨韶刚、万明译,黑龙江人民出版社 2002 年版。

［30］［英］亚当·斯密:《道德情操论》,蒋自强、钦北愚等译,商务印书馆 1997 年版。

［31］［法］让·雅克·卢梭:《爱弥儿》,李平沤译,商务印书馆 1983 年版。

［32］［美］爱德华·威尔逊:《论人的本性》,胡婧译,新华出版社 2015 年版。

［33］［美］阿瑟·史密斯:《中国人的德行》,朱建国译,译林出版社 2016 年版。

［34］［英］安东尼·吉登斯:《社会学》,赵旭冬等译,北京大学出版社 2003 年版。

［35］［美］马文·奥拉斯基:《美国同情心的悲剧》,文津出版社 2000 年版。

［36］［美］卡罗尔·吉利根:《不同的声音》,肖巍译,中央编译出版社 1998 年版。

［37］［美］弗吉尼亚·赫尔德:《关怀伦理学》,苑莉均译,商务印书馆 2014 年版。

［38］［美］内尔·诺丁斯:《学会关心——教育的另一种模式》,于天龙译,教育科学出版社 2003 年版。

［39］［美］威廉·德雷谢维奇:《优秀的绵羊》,林杰译,九州出版社 2016 年版。

［40］［英］约翰·斯图亚特·穆勒:《功利主义》,刘富胜译,光明日报出版社 2007 年版。

［41］［英］理查德·道金斯:《自私的基因》,卢允中、张岱云译,科学出版社 1981 年版。

[42][美]约翰·罗尔斯:《正义论》,何怀宏等译,中国社会科学出版社1988年版。

[43][美]路易斯·科佐林诺:《心理咨询师的14堂必修课》,黄志强、张朝阳译,华东师范大学出版社2012年版。

[44][德]卡尔·雅思贝尔斯:《什么是教育》,邹进译,生活·读书·新知三联书店1991年版。

[45][德]吕迪格·达尔克:《抑郁症:走出心灵的黑暗》,屈美娟、李婧译,山西经济出版社2014年版。

[46][美]瑞·罗杰斯·米切尔、哈里特·S.弗里德曼:《沙盘游戏——过去、现在和未来》,张敏等译,中国人民大学出版社2016年版。

[47][加]大卫·切尔:《家庭生活的社会学》,彭铟旎译,中华书局2005年版。

[48][德]黑格尔:《精神现象学》,贺麟、王玖兴译,商务印书馆1997年版。

[49][德]埃德蒙特·胡塞尔:《欧洲科学的危机与超越论的现象学》,王炳文译,商务印书馆2001年版。

[50][美]维吉尼亚·萨提亚:《新家庭如何塑造人》,易春丽、叶冬梅等译,世界图书出版公司2006年版。

[51][美]赫伯特·施皮格伯格:《现象学运动》,王炳文、张金言译,商务印书馆2011年版。

[52][美]丹尼斯·米都斯:《增长的极限》,李宝恒译,吉林人民出版社1997年版。

[53][德]埃德蒙特·胡塞尔:《欧洲科学危机和超验现象学》,张庆熊译,上海译文出版社2005年版。

[54][奥]斯蒂芬·茨威格:《心灵的焦灼》,谢建文等译,安徽文艺出版社2004年版。

[55]联合国教科文组织国际教育发展委员会编著:《学会生存——教育世界的今天和明天》,华东师范大学比较教育研究所译,教育科学出版社1996年版。

[56]《马克思恩格斯选集》第1卷,人民出版社2012年版。

[57]《简明社会科学辞典》,上海辞书出版社1982年版。

[58]《中国大百科全书·哲学》,中国大百科全书出版社1985年版。

[59]《现代汉语词典(第6版)》,商务印书馆2016年版。

[60]《辞海(哲学分册)》,上海辞书出版社1980年版。

[61]夏征农主编:《辞海》,上海辞书出版社1989年版。

[62]《张栻集》,邓洪波校点,岳麓书社2010年版。

[63]《王阳明全集(第一册)》,上海古籍出版社2012年版。

[64]唐品主编:《尚书全集》,天地出版社2017年版。

[65]《论语译注》,杨伯峻译注,中华书局2017年版。

[66]《荀子》,方勇、李波译注,中华书局2015年版。

[67]吴敬梓:《儒林外史》,商务印书馆2018年版。

[68]朱熹:《论语集注》,商务印书馆2015年版。

[69]《孟子》,万丽华、蓝旭译注,中华书局2006年版。

[70]《学记》,高时良译注,人民教育出版社2016年版。

[71]徐洪兴撰:《孟子直解》,复旦大学出版社2004年版。

[72]《墨子今注今译》,谭家健、孙中原译注,商务印书馆2009年版。

[73]《老子》,饶尚宽译注,中华书局2006年版。

[74]《诗经》,王秀梅译注,中华书局2016年版。

[75]《毛泽东论教育》,人民教育出版社2008年版。

[76]毛泽东:《体育之研究》,人民体育出版社1979年版。

[77]《邓小平文选》第二卷,人民出版社1994年版。

[78]易连云:《重建学校精神家园》,教育科学出版社2003年版。

[79]罗利建:《人本教育》,中国经济出版社2004年版。

[80]胡德海:《教育学原理》,甘肃教育出版社2008年版。

[81]彭聃龄:《普通心理学》,北京师范大学出版社2004年版。

[82]吕叔湘:《吕叔湘语文论集》,商务印书馆1983年版。

[83]左群英:《同情教育论》,人民出版社2012年版。

[84]刘东建、彭新武主编:《人文社会科学概论(第三版)》,首都经济贸易大学出版社2013年版。

[85]车文博:《人本主义心理学》,浙江教育出版社2003年版。

[86]周洪宇:《陶行知研究在海外》,人民教育出版社1991年版。

[87]朱小蔓:《情感德育论》,人民教育出版社2005年版。

[88]刘惊铎:《道德体验论》,人民教育出版社2003年版。

[89]叶浩生主编:《具身认知的原理与应用》,商务印书馆2017年版。

[90]一行禅师:《佛陀传》,何蕙仪译,河南文艺出版社2014年版。

[91]华东师范大学教育系、浙江大学教育系选编:《西方古代教育论著选》,人民教育出版社1999年版。

[92]王电建、赖红玲编著:《小学英语教学法(第三版)》,北京大学出版社2014年版。

[93]田慧生:《活动教育引论》,教育科学出版社2002年版。

[94]中公教育教师资格考试研究院编:《教育教学知识与能力(小学)》,世界图书出版公司2012年版。

[95]杨汉麟:《外国幼儿教育史》,广西教育出版社1993年版。

[96]冰心:《寄小读者》,商务印书馆2015年版。

[97]何怀宏:《伦理学是什么》,北京大学出版社2002年版。

[98]余文森、连榕等:《教师专业发展》,福建教育出版社2007年版。

[99]唐君毅:《人生三书》,中国社会科学出版社2005年版。

［100］高德胜：《道德教育的 20 个细节》，华东师范大学出版社 2007 年版。

［101］刘慧、李敏等：《小学生品德发展与道德教育》，高等教育出版社 2015 年版。

［102］张彦云、孙淑荣、佟秀莲：《中小学生心理健康教育的理论与实践》，北京师范大学出版社 2015 年版。

［103］靳玉乐、李森：《现代教育学》，四川教育出版社 2005 年版。

［104］檀传宝：《德育原理》，北京师范大学出版社 2007 年版。

［105］邓佐君：《家庭教育学》，福建教育出版社 1995 年版。

［106］《傅雷家书》，生活·读书·新知三联书店 2018 年版。

［107］陈向明：《质的研究方法与社会科学研究》，教育科学出版社 2000 年版。

［108］彭克宏主编：《社会科学大词典》，中国国际广播出版社 1989 年版。

二、论文

［109］［日］佐藤学：《课堂改革：学校改革的中心课题》，钟启泉译，《上海教育科研》2005 年第 11 期。

［110］［美］苏智欣：《杜威与中国教育：比较分析与批判性评估》，《教育学术月刊》2019 年第 2 期。

［111］于光远：《重视培养人的研究》，《学术研究》1978 年第 3 期。

［112］孙喜亭：《关于"教育"的随想》，《西北大学学报（哲学社会科学版）》2002 年第 4 期。

［113］张汝伦.：《作为第一哲学的实践哲学及其实践概念》，《复旦学报（社会科学版）》2005 年第 5 期。

［114］丁立卿：《实践是人的本质"对象化"的"对象性"活动——〈1844 年经济学哲学手稿〉的实践观探析》，《学术交流》2015 年第 5 期。

［115］石雷山、王灿明.：《大卫·库伯的体验学习》，《教育理论与实践》2009 年第 10 期。

［116］《中国德育》编辑部：《美国教师讲〈灰姑娘〉的案例》，《中国德育》2008 年第 11 期。

［117］张鹏程、卢家楣：《体验的心理机制研究》，《心理科学》2013 年第 6 期。

［118］刘继荣：《坐在路边鼓掌的人》，《思维与智慧》2008 年第 22 期。

［119］卢丽华：《中小学教师教育理论素养培育：理论基础与策略创新》，《现代教育管理》2020 年第 6 期。

［120］丁为祥：《宋明理学的三种知行观——对理学思想谱系的一种逆向把握》，《学术月刊》2019 年第 3 期。

［121］董平：《王阳明哲学的实践本质——以"知行合一"为中心》，《烟台大学学报（哲学社会科学版）》2013 年第 1 期。

［122］李红宇：《狄尔泰的体验概念》，《史学理论研究》2001 年第 1 期。

［123］王寅：《体验哲学：一种新的哲学理论》，《哲学动态》2003 年第 7 期。

［124］孙利天：《21 世纪哲学：体验的时代？》，《长白学刊》2001 年第 2 期。

［125］江宁康：《启蒙运动与西方现代文明的起源》，《人文杂志》2019 年第 6 期。

［126］邓安庆：《西方哲学发展趋势之思考》，《社会科学战线》2020 年第 1 期。

［127］唐爱民：《论相对主义的道德教育观》，《教育科学》2004 年第 5 期。

［128］王爱玲：《述存在主义与存在主义教育》，《教育理论与实践》2006 年第 11 期。

［129］傅林、高瑜：《静悄悄的革命——卡尔·罗杰斯自由学习观研究》，《湖南师范大学教育科学学报》2014 年第 2 期。

［130］王璞：《陶行知生活教育理论的特质及其当代价值》，《福州大学学报（哲学社会科学版）》2013 年第 2 期。

［131］刘训华、周洪宇：《心中的世界：陶行知对王阳明、杜威思想的接纳与改造》，《社会科学战线》2018 年第 4 期。

［132］周洪宇：《继承中的超越与超越中的继承——陶行知与杜威关系略论》，《教育研究与实验》1993 年第 4 期。

［133］闻慧斌、王延光：《1930 年陶行知被迫停办南京晓庄师范学校》，《炎黄春秋》2019 年第 12 期。

［134］王贤德、唐汉卫：《生活德育理论十五年：回顾与反思》，《中国教育学刊》2017 年第 7 期。

［135］石雷山、王灿明：《大卫·库伯的体验学习》，《教育理论与实践》2009 年第 10 期。

［136］张金华、叶磊：《体验式教学研究综述》，《黑龙江高教研究》2010 年第 6 期。

［137］张良：《论具身认知理论的课程与教学意蕴》，《全球教育展望》2013 年第 4 期。

［138］王硕、熊和平：《课桌形制：课堂教学变革的突破口》，《全球教育展望》2016 年第 3 期。

［139］徐冰鸥、孟燕丽：《学校教育中学生身体的在场、规约与解放》，《山西大学学报（哲学社会科学版）》2018 年第 6 期。

［140］刘欣然、黄玲：《动静的争辩：学校教育中的身体规训与体育挽回》，《武汉体育学院学报》2019 年第 1 期。

［141］叶浩生：《身体的教育价值：现象学的视角》，《教育研究》2019 年第 10 期。

［142］何静：《具身性观念：对理智传统的克服与超越——以梅洛-庞蒂和米德为中心的考察》，《西南民族大学学报（人文社科版）》2019 年第 8 期。

［143］易芳、郭本禹：《心理学研究的生态学取向》，《江西社会科学》2003 年第 11 期。

［144］何文广、宋广文：《生态心理学的理论取向及其意义》，《南京师大学报（社会科

学版）》2012 年第 4 期。

［145］左群英：《体验：让德育活动走进学生心灵》，《中国教育学刊》2017 年第 4 期。

［146］贾冬梅：《概念隐喻理论与隐喻教学》，《教育理论与实践》2008 年第 1 期。

［147］石中英：《关于贯彻落实教育方针问题的几点思考》，《中国教育学刊》2017 年第 10 期。

［148］傅绪明：《学生身体素质攸关民族兴衰存亡——对学生身体素质下降的思考》，《安徽师范大学学报（自然科学版）》2012 年第 4 期。

［149］周凰、古雅辉、刘昕：《中考改革背景下学校体育发展的热效应与冷思考》，《北京体育大学学报》2017 年第 7 期。

［150］西妙：《佛教对人类欲望的认识》，《法音》1994 年第 4 期。

［151］孙建群、田晓明、李锐：《情绪智力的负面效应及机制》，《心理科学进展》2019 年第 6 期。

［152］郭戈：《西方快乐教育思想之传统》，《课程·教材·教法》2015 年第 3 期。

［153］任俊、黄璐、张振新：《冥想使人变得平和——人们对正、负性情绪图片的情绪反应可因冥想训练而降低》，《心理学报》2012 年第 10 期。

［154］黄秦辉：《英国：用冥想课帮助弱势儿童》，《人民教育》2018 年第 24 期。

［155］贺淇、王海英：《冥想对注意能力的影响》，《心理科学进展》2020 年第 2 期。

［156］郭英慧、何李、陈小异、李俞熹、孙江洲、邱江：《不同冥想类型对创造性思维的影响及作用机制》，《心理科学》2018 年第 5 期。

［157］高福霞：《论教师情绪管理的困境与策略选择》，《教育理论与实践》2015 年第 30 期。

［158］张艺帆、殷恒婵、崔蕾、谢怡然、李秀娟：《运动干预影响女大学生情绪调节策略：执行功能的中介作用》，《天津体育学院学报》2017 年第 5 期。

［159］江山：《舞蹈的越轨与另类成长历程——从小胖式体操到校长领跳的鬼步舞》，《体育与科学》2019 年第 6 期。

［160］张夏青：《怨恨的产生及其消解的教育之道》，《教育学报》2013 年第 6 期。

［161］季小天：《理性情绪疗法干预青少年吸毒认知的研究——以武汉 H 未成年人强制隔离戒毒所 L 为个案》，《中国青年研究》2018 年第 1 期。

［162］姚文峰：《苏格拉底教学对话的哲学审思》，《基础教育》2017 年第 2 期。

［163］石雷山、王灿明：《大卫·库伯的体验学习》，《教育理论与实践》2009 年第 10 期。

［164］朱文辉：《新课程改革：从"深水区"到"新常态"——由"穿新鞋走老路"引发的思考》，《教育发展研究》2016 年第 2 期。

［165］陈如平：《"因材施教"是教育的最高境界》，《中小学管理》2020 年第 1 期。

［166］谈永康：《反思"死记硬背"》，《语文教学通讯》2004 年第 10 期。

［167］高德胜：《生活德育简论》，《教育研究与实验》2002 年第 3 期。

[168]余文森:《从"双基"到三维目标再到核心素养——改革开放 40 年我国课程教学改革的三个阶段》,《课程·教材·教法》2019 年第 9 期。

[169]李霞、李宁辉:《体验,教育的转向》,《兰州大学学报(社会科学版)》2008 年第 2 期。

[170]石鸥、张文:《改革开放 40 年我国中小学教材建设的成就、问题与应对》,《课程·教材·教法》2018 年第 2 期。

[171]俞红珍:《教材的"二次开发"涵义与本质》,《课程·教材·教法》2005 年第 12 期。

[172]李子建、邱德峰:《学生自主学习:教学条件与策略》,《全球教育展望》2017 年第 1 期。

[173]史宁中等:《十国高中数学教材的若干比较研究及启示》,《外国教育研究》2015 年第 10 期。

[174]沈健美、林正范:《教师基于课程标准和学生需要的"教材二次开发"》,《课程·教材·教法》2012 年第 9 期。

[175]周序、黄路遥:《数字化课程 40 年发展评析》,《课程·教材·教法》2018 年第 10 期。

[176]周九诗、鲍建生:《美国"发现教育"数字化数学教材编写特点与启示》,《课程·教材·教法》2018 年第 2 期。

[177]沈健美、林正范:《教师基于课程标准和学生需要的"教材二次开发"》,《课程·教材·教法》2012 年第 9 期。

[178]俞子恩:《自然主义教育时期直观教学思想的内在逻辑及其理论意义》,《延边大学学报(社会科学版)》2018 年第 1 期。

[179]田慧生:《关于活动教学几个理论问题的认识》,《教育研究》1998 年第 4 期。

[180]刘力:《皮亚杰的活动教学理论及其启示》,《外国教育资料》1992 年第 4 期。

[181]张霞、郑小军:《"石头汤"的信息技术教学隐喻及启示》,《现代教育技术》2014 年第 1 期。

[182]洪伟:《数学课堂也需要"打比方"》,《教学与管理》2013 年第 2 期。

[183]袁康兴:《巧借"打比方"轻松教地理》,《中学地理教学参考》2015 年第 8 期。

[184]晏小敏:《教育适应自然教育思想解析——研读夸美纽斯〈大教学论〉》,《高校教育管理》2013 年第 1 期。

[185]张玉胜:《拔苗助长的"神童简历"要不得》,《宁波通讯》2018 年第 5 期,第 71 页。

[186]于阳、周丽宁:《青少年弑亲行为的主要特征、成因分析与防治对策——基于 2010—2019 年的 31 起典型案件分析》,《青少年犯罪问题》2020 年第 1 期。

[187]朱光明:《座位的潜课程意义——中小学生座位体验研究》,《教育学报》2006 年第 6 期。

［188］李涛:《家庭作业与学业成绩的关系》,《心理科学》2011 年第 3 期。

［189］王治河:《论后现代主义的三种形态》,《国外社会科学》1995 年第 1 期。

［190］冯新瑞、田慧生:《区域推进:综合实践活动课程有效实施的重要策略》,《教育研究》2015 年第 11 期。

［191］王佳:《综合实践活动课大主题课型教学初探》,《中国教育学刊》2018 年第 12 期。

［192］王小章:《"道德绑架"从哪来,何时休?》,《人民论坛》2017 年第 5 期。

［193］金心红:《教师惩罚学生的界线》,《中国教育学刊》2016 年第 3 期。

［194］孟宪文:《分层次布置作业好》,《黑龙江教育》1994 年"纪念《黑龙江教育》出刊 400 期"特刊。

［195］丁芳、郭勇:《儿童心理理论、移情与亲社会行为的关系》,《心理科学》2010 年第 3 期。

［196］冯维、杜红梅:《国外移情与儿童欺负行为研究述评》,《中国特殊教育》2005 年第 10 期。

［197］左群英:《同情道德的迷失和教育复归——基于人性论的视角》,《教育研究与实验》2019 年第 2 期。

［198］左群英:《同情的失落——一种教育现象学视角的儿童情感观察》,《上海教育科研》2011 年第 11 期。

［199］余涌:《非权义务与道德绑架》,《道德与文明》2018 年第 4 期。

［200］左群英:《人性视野下的道德层次论——儒家伦理道德与古典功利主义道德的比较》,《理论与改革》2013 年第 6 期。

［201］高德胜、安东:《"关心你自己":不能失落的教育之"本心"》,《教育研究与实验》2018 年第 2 期。

［202］鲁洁:《试论德育之个体享用性功能》,《教育研究》1994 年第 6 期。

［203］易晓明:《论本体感觉在儿童艺术教育中的价值》,《学前教育研究》2004 年第 3 期。

［204］安希孟:《信仰与聆听:西方哲学与神学对聆听的解读》,《江海学刊》2004 年第 2 期。

［205］田茂泉、吴少怡:《走向关系:试析罗杰斯心理治疗理念的本质》,《医学与哲学(人文社会医学版)》2009 年第 1 期。

［206］邓云洲:《后现代伦理思潮的道德教育意蕴》,《比较教育研究》1999 年第 4 期。

［207］周彩虹、申荷永、张艳革、徐凯:《沙盘游戏治疗纵深化与本土化》,《华南师范大学学报(社会科学版)》2018 年第 4 期。

［208］申荷永、陈侃、高岚:《沙盘游戏治疗的历史与理论》,《心理发展与教育》2005 年第 2 期。

［209］鲁洁:《边缘化、外在化、知识化——道德教育的现代综合症》,《教育研究》2005 年第 12 期。

［210］厉育纲、赵忠心:《"加强家庭教育学科建设"学术研讨会综述》,《教育研究》2001 年第 7 期。

［211］宗秋荣:《"中国家庭教育发展论坛"综述》,《教育研究》2004 年第 8 期。

［212］赵德、鲁统振:《"家长签字"不可取》,《当代教育科学》2004 年第 5 期。

［213］子丑:《"家长签字"的背后》,《江西教育科研》2005 年第 12 期。

［214］辛斐斐、范跃进:《政府购买家庭教育指导服务价值、难题与路径选择》,《中国教育学刊》2017 年第 11 期。

［215］阳泽、杨润勇:《自组织:教师专业发展的重要机制》,《教育研究》2013 年第 10 期。

［216］朱文辉:《理论知识是可有可无的赘物吗? ——对"实践优先"教师专业发展路径的质疑与反思》,《课程·教材·教法》2018 年第 1 期。

［217］姚计海、王喜雪:《近十年来我国教育研究方法的分析与反思》,《教育研究》2013 年第 3 期。

［218］牛瑞雪:《行动研究为什么搁浅了——大学与中小学合作研究的困境与出路》,《课程·教材·教法》2006 年第 2 期。

［219］孟建伟:《教育与生活——关于"教育回归生活"的哲学思考》,《教育研究》2012 年第 3 期。

［220］高伟:《关于教育现象学的几个根本问题》,《当代教育科学》2007 年第 9 期。

［221］薛晓阳:《价值中立与教育研究的学术立场》,《教育科学》2003 年第 4 期。

［222］华东师范大学学报:《教育实证研究华东师范大学行动宣言》,《华东师范大学学报(教科版)》2017 年第 4 期。

［223］黄晓斌、梁辰:《质性分析工具在情报学中的应用》,《图书情报知识》2014 年第 5 期。

［224］魏峰:《从熟人到陌生人:农村小学教师的角色转变》,《南京师大学报(社会科学版)》2010 年第 5 期。

［225］Walsh,R.,& Shapiro,S.L.,"The Meeting of Meditative Disciplines and Western Psychology:A Mutually Enriching Dialogue", *American Psychologist*, Vol.,61,No.3 (March 2006),pp.227-239.

［226］LOTT M. A.,JENSEN C.D.,"Executive Control Mediates the Association Between Aerobic Fitness and Emotion Regulation in Preadolescent Children", *Jpediatric Psychology*,No.2 (Feb.2016),pp.1-12.

［227］Sullivan Burstein, "Real-life Homework is Popular with Students", *Educational Leadership*,No.9,1998.

三、网络文献

［228］教育部等 11 部门:《教育部等 11 部门关于推进中小学生研学旅行的意见》,见 http ://www.moe.gov.cn/srcsite/A06/s3325/201612/t20161219-292354.html。

［229］新浪新闻:《痛心! 15 岁初中生被班主任强行剃光头,10 天后跳楼身亡》,2018 年 11 月 13 日,见 https://www.sohu.com/a/275027217_727691。

［230］陕西法制网:《武汉社区漏报疑似病例患者自缢身亡 多人被处分》,2020 年 2 月 16 日, 见 https://baijiahao. baidu. com/s? id = 16586595　87308618358&wfr = spider&for = pc。

［231］新华网:《社区漏报信息 患者自缢身亡,武汉多名干部被处理》,2020 年 2 月 16 日,见 http://news.cctv.com/2020/02/16/ARTIYBKXBuOiyOzKSkslDXij200216.shtml。

［232］腾讯网:《13 岁男孩被老师叫家长,害怕遭学校开除竟自杀身亡》,2020 年 2 月 17 日,见 https://new.qq.com/omn/20200217/20200217 A0L6OB00.html。

［233］"闲时花开":《张桂梅 PK 清华副教授:不要站在高楼上,傲慢地指着大山》,见:https://baijiahao.baidu.com/s? id=168633927485754 8367&wfr=spider&for=pc。

［234］中国新闻四川在线:《从〈小苹果〉到〈大中国〉——成都地理老师编歌教学走红网络》,见 http://news.cntv.cn/2014/09/22/ARTI1411351399901331.shtml。

［235］《生于此岸,心无岸》,见 http://www.zuowen.com/e/20120626/4fe9261b1e46e.shtml。

［236］环球网:《甘肃女孩跳楼事件 多名"起哄者"被拘》,见 https://baijiahao.baidu.com/s? id=1604288462505385121&wfr=spider& for=pc。

后　记

当我致力于写这本书的时候,我假定的首要且主要的读者群是中小学的一线教师。我曾在中学工作过六年,进入高校工作后也长期致力于中小学教育的研究,并常常到中小学一线开展调研和实践,对一线教师们的困惑和苦恼有很深的体会。

教师们最大的困惑和苦恼首先来自学生的学习成绩。不管承认与否,在中国目前的环境下,教师们优先关注的是学生的学习成绩,无论是出于对学生学业和升学的负责,还是对自我职业生涯的发展,情况似乎都是如此。但生活常常事与愿违。教师们常常问:为什么我费了这么大的力气,学生的学习成绩就是上不去? 要怎样才能激发学生的学习兴趣,让学生更投入、更专注地致力于学习? 找到解决这些问题的答案并不是很容易的事情。所以很多时候我们常常陷入一种无助无奈和沮丧抱怨的负面情绪中。

除了学生学习成绩外,另一个让教师们头疼的是学生的道德和心理健康教育问题。学生出现的厌学、叛逆、以自我为中心、沉迷手机、抗挫折能力差等问题常常让教师们殚精竭虑却收效甚微。加上这些问题大多和社会背景、家庭环境联系紧密,因此学校德育和心理健康教育所面临的挑战非常严峻。

无论遇到多少困难,既然身为教师,教书育人就是做人的本分。越是艰难,越显得有价值。我们以前常常用"蜡烛"隐喻教师,现在已经被很多教师所反感。我本人也不赞成社会过度宣扬"教师打着点滴带病上课""教师不顾家人病危坚守三尺讲台"之类的悲壮之举。但我还是喜欢把教师比喻成蜡烛——教师是蜡烛,照亮了学生,也温暖了自己。教师在照亮学生生命的同时,让自己的生命也光彩照人,这是一种令人喜悦和骄傲的职业境界。而要做到这一点,唯有靠不断地学习、探索和创造。我国伟大的人民教育家陶行知先生曾说:"处处是创造之地,天天是创造之时,人人是创造之人。"我写这本书,就是希望重点在学科教学、德育(包括心理健康教育)这两方面能对教师起到抛砖引玉的作用。因此本书在前面几章从基础理论方面讨论了体验教育以后,后面则重点从体验式教学、体验式德育两个方面进行理论结合实践的探讨,尤其是融入了一些案例分析。

除了一线教师外,当然我也希望并相信这本书可以有更广阔的读者群,让更多的人对体验教育产生关注并致力于在自己的工作和生活中去实际运用并进一步研究。我期待这本书可以为教育研究者们提供学术研究的生长点,从而可以激发更多更深入的相关研究并产生更多对教育实践具有引领指导价值的成果。此外,实际上无论我们是否是一名教师或教育研究者,我们中绝大多数人或迟或早都会成为一名父亲或母亲,教育孩子所要承担的责任和所付出的艰辛,以及需要具备的智慧,绝对不亚于一名教师。当我们试图教育孩子既要好好学习,又要学会做人做事时,这本书无论在理论还是实践上都是可以产生启发作用的。因此,亲爱的读者,无论你是什么原因选择读这本书,我都希望你会从对此书的思考中获益,并做出实际的计划和行动使你的教育理想更好地实现,因此人生也变得更加美好。

促使我最终写作这部以体验教育为主题的书,得益于我六年基础教育工作的实践经验和后来辞职攻读硕士、博士研究生学位期间对教育问题的研究与思考。我发现,基础教育学校的一线教师和在高校从事教育学术研究尤其是理论研究的专家学者这两个群体之间存在令人遗憾的鸿沟和隔阂。很多一线教师对高校从事理论研究的专家学者很不满意,因为他们觉得理论是抽象空洞的,很多所谓的理论研究对实践也没有实质性的帮助。"你不要用一大堆让人看不懂的理论来糊弄我,你就直接告诉我怎么做,怎么解决实际问题就好。"——在各种各样的教师培训中,一线教师心里常常这样想,甚至会直接说出来。而在高校从事教育学术研究的专家学者们对一线教师也常常不屑一顾,因为他们觉得一线教师眼睛只盯着"术",忽视对"道"的研究,用这样的态度从事教育实践是肤浅而有害的。实际上,两个群体对彼此的指责和抱怨在一定程度上的确切中了各自存在的要害。高校教育研究者对一线教育实践工作不深入开展调查和研究,脱离实践地闭门造车,这种情况并不鲜见。而一线教师沉溺于按部就班的工作常规,不站在教育思想和理论的高度去审视和反思,因此陷入"费力不讨好"的困境,这一现象也很普遍。

实际上,教育改革的实质性推动有赖于理论和实践的深度融合,二者缺一不可,尽管不同的群体可以有不同的侧重。本书正是致力于把理论的深度解析和实践的操作策略结合起来,试图和读者一起对体验教育进行比较全面和深入的探讨。

本书参考了学界同仁编著的相关专著、教材和研究论文等,在此谨向原作者表示衷心的感谢。本书的出版得到了人民出版社的大力支持和帮助,在此致以诚挚的感谢。

由于我水平有限,书中的不足和问题在所难免,恳请同行专家与广大读者提出宝贵的意见和建议,欢迎通过 zqying2012@ 163. com 邮箱和我讨论。为了教育的改革和进步,让我们共同努力。

左群英

2022 年 12 月

责任编辑:陈晓燕
封面设计:九五书装

图书在版编目(CIP)数据

体验教育论/左群英 著. —北京:人民出版社,2023.3
ISBN 978－7－01－024086－2

Ⅰ.①体⋯　Ⅱ.①左⋯　Ⅲ.①中小学教育-教育研究　Ⅳ.①G632.0

中国版本图书馆 CIP 数据核字(2021)第 254234 号

体验教育论
TIYAN JIAOYU LUN

左群英　著

人民出版社 出版发行
(100706　北京市东城区隆福寺街 99 号)

北京汇林印务有限公司印刷　新华书店经销

2023 年 3 月第 1 版　2023 年 3 月北京第 1 次印刷
开本:710 毫米×1000 毫米 1/16　印张:22
字数:350 千字

ISBN 978－7－01－024086－2　定价:68.00 元

邮购地址 100706　北京市东城区隆福寺街 99 号
人民东方图书销售中心　电话 (010)65250042　65289539